한국 사회보장론

한국 사회보장론

초판 1쇄 발행 2012년 10월 31일
초판 2쇄 발행 2015년 8월 31일

지 은 이 박승희
펴 낸 이 정규상
펴 낸 곳 성균관대학교 출판부
출판부장 안대회
편   집 신철호 · 현상철 · 구남희 · 정한나
마 케 팅 박인봉 · 박정수
관   리 박종상 · 김지현
등   록 1975년 5월 21일 제 1975-9호
주   소 서울특별시 종로구 성균관로 25-2
대표전화 02) 760-1252~4
팩시밀리 02) 762-7452
홈페이지 press.skkup.edu

ISBN 978-89-7986-962-0 03330

잘못된 책은 구입한 곳에서 교환해 드립니다.

한국
사회보장론

| 스웨덴을 거울삼아 |　　박승희 지음

성균관대학교
출판부

이 책을 치매 중에도 읽고 또 읽으실 나의 어머니와

그 어머니의 나라에 바친다.

『한국사회복지정책론: 아름다운 세상 가꾸기』를 펴내면서, 사회복지의 핵심인 사회보장을 다루지 못한[1] 것을 아쉽게 여기고 곧 보완하겠다는 마음을 먹은 지가 엊그제 같은데, 어느새 8년의 세월이 흘렀다. 그동안 『논어(論語)』와 『맹자(孟子)』, 『노자(老子)』와 『장자(莊子)』, 『반야심경(般若心經)』과 『대승기신론(大乘起信論)』을 다시 읽으며 예지(叡智)를 얻으려 했고, 비판적 실재론[2]을 공부하여 총명을 키우려 했다. 사회보장이 가장 잘되었다는 스웨덴과, 사회보장이란 말 자체가 필요하지 않았던 운남(雲南) 모소족 모계사회도 방문했고, 발로는 사회보장의 현장을, 눈으로는 전자방(홈페이지)을 뒤졌으며, 자면서도 구상하고 걸으면서도 생각했다. 집필 작업 중에는 한국 사회보장 제도를 파악하는 것이 가장 어려웠다. 말 설고 낯선 머나먼 스웨덴의 제도는 그 윤곽을 쉽게 파악할 수 있는데, 정녕 우리 땅 우리 제도는 들여다보아도 알 듯 모를 듯 가물거리기만 했다. 왜 그랬을까? 무엇보다 너무 많이 얽혀 있으면서도 빨리 변하기 때문이었다. 제도가 간명하게 정착되어 있는 스웨덴의 제도와는 달리, 한국의 제도는 분야마다 복잡하여 방대한 사업안내서를 읽고도 그 밖의 다양한 제도를 찾아서 이 현장과 저 현장을 찾아다녀야 했고, 집필하는 중에도 제도가

---

[1] 당시 사회보장까지 포함시키지 못한 이유 중에는 나날이 쇠약해지는 부모님께 책 한 권이라도 보여드리고 싶은 조급한 심정도 있었다. 얼마 후 아버지는 고된 삶을 거두셨고, 어머니는 맑은 정신을 놓으셨다.

[2] 이에 관한 어려운 이론서를 번역하여 문외한(門外漢)이 접할 수 있는 기회를 주신 이기홍 교수께 감사드린다.

변해서 앞부분을 다시 써야 했다.

어찌 힘들지 않았으련만 알아가는 기쁨도 누렸다. 기왕이면 다홍치마라고 했으니, 원근(遠近)의 많은 벗들이 읽고 호응해준다면 더없이 즐거울 것 같다. 이 순간, 『논어』의 첫 구절을 떠올리지 않을 수 없다.

"배우고 제때에 익히면 마땅히 기쁘지 않겠는가? 멀리서 벗들이 배우자고 찾아오면 즐겁지 않겠는가? 그러나 남이 알아주지 않는다고 서운해하지 않으면 바로 군자가 아니겠는가?(學而時習之不亦說乎‧ 有朋自遠方來不亦樂乎‧ 人不知而不慍不亦君子乎)."

—『論語, 學而』

찾아오고 알아주는 것도, 읽어주고 호응해주는 것도 내가 할 바가 아니다. 어찌 내 마음을 남 일의 노예로 삼을 필요가 있겠는가? 그러나 이 책을 틀림없이 읽고 기뻐할 사람이 적어도 한 명은 있다는 것을 확신하니 즐겁기 그지없다. 지난 설에 세배와 차례를 마치고 앉아 있는 나에게 깊은 치매에 드신 어머니께서 '뜯어졌으니 매어서 주라'시며 비닐봉지를 내미셨다. 그 안에는 나의 오래된 박사학위 논문이 들어 있었다. 상경하여 제본을 맡기려고 열어보니 지면들의 순서가 뒤엉켜 있었다. 바로잡으려는데 196쪽은 뒤집혀서 10쪽에, 50쪽은 100쪽에 밥풀로 붙어 있었다. 이런 것들이 수없이 많았다. 넘기다 떨어지면 붙이고 다시 넘기기를 얼마나 많이 하셨던 것일까? 책장은 모두 부드러웠다.

이 책을 쓰는 동안 점심을 사주시고 와룡산을 같이 걸으며 용기를 주신 평산(平散), 장곡(藏谷), 해암(海巖), 삼여(三餘), 후농(厚農), 산행벗 칠곡(七谷)께 감사드린다. 사회복지학자의 사명감을 일깨워주신 이광찬, 전태국, 채구묵, 김종일 선생님, 작업을 지원해주시고 책을 잘 만들어주신 성균관대학교 출판부 관계자 여러분, 글을 꼼꼼하게 다듬어 주신 교열 전문가님, 문헌을 정리해주고 교열을 도와준 조재형, 김은경, 신용선 군, 흔쾌히 자료와 가르침을 주신 여러 분야의 선생님들, 집안 어른이시면서 한결같이 학자의 표상이 되어주신 박광순 교수님, 돌아가신 아버님과 병든 어머님을 극진히 보살펴주신 정복순 형수님과 큰누님, 그리고 존경하고 사랑하는 형제들과 조카들, 율어의 가족들, 이웃집 김옥 선생님, 늘 바른길을 가도록 무언지교(無言之敎)를 주시는 벽사(碧史) 선생님, 백탑시사(白塔詩社)의 스승님들, 유천(攸川) 선생님께 삼가 감사의 절을 올린다.

此書脫稿之夜

炎天終盡夜凉生　脫稿心如一羽輕
忽覺慈親長老病　不眠乘曉故鄕行

이 책을 탈고한 날 밤에

무더위 기우는가, 밤바람도 시원하고
탈고한 마음이야 날 듯이 가벼운데
홀연히 떠오르는 늙고 병든 어머님을
뵈러 가려 잠 못 들고 새벽을 기다린다.

2012년 8월
대자동(大慈洞) 부지당(不知黨) 월야(月夜)에
박승희(朴昇熙) 삼가 쓰다.

■차례

서장

사회복지보다 보장이 먼저다

"항산(恒産, 안정적 생업)이 없음에도 항심(恒心, 안정된 마음)을 가질 수 있는 사람은 선비뿐입니다. 백성들은 항산이 없으면 항심을 가질 수 없고, 항심이 없다면 방탕하고 사치하지 않을 수 없습니다. 백성들이 죄의 함정에 빠지는 지경에 이른 뒤에야 이들을 벌한다면, 이것은 백성을 그물질하는 것입니다(無恒産而有恒心者 惟士爲能 若民則無恒産 因無恒心 苟無恒心 放辟邪侈 無不爲已 及陷於罪然後 從而刑之 是罔民也)."

– 『孟子』, 梁惠王章句上 7

왜 사회보장을 논하는가?

1. 소수 불행의 '본때'

최근 들어 노인 자살이 급증하고 있다. 2000년에는 60세 이상 노인이 하루에 4.45명꼴로 자살했는데, 2010년에는 하루에 14.77명[1]꼴로 자살하였다. 노인들이 자살하는 이유는 대부분 삶을 꾸리기가 난감하기 때문이다. 많은 노인들이 빈곤이나 질병의 고통을 이기기 어려워 자살 충동을 느낀다.[2] '자식에게 부담을' 주지 않기 위해, 혹은 우울한 심정을 견디지 못해 스스로 삶을 포기하고 싶다는 하소연을 하기도 한다.[3]

이러한 소수 노인들의 자살이 사회문제라는 것은 우리 사회의 주요 의사결정자들도 인정한다. 그러나 중대한 문제라고는 생각하지 않는다. 이것

---

[1] 2000년은 1,626명/365일(통계청, 2000: 57), 2010년은 5,392명/365일(통계청 전자방)로 산출한 것이다.

[2] 자살충동을 경험한 노인들을 상대로 조사한 결과에 의하면, 자살 충동 이유로 응답자의 34.0%가 '경제적인 어려움', 33.2%가 '신체적/정신적 질환 및 장애', 19.5%가 '외로움/고독', 10.3%가 '가정불화'라고 응답했다(이희길, 2007).

[3] 자원봉사자단체 '사랑터' 이명우 회장의 가르침.

은 애꿎은 강을 파낸다고 천문학적 예산을 쓰는 국가에서 예산 부족 타령만 하고 있는 것을 보면 잘 알 수 있다.[4] 대부분의 사람들이 잘 먹고 잘 살고 있는 사회에서 '일부 소수'의 불행한 삶쯤이야 사소한 문제라고 가볍게 생각하고 있는 듯하다. 그러나 결코 사소한 문제일 수 없다. 왜 그런가?

'일부'의 불행한 죽음은 돈이 없으면 제명에 죽을 수 없다는 것을 주변 사람들에게 생생하게 보여준다. 이 '본때'는 사회 전체를 긴장의 분위기로 몰고 간다. 일벌(一罰)이 백계(百戒)가 된다. 돈이 없는 소수자의 고통스러운 죽음은 살아남아 있는 다수자의 의식(意識)에 어두운 그림자[影]를 드리우고 무의식에까지 잠겨들어 현재와 '미래'[5]의 실재가 된다. 소수의 불행을 목격한 다수의 사람들은 '공포'를 체득한다.

많은 젊은 사람들마저 돈을 잃으면 '죽을 지경'에 이른다. 2010년의 경우 매일 42.64명이 자살했는데[6] 이 중 27.87명이 60세 미만의 젊은 층이었다. 가장 왕성한 경제적 활동을 하는 40대도 하루에 8.13명이나 자살을 하였다.[7] 하루에도 수차례씩 투신자(投身者)들을 구출하기 위하여 한강에 출동하는 경찰은 이들 대부분이 경제적인 문제 때문에 자기 몸을 강물에 던진다고 증언한다.[8] 이것은 한국 사회에서 적지 않은 젊은 사람들이 돈 없음의 공포감과 절망감 때문에 자살을 기도한다는 것을 보여 준다.[9]

---

4 노인들이 자살하든 그냥 죽든, 모두 사회적인 살인이다. 예컨대 정권이 바뀔 때마다 허황된 토목 공사를 하겠다고 천문학적인 돈을 투입한다. 이 돈의 극히 작은 부분만 떼어내어 노인들을 보살펴도 노인들의 인간다운 최저생계는 보장할 수 있을 것이다. 우리 사회는 모든 노약자들을 살릴 만한 충분한 능력이 있음에도 불구하고, 그들을 방치하여 죽음에 이르게 하고 있다.

5 이 '미래'도 따지고 보면 지금 생각하는 것에 지나지 않는다. 그래서 미래도 현재일 뿐이다.

6 우리 사회가 등수에 집착하고 있으니, 등수로 이야기해보면 자살률이 '경제협력개발기구(OECD)' 나라들에서 1위라고 한다.

7 통계청 전자방, 2011, http://kosis.kr

8 한강에 투신하는 사람들을 구조하기 위해서 하루에도 수차례 출동하는 경찰관은 구조된 사람들의 사연을 들어보면 경제적인 문제 때문에 뛰어든 경우가 대부분이라고 말한다(노원명, 2005년 8월 12일, 「매일경제」).

9 물론 우리는 경제문제로만 자살 증가의 원인을 설명해서는 안 될 것이다. 그것은 많은 인(因)들 중의 하나일 뿐이며, 그 인도 많은 연(緣)들이 작용할 때 자살이라는 결과로 이어질 것이기 때문

그런데 자살 기도는 타살 기도와 함께 일어나는 경우도 적지 않다. 최근 실직한 한 청년이 고시원에서 지내면서 생계 위기에 내몰리자 혼자 죽기는 억울해서 퇴근하는 옛 직장의 동료들을 칼로 찌르는 소동이 일어났다.[10] 자살과 타살을 불러온 돈 없음의 공포감과 절망감이 소수의 불행한 죽음에 대한 집단적 체험과 무관하지 않은데, 어찌 소수의 불행이 그들만의 불행으로만 끝나겠는가?

소수의 불행은 경제적 성공자의 마음에도 불안의 그림자를 찍는다. 사람들은 소수의 불행에 대한 집합적 체험을 통해 '돈이 없으면 죽는다'는 공포만이 아니라, 돈이 있어야만 산다는 신념도 함께 각득(覺得)한다. 이 공포와 신념은 동전의 양면과 같다. 가난한 소수자가 '돈님의 권능(權能)'을 온몸으로 간증하면, 다수자는 '돈님의 위대함'을 찬양한다. 그러나 땄다가 잃고, 잃었다가 따는 것은 돈놀이의 철칙이다. 돈에 대한 신앙심이 아무리 돈독한 사람이라도 돈은 언제든지 버리고 떠날 수 있다. 심지어 돈은 자식에게도 빼앗길 수 있다. 노인이 자식에게 돈을 전혀 주지 않으면 맞아 죽고, 절반만 주면 보타져 죽고, 다 주면 굶어 죽는다는 말이 유행한다. 돈이 많아도 죽음의 공포로부터 해방될 수 없다. 가진 자의 불안은 가난한 자의 불행과 결코 분리할 수 없는 한 덩어리이다.

이것들은 또 다른 사회적 혼란을 부른다. 생사를 건 돈놀이 판에서는 마음을 잡아주는 안정된 생산 활동인 항산(恒産)을 갖기 어렵다.

"항산(恒産, 안정적 생업)이 없음에도 항심(恒心, 안정된 마음)을 가질 수 있는 사람은 선비뿐입니다. 백성들은 항산이 없으면 항심을 가질 수 없고, 항

이다. 예컨대 전직 대통령의 자살 원인이 경제문제라고 단정할 수 없을 것이다. 그리고 우리 주변에 자살의 괴로움을 털어놓을 수 있는 다양한 공동체들이 있다면, 경제적인 시련이 아무리 크더라도 삶을 버리겠다는 경계(境界, 심리적 국면)로 내몰리지는 않을 것이다.

10 언론에서는 하루가 멀다 하고 계속되는 이런 '묻지 마 범행'을 개인의 정신이상 문제로 몰고 간다. 그러나 이것이 어찌 개인만의 문제일까?

심이 없다면 방탕하고 사치하지 않을 수 없습니다. 백성들이 죄의 함정에 빠지는 지경에 이른 뒤에야 이들을 벌한다면, 이것은 백성을 그물질하는 것입니다(無恒産而有恒心者 惟士爲能 若民則無恒産 因無恒心 苟無恒心 放辟邪侈 無不爲已 及陷於罪然後 從而刑之 是罔民也)."

- 『孟子』, 梁惠王章句上 7

항산이 없으면 돈이 없는 자는 육체적 고통 때문에 항심(恒心)을 버리고, 돈이 있는 자는 심리적 궁핍 때문에 항심을 잃는다. 항심을 잃으면 방탕하고 사치하므로 "가난한 자는 훔치고, 부유한 자는 빼앗을(貧則爲盜 富則爲賊)"(순자, 2006: 악론, 161) 것이다. 실제로 우리 사회에서는 돈 몇 푼 벌겠다고 연쇄살인을 일삼는 가난한 사람들이 있고, 재개발 지역의 세입자들을 공(公)·사(私) 폭력을 동원하여 짓밟고 죽이기까지 하면서 더 많은 돈을 벌어들이겠다는 부자들도 있다. 이것이 바로 난세(亂世)의 징후이다(순자, 2006: 악론, 161). 난세에는 빈자나 부자나 타인의 공격을 받아 불행할 수 있고, 그래서 불안하다. 이런 불안이 더 심한 불행을 부르고, 그 불행은 또 다른 불안을 낳는다는 것은 자명하다. 근본을 해결하지 않는 한, 불행과 불안의 악순환은 가속화될 것이다.

2. 사회 존속의 위기

이런 불안한 경계(境界)[11]는 당장 경제 활동을 하고 있는 사람들의 주위만 맴돌지 않는다. 경제 활동을 준비하는 학생들에게까지 신속하게 번진

---

11 불교에서 말하는 개인이 직면한 국면(局面)이다. 이것은 결국 개인이 인식한 국면이다.

다. 부모의 다급한 처지와 생각은 함께 사는 자식들의 심장과 머리에 곧바로 박힌다. 예를 들어보자. 소위 1998년 'IMF 사태'로 정년이 보장되어 있다고 믿었던 직장인들이 줄줄이 실업자가 되었다. 그들에게 의사와 같은 직업을 보장해주는 '자격증'은 생명줄처럼 보였다. 자식들은 부모의 말을 듣든, 듣지 않든 '자격증'을 하늘로 삼고, 자격증이 보장된 학과에 들어가기로 결심한다. 결심하는 사람이 많을수록 입시 경쟁은 더욱 치열해진다. 자격증을 주는 학과에 입학하기 어려우면, 차선으로 '살아남을' 가능성을 조금이라도 키워주는 학과에 들어가기 위해서 사활을 건 경쟁을 벌인다. 경쟁에는 패배가 승리보다 많고, 패배는 용기보다 좌절을 낳는다. 청소년들이 고통을 받고, 심지어 스스로 목숨을 버리기도 한다. 2010년에만도 10세부터 19세 사이의 청소년이 353명이나 자살했다.[12] 거의 하루에 1명 이상의 고등학생이 자살한 셈이다. 물론 자살한 청소년이 모두 시험 성적 때문에 스스로 목숨을 끊었다고 볼 수는 없다. 그러나 그것 때문에 자살한 학생들이 적지 않음은 확실하다. 나는 주변에서 중산층 자녀들이 성적과 관련된 부담감[13] 때문에 자살했다는 이야기를 심심찮게 듣는다. 여기서 우리는 어른들의 불안한 현실이 어떻게 청소년의 삶까지 불안하게 만드는가를 생생하게 확인할 수 있다. 우리 사회의 불안이 얼마나 많은 젊은이들을 허접한 점수 경쟁으로 내몰아 청춘과 돈을 낭비하게 만드는가?[14]

---

12 통계청 전자방, 2011, http://kosis.kr

13 이 부담감은 아이들이 어른이 되어서도 지워지지 않을 것이다. 이들은 시험을 보는 꿈을 꾸면서 괴로워하다가 꿈을 깨고 나서야 긴 안도의 한숨을 쉬기도 할 것이다.

14 입시에 바친 청춘과 돈이 왜 낭비인가? 영어 교육을 그 예로 들겠다. 나는 영어를 못하지만, 우리나라 영어 교육의 현실을 내 몸으로 직접 체험하고 자식들을 통해서 간접 체험한 사람으로서 그 실상에 대해서는 자신 있게 한 마디 할 수 있다. 우리는 중고등학교에서 일주일에 5시간 이상 영어를 배운다. 일주일에 2문장씩만 좋은 기계에서 나오는 발음을 귀로 듣고, 입으로 따라 하고, 손으로 쓰고, 눈으로 읽고, 뜻을 새겨서 외우면 1년에 방학을 빼고도 60문장을, 6년이면 360문장을 체득할 수 있을 것이다. 이 정도의 문장을 이처럼 안이비설신의(眼耳鼻舌身意)를 다 동원하여 아뢰야식에까지 저장해두면 보통 한국 사람에게 필요한 영어를 사용하는 데는 전혀 부족함이 없을 것이다. 그런데 우리는 밤늦게 학원에 가서까지 영어를 배우는데도 왜 영어를 못하는 것일까? 우

이런 불안은 아직 태어나지 않은 사람들의 싹까지도 짓밟아버린다. 이 것은 '생이전(生以前) 살인'이다. 우리 사회의 출산율은 우리 사회가 지속되는 데 필요한 출산율, 곧 대체출산율(2.1)의 절반 정도이며, 세계에서 낮기로 1위이다.[15] 1995년에 715,020명의 아이가 태어났으나, 2005년에는 435,031명, 2010년에는 470,171명이 태어났다.[16] 지금처럼 낮은 출산율이 지속된다면 앞으로 300년 후에는 남한 인구가 0명이 되리라는 수학적인 예측이 있다. 왜 이런 일이 벌어지는가? 한 직장 여성의 사연을 들어보면 쉽게 이해가 간다. 이 여성은 첫아이를 임신했을 때 "남편이 정리해고를 당할 줄은 꿈에도 생각"하지 못했다. 또한 아이가 많으면 많을수록 좋다고 생각하면서도 감히 둘째를 가질 엄두를 내지 못한다. 둘째 아이를 가져서 휴직을 하면 먹고살 일이 암담하기 때문이다. 시어머니도 생계 걱정 때문에 며느리가 둘째를 갖는 것을 바라지 않는다고 한다(박승희·김사현, 2008: 69). 돈 없으면 죽는다는 현재인의 공포가 미래인의 탄생을 막아버린다. 우리 사회는 지금 자기 자신마저 재생산하지 못하는 위험 상황으로 치닫고 있다. 아무튼 소수에 지나지 않은 사람들의 고통스러운 죽음을 보고 각인된 공포와 불안이 사회 자체의 존속을 위협하고 있다.

이상에서 살펴본 것처럼 소수 노약자가 방치되어 죽음을 면치 못하는 상황에서 살아남은 사람들의 삶은 불안하고, 아직 태어나지 않은 사람들의 삶은 그 싹이 잘려나간다. 스스로 죽기를 원하고 애 낳기를 싫어하는

리가 배우는 것은 영어가 아니라 영어 시험문제 풀이법이기 때문이다. 한국의 교육과학기술부도 이런 사실을 잘 알고 있을 것이다. 그런데도 이런 정책을 계속하는 것은 아마도 겉으로는 국제화와 영어의 중요성을 외치지만, 속으로는 한국어를 보존하겠다는 열정을 고이 간직하고 있기 때문일 것이다.

15 등수를 말해서 정말 죄송하다. 등수로 줄을 세우는 것을 지겹도록 당하고 있는데, 또 등수를 언급하고 있기 때문이다. 그러나 본의 아니게 등수에 집착하는 우리는 등수로 이야기를 해야 실감나게 현실을 이해할 수 있으니, 어쩔 수가 없다.

16 통계청 전자방, 2011, http://kosis.kr

나라의 장래는 없다. 이 점에서 근대화 이후에 우리가 추구한 사회는 이미 실패한 것이라고 볼 수 있다. 지금 우리는 이 사회의 지배적 원칙들을 철저히 점검해보지 않으면 안 될 정도로 심각한 상황에 놓여 있다. 소수자의 불행, 이것이 사회 자체의 불안과 존속 위기로 이어지는데도 어찌 사소한 문제인가?

3. 절실한 사회보장

이 소수의 불행을 막는 것이 절실하다. 소수자의 불행을 막는 것이 바로 사회보장이다. 사회보장이란 한 사회의 모든 사회성원의 인간다운 최저생계를 사회가 보장하는 것이다. 만약 최저생계가 사회적으로 보장되어 누구나 가진 돈이 없어도 삶을 무리 없이 마무리할 수 있다면, 사람들은 실패해도 절망하지 않을 것이며, 돈을 벌어도 위세를 부리려 들지 않을 것이다. 물론 놀면서 적게 버는 사람도 없진 않겠지만, 대부분의 사람들은 훨씬 여유 있고 의미 있게 돈벌이 놀이에 참여할 것이다. 하고 싶은 일을 열심히 하고, 모험정신을 가지고 삶과 재산을 일에 투입할 것이다. 그래서 교육이 정상화되고 생산성이 높아질 것이며 나라는 더 부유해질 것이다. 출산율도 조금은 높아질 것이다.[17] 이것은 최저생계가 잘 보장된 스웨덴이나 독일과 같은 사회를 둘러보면 쉽게 알 수 있다. 인간 생명의 존엄성을 지키기 위해서는 말할 것도 없고, 우리 모두의 삶과 사회를 안정시키기 위해서도 사회보장은 필수적이다.

그러나 우리 사회의 사회보장은 출발 단계에 있다. 이 출발 단계에서

---

17 물론 최저생계의 보장만으로 출산율을 대체출산율까지 올리기는 쉽지 않다. 가족 안팎 공동체가 해체된 상태에서는 아무리 많은 경제적인 지원을 해도 한계가 있기 때문이다.

는 사회보장을 양적으로 늘리는 것이 중요하다. 그러나 양적인 확대만이 능사가 아니다. 보다 나은 사회보장을 추구해야 한다. 이를 위해 우리는 우리 사회의 사회보장 현실을 살펴보고, 대안을 탐구해볼 필요가 있다.

사회복지보다 사회보장 논쟁이 먼저

　최근 우리 사회에서는 무상복지냐 퍼주기냐, 보편복지냐 선별복지냐를 놓고 '사회복지' 논쟁이 분분하다. 각종 선거에서도 사회복지 논쟁이 중요하게 부상하고 있다. 심지어 서울 시장이 학교 무상급식을 퍼주기 사회복지로 규정하면서 이를 제지하려고 주민 찬반투표를 강행했다가 뜻을 이루지 못하고 스스로 물러나는 사태까지 있었다. 불과 몇 년 전만 하더라도 사회복지 논쟁은 먼 나라에서 들려오는 가물거리는 신화였고, 사회복지는 관련 학자들이나 활동가들이나 관심을 가졌을 뿐이었다. 격세지감(隔世之感)을 가눌 수 없다.

　사회복지는 사회가 하는 복지이다. 개인이 하는 복지는 개인복지이고, 가족이 하는 복지는 가족복지이다.[18] 여기서 사회는 국가라고 보아도 큰 무리가 없다. 물론 국가가 아닌 사회단체, 예컨대 종교단체도 사회에 속하며, 그런 단체들이 하는 복지도 사회복지라고 할 수 있다. 그러나 한 나라의 차원에서 사회의 공식적 대표는 국가이고, 국가만이 복지에 필요한

18　여기서 개인과 가족은 복지의 주체이다. 물론 개인을 위한 복지도 개인복지라고 할 수 있고 가족을 위한 복지도 가족복지라고 할 수 있다. 이 경우 개인과 가족은 복지의 주체가 아니라 대상이다.

자원을 국민으로부터 강제로 동원할 수 있을 뿐만 아니라 복지의 책임과 의무를 가질 자격이 있기 때문에, '사회복지'에서 실질적인 주체는 국가일 수밖에 없다. 그런데 국가는 계주(契主)로서 국민의 곗돈으로 복지를 하는 것이므로, 사회복지는 결국 국가를 통해서 국민이 하는 복지이다. 한편 복지는 행복을 증진시키는 것이다. 따라서 사회복지는 국가가 국민의 행복을 증진시키는 것, 혹은 국민이 국가를 통해서 자신의 행복을 증진시키는 것을 말한다.[19]

이러한 사회복지의 범위는 매우 넓다. 국가가 하는 모든 일 중에서 국민의 행복과 관련되지 않은 것이 없기 때문이다. 그래서 국가의 분업체계 내에서 주로 사회적으로 인정된 개인들의 욕망인 소요(所要, needs)[20]를 충족하는 데 필요한 재화와 권우(眷佑, human service)[21]의 제공만을 관습적으로 사회복지라고 부른다. 예컨대 행복 증진에 중요한 치안 활동도 넓은 의미에서 사회복지라고 말할 수 없는 것은 아니지만, 통상 사회복지로 분류하지는 않는다(박승희, 2004: 40).

국민의 행복 증진 중에서 가장 중요하고 기초적인 것은 죽지 않게 함이다. 사는 것이 행복의 일부일 수 있고, 살아야 행복할 수 있기 때문이다. 삶이 있고서 행복이 있지, 행복이 있고서 삶이 있는 것이 아니다. 죽은 사

---

19 여기서 행복 증진이 무엇이고, 행복을 증진하는 국가의 조치 중에서 어떤 것이 사회복지인가는 간단하게 잘라 말하기 어렵고, 우리의 논의가 사회복지의 개념을 논하는 것이 아니기 때문에 이 정도로 일단 마무리하고자 한다. 자세한 것은 나의 책(박승희, 2004) 1장을 참조하기 바란다.

20 흔히 needs를 '욕구'라고 번역한다. 그런데 욕구는 구하기를 원하는 것으로 욕망(desire)과 다를 바 없다. 심지어 복지학계에서도 욕구를 욕망과 같은 의미로 사용한다. 예컨대 욕구 조사는 욕망 조사와 다르지 않다. 그러나 needs는 욕망 중에서도 사회가 필수적으로 충족되어야 한다고 인정해주는 것이므로, 욕구나 욕망으로 이해해서는 안 된다(이광찬 선생의 가르침). 차라리 needs를 '필요'로 번역하는 것이 나을 것이다. 그러나 필요는 현실에서 매우 다양한 의미로 사용되므로, 어떤 기준에 다다르기 위해서 필요한 부분이라는 뜻을 지닌 '소요'라는 용어를 사용하고자 한다.

21 human service를 '대인 서비스'라고 번역하는 경우가 있다. 대인(對人)은 사람을 대한다는 뜻이므로, 대인 서비스는 사람을 대상으로 하는 서비스라고 할 수 있다. 이것은 동어반복(同語反覆)이다. 사회복지의 서비스는 이미 사람을 대상으로 삼는다는 것을 전제하고 있기 때문이다. human service는 사람이 물건으로 하는 것이 아니라 손길과 말길 따위로 하는 서비스이므로, 인적 서비스라고 부르는 것이 바람직할 것이다. 이 인적 서비스라는 어색한 표현을 한자어로 바꿔보았다.

람에게 행복이 무슨 의미가 있겠는가?[22] 따라서 모든 국민을 죽지 않게 하는 것이 사회복지의 출발이자 기초라고 할 수 있다.

이것이 바로 사회보장(社會保障)이다. '사회보장'에서 주어는 사회이고 동사는 보장이며, 객어(客語, 목적어)[23]는 생략되어 있지만 만인의 최저생활이다.[24] 만인의 최저생활 보장이란 어떤 사람도 인력(人力)으로 막을 수 있는 죽음을 당하지 않고[25] 모두 천수(天壽)[26]를 누릴 수 있게 하는 것이다. 이것은 모든 사람의 생존권[27] 보장이다. 여기서 보장해주는 삶의 수준은 모든 사람의 고급 생활이 아니라 인간다운 최저생활이다. 물론 '최저'의 구체적인 내용은 각 사회마다 다를 것이지만, 그 수준은 겨우 인간다운 목숨을 부지하는 정도라고 보아도 무방하다. 이런 점에서 사회보장

---

22 물론 이것은 죽은 다음을 말하는 윤회나 천당이 무의미하다는 뜻은 아니다. 그것이 사실이냐 아니냐를 떠나서 그런 개념들이 우리의 살아감과 죽어감에 어떤 의미가 있느냐가 매우 중요할 것이기 때문이다. 예컨대 우리는 윤회나 천당을 믿음으로써 죽음을 맞으면서도 마음의 평안을 얻을 수도 있다. 그런가 하면 착취와 능멸을 무기력하게 수용할 수도 있다.

23 주어에 대립되는 것은 '객어'이다. 우리의 조상들이 이미 객어라는 말을 사용했고(하영휘 선생의 산행 중 가르침), 의미도 정확하므로 목적어 대신에 객어라는 단어를 사용하였다.

24 객어를 무엇으로 보느냐에 따라서 사회보장의 범위가 달라진다. 어떤 사람은 최저생계비를 객어로 본다. 이 경우 소득보장이 사회보장이 될 것이다.

25 여기서 행복하게 죽어가는 것을 도와주는 것도 사회복지에 속하는가에 대해서 생각해볼 필요가 있다. 만약 우리가 행복하게 죽는 것(마지막 삶)도 사회가 보장해야 할 최저생활의 일부라고 인정한다면, 행복한 죽음 돕기(호스피스)도 사회복지에 속한다고 보아야 한다.

26 '천수'는 인간의 능력으로 누릴 수 있는 최대 수명이라 할 수 있다. 예컨대 인간다운 대접을 받고 살다가 중병에 걸린 어떤 젊은이가 충분한 치료와 보살핌을 받았는데도 죽었다면, 그는 천수를 다했다고 보아야 할 것이다. 이 천수의 길이와 질은 기술 수준과 같은 역사적이고 사회적인 조건에 따라서 달라진다. 그러나 그 조건은 사회를 존속하는 데 필요한 생명이 유지될 수 있는 상황보다는 나아야 한다. 예컨대 아무리 척박하더라도 사람이 대를 이어가며 살 수 있는 조건은 되어야 생존권의 보장을 이야기할 수 있을 것이다. 먹을 것이 없어서, 혹은 추워서 사람이 살 수 없는 처지에서는 천수가 극히 짧은데, 천수의 보장이 무슨 의미가 있겠는가?

27 여기서 사람은 살려고 하며, 그 살려는 자유를 보장하는 것이 바람직하다는 것이 전제된다. 이러한 전제에 따르면 죽을 자유의 보장은 사회보장일 수 없을 것이다. 그렇다면 자살을 막는 것은 사회보장인가 아닌가? 자살은 '의도적인 자기 죽임'으로서(무의식적인 자기 살해는 자살이 아닐 것이다) 사는 것이 죽는 것보다 고통스럽다는 경계(심리 상황)에서 이루어지는데, 그 경계는 환상일 수도 있고, 현실을 정확하게 반영한 것일 수도 있다. 그 어떤 경우든 자살은 죽을 자유의 실현이 아니라 살 자유의 상실일 것이다. 더군다나 그 경계와 현실은 계속해서 변한다. 따라서 경계와 현실을 변화시켜 자살을 막는 것도, 자살을 막고 현실과 경계를 변화시키는 것도 살 자유의 보장으로서 사회보장이라고 할 수 있다.

의 목표는 매우 소극적이다. 따라서 소극적 사회복지[28]라고 부를 수 있다
(박승희, 2004: 1장). 한편 '보장'이란 최저생활의 유지를 위해서 사회가 앞
장서는 것이 아니라, 최저생활의 단절을 최후에서 막는 것이다. 이것은
공격도 일이차 방어도 아닌, 최후의 방어이다. 삶의 사회보장은 '위험한
최선 달성'이 아니라 '안전 확보'이다.

따라서 사회보장은 사회복지의 출발이자 기초이다. 제대로 사회복지를
하기 위해서는 제대로 된 사회보장이 먼저 이루어져야 한다. 이것은 운동
선수에게 필수적인 기본기와 같다. 기본기가 되어 있지 않으면 좋은 선수
가 될 수 없는 것처럼 사회보장이 제대로 되지 않으면 좋은 사회복지, 나아
가 좋은 사회를 결코 이룰 수 없다. 사회복지가 출발단계에 있는 우리 사회
에서는 사회복지보다 사회보장에 대해서 먼저 논의하는 것이 바람직하다.

뿐만 아니라 사회보장은 사회복지에 비해서 그 경계가 뚜렷하다. 어디
까지가 사회복지인지 애매한 것과는 달리 사회보장은 삶의 위기를 구제
해주는 것이라는 명확한 목표가 있다. 배고픈 사람에게는 밥을 주고, 아
픈 사람은 치료해주며, 보살핌이 필요한 사람은 보살펴주는 것이다. 최근
우리 사회에서는 이런 사회보장에 대한 논의 없이 사회복지 논쟁을 시작
하고 있기 때문에 퍼주기 사회복지론이나 사회복지 망국론 등과 같은 유
령들이 대낮에 중천(中天)을 떠돈다. 사회복지 논쟁은 국민들의 생존을 보
장하기 위해서 무엇을 얼마나 제공하고 어떻게 보살필 것인가를 고민하
는 것으로부터 시작해야 한다. 지금 우리 사회에서는 사회복지 이전에 사
회보장을 논의하는 것이 긴요하다.

---

28 사회보장은 사회복지에 속하고, 사회복지는 사회정책에 속하며, 사회정책은 공공정책에 속한다.
공공정책에는 사회정책을 비롯하여 경제정책·외교정책·군사정책·환경정책·문화정책·교육
정책 등이 있다. 사회정책에는 사회복지와 노동정책이 있다. 통상 노동정책을 제외한 사회정책이
사회복지이다. 사회복지에는 적극적 사회복지와 소극적 사회복지가 있는데, 소극적 사회복지가
바로 사회보장이다(박승희, 2004: 1장).

제3절
한국의 사회보장을 어떻게 검토할까?

사회보장의 확대는 절실하다. 그래서 그런지 우리 사회에서는 여야 좌우를 막론하고 확대할 것인가 말 것인가, 혹은 얼마나 확대할 것인가에 대해서만 관심이 많다. 그런데 사회보장제도는 집을 짓는 것과 같다. 아무리 자그마한 전원주택을 짓는다 하더라도 돈이 한두 푼 들어가지 않지만, 잘못 지어놓으면 두고두고 불평을 할 수밖에 없다. 서두르다 사기꾼들에게 걸려들기라도 하면 완공도 못하고 살림만 거덜난다. 집을 지을 때에는 잘 지은 집을 보고, 그런 집을 지은 집주인의 경험을 경청할 필요가 있다. 물론 잘못 지은 집도 살펴보고 반면교사로 삼아야 하겠지만, 좋은 집부터 참조하는 것이 일의 순서이다. 사회보장을 하는 데에도 돈이 많이 들어간다. 확대하는 데에만 정신을 팔았다가 잘못되면 두고두고 분란만 겪게 되고, 나라 살림만 거덜 난다. 출발단계에 있는 사회보장을 확대할 때는 다른 나라의 좋은 사회보장제도를 살펴보고, 그들의 경험도 들어보아야 한다. 사회보장을 잘못해서 망한 나라의 경험도 살펴보아야 하겠지만, 잘된 나라의 경험부터 먼저 배워야 한다.

다른 나라의 좋은 사회보장으로부터 배울 때는 그것을 거울로만 삼아야 한다. 거울은 아무리 좋아도 우리가 그 속에 들어가 살 수 없다. 우리를 비추어서 우리의 차림새를 조정하는 데 쓸 뿐이다. 먼저 지은 남의 집이 아무리 좋아도 그대로 지을 수는 없다. 집터가 다르고, 가풍이 다르고, 가족 수가 다르기 때문이다. 마찬가지로 소위 '선진국'의 사회보장이 아무리 좋아도 그대로 따라 할 수는 없다. 지리, 문화, 인구가 다르기 때문이다. 그것은 우리의 현실이 아니라, 우리 사회보장을 비추어 조정하는 데 쓸 수 있을 뿐이다. 사회보장을 잘못 운영하여 고생하는 나라들을 보고 주저할 것도 없지만, 잘 운영하는 나라를 그대로 따라 할 것도 없다. 남을 거울삼아 우리의 갈 길을 잘 선택해가면 된다.

따라서 나는 사회보장제도가 잘된 것으로 알려져 있는 스웨덴의 경우를 우리나라 사회보장을 비추어보는 거울로 삼아 대안을 찾아보고자 한다.

그렇다면 스웨덴의 사회보장제도는 과연 좋은 것인가? 스웨덴에서는 평생 주부로만 살아온 노인에게도 남편의 연금과는 별도로 100여만 원의 기초노령연금을, 최중증 장애인에게도 수발과 치료와는 무관하게 100여만 원의 생계비를 지급하고 그 돈에서 소득세를 내게 한다.[29] 심한 병에 걸렸더라도 누구나 연간 45만 원까지만 부담하면 치료를 받을 수 있게 해주고, 일하지 않는 동안 급여의 80%를 나라가 지급한다. 아이를 낳으면 1년 반 동안 엄마든 아빠든 한쪽에게 급여의 80%를 나라가 지급하여 아이를 기르게 하고, 한 살이 넘은 아이들은 낮에 거의 무료로 어린이집에서 먹여주고 보살펴준다. 모든 교육비는 국가에서 부담한다. 장애인에게도 항상 사람을 붙여서 일반인과 같이 생활할 수 있게 한다. 수족이 불편한 노인은 모두 국가가 월 천여만 원까지 들여서 보살펴준다(박승희 · 채구묵, 2007: 137). 부자라도 저렴한 임대주택에서 생활할 수 있게 한다. 도(道)가 실현되어 천하의 모든 것이 공적이라는 대동사회(大同社會)[30]

---

29 2001년의 경우 스웨덴 부부노인의 최저연금은 1인당 월 6,967크로나(1,184,390원), 홀로인 최저연금은 월 7,810크로나(1,327,700원)이다. 연금 최고액은 월 17,000크로나(2,890,000원) 정도이다(http://www.fk.se).

30 이 책의 1장을 참조하기 바란다.

를 연상시킨다.

이러고도 망하지 않을까? 얼마 전까지도 신자유주의의 깃발을 내세우며 미국과 남유럽 국가들이 금융과 부동산 투기 바람을 타고 찬란한 빛을 내고 있을 때, 스웨덴과 독일을 포함한 북유럽 나라들은 오히려 초라해 보였다. 당시에는 사회보장제도가 경쟁력에 악영향을 미친다는 이유로 세계의 금융 자본들이 제도개혁을 압박했으나, 북유럽 국가들은 하는 시늉만 내는 데 그쳤다. 그런데 최근에 금융과 부동산의 거품이 꺼지면서 미국과 남유럽은 불황에 신음하고 있고, 그 여파로 세계 경제도 어려움을 겪고 있다. 세계 경제에 찬바람이 불고 있는 것이다. 그러나 스웨덴을 포함한 북유럽의 경제는 큰 문제가 없다.

> "날씨가 추워진 다음에야 소나무와 잣나무가 늦게 시드는 것을 안다(歲寒然
> 後知松柏之後彫也)."
>
> — 『論語』, 子罕 27

왜 망하지 않을까? 스웨덴에는 부정부패가 없고, 투기가 없으며, 낭비가 없다. 대통령의 가족과 심복들이 줄줄이 감옥에 가는 일은 상상할 수도 없다. 그런 일이 조금이라도 있다면 당장 하야(下野)해야 한다. 스웨덴에서 집권 가능성이 큰 사회민주당의 한 여성 총재 후보는 여행 중에 자동차가 고장 났는데 자기 카드가 통용되지 않자 남편 회사의 법인카드로 결제하고 돌아와서 갚았는데도 공금 유용이라는 언론의 비판을 받고 스스로 물러났다.[31] 정부는 환경을 파괴하고 예산을 낭비하는 대규모 토건 사업을 벌이지 않는다. 땅 투기·집 투기는 처음부터 불가능하고, 사교육비를 대고 집을 마련하는 데 인생을 걸 필요도 없다. 나라의 돈을 엉뚱한

---

31 2007년 남스톡홀름 대학 최연혁 교수의 가르침.

곳에 쓰지 않고 사람을 살리는 복지에 쓴다. 그래서 복지 지출이 많아도 망하지 않는다. 이것은 가족들이 사치와 낭비를 하지 않으면 인생을 건강하고 행복하게 사는 데 돈을 써도 집안이 망하지 않는 것과 같다.

스웨덴은 북쪽의 매우 추운 나라이다. 여름에는 밤이 거의 없고, 겨울에는 낮이 거의 없다. 면적은 남한의 4.5배이고, 인구는 남한의 4분의 1 수준이다. 스웨덴에서는 전체 총생산(GDP)의 약 45%를 세금으로 걷는다.[32] 사회복지를 위해서 국가가 운영하는 사회보험은 거의 없기 때문에 여기에는 우리나라로 치면 사회보험기여금(보험료)이 포함되어 있는데, 이 중 약 70%를 교육비를 포함한 사회복지비로 지출한다. 즉 전체 총생산의 약 30%를 사회복지비로 사용하고 있다. 한국에서는 사회보험금을 포함하여 총생산의 25% 정도를 조세로 거둬서 총생산의 7.5% 정도를 교육비를 포함한 사회복지비로 지출한다.[33] 스웨덴에서는 곗돈을 많이 거둬서 계원들의 복지에 많이 쓴다. 이것이 가능한 이유는 계주가 정직하여 계원들이 계주를 믿기 때문이다. 국민들은 부정직한 계주를 용납하지 않는다. 예컨데 한번은 'BBK'를 자기 것이라 하고, 한번은 자기 것이 아니라고 하여 거짓말을 한 것이 분명한 사람을 국민이 국정의 최고책임자로 인정하는 일은 있을 수 없다. 제대로 된 지도자를 뽑아서 신뢰하므로 사회보장과 사회복지가 발전할 수 있다. 공자는 이상적인 복지사회를 이루기 위해서는 "현자(賢者)를 뽑고 능력자에게 일을 맡기며, 믿음[信]을 키우고 화목을 다지는(選賢與能, 講信修睦)"(『禮記』, 禮運篇) 것이 선행되어야 한다고 했다.

스웨덴은 우리나라 사회보장의 현실을 비추어볼 수 있는 좋은 거울이 될 수 있다. 따라서 이 거울에 우리의 사회보장제도를 비추어보고 대안을 제시해보고자 한다.

---

32 스웨덴의 조세부담률은 45.8%, 한국의 조세부담률은 25.1%이다(http://www.oecd.org, Total tax revenue).

33 2007년 스웨덴의 정부 사회 지출은 GDP 대비 27.3%, 한국의 정부 사회 지출은 7.5%이다 (http://www.oecd.org, Government social spending).

제1부
사회보장의 뜻과 가닥, 소득보장

제1장
사회보장의 뜻과 가닥

"늙고 아내가 없는 사람을 환(鰥)이라 하고, 늙고 남편이 없는 사람을 과(寡)라 하며, 늙고 자식이 없는 사람을 독(獨)이라 하고, 어린데 부모가 없는 사람을 고(孤)라고 합니다. 이 네 부류 사람들은 천하에서 가장 궁한 백성으로 하소연할 곳 없는 자들입니다. 문왕(文王)이 정사를 펴고 인(仁)을 베풀 때 이런 사람들을 반드시 먼저 살폈습니다(老而無子曰獨 幼而無父曰孤 此四者天下之窮民而無告者 文王 發政施仁 必先斯四者)."

—『孟子』, 梁惠王章下 5

사회보장의 의의와 한계

1. 사회보장의 의의

사회보장은 사회복지의 출발로서 사회가 모든 사람들의 최저생계를 보장하는 것이다. 최저생계의 보장은 생활에 필요한 자원을 확보해주는 것이라 할 수 있다. 결국 사회보장이란 사회가 최저급 생존에 필수적인 자원의 결핍이 어느 누구에게도 나타나지 않게 하는 것이다. 인간의 삶은 자연의 일부로서 수많은 조건들이 절묘하게 충족되어야 유지된다. 삶은 기적이다. 이 기적을 지속시키려면 여러 자원들이 필요하지만, 이 중에서 가장 확보하기 어려운, 그래서 결핍되기 쉬운 자원들을 가리켜 '절실하다'고 말한다. 예컨대 공기는 지구에서는 필수적이지만 절실하지는 않다. 그러나 우주인에게는 이것이 필수적이면서도 절실하다. 이 절실 자원을 우리는 '생활자원'이라고 부른다. 지구에서는 공기가 생활자원으로 인정받지 못하나 우주선에서는 생활자원으로 대접받는다. 역사에서 볼 때 우리 인간에게 생활자원들은 주로 의식주(衣食住) 및 의료와 관련된 자원들이었다. 의식주 및 의료에 관한 재화와 권우(眷佑)만 있으면 인간은 대체로 어려움 없이 목숨을 유지할 수 있었다. 따라서 사회보장은 주로 의식주 및 의료 등과 관련된 재화와 권우, 곧 생활자원을 보장하여 만인을 죽지 않게 하는 것이다.

1) 행복의 기초 조건

이 절실한 자원이 부족하여 인간이 생계 위기에 직면한 상황이란 어떠한 것일까? 조선시대의 굶주린 아이들의 형상을 보자.

> 가난한 남촌 아낙 목소리도 사나워라
> 시어미와 다투며 울고 또 소리치네
> 큰아들 절룩이며 바가지 들고 섰고
> 작은아인 누렇게 떠 안색이 초췌하네
> 우물가의 또 한 놈은 너무 야위어
> 배는 볼록 성난 두꺼비 같고
> 볼기짝엔 쭈글쭈글 주름이 졌네
> 어미 와서 때리자 울음소리 더욱 높아
> 천지가 찢기는 듯 구름도 피해가네
> (南村貧婦聲悍毒 餘姑勃谿喧復哭
> 大兒槃散手一瓢 小兒鳶黃顏色焦
> 井上一兒特枯瘦 腹如怒蟾臀皮皺
> 母去兒啼盤坐地 糞溺滿身鼻涕溜
> 母來擊兒啼益急 天地慘裂雲色逗)
>
> — 정약용, 송재소 역주, 1983: 302∼303

다산 정약용 선생의 '산 늙은이[山翁]'이라는 시이다. 주린 아이가 물을 얼마나 마셨을까? 배가 볼록 튀어나온 아이의 모습이 그림처럼 생생하다. 현 시대에서 생활자원이 부족한 모습도 살펴보자. 경상남도 마산에 사는 80대 할머니는 젊어서 남편의 버림을 받아 혼자서 자식을 키우며 살았다. 20년간 절에서 공양주 보살을 하다가 10여 년 전부터 폐지를 모아 생활을 했는데, 일하다가 허리를 다쳐 매월 10만 원씩 내야 하는 3평짜리 방세가 여섯 달치나 밀렸다. 소식을 주고받는 유일한 자식은 암에 걸려서 돈도 보내지 않는다. 자식이 있다는 이유로 기초생계보장 대상자도 될 수 없다. 빚지고는 못 사는 이 할머니는 월세를 갚기 위해서 먹는 것을 줄인다.[1]

주린 아이들에게 밥을 주고 집세에 쪼들리는 노인에게 생계비를 지급하는 것처럼 부족한 절실 자원을 보충해주는 것이 사회보장이다. 사회보장이 되면 이들은 행복할까? 물론 반드시 행복하다고는 말할 수 없다. 심지어 재벌도 더 많이 갖지 못해 안달을 하는데, 주린 아이들이라고 더 맛있는 음식을 먹지 못한다며 투정을 부리지 않고, 집세에 쪼들린 노인이라고 더 넓은 집에서 살지 못하는 것을 억울하게 생각하지 않으리란 법은 없다. 그럼에도 불구하고 사회보장의 혜택을 받게 된 주린 아이들과 쪼들린 노인은 행복할 수 있는 기회를 얻은 것만은 확실하다. 깊은 숲 속에 아무리 많은 가지가 있다 하더라도 쉬고 자는 데는 불과 한 가지('不過一支', 『莊子』, 逍遙遊)면 충분한데, 한 가지마저 얻지 못한 새와는 달리 그것을 얻은 새는 편히 노래를 부를 수 있을 것이다. 뛰어놀 힘조차 없었던 아이들이 산천을 달릴 수도 있고, 월세가 밀려 노심초사하던 노인이 발원하면 마음의 평화를 찾을 수도 있다. 아이들은 소리쳐 노래 부르고, 노인은 조용히 콧노래를 부를 수도 있을 것이다. 사회보장은 행복의 보장은 아닐지라도 행복의 기반임에는 틀림없다.

---

1 「한겨레신문」, 2012년 7월 16일, 14면.

2) 사회적 평화의 조건

사회보장은 개인만이 아니라 사회를 위해서도 필수적이다. 사회성원의 생존이 불안한 상황에서는 아름다운 사회도 가꿀 수 없다. 맹자는 다음과 같이 말한다.

"현명한 임금은 생업을 조성해주되, 반드시 백성들이 위로는 부모를 모시고 아래로는 처자식을 부양할 수 있도록 해주어 좋은 시절에는 죽을 때까지 먹을 수 있고, 흉년에는 죽음을 면할 수 있게 해줍니다. 그런 다음에야 백성들을 선(善)으로 인도합니다. 그러므로 백성들은 따르기가 쉬운 것입니다. 현재 마련해준 생업으로는 백성들이 위로는 부모를 모실 수 없고, 아래로는 처자식을 부양할 수 없으며, 풍년 드는 시절에는 죽도록 고생하고, 흉년에는 죽음을 면할 수 없습니다. 이것은 죽음을 구제해주기에도 부족할까 염려스러울 정도이니, 어느 틈에 예의를 세우겠습니까(明君 制民之産 必使仰足以事父母 俯足以畜妻子 樂歲終身飽 凶年免於死亡 然後驅而之善 故民之從之也輕 今也 制民之産 必使仰不足以事父母 俯不足以畜妻子 樂歲終身苦 凶年不免於死亡 此惟救死而恐不贍 奚暇 治禮義哉)?"

– 『孟子』, 梁惠王章句上

율곡 선생은 유교적 이상 사회를 향약으로 만들어가기 위해서 부단히 노력했다. 그럼에도 불구하고 향약보다는 백성의 생존 위기 해소가 우선이라고 주장한다.

"백성을 먹여 살리는 것이 먼저이고, 백성을 가르치는 것은 나중입니다. 민생의 초췌함이 지금보다 심한 때가 없사오니, 서둘러 폐단을 없애시어 위기를 해소한 이후에야 향약을 시행하실 수 있을 것이옵니다(養民爲先 教民爲

後 民生憔悴莫甚於今日 汲汲救弊解倒懸然後 可行鄕約也)."[2]

사회 성원들의 먹고사는 문제가 해결되지 않으면 사회의 질서도 유지되기 어렵다는 것을 알 수 있다. 따라서 사회보장은 사회를 유지하는 것은 물론 아름답게 가꾸기 위한 기본적인 조건이다.

2. 사회보장의 한계

사회보장은 개인의 행복 및 아름다운 사회 가꾸기의 필수적인 조건임에도 불구하고 모든 문제를 해결해줄 만큼 전능하지도, 어떠한 문제도 야기하지 않을 정도로 완전하지도 않다.

1) 사회보장의 경계(境界)

나는 사회복지에 대한 정의로 『예기(禮記)』 예운편(禮運篇)에 나오는 다음 구절보다 좋은 것을 아직 본 적이 없다.

"공자가 다음과 같이 말한다. '큰 도(道)가 실행되는 세상에서는 천하를 공(公)으로 여겼다. 현자(賢者)를 뽑고 능력자에게 일을 맡기며, 믿음[信]을 키우고 화목을 다진다. 그래서 사람들은 오로지 자기 어버이만을 어버이로 섬기지 아니하고, 오로지 자기 자식만을 자식으로 여기지 아니하였다. 늙은이

---

2 한글 『國譯栗谷全書』 VI, 韓國學中央硏究院, 2006, 138쪽 참조, 한문은 『經筵日記 二』, 萬曆二年 甲戌, 『栗谷先生全書』 券之二十九, 韓國學中央硏究院, 栗谷全書 第六輯 2006, 65쪽 인용.

는 말년을 잘 마칠 수 있게 하고, 젊은이는 쓰일 수 있게 하며, 어린이는 잘 자랄 수 있게 하고, 홀아비 · 과부 · 고아 · 무자식 노인과 폐질자(廢疾者, 장애인)는 모두 부양을 받을 수 있게 했다. 남자는 일정한 직분이 있고, 여자는 귀속되는 곳이 있게 했다. 재화(財貨)가 함부로 땅에 버려지는 것은 싫어하되, 반드시 자기만 쓰기 위해 쟁이지 않게 하였다. 힘이 몸에서 나오지 않는 것을 미워하되, 반드시 자기만을 위해 쓰지 않게 하였다. 그러므로 간사한 모의(謀議)는 닫혀져서 일어나지 않았고, 도절(盜竊)과 난적(亂賊)은 생기지 않았다. 그래서 바깥문을 닫지 않았다. 이것을 대동(大同)이라 한다' (孔子曰, 大道之行也 天下爲公 選賢與能 講信修睦 故人 不獨親其親 不獨子其子 使老有所終 壯有所用 幼有所長 矜寡孤獨廢疾者 皆有所養 男有分 女有歸 貨惡其棄於地也 不必藏於己 力惡其不出於身也 不必爲己 是故 謀閉而不興 盜竊亂賊而不作 故外戶而不閉 是謂大同)."

－『禮記』, 禮運篇

이 구절은 자본주의 이전 사회의 유교적인 이상을 기술한 것이므로 언제 어디서나 정확하게 들어맞을 수는 없다. 그러나 보편적으로 통용될 수 있는 사회복지의 필수적인 요소를 잘 언급하고 있기 때문에 사회복지에 속하는 사회보장의 경계가 어딘가를 확인하는 데 매우 유익하다. 이 구절은 또한 사회복지의 실현 방법, 내용, 결과 등을 제시하고 있는데, 사회복지의 내용으로는 노인 부양, 젊은이의 일자리 제공, 아동 양육, 홀아비 · 과부 · 고아 · 무자식 노인과 장애인 부양, 남녀의 사회적 역할 및 소속 마련, 근검절약을 통한 상호부조 기회의 조성 등을 밝히고 있다. 이 중에서 사회보장에 해당되는 것은 무엇인가? 사회보장이란 생활자원의 생산과 관련이 없는 것은 아니지만 기본적으로 이미 생산된 것을 배분하여 사람들의 생계 위기를 제거하는 것이라는 점을 고려하면 노인 부양, 아동 양육, 홀아비 · 과부 · 고아 · 무자식 노인과 장애인 부양만이 사회보장에 속한다. 나머지는 사회복지이지만 사회보장이라고는 말할 수 없다.

그런데 젊은이의 일자리 제공, 남녀의 사회적 역할 및 소속 마련, 노동과 절약을 통한 상호부조 기회의 조성 등은 사회보장에는 속하지 않지만 인간의 행복과 사회의 아름다운 조화를 위해서는 필수적인 것들이다. 이 것들은 모두 노동 및 공동체 생활과 직결된다. 그런데 노동과 공동체가 없다면 사회복지를 완성할 수 없다. 사람들이 쓰임을 당하지(노동하지) 않고 공동체 속에서 자기 직분을 가지고 있지 않다면 삶의 보람을 어디서 찾을 것인가? 뿐만 아니라 사회보장도 불가능할 것이다. 다들 재화를 함부로 버리고 힘을 몸에서 내지(노동하지) 않는다면 어떻게 사회보장에 필요한 재화와 권우를 확보할 수 있으며, 공동체적 인간관계가 없어 사람들이 남는 재화와 힘을 오직 자신만을 위해서 쓴다면 어떻게 노인과 아이 그리고 폐질자를 부양할 수 있겠는가? 여기서 사회보장은 사회복지의 일부일 뿐이며, 제대로 된 사회복지를 위해서는 노동의욕을 장려하고 공동체를 활성화시키는 것도 매우 중요함을 알 수 있다.

이런 한계를 염두에 두면서 사회보장이 노동 및 공동체 생활과는 어떤 관련을 갖고, 노동과 공동체 생활에 어떻게 기여하거나 해를 끼치는지 살펴보고자 한다.

2) 사회보장과 노동

(1) 노동의 중요성

사회보장은 노동 없이 이루어질 수 없다. 사회보장은 생계 위기에 처한 사람에게 이미 생산된 것을 분배하여 소비할 수 있게 하는 것이므로 생산 활동인 노동이 없다면 성립될 수조차 없다. 사회보장이 없어도 노동은 이루어질 수 있지만, 노동이 없으면 사회보장은 없다. 노동이 본(本)이고, 사회보장은 말(末)이다.

그러나 노동은 이런 생산의 측면에서만 중요한 것이 아니다. 가장 중요한 다른 이유는 개인과 가족 안팎 공동체의 노동이 욕망의 생성과 충족에 중요하기 때문이다. '건전한 욕망'이 자원의 생산 과정에서 지속적으로 만들어지고, 그것을 스스로 충족할 수 있을 때 인간은 행복을 누릴 수 있다. 이런 노동의 욕망 생성과 충족을 잘 보여주고 있는 것이 다음의 시이다.

보리타작[打麥行]

새로 거른 막걸리 젖빛처럼 뿌옇고
큰 사발에 보리밥, 높기가 한 자로세
밥 먹자 도리깨 잡고 마당에 나서니
검게 탄 두 어깨 햇빛 받아 번쩍이네
옹헤야 소리 내어 발맞추어 두드리니
삽시간에 보리 낟알 온 마당에 가득하네
주고받는 노랫가락 점점 높아가는데
보이나니 지붕 위에 보리 티끌뿐이로다
그 기색 살펴보니 즐겁기 짝이 없어
마음이 몸의 노예 되지 않았네[3]
낙원이 먼 곳에 있는 게 아닌데
무엇하러 벼슬길에 헤매고 있으리오
(新蒭濁酒如湩白 大碗麥飯高一尺
飯罷取耞登場立 雙肩漆澤飜日赤

---

3 도연명의 『歸去來辭』의 "이미 스스로 마음을 몸의 노예로 삼았을지라도, 어찌 근심하며 슬퍼하고만 있으리요(旣自以心爲形役 奚惆悵而獨悲)"라는 구절과 연관시켜 이해할 필요가 있다(정약용, 송재소 역주, 1983: 212).

呼邪作聲擧趾齊 須臾麥穗都狼籍

雜歌互答聲轉高 但見屋角紛飛麥

觀其氣色樂莫樂 了不以心爲形役

樂園樂郊不遠有 何苦去作風塵客)

　　　　　　　　　　　　　　　- 정약용, 송재소 역주, 1983: 212

다산 선생은 땀을 흘리며 노동을 할 때 생성되는, 먹고 마시고 쉬고 싶은 욕망이 옛 노동의 결과로 만들어진 보리밥 막걸리와 휴식으로 얼마나 달콤하게 충족되고 있는가를 그림처럼 묘사하고 있다. 이 그림 속의 힘겨운 노동과 흥겨운 노래의 절묘한 대비도 아름답다. 여기서 우리는 노동이 우리의 삶을 위해서 얼마나 중요한 것인가를 느낄 수 있다.

만약 이런 노동의 기회가 없다면 사람들은 마약과 도박 중독에 빠져 신음할 가능성이 매우 클 것이다. 그래서 맹자가 "항산이 없이는 항심도 없다(無恒産 因無恒心)"(『孟子』, 梁惠王章句上 7)라고 하였을 것이다. 여기서 '항산'이란 식량과 돈과 같은 생활자원이 아니라 그것을 지속적으로 생산하는 노동과 노동수단을 의미한다. 자본주의 이전의 농경사회에서는 농토와 그것을 경작하는 노동일 것이다.

(2) 사회보장의 노동의욕 고취와 약화

사회보장은 노동의욕을 북돋아주기도 한다. 지금 우리 사회에서처럼 젊은 사람들이 아무리 열심히 일을 해도 주거공간을 마련하여 둥지를 틀고 자식을 낳아 기르기가 버거우면 복권 '한 방'을 노리고 일을 포기할 수도 있을 것이다. 반면 사회보장이 정착되어 젊은이들이 어떤 일이든 하기만 하면 부담 없이 둥지를 틀고 아이들을 낳아 기를 수 있다면 일을 포기하는 경우도 줄어들 것이다.

그러나 사회보장이 노동의욕을 빼앗을 수도 있다. 예컨대 다 알고 있는 것처럼 미국 정부에서는 한때 원주민 촌을 만들어주고 그들에게 생활비를 지급했다. 그 결과 많은 원주민들이 노동의욕을 잃고 항심도 잃었다. 많은 사람들이 약물과 도박 중독에 신음하면서 일하는 것을 아예 포기해버릴 수밖에 없었다. 이것은 강화도 선창가 갈매기들이 새우깡만 받아먹고 비만해져 물고기를 잡을 수 없게 된 것과 같다. 사회보장이 항상 좋은 것만은 아니다. 사회보장은 해야 하지만, 잘 살펴서 해야 한다.[4]

3) 사회보장과 가족

(1) 가족 안팎 공동체의 중요성

인간은 평균적으로 보면 자신에게 필요한 생활자원 이상을 생산할 수 있다. 만약 인간의 평균 생산량이 평균 소비량보다 적었다면 인류는 존속할 수 없었을 것이다. 일반적으로 선천적 장애인과 같은 특별한 경우를 제외하면 사람들은 한평생 자기가 소비한 것보다 더 많은 자원을 생산한다. 자기 먹을 것은 자기가 가지고 태어난다는 말은 틀리지 않다. 그럼에도 불구하고 인간은 생활자원을 항상 지니고 있을 수 없다. 특히 혼자서 확보하기란 불가능하다. 사람이 태(胎) 안에서 영양을 공급받지 않으면 어떻게 태어나고, 나서도 누군가 음식(재화)을 먹여주지(권우) 않으면 어떻게 살아남겠는가? 인간은 태어나기 전부터 이미 '거지'이다. 수족을 가누지 못하여 구걸마저도 할 수 없다. 아무리 자연적인 조건이 인간의 생존에 유리하더라도 다른 사람의 도움 없이는 생활자원을 항상적으로 확보하기 어렵다. 생활자원은 늘 변하여 무용해지므로 창고가 아무리 넓더라

도 몸 밖에 그것을 그대로 저축해두는 데에도, 쓸개가 아무리 크더라도 몸 안에 변용(變容)하여 압축해두는[5] 데에도 분명한 한계가 있다. 로빈슨 크루소처럼 잠깐은 몰라도 사람이 나면서 죽을 때까지 혼자서 살아갈 수는 없다. 사람들은 서로 돕지 않으면 생존할 수 없다.

역사적으로 볼 때, 이런 상부상조는 가족 공동체 안에서 이루어졌다.

"옛날에 문왕(文王)이 기주를 다스릴 때 농사짓는 사람들에게는 9분의 1의 세금을 거두었고, 벼슬아치에게는 대대로 녹(祿)을 주었고, 관문과 시장에서는 기찰만 하고 세금은 거두지 않았으며, 못에서 고기를 잡는 것을 막지 않았고, 죄인을 처벌하되 그 가솔들에게까지 벌이 미치지 않게 하였습니다. 늙고 아내가 없는 사람을 환(鰥)이라 하고, 늙고 남편이 없는 사람을 과(寡)라 하며, 늙고 자식이 없는 사람을 독(獨)이라 하고, 어린데 부모가 없는 사람을 고(孤)라고 합니다. 이 네 부류 사람들은 천하에서 가장 궁한 백성으로 하소연할 곳 없는 자들입니다. 문왕이 정사를 펴고 인(仁)을 베풀 때 이런 사람들을 반드시 먼저 살폈습니다(昔者文王之治岐也 耕者九一 仕者世祿 關市譏而不征 澤梁無禁 罪人不孥 老而無妻曰鰥 老而無夫曰寡 老而無子曰獨 幼而無父曰孤 此四者天下之窮民而無告者 文王 發政施仁 必先斯四者)."

– 『孟子』, 梁惠王章下 5

이 글에서 국가가 먼저 보살피는 대상인 '환과고독(鰥寡孤獨)'은 가족의 도움을 받을 수 없는 사람들이다. 이것은 가족이 얼마나 중요한 개인 생

---

5 나는 담석증 때문에 고통으로 날밤을 샌 적이 많았다. 그래서 쓸개의 소중함을 안다. 간이 서서히 만든 쓸개물은 관을 타고 위로 가서 음식물을 녹이는데, 그 물의 일부가 관에 달린 쓸개에 모인다. 평상시보다 소화하기 어려운 양과 질의 음식물이 들어오면 쓸개는 수축하여 저장한 쓸개물을 위로 더 공급하여 소화를 돕는다. 이렇게 소화된 음식물은 기운(energy)으로 변하여 우리 몸에 쌓여 있다가 비상시에 소중하게 쓰인다. 쓸개는 남은 음식을 비상시에 쓰기 위해 저장하는 데 필요한 도구를 보관하는 창고이다.

존을 보장해주는 주체인가를 말해주고 있다. 가족이 개인의 생존에 필요한 자원을 보장하는 것을 '가족보장'[6]이라고 부를 수 있다. 한편 가족도 사회이므로 이것을 '작은 사회의 보장'이라고도 부를 수 있을 것이다.

그런데 위기로부터 가족도 안전한 것이 아니다. 따라서 가족 밖의 친족 및 이웃 공동체의 도움을 받아야 한다. 예컨대 최근에 자주 발생하는 가내 폭력은 이웃 및 친족 공동체가 살아 있다면 많이 억제될 것이다. 이런 예를 통해서도 가족 밖 공동체가 가족과 개인들의 생존보장에 중요한 기여를 할 수 있다는 것을 알 수 있다. 물론 가족 밖 공동체도 완전한 것이 못 되므로 더 큰 사회인 국가의 최종적인 생존보장이 절대적으로 필요할 것이다. 이것은 가족 안팎 공동체가 잘 살아 있었던 전근대 사회에서도 '환과고독'은 국가가 살펴야 한다는 주장을 통해서 잘 알 수 있다.[7] 아무튼 친족과 이웃 공동체도 사회보장의 중요한 역할을 담당할 수 있다.

한편 공동체도 노동과 마찬가지로 인간의 건전한 욕망의 생성과 충족이라는 점에서 매우 중요하다. 공동체가 사회보장을 담당하는 경우 사람들은 자기가 확대된 우리를 위한 행복 증진의 욕망을 가질 수 있고, 그것을 충족하면서 보람을 느낀다. 예컨대 홀어머니는 자식들을 먹여 살리려는 욕망을 가지며, 그것을 위해서 궂은일을 마다하지 않음으로써 그 욕망을 충족하고 보람을 느낀다. 그런 어머니는 아무리 차림이 허술할지라도 병아리를 거느리는 암탉처럼 기품이 당당하다. 뿐만 아니라 도움을 받는 사람도 자신의 욕망이 가까이 있는 사람들에 의해서 충족될 때 매우 생생하게 고마움을 느낄 것이다. 이런 보람과 감사를 사회보장을 통해서 느끼기는 쉽지 않다. 가족보장은 가족을 통해서 도움을 주고받는 것이고, 사회보장은 국가를 통해서 도움을 주고받는 것이다. 가족이라는 작은 사회

---

6 여기서 가족은 주어이다. 물론 가족이 목적어가 되는 것도 가능하다. 그러면 '가족보장'은 그 뜻이 달라져서 가족의 생활을 보장하는 것을 의미할 것이다.

7 가족 안팎 공동체와 국가의 역할 관계에 대해서는 '박승희(2004), 6장'에서 자세하게 다루고 있다.

를 통해서 도움을 주고받을 때, 주는 자와 받는 자가 느끼는 생생한 보람과 감사를 한 나라라는 큰 사회 속에서 찾기는 어려울 것이다. 예컨대 보통 사람들의 경우 세금으로 도움을 주고받는 때의 기쁨과 부모 자식 간에 부양을 주고받을 때의 기쁨을 어떻게 비교할 수 있겠는가? 친족이나 이웃 간의 나눔의 기쁨도 가족보다는 못할지 몰라도 사회의 나눔보다는 클 가능성이 있다. 가족 안팎 공동체에서는 물질만을 나누지 않는다. 마음도 나눈다. 가족 안팎 공동체는 절망한 사람들을 안아주고 도닥거려준다. 죽고 싶은 사람도, 누군가를 죽이고 싶은 사람도 마음의 평화를 찾을 수 있게 해준다. 이것을 어찌 큰 사회가 대신할 수 있겠는가?

가족 안팎 공동체는 자원 동원에 한계가 있기 때문에 모든 국민의 최저생존을 보장하기는 어렵다. 그러나 공동체는 사회보장의 필요량을 줄여줄 수 있다. 만약 이것들이 파괴된다면 사회보장의 수요는 급증할 것이다. 한편 가족 공동체는 사회가 할 수 없는 양질의 부양을 감당할 수 있다. 인간은 공동체적인 삶을 통해 욕망을 생성하고 충족하면서 재미있게 구성된 일상 의식의 화면을 펼쳐나갈 수 있기 때문이다. 이런 점들을 고려할 때 사회보장은 공동체적 삶에 비해서 차선책이라고 할 수 있다. 사회보장은 가족 안팎 공동체적 삶의 보완물이지, 대체물이 되어서는 안 될 것이다.

(2) 사회보장은 가족을 보존하는가, 파괴하는가?

사회보장은 가족 공동체의 파괴를 막아줄 수도 있다. 우선 다산의 '굶주린 백성'이란 시(飢民詩)의 일부를 보자.

많고 많은 백성들 태어나서는
여위고 말라서 도탄에 빠졌으니
갈대처럼 마른 몸을 가누지 못해

거리마다 만나느니 유랑민뿐이로세

이고 지고 나섰으나 향할 곳이 바이없어

어디로 가야 할지 아득하기만

부모 자식 부양도 제대로 못해

곤궁한 나머지 천륜(天倫)마저 끊기겠네

(林林生蒸民 憔悴含瘡痍

橋莘弱不振 道塗逢流離

負戴靡所聘 不知竟何之

骨肉且莫保 迫厄傷天彝)

– 정약용, 송재소 역주, 1983: 71, 75

만약 국가가 이들에게 식량을 제공한다면 부모와 자식을 거두는 것을 포기하지 않을 것이므로 천륜은 끊기지 않을 것이다. 그러나 사회보장은 가족을 오히려 약화시킬 수도 있다. 사회보장의 정도가 증대하여 개인들이 사회에 의존할수록 가족에 의존하려는 경향이 낮아질 것이다. 예컨대 가족은 개인에게 노후의 보장체계이다. 젊어서 자식을 기르면 자식이 노후를 책임지는 것은 전근대 사회의 일반적인 사회윤리였다. 그러나 사회가 노후를 보장한다면 개인들은 가족에게 매이려 하지 않을 것이다. 물론 사람들이 어떤 삶을 선호할 것인가에 따라서 정도의 차이는 나겠지만, 사회보장이 가족을 약화시킬 가능성이 있는 것만은 분명하다.

(3) 사회보장과 가족보장의 균형

가족 안팎 공동체가 완전하게 살아 있다면 사회보장은 전혀 필요하지 않을 것이다. 그러나 가족 안팎의 공동체가 파괴될수록 사회보장의 필요성은 증가한다. 이것은 만약 병이 없다면 병원이 필요하지 않지만, 병이 증가할수록 병원의 필요성도 증가하는 것과 같다.

가족과 친족, 이웃이 살아 있던 자본주의 이전 사회에서는 사회보장의 필요성이 크지 않았다. 흉년이나 전쟁으로 공동체 자체가 제 기능을 하지 못하거나, 구성원의 사망이나 재생산 실패 등으로 공동체가 훼손되어 공동체의 보호를 받지 못하는 환과고독이 발생한 경우에만 사회보장이 필요했다.

그러나 자본주의 사회가 전개되면 이런 가족 안팎의 공동체는 심각하게 약화된다. 자본주의를 특징짓는 상품시장에서는 인간관계를 상품거래관계로 만들어간다. 공동체적인 인간관계는 장기적이고, 총체적이며, 정적인 관계이다. 이에 반해 상품거래관계는 단기적이고, 파편적이며, 이해타산적인 관계이다. 예컨대 부자(父子)관계는 상점에서 물건을 사고파는 관계와는 다르다. 상품거래가 많아질수록 인간은 의식적 혹은 무의식적으로 기존의 공동체적 인간관계를 상품거래관계의 형식으로 전환시켜간다. 이것을 인간관계가 물상화(物象化)된다고 표현한다.[8] 이리 되면 사람들은 개별화되어 살아가므로 상부상조하기가 어렵다. 뿐만 아니라 이 상품시장의 원리가 분업을 더욱 조장함에 따라, 사람들의 능력은 파편으로 전락하여 불구화(不具化)되므로 의존의 필요성은 더욱 커진다. 이런 상황에서 모두들 시장에 더욱 의존하려 들지만 시장은 삶을 보장하지 않는다. 돈이 없으면 시장에서 누가 먹여주고, 치매가 든 노인이 아무리 돈이 많은들 시장에서 누가 그 돈을 지켜주면서 휘청거리는 삶을 보살펴주겠는가? 시장에는 그 돈을 훔쳐 먹을 사람들이 득실거린다. 그러므로 자본주의 사회에서는 개인들의 최저 삶을 사회가 보장해줄 필요성이 더욱 크다고 하겠다. 가족 안팎 공동체로부터 분리된 사람들은 생계 위기에 직면하면 곧바로 사회보장의 대상이 될 수밖에 없다. 자본주의 사회에서 사회보장의 수요는 급증한다.

---

8 자세한 것은 『한국사회복지정책론: 아름다운 세상 가꾸기』(박승희, 2004) 2장 참조.

그러나 이런 문제를 사회보장을 증가시키는 것으로만 해결할 수는 없다. 이것은 병의 증가를 병원을 늘리는 것만으로 해결할 수 없는 것과 같다. 병의 증가를 막기 위해서 병을 발생하지 않게 하는 물리적·사회적 환경을 만드는 것이 필요한 것처럼, 사회보장의 수요를 줄이기 위해서는 가족 안팎 공동체의 보호와 가꿈이 긴요하다. 뿐만 아니라 사회보장을 확대할 때도 항상 공동체가 파괴되지 않도록 세심한 주의를 기울여야 한다.

3. 기본 소요 불충족 위기와 사회보장의 내용

개인 혹은 개별 가족은 각자의 최고 삶은 물론 최저 삶도 스스로 꾸리는 것이 원칙이지만, 최저생활을 위한 기본 소요마저 스스로 충족할 수 없는 위기에 직면하곤 한다. 바로 이때 사회가 최저의 삶을 보장하는 조치를 실행해야 한다.

기본 소요를 충족할 수 없는 위기란 무엇인가? 이에 답하려면 소요(needs)를 설명해야 한다. 앞에서 잠깐 설명한 바와 같이 소요는 사회적으로 충족될 필요가 있다고 인정해준 욕망이다. 예컨대 명품 가방을 갖고 싶은 욕망과 달리 최저생계를 유지하려는 욕망은 소요에 속한다. 그런데 모든 욕망과 마찬가지로 소요도 결핍으로부터 생긴다. 결핍이란 마땅히 가지고 있어야 하는 것만큼 가지지 못한 상태이다. 우리가 마땅히 가져야 하는 정도를 당유(當有, 가져야 함), 이미 가지고 있는 것을 기유(旣有, 이미 가짐)라고 부른다면 욕망이란 당유보다 기유가 적을 때 발생한다. 소요는 사회적으로 인정해주는 당유보다 기유가 적을 때 생긴다. 특히 기본 소요는 최저생계 유지를 위한 소요이다. 최저생계 유지를 위해서 갖추어야 할 것들에 비해 현재 가지고 있는 것들보다 적을 때 기본 소요가 발생한다. 기본 소요 불충족의 위기는 결국 개인이나 가족이 보유한 생활자원이 기본 소요를 충족하는 데 필요한 양보다 적을 때를 말한다. 이런 상황은 생활자원 확보 수단이 축소되거나, 기본 소요가 확대된 경우이다. 자본주의 사회에서 이 수단의 축소는 주로 소득이 소멸하거나 급격하게 감소할 때 나타난다. 한편 기본 소요의 확대는 기유가 감소하거나, 당유가 증가하는 경우를 뜻할 것이다.

이러한 기본 소요 충족 위기의 기제를 염두에 두면서, 개인 혹은 가족이 전체 삶의 과정에서 직면하기 쉬운 기본 소요의 충족 위기 상황을 요람에서 무덤까지 순서대로 살펴보기로 하자.

여성이 임신을 하면 기존의 몸 상태가 일시적으로 악화되어 특별한 보호를 받을 필요가 있다. 이것은 기유의 축소, 곧 기본 소요의 확대를 뜻한다. 증가된 기본 소요를 충족시키려면 의료와 휴식이 필요한데, 이를 위해서는 해오던 경제 활동을 포기하는 경우가 발생하여 결국 소요 충족의 수단인 소득을 상실할 가능성이 크다. 따라서 한 여성이 임신을 하면 본인과 태아의 사정에 따라 의료, 휴식과 소득을 제공하는 사회보장이 절실하다.

여성이 출산을 하면 여성의 활동 조건이 악화되어 기유가 축소되고 가족이 늘어나서 당유가 증가한다. 이렇게 기본 소요는 확대되지만 휴식과 산후조리, 영아 양육과 같은 소요 충족 활동을 위해서는 경제 활동을 포기하는 상황이 생긴다. 이 영아의 부모에게는 의료와 휴식, 소득을 제공해야 한다. 자녀를 가진다는 것은 당유의 확대이고, 기존 소득으로는 확대된 소요까지 충족하기 어려우므로 아동수당과 같은 방식으로 소득을 증가시켜줄 필요가 있을 것이다. 특히 주거공간이 추가될 필요가 있는 경우, 추가 임대료에 해당하는 주택수당을 제공해야 한다. 아동을 양육하고 교육하는 것은 당유의 증가에 따른 소요의 확대이므로 확대된 소요를 충족시켜주는 보육과 교육의 권우를 제공해야 한다. 아동이 병이나 장애를 가지면 간병과 수발이라는 당유확대, 소득 상실과 같은 기유축소가 초래되므로 소득과 인적·물적 서비스를 제공해야 한다.

주거공간의 확보를 위해서는 많은 자원이 일시적으로 필요하다. 물론 이것은 소득의 상실이나 소요의 확대와는 무관하다고 보아야 한다. 개인이 혼자서 단기간에 주거공간을 확보하기는 매우 어렵기 때문에 사회가 저렴한 비용으로 살 수 있는 임대주택을 공급하거나, 임대비를 지원해주거나, 주택구입비를 저리로 대출해주어야 한다.

질병 및 장애는 대표적인 당유의 확대이자 기유의 축소이다. 병자와 장애인은 일을 할 수 없는 상태에서 요양과 재활을 받아야 하므로 소득을 상실하기 마련이다. 여기에는 산업재해와 노화에 따른 질병과 장애도 포함된다. 질병과 장애가 발생하면 소요의 충족을 위해서는 치료와 수발, 장비, 주택 수리 그리고 소득 등을 제공해주어야 한다.

실업과 정년은 대표적인 소득 상실이므로 소득을 보장해주어야 한다.

이상의 논의를 표로 정리하면 다음과 같다.

〈표 1-1〉 자본주의 사회의 주요 소요 위기와 사회보장의 내용

| 소요 위기 | 소요 충족 수단 상실 | 소요의 증가 | | 절실 지원 |
		당유 확대	기유 축소	
임신	해당	무관	해당	의료, 휴식, 소득
출산	해당	해당	해당	의료, 휴식, 소득
아동 수의 증가	무관	해당	해당	아동수당
아동 양육, 교육	해당	해당	해당	보육권우
질병 아동 발생	해당	해당	해당	소득, 치료, 수발
장애 아동 발생	해당	해당	해당	소득, 수발, 장비
주거 확보	단기 소득으로는 주택 마련이 어려움			임대주택, 저리대출
질병	해당	해당	해당	소득, 치료
장애	해당	해당	해당	소득, 수발, 장비
실업	해당	무관	해당	소득
노령 정년	해당	무관	해당	소득(연금)

사회보장의 방법들과 갈래

최저의 삶을 사회가 보장하는 방법에는 어떤 것들이 있을까?

흔히 사회보장의 방법을 공공부조(사회부조)[9], 사회보험, 사회수당[10], 사회 서비스 등으로 분류한다. 그런데 이것은 사람을 흑인, 백인, 학생으로 분류하는 것과 같다. 분류 대상의 포괄성도 없고, 항목 간의 배타성도 없어 생각의 실타래를 헝클어놓는다. 예컨대 스웨덴의 병가급여는 수당[11]이 아닌데 어디에 속하는가? 그리고 기초생활보호 대상자에게 의료 권우를 제공하는 의료보호(급여)제도는 공공부조에 속하는가, 사회 서비스에 속하는가? 이런 엉킴은 분류의 기준을 먼저 고려하지 않고 통용되는 제도를 단

---

9 사회부조로 사용해도 무방하다. 사회보험, 사회보공(社會普供), 사회지본(社會支本) 등의 용어와 조화를 이루기 위해서는 social assistance를 그대로 번역하여 '사회부조'로 하는 것이 자연스러울 것이다. 그러나 관례를 따라서 '공공부조'로 부르고자 한다.

10 이것은 흔히 소득 및 자산 조사를 하지 않고, 사회보험의 기여 여부와 무관하게 최저생활에 필요한 자원을 국가가 제공하는 스웨덴 등의 사회보장제도를 말한다. 그런데 이 명칭은 문제가 많다. '수당'이란 임금 이외로 지급되는 돈을 의미하는데, 스웨덴과 같은 나라에서는 사회보장을 위해서 임금을 대신한 소득을 현금으로 제공하는 것은 물론 권우(眷佑, 인적 서비스)와 물품도 거의 무료로 지급하기 때문이다. 따라서 나는 이것을 국가(사회)가 최저생활에 필수적인 자원을 보편적으로 제공한다는 의미를 살려 '사회보공'이라 부르고자 한다.

11 제1장 주 23과 제2장 주 10을 참조.

순하게 나열하기 때문에 생긴다. 무릇 분류할 때는 그 기준을 분명히 하는 것이 필수적이다. 이것은 사회보장의 제도를 분류할 때도 마찬가지이다.

사회보장은 국민이 하는 계(契)이다. 사회보장에 필요한 생활자원은 하늘에서 내리는 것도, 땅에서 솟는 것도 아니다. 결국 국가가 국민으로부터 자원을 동원하여 필요한 사람에게 그 자원을 나누어주는 것이라고 할 수 있다. 따라서 사회보장은 국가가 무엇을 어떻게 동원하여, 무엇을 어떻게 나누어주는가에 따라서 그 방법이 달라진다. 그러므로 동원하고 분배하는 자원의 종류, 동원하고 배분하는 방식을 중심으로 사회보장제도를 분류하는 것이 바람직할 것이다.

1. 동원 · 배분 자원의 종류와 사회보장

먼저 국가가 징수하는 자원의 종류와 급부하는 자원의 종류를 중심으로 사회보장의 방법을 분류하기로 하자.

1) 징수 자원과 사회보장의 종류

국가가 징수하는 자원은 돈, 품(노동력), 물품 등이다. 현실에서는 주로 돈을 징수하며, 드물게는 '공익근무'의 경우와 같이 품을 동원하기도 한다. 화폐제도가 고도화된 현대 자본주의 사회에서 국가가 물품을 동원하는 경우는 매우 드물다. 물론 전근대 사회에서는 국가가 물품을 징수하는 것이 오히려 일반적이었다.[12]

---

12 율곡은 조선시대의 현물 동원에 대해서 다음과 같이 증언한다.

징수 자원을 중심으로 사회보장제도를 분류해보면 '현금 징수 사회보장'과 '노동력 징수 사회보장', '물품 징수 사회보장'으로 나눌 수 있다.

2) 분배자원과 사회보장의 종류

국가가 사회보장을 위해서 나누어주는 자원은 돈, 권우, 물품이다. 이 기준에 따르면 사회보장은 돈을 제공하는 소득보장과 현물(인적·물적 서비스)을 제공하는 현물보장으로 분류할 수 있다. 그리고 현물보장은 권우를 제공하는 것과 물품을 제공하는 것으로 나눌 수 있을 것이다. 예컨대 장애인에게 수발을 제공하는 것은 권우(인적 서비스) 보장이고, 윤의(輪倚, 휠체어)를 제공하는 것은 물품(물적 서비스) 보장일 것이다. 기초생계를 보장하기 위해서 이용권(바우처)을 제공하는 것은 소득보장도 아니고 현물보장도 아니다. 그 중간이라고 볼 수 있을 것이다. 이 각각의 사회보장제도에서는 공공부조, 사회보험, 사회보공(社會普供)[13], 사회지본(社會支本)[14]의 방식 등이 활용될 수 있다.

이상의 논의를 정리하면 〈표 1-2〉와 같은데, 이 표를 잘 살펴보면 징수하는 물품을 중심으로 분류하는 것은 큰 의미가 없음을 알 수 있다. 동원하는 것이 대부분 돈이고, 품을 동원하는 경우는 매우 드물기 때문이

"만약 그 고장에서 나는 물품이 아니면 추렴하여 멀리 딴 지방에 가서 물품을 사오게 되니, 노력과 비용이 열 배나 듭니다. 심지어 아장(牙獐, 사향노루)·보장(甫獐, 큰 노루) 같은 봉물(封物)을 구하려면 노루 수백 마리를 잡는다 하더라도 아장과 보장이 아니라고 사냥을 그만둘 수 없어서 그 고생은 더욱 심합니다. (중략) 도내(道內)의 고을들 중에는 사슴이 없는 곳도 많아서 모두 베나 재물을 가지고 서울로 가서 사게 되는데, 대부분 귀족들 집안에서 구하게 되고 그 값도 엄청나게 비싸며, 흔히 전에 진상했던 물품들을 되사서 다시 바치게 됩니다. 이것은 곧 백성들의 피땀을 착취하여 귀족들이 이익을 추구하는 자료를 만들어줄 따름입니다. 이를 생각하면 기가 막힐 지경입니다."(이이, 2006가: 198)

13 흔히 '사회수당'이라고 부르는 것이다. 스웨덴의 사회보장제도는 대부분 여기에 속한다.

14 최근 논의되고 있는 '기본소득 보장제도'가 여기에 속한다. 사회지본이란 사회가 기본적 생계비나 권우를 소요(所要, needs)나 소득과 무관하게 일률적으로 지급하는 것을 의미한다.

다. 그러나 급부하는 자원을 중심으로 사회보장을 소득보장과 현물보장으로 분류하는 것은 유용하다. 실제로 이 두 가지는 서로를 보완해주는 사회보장이기도 하다.

〈표 1-2〉 징수 및 급부 자원 기준 사회보장의 분류 및 사례

사회보장의 종류	소득보장	현물보장	
		권우보장	물품보장
현금 징수 사회보장	연금	의료보험	윤의 무료 지급
노동력 징수 사회보장	사례 없음	공익요원 노인 수발	사례 없음
물품 징수 사회보장	사례 없음	사례 없음	사례 없음

3) 현금보장과 현물보장의 상보성(相補性)

자본주의 사회에서는 소득보장이 가장 선호되는 사회보장의 방법이다. 왜냐하면 시장이 발달한 사회에서 돈은 징수하기도 쉽고 분배하기도 쉬울 뿐만 아니라, 대부분의 사람들은 돈만 있으면 시장에서 생활에 필요한 자원들을 구입하여 사용할 수 있기 때문이다.

그러나 돈만 제공하는 것으로는 완전한 사회보장을 이룰 수 없다. 돈이 있어도 생존 위기에 직면하는 사람들이 적지 않기 때문이다. 예컨대 정신지체 장애인은 돈을 관리하기도 어렵고 사용하기도 어렵다. 이런 장애인에게 돈만 제공한다고 생존이 보장될 수 있겠는가? 돈의 사용 및 관리에 관한 권우는 물론, 생존에 필수적인 다른 서비스도 보장해주지 않으면 안 된다. 그런가 하면 약물 중독자는 돈을 받으면 치료를 받는 대신에 약물을 구입할 수도 있고, 맹장염을 앓는 사람이 돈을 들고 병원 대신에 기도원을 갈 수도 있다. 이런 경우에도 돈을 주기보다는 현물을 직접 공급하는 것이 최저생활을 보장하는 방법이 될 것이다. 이런 문제 때문에 이용권제도처럼 돈의 '자유'를 제한하는 사회보장의 방법이 도입되기도 한다. 그러나 그 자유도 완전하게 제한할 수는 없다. 예컨대 식권을 술로 바꾸어 마실 수도 있기 때문이다. 아무튼 소득보장은 편리한 제도이긴 하지만, 돈은 사용할 능력이 부족한 사람에게는 무용한 것이므로 완전한 사회보장을 위해서는 현물의 사회보장이 필수적이다. 돈을 사용하는 주체의 능력에 대한 불신이 현물 사회보장의 한 원인이다.

그런가 하면 생존보장에 필요한 현물의 양과 질을 돈으로 환산 혹은 추상(抽象)[15]하여 예측할 수 없기 때문에도 현금보다는 현물을 직접 공급한다. 소득보장은 최저생활에 필요한 자원을 국가가 직접 공급하기보다는 돈을 주고 구매하게 하는 것인데, 이것의 전제는 필요한 자원을 돈으로 미리 추산할 수 있다는 것이다. 그러나 생존에 필수적인 자원을 반드시 돈으로 쉽게 추산할 수 있는 것은 아니다. 예컨대 의료 권우의 양과 질은 개인의 사정에 따라 다르기 때문에 예측하기가 어렵고, 따라서 돈으로 바꾸어 추정할 수가 없다. 이와 같은 상황에서는 돈을 미리 지급하기보다는 현물을 제공하거나, 현물에 대한 비용을 국가가 사후적으로 지급하는 것이 바람직할 것이다. 이 때문에 국가가 의료와 수발, 장애인의 활동 보조 장비 등과 같이 특정 소요 충족에 필요한 자원은 현물로 공급하는 것이 일반적이다.

현물보장은 소득보장보다 '규모의 경제 원리'를 활용할 수 있다는 점에서도 선호되는 경향이 있다. 예컨대 국가가 개인들에게 돈을 제공하고 주택을 시장에서 구입하게 하는 것보다는 주택을 직접 지어서 공급하는 것이 비용을 절감할 수 있을 것이다. 한 사람이 집을 한 채씩 짓는 것보다는 열 채를 한꺼번에 짓는 것이 채당 비용을 낮추는 데 유리하기 때문이다. 뿐만 아니라 국가가 직접 공급하는 경우에는 독과점으로 집값이 상승

---

15 교환가치나 가치는 상품과 노동을 양으로 추상한 것이다(Marx & Engels, 1987, MEW 51~52).

하는 것을 막을 수도 있다. 이와 같이 국가가 소비를 주관하는 것을 흔히 '집합적 소비'라고 부른다. 이런 이유에서도 현물의 사회적 공급이 필요하다.

이상에서 우리는 개인의 돈 사용 능력의 한계, 소요의 양과 질 예측의 어려움 그리고 '규모의 경제' 활용 가능성 등으로 인해 소득보장보다는 현물보장이 선호되는 경우가 있음을 알 수 있다. 물론 어떤 현물보장은 둘 이상의 이유 때문에 선호될 것이다. 예컨대 의료는 소요의 양과 질의 예측 어려움뿐만 아니라 돈 사용자의 능력 한계 때문에, 보육이나 교육은 돈의 남용 가능성이나 규모의 경제를 고려하여 현물보장이 선택될 것이다.

2. 자원 동원 · 배분 방식과 사회보장

지금까지 국가가 동원 · 분배하는 자원의 종류를 중심으로 사회보장을 살펴보았으니, 자원을 동원하고 분배하는 방식을 중심으로 다루기로 하자.

1) 자원 동원 방식과 사회보장의 종류

국가가 자원을 동원하는 방식에는 조세와 사회보험의 기여금(寄與金) 갹출이 있다. 조세는 세금 징수와 부역(賦役)으로 이루어진다. 조세의 목적은 대부분 국가 운영 등에 필요한 일반 자원을 마련하는 것이다. 조세 징수 목적은 대부분 특정되지 않는다. 또한 조세 납부와 그에 대한 보상은 직결되지 않는다. 예컨대 세금을 내고도 기초생활보장제도의 생계급여를 받지 않을 수도 있고, 교육세를 내지 않고도 국가가 지원하는 교육을 받을 수도 있다. 이와는 달리 사회보험에서는 급여를 약속하고 기여금을 갹출한다. 이것은 보험료를 내고 위험 상황에 처했을 때 보험금을 주는 보험원리를 응용한 것이다. 여기서 급부는 기여의 보상이자 유인제(誘引劑)이다. 사회보험의 목적은 사회보장이므로 기여금 납부도 조세보다는 약하지만 일정한 강제성을 띤다. 넓은 의미에서 보면 사회보험의 기여금도 조세라고 볼 수 있다. 사회보험에서는 징수의 목적이 명확하며, 기여자의 기여와 급부가 직결되어 있다. 예컨대 건강보험의 기여금은 의료급여를 위해서만 사용해야 하며, 기여금을 낸 사람만이 건강보험의 급부를 받을 수 있다. 이 때문에 사회보험을 개인 저축이나 보험으로 오해하는 경우도 적지 않다.[16] 이를 표로 정리하면 다음과 같다.

〈표 1-3〉 사회보장 자원 동원 방식 비교

구 분	징수 강제성	징수 목적	납부 보상의 연계
조 세	강함	애매	거의 없음
사회보험기여금 갹출	약함	명확	강함

2) 자원배분 방식과 사회보장의 종류

자원의 급부에서는 최저생활에 대한 기본 소요(所要)와 이 소요를 충족

---

16 심지어 대통령도 오해한다. 청와대는 2008년 3월 26일 발표한 정책안에서 "지난해 말 현재 국민연금 가입 신용불량자는 142만 명인데, "본인 납부액의 50%로 채무조정이 가능한 사람은 29만 명으로 추정된다"고 하면서 이들의 "도덕적 해이를 최소화하고, 자기 책임의 대원칙 아래 일시적 어려움에 빠진 이들을 구출해 정상적인 사회경제 생활로 복귀하도록" 하기 위해 신용불량자가 본인 연금납부액의 50% 이하를 담보로 활용하여 금융기관에서 저리의 대출을 받아 채무를 변제할 수 있게 해준다고 하였다. 사회보험은 사회보장이 목적인 한, 개인의 빚을 갚는 데 써서는 안 될 것이다.

시킬 수 있는 수단이 중요하다. 따라서 급부의 방식을 논하고자 할 때는 이 두 가지를 기준으로 삼는 것이 바람직할 것이다.

사회보장은 최저생활을 보장하는 것이 목적이므로 이제까지 사회보장을 위한 급부는 소요 상황을 고려하여 지급하는 것이 일반적이었다. 이 소요 상황이란 건강 악화와 같은 기유의 축소나 부양가족의 증가와 같은 당유의 확대로 최저생활에 대한 기본 소요가 증대하거나, 실업 등으로 기본 소요 충족 수단이 상실되어 소요 충족에 위기가 발생한 상황을 의미한다. 기본 소요의 확대든 소요 충족 수단의 감소든, 소요 충족이 어려운 개인이나 가족에게 소요 충족의 수단을 제공하는 것이 사회보장이기 때문이다. 이제까지 소요 상황을 고려하지 않고 사회보장을 위해서 자원이 개인에게 급부된 적은 없었다. 심지어 급부 조건이 가장 느슨하다는 북유럽의 사회복지에서도 소요 상황이 고려되지 않은 경우는 없었다. 예컨대 스웨덴에서는 15세 이하의 자녀가 있는 부모에게 빈부를 따지지 않고 아동수당을 지급한다. 이 경우 부자에게 아동수당을 주는 것은 소요 상황과 무관한 것처럼 보인다. 그러나 이것은 아동이 있음으로써 생길지도 모르는 소요 충족 위기에 대비하는 사회보장망의 일환이라고 할 수 있다.

그런데 최근 들어 소요 상황마저도 고려하지 않고 사회보장을 위한 급여를 지급하자는 주장이 있다. 그것이 기본소득(basic income) 제도이다. 이 기본소득 제도는 어떠한 조건도 고려하지 않고 거주하는 시민[17]에게 기본소득을 동일하게 지급하는 것이다. 물론 이 제도의 전제는 기본소득을 지급했기 때문에 면세점(免稅點)은 당연히 무시하고, 세금은 올린다는 것이다. 이때 보통 사람들은 기본소득을 받은 만큼 세금을 더 납부할 것이다. 이처럼 소요 상황, 기여 여부, 빈곤 정도 등을 전혀 고려하지 않고

---

17 이를 구체적으로 규정하는 데에는 논란이 있을 수 있다. 특히 외국인 노동자들을 시민으로 포함시키느냐, 않느냐가 쟁점이 되기도 한다.

기본 소요의 충족에 필요한 기본적인 소득 등을 미리 지급하고 모든 소득에 대해서는 조세를 부과하는 방식을 우리는 '사회가 기본을 지급한다'는 의미에서 '사회지본'이라고 부르고자 한다.

사회보장의 급부 형식은 소요 상황을 고려하느냐 마느냐만이 아니라, 소요 충족 수단인 자원(특히 돈)의 지출 및 확보 전략을 급부와 연계시키는 방식에 따라서도 달라진다. 소요를 충족시킬 수 있는 수단은 개인만이 아니라 사회도 확보하는 것이 쉽지 않다. 이 수단은 결국 사회적 부를 분배하는 것이므로 분배의 양과 방식에 관해서는 이해가 첨예하게 대립된다. 따라서 일반적으로 기본 소요 충족의 위기 상황에 처한 사람에게 지급하는 사회보장의 급부량을 줄이거나 자원의 동원량을 늘리는 전략을 시도하게 된다. 급부량을 줄이고 자원의 동원량을 늘리는 가장 손쉬운 방식은 대상자와 지급량을, 급부량 절감 및 자원 동원 전략과 연동시키는 것이다.

급부량의 축소를 목적으로 대상자와 지급량을 제한하는 대표적인 사회보장의 급부 방식은 기본 소요 상황의 위기를 스스로 해결할 수 없는 사람에게만 스스로 해결할 수 없는 정도만큼 급부하는 것이다.[18] 다시 말해 사회 성원 전체의 기본 소요 충족에 필요한 총 자원 중에서 개인들이 시장에서 스스로 획득할 수 있는 부분을 제외한 잔여(殘餘) 부분만 사회가 제공하는 것이다.[19] 이것이 공공부조의 급부 방식이다. 이를 위해서는 개인의 소요 조사와 소득 및 자산 조사가 필수적이다. 자산 조사를 하는 것은 자산을 처분하거나 활용하여 생활자원으로 쓸 수 있을 것이기 때문이다. 한편 우리 사회처럼 급부를 더욱 인색하게 하려는 경우에는 소득 가능성 조사를 하기도 한다. 소득 가능성 조사란 당장의 소득은 아니지만

---

18 이에 대해 흔히 최저생활에 대한 소요 충족을 목표로 한다는 점에서 최저생활 보장의 원칙을 따르며, 최저생활을 유지하는 데 필요한 자원의 부족 부분을 보충해준다는 점에서 보충성의 원칙을 따른다고 표현한다.

19 이런 복지제도를 '잔여적 복지'라고 부른다.

소득을 위한 자원으로 활용할 수 있는 자산이나, 소득을 벌 수 있는 노동력[20]과 소득을 지원받을 수 있는 인척관계를 조사하는 것[21]이다. 아무튼 이 공공부조 방식에서는 생활자원, 특히 돈과 돈을 벌 능력이 현재 부족한 것이 수급의 조건이다.

자원의 동원량을 늘리는 것을 목적으로 자원 기여와 급부 대상자 및 급부량을 연계시킨 대표적인 방식은 개인이 미래의 특수한 생계 위기 상황에 대비하여 미리 기여한 금액, 기간 등에 따라서 실제 위기 시에 현금 및 현물의 급부 여부와 급부액 등을 결정하는 방식이다. 이것이 사회보험의 방식이다. 이 방식에서는 과거 기여 상황 및 소요 상황의 확인이 필수적이다. 예컨대 실업보험의 경우에는 과거의 기여 시간 및 기여 정도, 그리고 비자발적 실업 여부가 확인되어야 한다. 그런데 사회보험에서는 일반적으로 과거 기여 상황을 확인하는 데는 특별한 조사가 필요하지 않지만, 소요 상황을 확인하기 위해서는 소요 조사가 필요한 경우가 있다. 예컨대 노인장기요양보험의 경우 권우 제공을 위해서 소요 조사가 필수적인 반면, 연금의 경우는 연령만 확인하면 되므로 특별한 조사가 필요하지 않다. 아무튼 사회보험에서는 과거에 기여 경력이 급부와 수급의 조건이다. 공공부조에서는 현재 돈과 돈을 벌 능력이 기본 소요를 충족하는 데 부족함이 수급 조건이라면, 사회보험에서는 과거에 기본 소요를 충족하고 남은 돈[22]으로 기여(其餘)한 것이 수급 조건이다.

한편 자원 지출을 줄이고 동원량을 늘리려는 전략을 현재의 생계비 부족이나 과거의 기여와도 연계시키지 않은 사회보장의 방식이 있다. 이것

---

20 우리 사회의 기초생활보장제도에서는 '근로능력(노동력)'이 있는 빈민에게 자활사업 등에 참여하는 것을 조건으로 생계급여를 지급한다. 이것을 '자립 지원의 원칙'이라고 부른다.

21 우리 사회의 기초생활보장제도에서는 '가족 우선 부양의 원칙'을 따르기 때문에 이 조사가 필요하다.

22 만약 과거 소득이 최저생계비 이하였다면 사회보험의 기여는 불가능할 것이다. 이런 점에서 사회보험의 기여는 생계를 꾸리고 남은 돈의 일부라고도 볼 수 있다.

이 사회보공이나 사회지본 방식이다. 사회보공 방식은 스웨덴의 경우처럼 소득 및 자산 조사나 기여 상황을 확인하지 않고, 기본 소요 충족의 위기 상황만을 고려하여 사회가 돈이나 권우를 보편적으로 제공하는 것[23]을 말한다. 예컨대 자녀가 있는 가정에는 빈부를 따지거나 기여 여부를 따지지 않고 아동의 수만을 고려하여 동일한 아동수당을 지급하는 방식이 여기에 속한다. 물론 이런 제도를 도입한 국가들이 사회보장비를 절약하고 자원 동원을 늘리려는 노력을 포기하는 것은 아니다. 다만 급부조건을 까다롭게 함으로써 지출을 줄이고 자원 동원량을 늘리는 것은 사회보장의 사각시대를 만들어낼 위험성이 있기 때문에 삼갈 뿐이다. 한편 사회보공을 실시하는 사회에서도 소득을 대체해주는 각종 사회급여는 기존 소득에 비례하여 지불하는 경향이 있다. 예컨대 스웨덴의 출산휴가를 위해서 국가가 기존 소득 대신에 지불하는 육아급여는, 상한선과 하한선은 있지만, 대체로 소득의 80%가 원칙이다. 이것은 대부분이 경우 기존의 소득이 인간다운 삶을 보장하는 최저선이라는 전제 아래 출산으로 인한 급격한 소득 감소를 막아야 한다는 취지에서 이루어진 것이지만, 소득이 높을수록 세금을 많이 낸다는 것을 고려하면 급부를 기여와 연계시킨 자원 동원 유인체계의 일종[24]이라고도 볼 수 있다. 한편 사회지본 제도에서도 소득 및 자산 조사와 기여 확인을 하지 않고 자원을 지급한다.

이상의 논의를 표로 정리하면 다음과 같다.

---

[23] 이것을 흔히 사회수당이라 부르는데, 이 명명(命名)은 문제가 적지 않다. 사회수당이란 사회가 지급하는 수당(手當)이라고 할 수 있고, 수당은 "봉급 이외에 따로 지급하는 보수"(『민중국어사전』)를 뜻하기 때문이다. 이 명칭을 따를 경우, 스웨덴 등에서 보편적으로 제공하는 보육과 의료 권우도 사회수당으로서 사회가 지급하는 봉급 외에 따로 지급하는 보수가 될 것이다. 그리고 봉급 '외에'가 아니라 봉급 '대신에' 지급하는 병가급여도 사회수당이 될 것이다.

[24] 물론 사회보험과는 많이 다르다. 기여 여부 및 기여 기간 등과는 무관하게 급여가 지급되기 때문이다.

〈표 1-4〉 징수 및 급부 방식 중심으로 분류한 사회보장의 종류

구분		급부 방식			
		소요 조사	소요 조사	소요 조사	무소요 조사
		자산 조사	무자산 조사	무자산 조사	무자산 조사
		무기여 확인	기여 확인	무기여 확인	무기여 확인
징수 방식	조세	공공부조	없음	사회보공	사회지본
	기여금	없음	사회보험	없음	없음

3) 공공부조, 사회보험, 사회보공, 사회지본의 성격

여기서 우리는 자원의 동원과 배분 방식을 중심으로 현실적으로 성립 가능한 주요 사회보장의 방식으로 공공부조, 사회보험, 사회보공, 사회지본을 지적할 수 있다. 이제 네 가지 사회보장 방식들이 각각 어떤 성격들을 가지고 있는가를 살펴보기로 하자.

〈표 1-5〉 주요 사회보장 방식의 성격들

사회보장 제도	징수		분배						대표 사례
	징수 방식	징수 내용	분배 방식				급부 내용		
			소득 조사	기여 확인	소요 고려	소요 조사			
공공부조	조세, 부역	돈, 품	함	안 함	함	함		돈	국민기초생활보장
								권우, 물품	의료부조
사회보험	기여금 징수	돈	안 함	함	함		안 함	돈	한국 국민연금
								권우	한국 의료보험
							함	권우	노인장기요양보험
사회보공	조세, 부역	돈, 품	안 함	안 함	함		안 함	돈	스웨덴 아동수당
								권우, 물품	스웨덴 의료보장
							함	돈	스웨덴 장애수당
								권우, 물품	스웨덴 수발보장
사회지본	조세	돈	안 함	안 함	안 함	안 함		돈	'기본소득'

공공부조는 〈표 1-5〉에서 보는 바와 같이 자원을 조세 방식으로 동원한다. 동원한 자원은 품인 경우도 없지는 않지만 대부분 현금이다. 배분은 소득 및 자산 조사와 소요 조사를 통해서 이루어진다. 공공부조를 통해서 지급되는 것은 현금이나 현물이다. 현금을 지급하는 공공부조의 대표적 사례는 우리나라 국민기초생활보장을 위한 생계급여제도나 기초노령연금제도 등이고, 현물을 지급하는 사례는 국민기초생활보장제도 안의 의료급여(의료부조)제도이다.

사회보험은 기여금 갹출 방식으로 자원을 동원하며, 배분은 기여 및 소요 상황의 확인을 통해서 이루어진다. 기여와 소요 충족의 위기가 급여의 필수 조건이다. 소요 상황을 확인하기 위하여 노령연금제도처럼 소요 조사를 하지 않는 경우가 대부분이나, 노인장기요양보험처럼 하는 경우도 있다. 급부하는 것은 현금과 현물이다. 현금을 지급하는 사회보험의 사례는 우리나라의 국민연금제도이고, 현물을 지급하는 사회보험 사례는 의료보험제도, 산재보험제도 등이다.

사회보공은 공공부조처럼 조세 방식으로 자원을 동원한다. 배분은 소요의 위기 여부에 따라 이루어진다. 소득 상실이나 감소 등으로 소요의 충족을 위한 자원의 결핍 가능성이나, 질병이나 장애 등으로 소요가 확대된 상황이 확인되면 빈곤 및 기여 여부를 따지지 않고 현금이나 현물을 제공한다. 스웨덴 사회보공제도를 예로 들면 아동수당제도처럼 소요 상황을 확인하기 위한 조사가 필요치 않은 경우도 있고, 장애인수발보장제도처럼 소요의 양과 질을 확인하기 위한 조사가 필요한 경우도 있다. 제공하는 자원은 질병급여와 같은 현금, 질병 치료와 같은 권우, 장애인의 특수 장비와 같은 물품이다.

사회지본은 조세 방식으로 자원을 동원한다. 배분 과정에서는 개인의 어떠한 사정도 고려하지 않고 무조건 일정액을 일괄 지급하는 것이 원칙이다. 최저생계비를 모든 거주자에게 지급하는 기본소득제가 여기에 속한다. 아직까지 이 제도는 대안 제시 단계에 있다. 급부하는 내용은 주로 돈이다. 의료 권우의 경우에서 알 수 있는 바와 같이, 현물 급부와 관련된 소요의 양과 질은 사람에 따라 다르기 때문에 사회지본의 방식을 채택하기가 어렵다.

그렇다면 이 네 가지 주요 사회보장 방식의 장단(長短)을 비교해보기로 하자(〈표 1-6〉 참조). 이를 위해서는 각 방식들이 사회보장의 목표에 어느 정도 충실할 수 있는가가 중요한 기준이 될 것이다. 사회보장의 목표에 충실한 정도는 얼마나 많은 사람의 생활을 어느 정도의 선에서 보장하는가를 따져봄으로써 가늠해볼 수 있다. 전자를 대상의 포괄성 정도, 후자를 사회보장의 수준이라고 부를 수 있을 것이다. 이것은 각 제도들이 사회복지의 수급 자격과 정도를 얼마나 시장, 특히 노동시장의 성취도와 연관시키는가와 밀접하게 관련된다. 흔히 복지급부가 시장의 성취도와 연관이 적을수록 탈상품화 정도가 높다고 이야기한다. 따라서 각 제도들이 사회보장에 충실한 정도는 대상의 포괄성, 보장의 수준 그리고 탈상품화 정도를 중심으로 살펴볼 것이다. 이와 함께 자원의 징수 및 배분의 효율성 면에서 어떠한 차이가 있는가를 살펴보기로 하자.

〈표 1-6〉 네 가지 주요 사회보장 방식의 비교

구분	공공부조	사회보험	사회보공	사회지본
대상자의 포괄성	매우 작음	중간	큰 편	매우 큼
보장선의 높이	낮은 편	높은 편	높은 편	낮은 편
탈상품화 정도 (노동시장 관련성)	매우 낮음 (큼)	보통 (보통)	높은 편 (작은 편)	높은 편 (작은 편)
징수 효율성	높은 편	낮은 편	높은 편	높은 편
급부 효율성	매우 낮음	보통	높은 편	매우 높음

사회보장의 대상 포괄 범위는 대상자를 소요 및 소득 자산 조사로 제한하는 공공부조가 가장 작고, 급여를 기여와 연계시키는 사회보험이 중간 정도이며, 소요가 확인되면 급부가 제공되는 사회보공이 큰 편이고, 무조

건적인 급부가 이루어지는 사회지본이 가장 큰 편이다. 보장선의 높이는 간단하게 비교하기 어렵다. 왜냐하면 구체적인 제도에 따라서 달라질 수 있기 때문이다. 예컨대 동일한 사회보험을 통한 연금제도라 하더라도 각 사회마다 급여의 수준은 매우 다르다. 그렇더라도 대강의 경향성을 이야기할 수 있다. 공공부조는 사회복지에 인색한 자유주의자들이 선호하는 것이기 때문에 보장의 선이 대체로 낮은 편이다. 사회보험은 급여가 기여와 긴밀하게 연계되어 있어 편차가 심하다. 예컨대 우리 사회 공무원연금의 급여 수준은 국민연금에 비해 월등히 높다. 그러나 대체로 공공부조보다는 높은 편이다. 사회보공은 공공부조보다는 높은 편이다. 사회지본은 가장 기초적인 소득 등을 보장하는 것이므로 상대적으로 보장의 선이 낮을 가능성이 크다. 탈상품화의 정도는 현재 소득 수준 등에 따라서 급여 여부와 정도가 결정되는 공공부조가 낮은 편이고, 과거의 소득에 의한 기여가 급부의 조건을 규정하는 사회보험이 중간 정도이며, 현재 및 과거 소득과 급부의 관련이 약한 사회보공이 높은 편이고, 소득과 급부가 무관한 사회지본도 높은 편이다.

징수의 효율성은 사회보험이 가장 낮은 편이다. 사회보험의 경우는 각 사회보험마다 징수를 위한 별도의 노력이 필요한 반면, 공공부조 · 사회보공 · 사회지본은 일반 조세를 통해서 자원을 확보하기 때문이다. 배분의 효율성은 공공부조가 낮고, 사회보험은 보통이며, 사회보공은 높은 편이고, 사회지본은 매우 높은 편이다. 공공부조는 소득 및 자산을 통해서 자원을 배분하므로 배분비용이 많이 소요된다. 사회보험도 모든 사람들의 기여 경력을 관리해야 하므로 사회보공이나 사회지본에 비해서 배분비용이 많이 든다. 사회지본은 급부 자격의 조건이 단순하기 때문에 배분비용이 매우 적을 수밖에 없다.

이런 사회보장의 방식들 중에서 어떤 것을 택하는가는 그 사회의 지배적인 이념에 따라 달라지는 경향이 있다. 예컨대 잔여적인 사회복지를 선호하는 자유주의가 지배하는 사회에서는 공공부조 방식을 선호하며, 보편적 사회복지를 추구하는 사회민주주의가 지배하는 사회에서는 사회보공의 방식이 지지를 받는 경향이 있다. 그리고 사회보험은 자유주의나 봉건주의가 지배하는 사회에서 채택되는 경향이 있다. 사회지본은 여러 이념적 지평을 가진 사상가들로부터 지지를 받고 있다.

그러나 한 사회에서 한 방식만을 채택하지는 않는다. 통상 각 사회에서는 2개 이상의 방식을 채택하는 경향이 있다. 공공부조를 선호하는 영국과 같은 사회에서는 사회보험을 공공부조와 병행하는 것이 일반적이다. 공공부조로는 빈민의 최저생활은 보장할 수 있지만, 중간 소득 이상층의 최저생활은 보장할 수 없기 때문이다. 반대로 사회보험을 중심으로 사회보장을 발전시켜온 독일과 같은 사회에서는 공공부조가 필수적이다. 사회보험에서는 급부 대상을 기여자로 제한하기 때문에 필수적으로 생기는 사각지대를 공공부조로 보완하지 않을 수 없기 때문이다. 따라서 현실에서는 우리나라의 경우에서 보는 바와 같이 공공부조와 사회보험이 공존하는 경향이 있다.

사회보공의 방식을 채택하는 사회에서도 공공부조나 사회보험의 방식을 부분적으로 활용한다. 예컨대 스웨덴의 경우, 실업급여 기간이 종료된 장기실업자처럼 일할 수 있는 능력이 있으면서도 소득이 없는 사람들에게는 공공부조로 최저생활을 보장해준다. 그리고 실업보험을 노동조합에서 운영해온 전통을 존중하여 실업급여를 사회보험의 흔적을 유지하는 급부 방식으로 제공한다.[25] 아직까지 사회지본을 주요 사회보장 방식으로 채택한 나라는 거의 없다. 하지만 사회지본의 대표적인 방식인 기본소득제도를 도입하더라도 사회보공이나 사회보험으로 보완할 필요가 있다. 예컨대 개인별 소요 편차가 심한 의료의 보장을 위해서는 사회지본보다는 사회보공이나 사회보험의 원리를 따르는 것이 바람직할 것이기 때문

---

25 스웨덴에서는 노동조합에 가입하여 조합비를 납부하는 것이 실업급여를 받는 조건이 된다. 그러나 실업급여의 소요되는 경비 중 87%는 정부가 부담한다(박승희 · 채구묵 외, 2007).

이다.

이런 점들을 고려할 때, 현실 사회에서 채택 가능한 주요 사회보장 유형으로는 공공부조와 사회보험을 결합한 방식, 사회보공을 주로 하면서 공공부조를 부분적으로 활용하는 방식, 사회지본을 사회보공이나 사회보험과 병행하는 방식이 있을 수 있다. 이 중에서 세 번째는 아직 실현된 경우가 없다고 해야 할 것이며, 현실에서 존재하는 방식은 앞의 두 유형이라고 보아야 한다. 물론 예외가 없는 것은 아니다. 예컨대 공공부조를 중심으로 사회보장제도를 발전시켜온 영국의 경우, 공공부조와 사회보험이 주요 사회보장 수단이면서도 의료 서비스는 사회보공의 방식을 채택하고 있다.

제2장

소득보장

"임금은 나라에 의지하고, 나라는 백성에게 의지하므로 임금은 백성을 하늘로 삼사온데, 백성은 밥을 하늘로 삼습니다. 백성이 그 하늘로 삼는 것을 잃어버리면 나라는 그 의지할 곳을 잃게 되옵니다. 이것은 변하지 않는 이치이옵니다(君依於國 國依於民 王者以民爲天 民以食爲天 民失所天 則國失所依 此不易之)."[1]

1 한글 『國譯栗谷全書』Ⅴ, 韓國學中央研究院, 2006, 379쪽 참조, 한문은 『聖學輯要 七』, 『栗谷先生全書』券之十九, 韓國學中央研究院, 栗谷全書 第五輯 2006, 160쪽 인용.

소득보장의 현황 점검 및 대안의 기준

우리는 우리 사회의 사회보장의 방향을 살펴보기 위한 준비 작업으로 사회보장의 의의와 방식들을 살펴보았다. 이제 사회보장의 대표적인 방식인 소득보장의 현실을 점검해보고, 대안을 탐색해보기로 하자.

우리 사회의 소득보장 현황을 점검해보려면 어떤 점들에 주목해볼 것인가를 먼저 확정하는 것이 바람직하다. 이 기준을 마련하기 위해 자본주의 사회에서 발생하기 쉬운 소득 결핍에 따른 생존 위기와 그에 상응하는 소득보장의 내용들을 정리해본 다음, 소득보장을 둘러싼 쟁점들을 살펴보기로 하자.

1. 기본 소요 충족 위기와 소득보장

사회보장의 한 방편이 소득보장이므로, 소득보장도 소요(所要, needs) 충족의 위기를 해소하는 정책이다. 자본주의 사회에서 소요 충족의 위기는 대부분 소요 충족의 주요 수단인 화폐 소득이 기본 소요를 충족하기에 부족한 상황에서 발생한다. 소득이 부족한 상황이란 소득이 없거나 감소한 경우 또는 소요가 증가한 경우라고 할 수 있다. 소득이 없거나 감소한 경우에는 대부분 소득을 제공해주면 위기는 해소된다. 그런데 소요의 증가로 생긴 위기는 소득 제공만으로 쉽게 해소되는 경우도 있고, 그렇지 않은 경우도 있다. 예컨대 출산으로 가족이 늘면 생활비뿐만 아니라 보육의 필요성도 증가한다. 생계비 부족은 소득보장으로 쉽게 해소할 수 있지만, 보육문제는 돈만으로 해결할 수 없을 것이다. 따라서 어떤 경우에 소득보장이 필요한가를 따져보기 위해서는, 소득이 없거나 감소하여 생긴 생계 위기와 소요 증가로 발생한 생계 위기 중에서 소득 제공으로 쉽게 해결할 수 있는 위기에 어떤 것들이 있는가를 살펴볼 필요가 있다.

그러면 자본주의 사회에서는 어떤 경우에 소득이 없거나 감소하는가? 사람들은 대부분 돈이 없을 때 노동력을 팔아서 돈을 번다. 돈이 많은 소수의 사람들은 구태여 노동력을 팔아서 생계를 꾸리지 않으려 한다. 따라서 노동력을 판매할 수 없는 대부분의 사람들은 소득이 없다. 뿐만 아니라 노동력을 판매하지 않는 자영업자, 자본가라 하더라도 자기 노동력을 직접 사용할 수 없으면 소득 활동이 중단될 가능성이 매우 크다. 따라서 소득이 없거나 감소하는 상황은 노동력 유무와 노동력 판매 여부 등을 중심으로 살펴보는 것이 바람직할 것이다.

노동력을 상실한 사람들은 소득이 없을 가능성이 매우 크다. 노동력 상실의 대표적인 원인들은 노화와 질병, 사고 등에 의한 장애이다. 노동력의 상실 정도와 질은 장애의 정도와 질에 따라 달라질 것이다. 아무튼 장애인의 생존을 사회가 보장하려면 장애인에게는 수발 및 치료 권우(眷佑, human service)와는 별개로 소득을 보장해주어야 한다. 노인 장애인에게는 다른 노인들처럼 노령연금이, 젊은 장애인에게는 장애급여가 제공되어야 할 것이다. 특히 산업재해로 장애가 생긴 경우에는 기존의 소득을 사회가 완전하게 보상해주어야 할 것이다. 부분적으로 노동력을 상실한 젊은 장애인에게는 노동력의 상실 정도에 따라서 부분장애급여가 제공되어야 할 것이다. 질병을 치료하는 중에는 노동력을 일시적으로 상실할 수 있고, 치료 때문에 일을 하지 못할 수도 있다. 이런 때에도 소득을 상실하게 되므로 생존보장을 위해서는 마땅히 치료와는 별도로 상병수당이 아니라 병가급여[2]가 지급되어야 한다.

　노동력을 상실하지는 않았더라도 절박한 사정으로 노동력을 소득 활동에 사용할 수 없는 경우가 있다. 임신한 여성이 태아와 자신의 건강에 해가 될 수 있어 일을 할 수 없거나, 갓난아이 양육이나 장애, 질병을 가진 가족을 돌보기 위해 일을 쉬어야 하는 경우 등이 여기에 속한다. 일을 하지 못하면 소득 상실로 생존의 위기를 겪을 가능성이 크므로 사회가 소득을 보장하지 않으면 안 된다.

　노동력을 사용하는 데 육체적으로 아무런 지장이 없는 사람들도, 노동력을 판매하거나 직접 사용할 수 없기 때문에 소득을 상실할 수 있다. 실업자들이 여기에 해당한다. 그리고 부분적으로 노동력을 상실한 경증 장애인이라도 실업 상태에 놓일 가능성은 더 크다. 왜냐하면 노동시장의 경쟁에서 장애인은 불리한 위치에 처하기 때문이다. 이것은 노인들도 마찬가지이다. 정년퇴직한 사람들 대부분은 여전히 노동력을 유지하고 있다. 그러나 노동력의 질이 약간 저하되었다는 이유로 일자리를 떠나야 한다. 이유야 어떻든 실업을 당하면 소득을 잃어 생계 위기에 직면하게 되므로 일자리를 다시 찾을 때까지는 실업급여가 제공되어야 한다.

　가족 차원의 심각한 소득 상실은 주요 소득 원천인 가구원이 없어진 경우일 것이다. 예컨대 소득 활동을 하던 아버지가 사망한 경우, 어머니와 아동은 생계비가 부족할 수 있다. 이 가정에는 유족연금을 지급할 필요가 있을 것이다. 아이를 낳아 기르던 부부가 이혼을 한 경우에도, 아이를 맡

2　상병수당은 아팠을 때 월급과 별도로 부수적으로 지급하는 약간의 돈을 의미하고, 병가급여는 일을 하지 못할 때 국가에서 지급하는 월급을 뜻한다. 스웨덴에서 병가급여는 통상 평균 소득의 80%이다.

아 기르는 쪽은 아동 양육의 부담을 혼자서 떠안아야 하므로 소득이 상대적으로 감소하여 생계에 부담을 안게 된다. 따라서 사회는 편부모 아동 양육 지원수당을 제공해야 한다. 물론 국가는 아동을 양육하지 않는 쪽으로부터 비용을 징수할 수 있을 것이다.

이제 소요 증대로 생기는 일반적 생계 위기 중에서 소득보장으로 용이하게 해소할 수 있는 생계 위기들을 살펴보자. 소요 증대로 생길 수 있는 생계 위기는 앞 장 〈표 1-1〉에 나와 있는 바와 같이 임신 여성의 건강과 태아 보호, 갓난아기의 보육, 늘어난 아동의 생활자원 제공, 아동의 보육과 교육, 아동의 질병 및 장애 아동의 수발과 치료, 본인 질병 및 장애 시 치료와 수발 등이 필요한 경우이다. 이 중에서 아동의 증가로 생긴 위기만은 현금 제공으로 쉽게 해소할 수 있다. 나머지는 현물 공급을 통하여 생계를 보장해주는 것이 효과적이다. 아동이 늘어나 생활비가 증가하면 기존 소득으로는 생계를 꾸리는 데 부담이 될 수 있으므로 아동수당을 사회가 제공할 필요가 있다. 이것은 기존 소득에 추가해주는 것이므로 그래서 아동급여보다는 아동수당이라고 부르는 것이 나을 것이다. 이와는 별개로 아동이 증가하면 기존의 주택에서 생활하기 곤란한 상황이 발생할 수 있다. 인간다운 최저생활을 보장하고자 한다면 주거수당도 제공해야 할 것이다.

이상에서 우리는 인생에서 흔히 발생하기 쉬운 생계 위기를 해소하기 위해 필요한 여러 형태의 소득보장들을 살펴보았다. 이것들을 요람에서 무덤으로 가는 인생의 여정을 따라 정리해보면 임신급여, 육아급여, 아동 간병급여, 아동 장애수발급여, 아동수당, 유족연금, 편부모 아동 양육 지원수당, 주택수당, 병가급여, 장애급여, 산재급여, 실업급여, 연금 등이다.

2. 소득보장의 주요 쟁점들

소득보장의 현실을 평가하거나 새로운 대안을 제시할 때, 가장 먼저 고려해야 하는 것은 그것이 생존권의 사회적 보장이라는 목적을 실현하는 정도와 그 목표를 실현하는 수단의 적절성을 따져보는 것이다. 이와 함께 소득보장이 가족 안팎의 공동체 유지나 형성에 기여하는지 여부도 살펴볼 필요가 있다. 왜냐하면 이미 1장에서 살펴본 바와 같이 공동체가 파괴되면 더 많은 생존 위기가 발생하고 더 많은 사회보장이 필요할 것이기 때문이다.

1) 목표의 측면

한 사회의 소득보장제도가 그 목표를 얼마나 달성하고 있는가는 소득 제공으로 해소할 수 있는 그 사회 성원들의 생활 위기를 어느 정도 빠짐없이 대상으로 삼고 있으며(포괄 정도), 어느 수준에서 보장해주는가(보장 수준)에 따라서 판단할 수 있다.

한 사회의 소득보장 포괄 정도는 위기의 측면과 대상자의 측면으로 나누어 살펴볼 필요가 있다. 먼저 위기의 측면부터 논의해보자. 한 사회의 소득보장이 소득 위기를 어느 정도 포괄하는가를 알아보기 위해서는 소득보장이 포괄해야 할 위기들이 어떤 것들이 있는가를 살펴보아야 할 것이다. 우리는 앞에서 소득보장에 필수적인 생계 위기를 정리하고, 각 위기에 필요한 소득보장의 종류들로 임신급여, 육아급여, 아동 간병급여, 아동 장애수발급여, 아동수당, 유족연금, 편부모 아동 양육 지원수당, 주택수당, 병가급여, 장애급여, 산재급여, 연금 등을 지적했다. 따라서 한 사회 소득보장제의 위기 포괄 정도는 이런 소득보장 형태들을 그 사회가 갖추고 있는지 살펴봄으로써 쉽게 가늠할 수 있을 것이다.

소득보장 대상자의 포괄 정도는 소득보장 방식에 따라 많이 달라지는 경향이 있다. 공공부조는 소득 자산 조사에 의해서, 사회보험은 기여경력에 따라서, 사회보공은 소요 상황에 따라서 대상자들을 제한하며, 사회지본은 대상자에 대한 아무런 제한이 없는 것이 원칙이다. 따라서 일단 대상자만을 고려하더라도 사회지본을 제외한 앞의 세 가지 소득보장 방식은 대상자를 제한하므로, 모든 사람들을 포괄하기 위해서는 다른 방식들에 의해서 보완되지 않으면 안 된다.

공공부조는 소득 및 자산 조사에 의해서 대상을 결정하므로 많은 사람들이 소득보장의 대상에서 제외될 가능성이 크다. 물론 공공부조의 기준 소득 및 기준 자산 등을 충분히 높여 잡으면 모든 사람들의 생계 위기를 포괄할 수 있을 것이다. 그러나 이런 경우는 현실에서는 없다. 왜냐하면 공공부조는 사회복지를 최소화하려는 의도에서 시행되기 때문이다. 만약 기준을 후하게 잡는다면 구태여 공공부조를 시행할 필요가 없을 것이다. 이 경우에는 공공부조보다는 사회보공 등이 자원을 적소(適所)에 보다 효율적으로 분배할 수 있는 방법일 것이기 때문이다. 공공부조의 대상자는 극빈층으로 제한되는 것이 일반적이므로, 공공부조만으로는 많은 사람들이 사회보장에서 배제되기 마련이다. 이것은 우리 사회에서 기초생활보호 대상자의 대상자에서 벗어난 소위 '차상위계층'의 생계가 위태롭다는 사실을 통해서도 확인할 수 있다. 따라서 공공부조는 극빈층 이외 사람들의 생계보장을 위해서 사회보험의 방식으로 보완되는 경향이 있다. 특히 사회보험에 의한 노령연금이 대표적 사례이다. 그러나 사회보험은 미래의 생계 위기에 대비한 일종의 강제저축이므로 저축하지 않은 사람들은 대상에서 배제되며, 따라서 그 자체로는 완전한 사회보장의 방법일 수 없다. 사회보험에 의한 소득보장은 공공부조에 의해서 보완되는 것이 일반적이다. 사회보공도 일반적으로 대상자 포괄성이 크지만, 이것도 소요 상황을 고려하기 때문에 대상자에서 배제된 사람이 있기 마련이다. 예컨대 소득이 전혀 없는, 신체적으로 건강한 자발적 실업자의 경우에는 여기서 배제될 수밖에 없다. 따라서 사회보공을 주요 소득보장 방식으로 채택하고 있는 나라에서도 공공부조를 부가(附加)할 수밖에 없다. 한편 사회지본 방식에서는 대상자의 조건을 고려하지 않고 기본소득을 제공하므로 대상자의 포괄성은 완전하다고 볼 수 있다. 그러나 보장 수준이 매우 낮다. 따라서 한 사회의 소득보장제도는 상호 보완적인 여러 제도들로 구성되어 있는 것이 일반적이다.

그런데 사회보장 방식들에 의해서 사회보장의 대상자 범위가 결정되는 경향이 있으므로, 한 사회의 사회보장제도가 어느 정도의 대상자 포괄성을 가지고 있는가를 살펴보려면 그 사회가 가지고 있는 소득보장제도가 어떤 사회보장 방식들로 구성되어 있고, 각각의 사회보장 방식이 얼마나 대상자를 포괄하고 있는가를 따져보면서 구체적 제도를 점검해보는 것이 필수적이다.

이제 한 사회의 소득보장 수준의 적절성을 평가하기 위해서 중요하게 고려해야 할 점들을 살펴보기로 하자. 소득보장 수준의 적절성 문제는 무엇보다도 위기 시에 제공하는 소득이 최저생계를 꾸리기에 충분한가와 너무 많지 않은가라는 두 가지 측면으로 나누어서 논의해야 할 것이다. 여기서 전자는 보장 소득의 적절한 하한선과, 후자는 적절한 상한선과 관련된 것이다.

위기 시에 사회(국가)가 지급해주는 소득이 최저생계를 보장하기에 충분한가는 그 사회가 규정한 최저생계 수준과 실제로 제공하는 사회보장 소득 크기의 대질(對質)을 통해서 가능할 것이다. 최저생계는 사회적이고 문화적이며 역사적으로 결정되기 때문에 각 사회마다 다를 수밖에 없다. 그러므로 보편적인 기준을 정하기란 쉽지 않다. 뿐만 아니라 최저의 기준을 명확하게 정하는 경우도 드물다. 왜냐하면 얼마를 어떻게 지급할 것인지가 일반적으로 소득보장의 논의에서 주요 쟁점이 되기 때문이다. 공공부조의 경우 최저생계비를 정하는 것이 문제가 되는데, 이것도 결국 얼마를 지급할 것인가를 결정하는 과정일 뿐이라고 볼 수 있다. 그러나 우리는 최저생계 수준에 대한 대략의 기준을 설정할 수 있다. 즉 최저생계 수준은 어려움 없이 의식주를 꾸릴 수 있는 정도라고 말할 수 있을 것이다.

따라서 한 사회의 소득보장이 최저생계를 꾸리기에 적절한가는 보장해주는 소득으로 어려움 없이 의식주를 꾸릴 수 있는가로 가늠해보아야 할 것이다. 그러나 보장해주는 소득만으로는 의식주를 큰 어려움 없이 꾸릴 수 있는지 판단할 수 없다. 소득보장은 현물보장과 관련시켜 살펴보지 않으면 제공하는 소득이 생계보장에 적절한가를 알 수 없을 것이기 때문이다. 동일한 금액의 육아급여라도 아동수당을 받은 경우와 받지 않는 경우가 다르고, 동일한 금액의 연금이라도 수발이 보장되는 경우와 보장되지 않는 경우가 다를 것이다. 예컨대 2011년 말 사립학교 평균 퇴직연금 월액은 2,427,154원[3]이다. 스웨덴의 2012년 최저보장노령연금 월액은 혼자 사는 노인일 경우 약 1,327,700원(7,810크로나)[4]이다.[5] 이 연금만 비교하면 한국 사립학교 교직원의 노후 생계에 대한 소득보장은 스웨덴의 노인들보다 더 잘 이루어졌다고 말할 수 있다. 그러나 의료와 수발의 보장까지 고려하면 그렇게 말할 수 없다. 스웨덴에서는 자부담 의료비가 연간 약 45만 원(2,700크로나)을 넘지 않으며, 아무리 중증 노인환자라도 수발은 거의 무료로 제공된다. 스웨덴 노인은 입고 먹고 자는 데에만 연금을 사용해도 아무런 문제가 없다. 이에 반해 한국의 사립학교 교직원 출신 노인들은 의료비와 수발비의 많은 부분을 자부담해야 한다. 따라서 스웨덴 노인들에 비해 연금이 많음에도 불구하고 연금이 생계를 보장해주는 데 충분하다고 할 수는 없다. 반면 스웨덴의 노인들은 연금을 적게 받

---

3 사립학교교직원연금관리공단, 2012년 8월 15일, 전자방(http://www.ktpf.or.kr) 자료에 의하면 2011년 말 평균 퇴직연금은 월 2,427,154원, 2012년 3월 말 2,526,259원이다.

4 2012년 8월 28일 환율(172.59)을 사사오입한 170을 적용한 것이다.

5 스웨덴 소득보장청 전자방, 2012, http://www.fk.se

으면서도 연금이 생계를 충분히 보장해준다고 할 수 있다. 따라서 한 사회의 소득보장 수준이 생계를 꾸리기에 충분한가를 가늠해보기 위해서는 그 사회의 전반적 사회보장제도를 종합적으로 고려할 필요가 있다.

이제까지 보장 소득의 적절한 하한선에 대해서 살펴보았다. 그렇다면 상한선은 어떻게 잡는 것이 적절한가? 흔히 사회보장 소득의 상한선은 임금으로 잡는 것이 일반적이다. 이것은 행동주의 심리학의 이론에 따라 임금보다는 사회보장이 적어야 사회복지보다는 일을 선택하게 될 것이라는 가정에 근거하고 있다. 특히 공공부조에서는 열등처우(劣等處遇)를 철칙으로 받아들이고 있다. 주지하다시피 이것은 사회보장 소득은 최저임금보다 작아야 한다는 것이다. 사회보장이나 사회보공에서는 보장 소득을 각 개인의 기존 소득보다 적게 지급하는 것이 일반적이다. 특히 고소득자의 사회보장 소득은 기존 소득보다 훨씬 낮게 정한다. 이것은 무엇보다도 소득보장의 목적이 최고의 생활을 보장하는 것이 아니라 최저의 생계를 보장하는 것이기 때문이다. 아무튼 보장 소득의 상한선은 개인들의 임금이나 사회 최저임금이라고 할 수 있다.

이처럼 자본주의 사회에서 임금이 보장 소득의 일반적인 상한선이 되는 이유는 자본주의 사회의 작동 원리 중 하나인 노동시장의 기능이 훼손될 수 있다는 우려 때문이다. 사회복지 급여가 임금보다 높으면 노동시장을 작동시키는 궁핍 채찍이 약화되어 노동자들은 노동을 기피할 것이다. 이것을 자유주의자들은 도덕적 해이로 이해한다. 그러나 보장 소득이 임금보다 작아야 한다는 원칙은 노동시장의 관점에서만 합리화되는 것은 아니다. 이것은 인간이 생존하기 위해서는 생산을 해야 하고 생산은 노동을 통해서 이루어지므로, 노동이 필수적이라는 관점에서 정당화된다. 심지어 누군가의 노동이 없다면 소득보장도 불가능할 것이다. 언제 어디서든 소득보장은 노동 의욕을 지나치게 약화시키지 않도록 고안될 필요가 있다. 뿐만 아니라 노동은 생활 세계를 재미있게 구성하는 데 필수적인 요소이다. 이 점에서도 노동을 유인하기 위하여 보장 소득이 임금보다 높을 필요는 없을 것이다.

그런데 상한선을 기준으로 볼 때에는, 보장 소득이 적절한가는 실제로 크게 문제가 되지 않는다. 왜냐하면 기존 임금 이상의 소득을 사회가 보장하는 것에 동의하는 사람은 거의 없기 때문이다.

2) 수단적 측면

한 사회의 소득보장제도를 점검할 때에는 수단의 적절성을 검토할 필요가 있다. 아무리 목표가 좋다고 하더라도 달성 수단이 적절하지 못하면 무용지물이 될 것이기 때문이다.

소득보장을 위한 수단은 재화(財貨)이므로 이 재화를 어떻게 마련하는가가 사회보장과 관련된 가장 중요한 문제일 것이다. 이 문제는 누가 어떻게 얼마나 부담하는가이다. 소득보장의 재원(財源)은 조세와 사회보험의 기여금이다. 이미 기술한 것처럼 공공부조, 사회보공, 사회지본에서는 세금이 재원이고, 사회보험에서는 기여금이 주요 재원이다. 세금이 재원인 경우에는 그 사회의 조세제도에 따라서 누가 주로 소득보장의 재원을 감당하는가가 결정될 것이다. 그리고 사회보험의 기여금은 주로 노동자와 고용주들을 포함한 가입자가 부담할 것이다. 따라서 누구에게 재원을 어떤 방식으로 갹출하는가는 사회보장의 방식과 함께 살펴볼 필요가 있다. 또한 재원을 누구에게 어떻게 분배하는가도 살펴보아야 한다.

소득보장의 수단과 관련된 다른 쟁점은 재원 동원과 소득 전달의 효율성이다. 이것은 얼마나 적은 행정비용으로 재원을 동원하고 보장 소득을 전달할 것인가의 문제이다.

한편 재원의 생산을 장려하는 제도에 대해서도 살펴볼 필요가 있다. 왜냐하면 재원의 동원과 배분도 충분한 재원이 생산될 때에만 가능하기 때문이다. 재원의 생산은 결국 노동이므로 노동을 권장해야 한다. 자본주의 사회에서는 노동시장의 참여가 사회보장기여금을 낼 수 있는 조건인 소득 확보를 위한 가장 보편적인 길이다. 노동 및 노동시장의 참여를 권하는 방식도 사회보장의 방식에 따라 달라진다. 공공부조는 열등처우의 원칙을 적용하여 노동을 권장한다. 그러나 이것은 공공부조를 피하게 하는 것이지, 노동에 대한 직접 보상도, 노동 기피에 대한 처벌도 아니다. 공공부조에서는 소득 조사 결과, 소득이 적을수록 부조 가능성과 부조액이 커지기 때문에 아무리 '능동적 복지'를 외치더라도 이것은 오히려 노동을 기피하게 만든다. 사회보험에서는 기여금을 많이 내면 급여를 많이 주고, 적게 내면 적게 주는 경향이 있어 그 자체가 노동을 장려하는 보상 및 상벌체계이기도 하다. 사회보공은 기본 소요는 보장해주되, 기여금이나 세금을 낸 정도를 감안하여 급여를 차등 지급하는 경향이 있다. 이것은 노동을 보상으로 유인하는 힘은 강하지만, 노동의 기피를 처벌로 막는 힘은 약하다고 할 수 있다. 따라서 한 사회의 소득보장제도가 재원의 생산, 노동을 권장하는 정도를 살펴보기 위해서는 먼저 소득보장의 방식을 살펴보아야 한다. 그러나 같은 방식이라 하더라도 노동을 권장하는 정도는 실제로 운영되는 제도에 따라 달라지므로 각 사회의 소득보장제도를 구체적으로 검토해볼 필요가 있다.

3) 공동체 친화적인가?

자본주의 이전 사회에서는 특히 가족은 생산과 소비의 공동체였기 때문에 가족을 벗어나서는 누구도 생존을 유지하기 어려웠다. 사람들은 가족을 통해서만 생존할 수 있었다. 가족에서 나고 자라면서 자식이 되고 부모가 되었다. 자식은 내리사랑[慈]을 받고 자란 다음 치사랑[孝]으로 보답했고, 부모는 자식을 낳아 내리사랑을 베풀고는 늙어서는 치사랑을 받았다. 자식과 부모는 내리사랑과 치사랑을 교환했다. 대를 이어 전승되는 교환은 시장의 교환과는 달리 장기적이고 정적이며 복합적이다. 부모의 입장에서 보면 내리사랑은 파종이고, 치사랑을 받는 것은 결실이다. 내리사랑은 치사랑받이의 조건이고, 치사랑받이는 내리사랑의 보상이다. 한편 치사랑은 치사랑받이의 조건이고, 치사랑받이는 치사랑의 보상이다. 자식은 부모의 선례를 따르는 경향이 있기 때문이다. 이런 사회에서는 자식을 낳아 기르지 않으면 노후가 불안했고, 낳아서 잘 기르면 노후의 삶을 보장받을 수 있었다. 효를 하면 효를 받고, 불효하면 불효를 받았다. 내리사랑과 치사랑에 대한 보상은 확실하고 처벌은 엄중했다.[6] 사람들은 자식을 낳아 기르고(내리사랑), 노인을 부양하는 것(치사랑)을 기꺼이 받아들였다. 아무튼 이런 보상체계를 보유한 가족 공동체가 살아 있는 곳에서는 사회가 재생산되고 유지되는 데 어려움이 없었다. 여기서 사익(私益)은 공익(共益)과 조화를 이루었다.

그러나 생산과 소비가 사회화된 자본주의 사회에서는 가족 안팎 공동체가 약화되었다. 이에 따라 가족 공동체 안에서 이루어지던 보상체계도 흔들리게 되었다. 한국의 경우를 보자. 오늘날 노인들은 자식을 낳아 애써 길렀고 부모와 조상을 정성으로 섬겼으나, 자식으로부터는 부양을 받지 못한다. 노인들은 배반을 당한 것이다. 배반은 배반으로 전승된다. 사람들은 자식과 부모를 위해서 희생을 하더라도 보상을 받지 못한다. 배반이 빤한 곳에서는 베풀지 않는 것도 아픔을 피하는 길이다. 만남이 있었기에 헤어짐이 있는 것처럼, 베풂이 있었기에 배반이 있다. 부모 부양은 기피되고 출산은 거부된다. 노인은 방치되고 아이는 태어나지 않는다. 사회 자체가 존속하기 어려운 상황에 직면한다. 이런 사회에서 부모 부양과

---

6 물론 우리가 물질적인 보상만을 기대하여 아이를 낳고 효를 다하는 것은 아닐 것이다. 실수로도 아이를 낳고 정 때문에 부모 봉양을 할 수도 있다. 그러나 아이의 양육과 부모 부양에 대한 물질적 보상이 없다면 아이의 양육은 애완동물을 기르는 취미 생활과 같을 것이고, 부모 봉양은 자선일 것이다. 이런 애완과 자선도 물질적 보상을 기반으로 했을 때 대물림의 내리사랑과 치사랑으로 발전할 수 있을 것이다.

출산 및 양육은 보상을 기대할 수 없는 사회를 위한 개인의 희생일 뿐이다. 공익을 위해서는 사익을 희생해야 하고, 사익을 위해서는 공익이 훼손되어야 한다. 사익과 공익이 충돌한다.

이런 문제를 해결하는 최선의 방법은 가족 공동체의 복원이다. 소득보장제도도 가족 공동체 강화에 기여할 필요가 있다. 가족 공동체를 강화하는 가장 효과적인 방법은 가족을 벗어나면 생계를 위태롭게 만드는 것이다. 그런데 이것은 생존권 보장 원칙과 모순된다. 우리가 생존권의 사회보장 원칙을 포기할 수 없다면, 차선책으로 가족 공동체를 강화시켜주는 물질적인 유인체계를 생각하지 않을 수 없다. 따라서 소득보장제도가 공동체 친화적인 유인 제도를 가지고 있는지 살펴볼 필요가 있다.

공동체를 강화시키는 유인체계는 치사랑, 내리사랑, 동기사랑에 대한 것으로 나누어볼 수 있다. 가족 공동체를 강화하고자 할 때 무엇보다도 먼저 권장해야 하는 것은 치사랑이다. 치사랑을 받는 것은 내리사랑과 또 치사랑의 보상이며, 동시에 동기를 세워주는 일이기 때문이다. 치사랑에 대한 유인체계로는 효수당 등을 생각해볼 수 있다. 이것은 가족 안팎 공동체의 해체로 방치된 노인들을 사회가 책임지는 것, 곧 노인들의 생존권 보장과는 다른 문제이다.

다음으로 내리사랑의 유인체계로는 출산과 양육에 대한 보상제도를 생각해볼 수 있다. 이것은 양육과 출산을 소극적으로 지원하는 제도와는 다를 것이다. 예컨대 육아급여와 아동수당을 주는 것은 출산과 양육의 부담을 덜어주는 것일 뿐, 출산에 대한 보상은 아니다. 이것들은 손해 축소이지 이익 확대가 아니며, 출산과 양육으로 위협당한 생존권의 보장이지 그에 대한 보상은 아니다. 흔히 사회보험의 기여금을 많이 낸 사람에게는 많은 연금을 준다. 이것은 기여금을 많이 낸 것뿐만 아니라, 물질적 생산을 많이 한 것에 대한 물질적 보상이다. 그런데 물질의 생산보다 더 중요한 것은 사회의 재생산, 곧 인간의 생산이다. 물질적 생산 활동을 한 사람이나 하지 않은 사람이나 똑같이 대접한다면 사람들은 물질적 생산을 꺼릴 것이다. 마찬가지로 출산과 양육의 희생을 치른 사람과 그렇지 않은 사람을 노후에 똑같이 대접한다면 사람들은 출산과 양육을 꺼릴 것이다. 하물며 푸대접을 한다면 어떻겠는가? 내리사랑에 대한 보상은 경품(景品) 보상과 예우(禮遇) 보상으로 나누어볼 수 있다. 요즈음 지자체에서 아이를 가진 여성에게 일시금으로 몇 백, 몇 천만 원을 주겠다고 경품을 내걸기도 한다. 이것을 경품 보상이라고 부르자. 이와는 달리 아이를 많이 낳아 기른 사람에게 더 많은 연금을 주는 것을 생각해볼 수도 있다. 이것은 소득 연계 연금이 아니라 자식 연계 연금으로서 예우 보상이라고 할 수 있을 것이다. 경품 보상은 단기적인 출산 증가 효과를 기대할 수 있을지 모르나, 가족 공동체를 강화하여 출산 및 양육 생태계를 건실하게 만드는 데에는 기여하지 못할 것이다. 반면 예우 보상은 출산 및 양육 생태계를 발전시켜 장기적으로 출산과 양육을 안정화시키는 데 기여할 것이다.

마지막으로 동기사랑에 대한 유인 방법으로는 혼자보다는 여럿이 사는 것이 경제적으로 넉넉한 삶을 누리도록 설계된 급여체계나 수당체계 등이 있을 것이다. 예컨대 부부가 함께 살수록 1인당 연금액이 줄지 않거나 오히려 늘어난다면, 이것은 공동생활을 권장하는 연금체계일 것이다.

스웨덴의 소득보장제도

1. 소득보장 개관[7]

사회보장제도가 발전했다는 스웨덴에서는 어떤 생계 소득 부족의 상황에 처한 사람들에게 어느 정도의 소득까지 보장해주는가? 이에 답을 하기 위해서는 스웨덴의 소득보장제도를 개관할 필요가 있다.

1) 사회보장 전달체계

스웨덴 소득보장의 전달체계를 알아보기 위해서는 사회보장의 방법을 살펴볼 필요가 있다. 스웨덴의 사회보장은 주로 사회보공의 원리를 따른다. 사회보험의 원리와 공공부조의 원리가 없는 것은 아니지만 부차적이

---

[7] 이하는 스웨덴 소득보장청 2012년 전자방(http://www.fk.se) 자료와 박승희 · 채구묵 외(2007)에 근거하여 기술한다. 스웨덴 소득보장청 자료 중에서 2012년이 아닌 경우는 연도를 함께 명시했다.

다. 이를테면 소득보장에 사회보공의 원리를 적용하면서도, 한편으로는 각종 급여를 소득에 따라 차등 지급하는 것과 같은 사회보험의 원리를 부분적으로 활용하고 있다. 공공부조는 노인과 젊은 육아 부부들을 위한 주거수당 및 장기실업자의 생계비를 지급할 때에만 적용한다.

스웨덴에서는 모든 사회보장에 필요한 재원을 국세청과 기초자치단체에서 걷는다. 우리나라처럼 연금이나 의료보험 등을 거두는 별도의 기관이 없다. 실업급여 재원은 노동조합에서 거둔 조합비로도 마련하지만 그 금액은 미미하고 매우 형식적일 뿐이다. 대부분의 재원은 조세로 충당한다.

스웨덴 사회보장 제도에서 소득보장은 소득보장청(National Social Insurance Board)[8], 의료보장은 광역자치단체, 아동 보육과 고등학교까지의 교육, 장애인 노인 수발, 집에서 요양하는 장병인 수발, 임대주택 관리 등은 기초자치단체에서 책임지는 것이 원칙이다. 단, 두 가지 예외가 있는데 실업급여와 공공부조에 의한 장기실업자 생계비 지급이다. 실업급여는 각 노조가 운영하는 기금과 고용사무소에서 책임을 진다. 이것은 실업급여가 노조의 자조운동의 전통과 관련이 깊고, 실업급여를 구직 활동과 연계시킬 수밖에 없기 때문일 것이다. 공공부조에 의한 장기실업자 생계비 지급은 기초자치단체에서 관장한다. 장기실업자가 노동력을 상실하지 않았더라도 죽게 할 수는 없기 때문에 이들을 공공부조에 의해서 구제하는데, 이를 위해서는 상시적인 자산 조사와 사후 관리가 필수적이므로 일선 행정기관인 기초자치단체에서 관리할 수밖에 없을 것이다.

---

8 이것을 사회보험청으로 번역하여 스웨덴에 사회보험이 있다는 오해를 불러일으킨다. 이 기관은 소득보장만을 책임지고 있으므로 '소득보장청'이라고 부르는 게 좋을 것이다.

2) 소득보장의 종류

스웨덴에서는 벌이가 줄어들거나 쓸 곳이 늘어서 생계가 위협받을 수 있는 처지에 놓인 거의 모든 사람에게 국가가 인간다운 삶을 꾸리는 데 부족함이 없을 정도의 소득을 주로 사회보공의 원리에 따라 보장해준다. 재산이 있느냐 없느냐, 세금이나 기여금을 냈느냐 내지 않았느냐는 따지지 않는다. 이것은 아프거나 수족을 가눌 수 없는 경우에 거의 무료로 치료해주고 수발을 들어주는 것과는 별개이다.

이런 국가 지원 소득은 대부분 중앙정부 소득보장청 지방사무소에서 지급하는데, 그 종류가 무려 50가지 정도이다. 그중 대표적인 것만 골라 인생 여로를 좇아서 살펴보기로 하자.

아기가 태중에서 삶을 누리는 동안 그 엄마가 하는 일로 건강에 해를 입을 가능성이 있을 경우, 출산 전에 50일간 일을 그만 두고 태아를 보살필 수 있도록 산모에게 휴가 중에 소득의 64%[9]를 임신급여(pregnancy cash benefit)[10]로 지급한다. 아기가 태어나면 아버지나 어머니가 갓난아

---

9 이것은 병가급여의 80%이다. 병가급여는 소득의 80%이다. 물론 이 원칙은 고소득자에게는 해당되지 않는다. 2012년의 경우 연 396,000크로나(6,732만 원) 이상의 소득자에게는 이 소득 기준 일급의 64%를 임신 휴가 일수로 곱한 금액만 지급한다.

10 급여와 수당은 어떻게 구별할 것인가? 나는 몇 년 전에 채구묵 선생님의 지도를 받아가며 스웨덴 현지 조사를 바탕으로 『스웨덴 사회복지의 실제』라는 책을 쓴 적이 있다. 그때 우리는 스웨덴 소득보장청의 영문 안내서를 보면서 benefit은 '급여'로, allowance는 '수당'으로 통일하여 번역했다. 이 두 말의 용례를 꼼꼼히 살펴보면, 대개 기존 소득을 대체하는 급부는 benefit으로, 소득을 보완해주는 급부는 allowance로 표현하고 있다는 것을 알 수 있다(〈표 2-1〉 참조). 그리고 우리말 사전에서는 급여는 본봉으로, 수당은 본봉에 부가해주는 것으로 정의하고 있다. 따라서 이 책에서 급여는 본봉의 대체 소득을, 수당은 보완 소득을 뜻하는 것으로 사용하고자 한다.

〈표 2-1〉 스웨덴 소득보장제 영어 명칭과 번역

포함 용어	급부명	급부 성격	번역어
benefit	pregnancy cash benefit	소득 대체	임신급여
	parental benefit	소득 대체	육아급여
	temporary parental benefit	소득 대체	단기아동간병급여
	sickness benefit	소득 대체	병가급여
	disease carriers' benefit	소득 대체	보균자급여
	benefit for the care of relatives	소득 대체	가족간병급여

이를 양육하기 위해 직장을 쉴 수 있도록 국가가 급여를 대신 지급한다. 이 육아급여(parental benefit)는 아이가 8세가 될 때까지 한 집당 480일분을 지급한다.[11] 이 중에 390일까지는 휴가 중 예상 소득의 80%[12]를, 그 이후로는 일당 180크로나(30,600원)[13]를 지급한다. 이 유급휴가를 다 쓰기 위해서는 아버지, 어머니 중 어느 한쪽이 최소한 60일 이상을 사용해야 한다. 직업이 없는 부나 모에게도 하루 180크로나의 출산급여를 지급한다. 아이가 태어나면 육아급여와는 별도로 아버지에게 10일 동안 소득의 80%에 해당하는 산후조리 휴가급여(paternity leave benefit)를 지급한다. 이 밖에도 12세 미만의 아이가 아픈 경우, 아버지나 어머니가 간병을 하거나 병원에 데리고 가기 위해 직장을 쉴 수 있도록 소득의 64%(질병급여의 80%)를 단기아동간병급여(temporary parental benefit)로 지급한다.

아이가 태어나서 16세가 될 때까지 부모에게 매월 아동수당(child allowance)을 지급한다. 이 아동수당은 아동의 수가 늘어날수록 더 많이

포함 용어	급부명	급부 성격	번역어
allowance	rehabilitation allowance	소득 보완	재활수당
	childcare allowance	소득 보완	장애아동보호수당
	child allowance	소득 보완	아동수당
	adoption allowance	소득 보완	입양아동수당
	disability allowance	소득 보완	장애수당
	attendance allowance	소득 보완	장애인수발수당
	car allowance	소득 보완	장애인차량수당
	housing allowance	소득 보완	주거수당
compensation	activity compensation	소득 대체	활동보상급여
	sickness compensation	소득 대체	상병보상급여
	work injury compensation	소득 대체	산재보상급여
기타	pension	소득 대체	연금
	maintenance support	소득 보완	편부모양육지원비
	housing supplement	소득 보완	주거보조금

출처: 2010년 스웨덴 소득보장청 전자방(http://www.fk.se); 박승희 · 채구묵 외(2007) 참조

11 이 육아휴가는 한꺼번에 다 쓸 수도 있고, 아이가 8세가 될 때까지 나누어 쓸 수도 있다.

12 이 급여도 병가급여처럼, 2012년의 경우 연 396,000크로나(6,732만 원) 이상인 사람에게는 이 소득의 80%만 지급한다.

13 이하에서는 2012년 8월 28일 환율을 기준으로 삼는다. 이날 환율은 172.59인데, 계산의 편의를 위해 170을 일괄 적용한다.

증가한다. 예컨대 아동 1명이면 2012년의 경우 1,050크로나(178,500원)이지만, 5명이면 5,250크로나(1,050×5)가 아니라 8,114크로나(1,379,380원)이다(〈표 2-2〉 참조). 이혼하여 혼자서 아이들을 양육하는 어머니나 아버지에게는 편부모양육지원비(maintenance support)를 아동당 매월 1,273크로나(216,410원)까지 지급한다.[14] 부모 중에 1명 이상을 사별한 18세 미만 아동에게는 유자녀연금(child pension)으로 매월 1,426크로나(242,420원)[15]를 지급한다.

〈표 2-2〉 스웨덴 아동 수별 아동수당

(단위: 크로나 / 원)

아동 수	아동수당	다자녀 지원금	총액
1	1,050	–	1,050 (178,500)
2	2,100	150	2,250 (382,500)
3	3,150	604	3,754 (638,180)
4	4,200	1,614	5,814 (988,380)
5	5,250	2,864	8,114 (1,379,380)

출처: 2010년 스웨덴 소득보장청 전자방(http://www.fk.se)

아동이 있는 가구의 경우, 연 소득이 1자녀에 30만 크로나(5,100만 원), 2자녀에 35만 크로나(5,950만 원), 3자녀 이상에 40만 크로나(6,800만 원) 이하인 가족에게는 아동 수, 소득, 주거비용, 주택 규모 등을 고려하여 주거수당(housing allowance)을 지급한다. 아동이 1명이면 최고 3,200크로나(544,000원), 2명이면 4,000크로나(680,000원), 3명 이상이면 4,900크

---

14 예컨대 이혼한 여성이 아동을 혼자서 돌보고 사는데 아이 아버지가 아동당 월 1,273크로나 이하로 양육비를 지급하거나 지급하지 않은 경우, 소득보장청에서는 부족분을 먼저 어머니에게 지급해주고 아버지로부터 징수한다. 만약 아버지가 소득이 없으면 징수를 미루었다가 소득이 발생한 달부터 징수한다. 이 편부모양육수당은 아이가 18세가 되기 직전까지 지급하는데, 아이가 학교에 다니면 21세가 되기 직전까지 연장된다.

15 이것은 2007년 유자녀연금 1,343크로나를 다른 수당의 증가분을 고려하여 추정한 것이다.

로나(833,000원)까지 받을 수 있다.

소득이 낮은 18세 이상 29세 미만의 청년들에게도 주거수당을 지급한다. 2008년 기준 독거자로서 연 소득 77,000크로나(월평균 6,417크로나, 1,090,890원) 이하인 경우나, 기혼 혹은 동거자로서 연소득 94,000크로나(월평균 7,833크로나, 1,331,610원) 이하인 경우에는 월 최저 100크로나(17,000원)에서 최고 1,100크로나(187,000원)까지 지급한다.

어린 나이에 장애를 얻거나 6개월 이상의 장병(長病)을 앓아 부모의 보살핌을 받는 경우, 경비와 노력이 더 많이 들어갈 수밖에 없는 부모에게는 장애 정도를 4등급으로 나누어 장애아동 보호수당(childcare allowance)을 매월 최저 2,292크로나(389,640원)에서 최고 9,167크로나(1,558,390원)까지 지급한다. 이외에도 장애 및 장병 아동을 돌보기 위해서 집을 개조하거나 이사를 하거나, 보조기구나 특별한 음식을 구입하는 데 필요한 추가 경비를 매월 추가 수당으로 지급한다. 이 추가 수당액은 등급에 따라 매월 최저 660크로나(112,200원)에서 최고 2,530크로나(430,100원)이다.

그런데 이 장애인이 19세가 되면 성인이 되므로 부모 등에게 지급되던 장애아동보호수당은 중지하고, 장애인 본인에게 활동보상급여(activity compensation)를 제공한다. 30세부터 64세까지는 활동보상급여 대신에 상병보상급여(sickness compensation)를, 65세 이후부터는 노령연금(pension)을 지급한다. 활동보상급여와 상병보상급여는 장애로 노동력을 상실한 정도에 따라 4등급으로 차등 지급한다. 기존의 소득이 있던 사람이 장애로 노동력을 전부 상실한 경우에는 '활동 및 상병보상급여'로 기존 소득의 64%를, 소득이 없거나 낮은 사람이 노동력을 완전히 상실한 경우에는 '최저보장활동 및 상병보상급여(guarantee benefit)'로 나이를 고려하여 매월 7,700크로나(1,309,000원)에서 8,617크로나(1,464,890원)를 지급한다. 날 때부터 장애인인 사람은 최저보장급여를 받는다. 이 활동보상급여와 상병보상급여는 장애인에게만 지급하는 것이 아니라 1년 이상 아파서 노동력을 상실한 사람에게도 지급한다. 이 급여를 받는 동안 직업재활을 받으면 재활수당(rehabilitation allowance)을 지급하기도 한다. 한편 산업재해로 장애를 입은 사람에게는 소득 감소분의 100%를 산재보상급여(work injury compensation)로 지급한다.

이상의 활동 및 상병보상급여는 비장애인 기준의 생활비에 해당된다. 그런데 장애인들은 삶을 꾸리는 데 특별한 장비나 권우가 필요한 경우가 많다. 이에 필요한 경비를 장애수당(disability allowance)으로 필요 경비 등급에 따라 매월 1,320크로나(224,400원)에서 2,530크로나(430,100원)까지 지급한다.[16] 예컨대 맹인의 월 장애수당은 2,530크로나이다. 특히 중증 장애로 빨래, 옷 입기, 식사, 대화, 이동을 위해서 다른 사람의 도움이 주당 20시간 이상 필요한 사람에게는 이를 초과하는 시간에 대한 수발비용으로 장애인수발수당(attendance allowance)을 시간당 252크로나(42,840원)에서 282크로나(47,940원)까지 지급한다. 주당 20시간 이내의 수발은 기초자치단체에서 책임진다. 특별히 더 어려운 수발을 받아야 하는 경우는 조사에 의해서 수발수당이 추가된다. 이 장애인수발수당은 65세 이후에도 계속 지급된다. 그리고 활동보상급여나 상병보상급여를 받는 장애인 중에서 소득이 적은 사람은 주거보조금(housing supplement)을 받을 수 있다. 최대 금액은 소득보장청에서 인정해주는 주거비용의 93%로서 기혼자는 최대 2,325크로나(395,250원), 독거자는 4,650크로나(790,500원)이다. 장애인은 필요에 따라 차량수당(car allowance)도 받을 수 있다.

사람들이 아파서 일을 할 수 없는 경우에는 병가급여(sickness benefit)를 지급한다. 노동자가 아파서 일을 하지 못하는 첫날은 대기 기간으로서 아무런 급부도 받을 수 없고, 둘째 날부터 14일까지는 고용주로터 병가급료(sickness pay)를 받다가, 15일째부터는 소득보장청으로부터 병가급여를 받는다. 병가급여는 병가급료와 마찬가지로 기존 연 소득을 기준으

---

16 역시 2012년 가격으로 추산한 값이다.

로 산정한 상실 소득의 80%이다. 소득이 월평균 33,000크로나(5,610,000 원)를 초과하는 경우에는 이 상한액을 기준으로 병가급여를 계산한다. 따라서 월 병가급여액은 33,000크로나의 80%인 26,400크로나(4,488,000 원)를 넘을 수 없다.

산업재해로 다친 경우 손실소득의 100%를 산재보상급여(work injury compensation)로 지급한다. 사망한 경우에는 유가족에게 장례비는 물론 산업재해 유족연금을 지급한다. 산업 피해를 입은 사람과 유가족은 일반 사고를 당한 사람과 그 유족에 비해 조금 더 많은 보상을 받는다.[17]

실업자에게는 실업급여를 지급한다. 실업급여는 소득보장청 지방사무소가 아니라, 각 지역 고용사무소의 주관으로 노동조합의 실업보험금고에서 지급한다. 노동조합에 가입하여 실업금고에 1년 이상 기여금을 낸 사람은 처음 200일간(공휴일은 제외) 기존 소득의 80%를, 그 후 100일간은 70%를 소득비례 실업급여(income related unemployment benefit)로 받는다. 이 소득비례 실업급여의 상한액 일당은 680크로나(115,600원)이다. 노조에 가입하지 않아서 소득비례 실업급여를 받을 수 없는 실업자는 하루 320크로나, 월 7,040크로나(1,196,800원)[18]의 기초실업급여(basic benefit)를 받는다. 실업급여를 받기 위해서는 고용사무소의 도움을 받아 구직 활동을 해야 한다. 열심히 구직 활동을 했음에도 불구하고 일자리를 잡지 못한 경우에는 300일간 실업급여가 연장된다.[19] 그 이후에도 직장을 잡지 못하면 기초자치단체의 사회복지과를 찾아가 공공부조를 신청할 수

---

17 이것은 우리 사회의 현실과 대조적이다. 우리 사회에서 산재를 입은 경우 소득 70%의 급여와 무료 치료를 받는다. 사망한 경우 그 유족은 유족연금도 받는다. 이와는 달리 일반 사고를 당한 사람은 의료보험으로 치료를 받을 뿐 본인이나 그 유족은 아무런 보상도 받지 못한다. 그러나 스웨덴에서는 일반 사고를 당했더라도 일을 하지 못하는 한 소득 80%의 병가급여와 거의 무료 수준의 치료를 받으며, 유가족은 연금까지 받는다.

18 320에 토요일과 일요일을 제외한 한 달 노동일수 22를 곱한 것이다.

19 스웨덴 실업금고 전자방, 2010, http://www.arbetsformedlingen.se/library/documents/utland/akassa_en.pdf

있다.

직장을 다니던 사람은 61세부터 소득연계연금(income related pension)을 받는다. 이 연금액은 평생총소득에 의해서 결정되는데, 최저액은 2012년의 경우 월 11,000크로나(1,870,000원)[20]이다. 이 연금을 받지 못하는 사람은 65세부터 최저보장노령연금(guarantee pension)을 받는다. 1938년 이후 출생자부터 홀노인은 매월 7,810크로나(1,327,700원), 부부노인은 1인당 6,967크로나(1,184,390원)를 받는다.[21] 그리고 연금생활자는 소득 조사(means-test)를 통해서 주거보조금을 받을 수 있다.

2. 소득보장의 대상과 수준

이제까지 살펴본 바와 같이 스웨덴에서는 소득이 부족하여 생계가 위협당할 수 있는 거의 모든 상황을 고려하여 사회적 급료가 제공되고 있음을 확인했다. 그러나 이런 촘촘한 소득보장의 그물에도 구멍이 없는 것은 아니기 때문에 최후의 안전망인 공공부조로 최저생계 유지에 필요한 소득을 보장한다. 이 공공부조의 대상자는 심신이 건강한 장기실업자 이외[22]에는 없을 것이다. 사회보장 소득을 합해도 최저생계를 꾸리기 어려운 사람들은 기초자치단체의 사회복지과를 찾아가 공공부조를 신청하면, 소득 조사를 받은 다음 최저생계비에 부족한 액수를 받을 수 있다.

---

20 소득연계연금의 최고금액을 계산하기는 복잡하다. 2007년 현지 조사에서 16,000크로나였기 때문에 이것으로부터 최저보장연금의 인상분을 고려하여 추정했다.

21 1938년생을 기준으로 연금제도가 변경되었다. 그 전에 태어난 사람들의 연금이 약간 더 많다.

22 노동력을 완전히 상실한 장애인은 공공부조를 받을 수 없다. 그러나 부분적으로 노동력을 상실한 장애인은 완전 상병보상급여나 완전 활동보상급여의 일부(예를 들어 2분의 1)를 받기 때문에 실업자가 되면 생계비가 부족할 수 있어 공공부조를 신청할 수 있다.

최저생계비는 각 기초단체마다 조금씩 다르다. 스웨덴의 수도 스톡홀름의 중심지역인 나카 구(區)의 경우, 2006년 음식, 의복, 여가, 위생, 통신 등에 해당되는 성인 1인 최저생계비는 월 3,420크로나(581,400원), 부부 5,610크로나(953,700원), 아동 1명당 최저 1,960크로나(333,200원)에서 최고 2,730크로나(464,100원)이다. 여기에 실비의 공공임대주택 임대료가 추가된다. 예컨대 2006년 스톡홀름에서 5세와 7세의 아이를 데리고 혼자 사는 여성의 최저생계비를 추정해보면, 어머니 생계비 3,420크로나, 5세 아이 생계비 1,960크로나, 7세 아이 생계비 2,170크로나, 집세 5,000크로나를 합하여 12,550크로나(2,133,500원)일 것이다. 이외에도 2년마다 1회의 휴가비를 지급한다(박승희·채구묵 외, 2007: 62).

스웨덴의 소득보장제도는 요람에서 무덤까지 모든 개인이 직면할 수 있는 생계 소득 부족 위기를 빠짐없이 포괄하고 있다. 게으름과 같은 윤리적인 문제와 연관되어 있어 가장 조심스럽게 접근하는 실업 시의 소득 위기까지도 소득보장의 그물을 씌우고 있다. 따라서 스웨덴 소득보장제도를 대상 위기 포괄의 측면에서 보면 완전하다고 할 수 있다.

그러면 대상자의 포괄성 측면에서는 어떠한가? 대상자는 소득보장의 방식에 따라 결정되는 경향이 강하므로 소득보장 방식을 중심으로 스웨덴 소득보장제도의 대상자 포괄성을 살펴보기로 하자. 스웨덴의 소득보장 방식은 원칙적으로 사회보공이다. 스웨덴 국민이 소득 부족으로 기본 소요 충족의 위기가 발생할 가능성만 있으면, 소득보장청에서는 소득 및 자산 조사 결과나 과거의 기여 정도는 고려하지 않고 급여나 수당을 제공한다. 물론 주거수당 등과 같이 소득 및 자산 조사의 결과에 따라 결정되는 수당이 없는 것은 아니나, 이런 것들은 부차적이고 보조적인 소득보장 방식이다. 그리고 육아급여의 경우에서 보는 것처럼 기존 소득이 급여의 크기를 결정하는 기준이 되지만, 급여 대상자의 자격까지 결정하는 것은 아니다. 누구나 육아휴가를 누리면 육아급여 대상자가 된다. 심지어 원래부터 쉬고 있는 사람에게도 금액은 적지만 육아급여가 지급된다.

그런데 이런 사회보공의 소득보장에서도 제외된 사람들이 있으니 바로 실업자이다. 실업급여제도는 사회보험의 방식으로 운영된다. 실업급여는 소득보장청에서 지급하는 것이 아니라 노조가 운영하는 실업기금에서 지급하는 것이 특징이다. 실업자가 소득비례 실업급여를 받기 위해서는 실직 전에 1년 이상 노조에 가입하여 실업급여 기여금을 내야만 한다. 물론 이런 자격을 갖추지 않았더라도 기초실업급여나 직업훈련 생활비를 지급하고 있으며, 노동자가 내는 기여금은 세금 전 소득의 0.53%로 매우 적기[23] 때문에 이 실업급여제도가 전형적인 사회보험의 방식을 따르고 있다고는 볼 수 없다. 오히려 내용에서는 사회보공을 따른다고 보아야 할 것이다. 그러나 실업급여의 기간이 한정되어 있기 때문에 장기실업자는 실업급여를 받을 수 없다. 이것은 '노는 자는 먹지도 말라'는 윤리적 원칙을 완전히 무시할 수 없기 때문일 것이다. 아무튼 실업급여 대상에서 제외된 실업자가 있을 수밖에 없는데, 이들의 최저생존은 공공부조로 보장한다.[24] 이처럼 스웨덴에서는 원칙적으로 모든 사람들의 소득 위기를 사회보공으로 구제하고, 장기실업자의 소득 위기만 공공부조로 대처한다. 따라서 스웨덴 소득보장제도의 대상자 포괄성은 완전에 가깝다고 할 수 있다.

그러면 소득보장의 수준은 어느 정도인가? 먼저 소득보장의 하한선부터 살펴보자. 그런데 스웨덴에서는 출산이나 단기 질병 상황 등에서 발생하는 일시적인 소득 상실을 보상해주는 급여는 대부분 기존 소득을 기준으로 보상해주므로 하한선을 논의하기에는 부적절하다. 하한선은 기존 소득마저 없는 절박한 상태의 보장 소득, 그중에서도 소득을 보완해주

---

23 실업급여 재원의 87%를 국가가 부담한다(박승희·채구묵 외, 2007: 146).

24 따라서 스웨덴에서는 노인이나 중증 장애인은 공공부조 대상자가 될 수 없다. 연금이나 활동보상 급여 등을 받기 때문이다. 물론 노동력을 부분적으로 상실한 장애인이 장기실업자가 되면, 최저 생계비의 일부만을 받는 공공부조의 대상자가 될 수는 있다.

는 수당보다는 대체해주는 급여를 중심으로 살펴보는 것이 바람직하다. 여기에 속하는 것이 노령연금, 장애연금인 활동 및 상병보상금, 실업급여 등이다. 이런 급여제도에서는 소득비례급여와 최저보장급여 중에서 하나만을 선택하도록 되어 있으므로 보장 소득의 하한선은 연금, 활동 및 상병보상급여, 실업급여의 기초 혹은 최저보장급여라고 할 수 있다. 최저보장 홀노인 노령연금은 매월 7,810크로나(1,327,700원), 최저보장 활동 및 상병보상금은 7,700크로나(1,309,000원)이고, 기초실업급여는 월 7,040크로나(1,196,800원)로 추정된다. 한편 공공부조에서 보장하는 성인 1인당 스톡홀름의 2006년 생계비는 3,240크로나(550,800원)이다. 여기에는 주거비가 빠져 있으므로 주거비를 합하면, 공공부조 최저생계비는 기초실업급여와 비슷할 것으로 추정된다. 따라서 스웨덴의 1인당 최저보장 수준은 월 7,000크로나(1,190,000원)라고 보면 무난할 것이다.

그런데 스웨덴에서는 교육과 의료, 수발이 거의 무료로 제공되고, 추가적인 소요에 따라 각종 수당을 지급하므로 이 돈은 건강한 성인의 일상적인 생활비라고 할 수 있다. 그리고 스톡홀름의 물가 수준은 서울에 비해 낮다.[25] 7,000크로나는 추가적인 수당을 고려하지 않더라도 한 사람이 최저생계를 유지하는 데 부족함이 없는 금액으로 보인다.

그러면 스웨덴 소득보장의 상한선은 얼마인가? 스웨덴에서도 소득연계급여는 기존 소득을 넘지 않는다. 산업재해로 소득을 상실한 경우를 제외하면 소득대체율은 80% 이하이다. 스웨덴에서도 복지보다는 일을 선택하게 하려는 열등처우의 원칙이 관철되고 있다. 한편 모든 소득연계급여는 상한액이 정해져 있다. 예컨대 병가급여의 최고액은 월 26,400크로나(4,488,000원)이다. 이것은 사회보장의 목표가 최고 삶의 향유가 아니라

---

25 이것은 세계 주요 도시 물가 수준에 관한 각종 보도자료를 보면 알 수 있다. 2007년 필자가 스톡홀름 현지에서 체험한 물가도 서울보다 낮았다. 물론 스웨덴과 한국의 전체 물가를 비교한 공식 통계에서는 스웨덴 물가가 훨씬 높다. 예컨대 2005년 스웨덴 물가는 한국 물가의 1.36배, 2008년 1.80배이다(통계청 전자방, 2010).

인간다운 삶의 유지를 보장하는 것이기 때문일 것이다.

3. 재원의 동원과 분배는 어떠한가?

스웨덴에서는 전체 세출액의 가장 큰 부분을 차지하는[26] 소득보장의
비용을 국세청과 광역 및 기초자치단체가 세금으로 징수한다. 심지어 노
조에 가입하여 조합비를 낸 실업자에게만 지급하는 소득비례 실업급여의
재원도 대부분 조세로 마련한다. 소득보장 경비의 70%는 '사회보장기여
금(social security contributions)' 명목으로, 나머지 30%는 일반 조세로 갹
출한다.[27] 이 '사회보장기여금'은 개인이 납부한 사회보장기여금의 납부
총액에 따라서 연금 및 급여 수준이 달라지는 경향이 있기 때문에 순수한
세금이라고는 말할 수 없다. 스웨덴 국세청에서는 총 기여금의 60%는 세
금의 성격을, 40%는 강제 사회보험기여금의 성격을 지니고 있는 것으로
평가하고 있다.[28] 이 기여금 총액의 78% 정도는 기업이 부담한다.[29] 개인
들은 자기 소득의 9% 정도를 사회보장기여금으로 납부할 것으로 추정된
다.[30]

---

26 2007년 사회보장비는 전체 세출의 42%이다(Sweden Tax Agency, 2010).

27 2007년 사회보장기여금은 전체 사회보장비의 69%이다(Sweden Tax Agency, 2010).

28 2010년 스웨덴 국세청 전자방 자료(Sweden Tax Agency, 2010: 11)로 추정함.

29 2007년 사회보장기여금은 고용주의 기초 사회보장기여금이 75.3%, 자영자의 기초 사회보장
기여금이 2.2%, 모든 납세자 연금기여금이 16.3%, 특별수당세(special wage tax)가 6.2%이다
(Sweden Tax Agency, 2010). 여기서 우리는 기업 부담액이 총 사회보장기여금의 77.5%이고,
개인 부담액이 22.5%라는 것을 알 수 있다.

30 2007년 고용주가 납부하는 기초 사회보장기여금 세율은 전체 임금의 32.28%, 자영업자는 자기
소득의 30.71%, 납세자 연금기여금 세율은 소득의 7%, 특별수당세 세율은 특별수당의 24.26%
이다. 그리고 연금기여금 총액은 770억 크로나, 특별수당세 총액은 300억 크로나이다(Sweden
Tax Agency, 2010). 이를 근거로 우리는 개인이 부담하는 사회보장기여금 총액(연금기여금과 특
별수당세의 합)은 개인 총소득의 8.74%라고 추정할 수 있다.

소득보장을 위해 모아진 재원은 소요 충족 원칙과 소득 연계 원칙에 따라서 배분된다. 최저보장연금을 비롯한 최저보장급여, 정액의 각종 수당, 공공부조 등은 기본 소요 충족의 원칙에 따른 것이고, 소득에 비례하는 병가급여를 비롯한 각종 소득 연계 급여들은 소득 연계 원칙을 따른 것이라고 할 수 있다.

스웨덴에서는 사회보장에 필요한 재원을 세금으로 징수하기 때문에 별도의 사회보장 재원을 징수하는 행정기관을 설치할 필요가 없다. 그리고 소득보장의 실행, 곧 배분은 소득보장청에서 전담하는 것이 원칙이다. 다만 실업급여와 공공부조만은 예외이다. 실업급여는 각 노조에서 운영하는 실업금고가 노동부 고용사무소를 통해서 지급하며, 공공부조는 지방자치단체에서 지급한다. 소득보장 급여와 수당을 지급하는 업무가 대부분 소득보장청으로 모아져 있다.

이렇게 소득보장의 자원 동원과 분배가 간편하게 이루어지기 때문에 한국과는 달리 스웨덴에서는 소득보장기여금을 내고, 소득보장을 받는 것이 번거롭지 않다. 한국에서는 사회보장 전문가라도 각종 사회보험기여금을 어떻게 내고, 급여와 수당을 어디서 받을지 헷갈리지 않는가?

사회보공을 주요 사회보장 방식으로 채택하고 있는 스웨덴에서는 소득보장을 위한 배분이 기본 소요 충족 원칙과 소득 연계 원칙에 따라서 이루어진다. 기본 소요 충족 원칙을 따르는 한, 노동 기피에 대한 처벌은 약하다고 할 수 있다. 노동시장의 최저생계 의존성이 약하다는 것과 소위 '탈상품화'의 정도가 높다는 것과 연관된다. 그러나 산재급여를 제외한 각종 급여가 기존 소득(80% 이하)보다 적고, 공공부조에는 열등처우의 원칙이 적용되기 때문에 노동 기피에 대한 처벌제도가 전혀 없다고는 말할 수 없다. 한편 소득 연계 원칙을 따르는 소득보장 급여가 이루어지고 있어서 노동을 유인하는 보상체계는 잘 갖추고 있다고 볼 수 있다.

4. 공동체 친화적인 소득보장제도인가?

치사랑에 대한 보상체계는 있는가? 노인의 소득보장은 잘되어 있기 때문에 자식이 부모를 부양하는 데 드는 경제적 부담은 적은 편이다. 그러나 이것은 자식이 부모를 공경하며 보살피는 것에 대한 보상이라고는 말할 수 없다. 부모에게 효도를 하는 자식을 지원해주는 소득보장급부는 거의 없다. 굳이 찾아본다면 중병을 앓는 가족을 간병하기 위해서 직장을 쉬는 경우에 지급되는 가족간병급여를 들 수 있을 것이다. 그러나 이것은 엄밀한 의미에서 효를 지원하는 급여라고는 말할 수 없다. 스웨덴의 소득보장제도에서는 예컨대 노부모를 가까이서 모시는 사람을 지원하는 수당이나 급여는 없다. 아동수당은 있어도, 효수당은 없다.

내리사랑에 대한 지원도 크다고는 말할 수 없다. 물론 스웨덴에서는 아동을 양육하는 부담을 줄여주기 위한 소득지원 급여와 수당이 많이 있다. 그러나 이런 급여와 수당은 아동을 낳아 기른 것에 대한 보상은 아니다. 이것은 애를 낳아 기르는 사람과 비교해보면 쉽게 알 수 있다. 아이를 낳아 기르는 사람이 그렇지 않은 사람에 비해 현재 소득이 더 높은 것도 아니고, 노후연금이 더 많은 것도 아니다. 출산과 양육에 대한 경품 보상도, 예우 보상도 없다. 18세 이하의 자녀가 많을수록 아동당 아동수당을 더 많이 주는 제도가 있을 뿐이다. 더군다나 출산 및 양육 생태계를 발전시킬 수 있는 예우 보상은 찾아볼 수 없다. 장애 아동을 오랫동안 양육하여 연금 기여를 적게 한 사람에 대한 특별부가연금처럼 손해를 보상해주는 연금은 있어도, 자식을 많이 낳아 기르는 것을 우대해주는 연금은 없다. 따라서 스웨덴의 소득보장제도에서 출산과 양육을 둘러싼 개인의 이해와 사회 이해의 충돌문제를 해소하기 위한 적극적인 보상체계는 갖추고 있지 않다고 말할 수 있다.

스웨덴에도 동기사랑을 장려하는 특별한 소득보장제도가 많지는 않다. 남성에게 산후에 10일간 병가급여의 80%를 지급하는 산후조리 휴가급여, 가족간병급여, 부부 출산휴가 분할제도[31] 등이 있다. 한편 개인별 생존권의 보장 원칙에 따른 연금이 동기사랑을 장려하는 보상제도가 되기도 한다. 스웨덴의 노인들은 부부가 상대 연금과 무관하게 각자의 최저 생존 유지에 부족함이 없을 정도 이상의 연금을 받는다. 예컨대 부부 모두 소득 활동을 하지 않은 경우라도 각각 최저보장연금을 받는다. 이 두 노인이 함께 생활하면 혼자 사는 노인에 비해 생활비가 절약되므로 더 풍족한 생활을 할 수 있다. 물론 혼자 사는 노인의 경우 약간의 추가 연금을 받을 수 있지만 그 금액은 미미하다. 한편 스웨덴에서는 개인의 최저생존권 보장을 소득보장의 가장 중요한 원칙으로 삼기 때문에 함께 사는 것을 포기하는 것에 대한 처벌제도는 거의 없다고 할 수 있다.

---

[31] 부부인 경우 출산휴가를 반드시 어느 한쪽이 60일 이상 사용해야만 최대 480일을 사용할 수 있는 제도를 말한다.

1. 소득보장의 개관

사회보장제도가 시작 단계에 있는 한국에서는 어떤 소득보장이 있는가를 생애 순서별 소득 위기를 중심으로 살펴보기로 하자.

2012년 한국에서는 여성 노동자들이 산전후(産前後)휴가급여로 처음 60일간 고용주와 고용보험공단으로부터 통상임금을 받고[32], 이후 30일간 고용보험공단으로부터 135만 원을 받는다.[33] 공무원을 포함한 남녀 노동자들은 6세 미만 아동 1명에 대해 1년간 매월 최대 100만 원, 최소 50만 원의 육아휴직급여를 받을 수 있다.[34] 남성 노동자는 최대 5일의 휴가 기간 중 기업주가 부담하는 3일간의 배우자 출산유급휴가를 사용할

---

[32] 대기업 노동자는 통상임금 전액을 기업으로부터 받는다. 중소기업 노동자는 통상임금이 135만 원 이하인 경우에는 매월 고용보험공단으로부터 통상임금을 받으며, 통상임금이 135만 원을 초과하는 경우에는 135만 원은 공단으로부터 받고 그 초과분은 기업으로부터 받는다.

[33] 근로기준법 74조, 고용보험법시행령 101조.

[34] 남녀고용평등과 일·가정 양립 지원에 관한 법률 19조, 고용보험법 시행령 95조, 공무원 수당 등에 관한 규정 11조의 3.

수 있다.[35] 아동간병휴가급여, 아동수당, 장애아동보호수당, 그리고 이혼하여 편부모가 된 가정을 지원해주는 편부모양육수당, 어머니나 아버지가 사망한 아동에게 주는 유자녀연금 등은 없다.[36] 다만 부모가 사망한 아동 등을 도와주는 공공부조인 '한부모가족지원제도'[37]가 있다. 아동 및 청년을 위한 주거수당은 없다.

국민연금 가입자가 질병과 사고로 장애인이 되면 등급에 따라 장애연금을 받는다. 가입기간이 20년 이하인 사람의 장애연금은 최저 153,480원(3급 장애, 기준소득 24만 원 이하)에서 최고 693,810원(1급 장애, 기준소득 389만 원 이상)이다.[38] 공무원, 군인 및 사립학교 교원연금 가입기간이 20년 이상인 사람이 가장 심한 정도의 장애를 입고 퇴직한 경우, 가입기간에 따라 가입기간(혹은 퇴직 직전 3년간)[39] 평균 보수월액의 50~76%의 퇴직급여를 받는다. 나머지 사람들은 소득 자산 조사 등을 받은 후 '장애인연금'으로 불리는 장애수당[40], 장애아동부양수당, 장애인자녀교육비 지원

---

35 남여고용평등과 일·가정 양립 지원에 관한 법률 18조의 2.

36 물론 아동은 부모가 가입한 국민연금이나 특수직 연금, 산재보험의 유족연금이나 급여를 가입자의 배우자(즉 모나 부)가 없는 경우에 받을 수 있다. 이것은 '연금 상속'에 가까우며, 엄밀한 의미에서 유자녀연금이라고 보기는 어렵다.

37 '한부모'는 매우 어색한 용어이다. 부나 모가 하나밖에 없으므로 '한'은 하나마나한 말이다. 이런 지적에 대해 '한'이 온전함을 뜻하는 것이라고 말하는 사람들이 있다. 이것은 마치 장애인을 건강인이라고 부르는 것과 같다. 그렇게 온전하다면 왜 특별히 지원을 해야 하는가? 편견을 갖지 말자는 뜻에서 '온전하다'고 표현했다면, 그것이야말로 편견을 심화시키는 것이다. 편부모(偏父母) 혹은 홀부모로 표현하는 것이 나을 것이다.

38 연금관리공단 전자방, 2012, http://www.nps.or.kr

39 연금 기준 소득은 2009년까지는 퇴직 직전 3년간 평균 보수월액이다. 2010년 이후 가입분에 대해서는 가입기간 평균 보수월액이 적용된다. 예컨대 20년을 근무하고 2015년 말에 퇴직한 사람은 2009년 이전 가입기간 14년에 대해서는 퇴직 직전 3년 평균 보수월액이, 2010년 이후 6년 가입기간에 대해서는 20년 가입기간 평균 보수월액이 적용될 것이다.

40 기초생활보장법에 따른 생계급여 수급자인 중증 장애인에게 지급하던 '장애수당'이 2010년 7월 1일부터 '장애인연금'으로 바뀌었다. 기존에는 '장애수당'으로 중증 장애인인 '수급자'에게는 월 13만 원, '차상위계층'에 속한 사람에게는 월 12만 원을 지급했다. 그런데 새로운 '장애인연금법'에 따라 '연금'의 '기초급여'와 '부가급여'라는 이름으로 각각 15만 원과 13만 원까지 지급한다(장애인연금법과 신영아 복지부 공무원의 설명에 따름). 그러나 이것을 '연금'이라고 부르는 것은 무리이다. 왜냐하면 연금은 본봉에 해당되는 급여 중의 하나이고, '장애인연금'으로 지급하는 것은

등을 받을 수 있다.

산업재해로 장애를 얻은 사람은 장애등급에 따라 산업재해보상보험의 장애보상연금을 받는다. 가장 심한 1등급의 장애보상연금은 평균 임금의 329일분(평균 임금의 90.1%)이다. 공무상 사고나 질병으로 장애를 얻은 공무원, 군인이나 사립학교 교원은 각 연금관리 공단으로부터 장애등급에 따라 가입기간(혹은 퇴직 직전) 보수 평균 월액의 15~80%를 상애급어로 받는다. 하지만 사람이 아파서 일을 할 수 없는 경우에 지급하는 병가급여는 없다.

산업재해를 당한 사람은 치료기간 동안 산재보험의 '휴업급여'를 받을 수 있다. 휴업급여는 휴업 직전 3개월 평균 소득의 70%이다.[41] 산재로 사망한 경우에는 유가족에게 장례비와 유족연금을 지급한다. 유족연금은 기초유족연금과 가산금액의 합인데, 기초유족연금은 사망 전 3개월 평균 소득의 47%이고, 가산금액은 부양가족 1명당 기초연금액의 5%이다.

실업자에게는 고용보험에서 실업급여를 지급한다. 급여액은 실업 전 3개월 평균 소득의 50%이다. 실업급여 최저액은 1인 최저생계비의 90%이고, 최고액은 일 4만 원(월 124만 원=4만 원×31일)이다. 지급기간은 보험 가입기간, 연령, 건강 상태에 따라 달라지는데 최소 90일에서 최장 240일이다. 고용보험을 받기 위해서는 실업 전 240일 동안 180일 이상 고용보험에 가입했어야 한다. 그리고 실업급여를 받기 위해서는 고용사무소가 인정하는 '구직 활동'을 해야 한다. 이 조건들을 채우지 못한 사람들은 고용보험을 받을 수 없다. 실업급여가 종료된 후에도 직장을 잡지 못하면 국민기초생활보장법에 따라 자활급여를 신청할 수 있다. 그러나 예컨대

본봉에 해당되는 생계급여나 소득(차상위계층) 자체가 아니라 그것을 보충해주는 수당이기 때문이다.

41 한국에서 노동자가 몸이 아파 직장을 쉬는 경우, 산재로 인정받느냐 받지 않느냐는 천국에 가느냐 지옥에 가느냐와 같다. 반면 스웨덴에서는 일반 병가급여는가 기존 소득의 80%이고 산재 병가는 100%이므로 큰 차이가 없다.

6인 이하 가구에 사는 서울 사람의 경우, 인정해주는 전세금이나 집값[42]이 약 1억 원을 넘으면 자활급여를 받을 수 없다(보건복지부, 2010가).

국민연금에 가입한 사람은 55세부터 노령연금을 받을 수 있다. 그러나 제대로 된 연금(완전노령연금)을 받기 위해서는 10년 이상 가입하고 60세가 넘어야 한다. 완전노령연금의 최저액은 121,910원이고, 최고액은 1,205,130원이다. 최저액은 10년 이상 가입하고 가입기간 평균 소득월액이 24만 원인 사람이, 최고액은 40년을 가입하고 가입기간 평균 소득월액이 389만 원 이상인 사람이 받는다. 배우자와 노약자 등의 부양가족이 있으면 이 금액에 1인당 월 1~2만 원 정도의 부양가족연금이 추가된다. 연금 수급권자의 유족은 배우자, 장애가 있거나 18세 미만인 자녀, 노부모의 순서에 따라 유족연금 수급권을 갖는다. 이 유족연금은 기본연금액의 40~60%이고, 최저액은 102,320원, 최고액은 513,530원이다.[43] 연금 수급자가 이혼할 경우에는 함께 살면서 국민연금에 가입한 기간에 해당되는 연금을 똑같이 나누어 받는다.[44]

공무원, 군인, 사립학교 교원연금은 20년 이상 가입하고 60세가 넘은 퇴직자가 받는다. 퇴직연금액은 가입기간(혹은 퇴직 직전 3년간) 평균 소득의 50~76%이다. 가입기간이 20년에서 1년 늘어날 때마다 2%씩 증가한다. 연금 수급권자가 사망하면 재산 상속 원칙에 따라 유족급여를 지급한다. 유족급여는 퇴직연금액의 70%이다.

한편 공공부조연금인 기초노령연금제도를 2008년부터 시행하고 있다. 소득 조사 및 자산 조사의 결과에 따라 홀노인에게는 최대 94,600원까지, 부부가 2인 모두 수급 시에는 최대 151,400원까지 차등 지급한다.[45]

---

42 전세금은 실제 전세계약금에 정부가 정한 적용률인 0.95를 곱한 것이고, 소유주택 가격은 시가표준액이다(보건복지부, 2010가).

43 연금관리공단 전자방, 2012, http://www.nps.or.kr

44 국민연금법 64조.

45 보건복지부 기초노령연금, 2012, http://bop.mw.go.kr

지금까지 살펴본 사회보험 중심의 소득보장으로는 많은 사람들이 대상에서 제외될 수밖에 없다. 이런 사람들을 위해서 공공부조 방식으로 '기초생활'을 보장하고자 한다. 국민기초생활보장제도에서는 생계가 곤란하지만 가족의 부양을 받지 못하고 노동력이 없는 사람들에게 최저생계비를 지원해준다. 가구의 실제 소득과 재산을 조작한 가상 소득(재산의 소득환산액)[46]을 합한 '소득인정액'이 최저생계비에 미치지 못한 사람들에게는 부족한 만큼(최저생계비−소득인정액)을 '생계급여'와 '주거급여'라는 이름으로 지급한다.[47] 노동력이 있으면서 소득인정액이 최저생계비보다 적은 사람에게는 '자활사업 노동'을 할 경우에만 최저생계비 부족분보다 약간 높은 급여를 지급한다. 물론 자활사업에 참여하지 않으면 아무것도 받을 수 없다. 정부에서 정한 2012년 1인 가구의 최저생계비는 553,354원, 4인 가구는 1,495,550원이다.[48] 실제로 수령하는 금액은 현물 형태로 지급되는 의료비, 교육비와 타법지원액(주민세, 텔레비전 시청료 등)을 차감한 453,049원이다(보건복지부, 2012가: 138).

---

46 '재산의 소득환산액'은 기본재산액을 제외한 금액에 소득환산율을 곱한 것이다. 기본재산액은 대도시 5,400만 원, 중소도시 3,400만 원, 농어촌 2,900만 원이다. 소득환산율은 일반 재산 4.17%, 금융재산 6.26%, 승용차는 100%이다. 소득이 전혀 없는 사람이 국민기초생활보장 대상자가 되기 위해서는 주택과 같은 일반 재산이 1인 가구의 경우 농촌 41,094,580원, 중소도시 46,094,580원, 대도시 66,094,580원 이하, 6인 가구의 경우 농촌 73,782,614원, 중소도시 78,782,614원, 대도시 98,782,614원 이하여야 한다(보건복지부, 2010가). 예컨대 서울에서 6인 가족이 1억 원짜리 전세를 살면 기초생활보호 대상자가 될 수 없다.

47 따라서 각 가구에 지급한 총 금액은 최저생계비에서 소득인정액을 뺀 것이며, 생계급여와 주거급여를 합한 것이다.

48 최저생계비는 보건복지부에서 매년 발표하고 있으며, 2012년 최저생계비는 1인 553,354원, 2인 942,197원, 3인 1,218,873원, 4인 1,495,550원, 7인의 경우 2,325,580원 등이다. 8인 이상은 1인이 추가될 때마다 276,677원씩 증가한다. 대법원에서는 복지부에서 공표한 금액의 150%까지 인정한다.

2. 소득보장의 대상과 수준

한국의 사회보장제도는 요람에서 무덤까지 모든 개인이 직면할 수 있는 생계 소득 부족 위기를 빠짐없이 포괄하고 있는가? 흔히 직면하기 쉬운 소득 위기에 대비한 소득보장 중에서 임신급여, 육아급여, 아동 장애 수발급여, 유족연금, 주택수당, 장애급여, 산재급여, 연금에 해당되거나 유사한 것들은 명목이라도 갖추고 있다. 그러나 아동 간병급여, 아동수당, 편부모 아동 양육 지원수당, 병가급여는 이와 유사한 이름조차도 없다. 따라서 한국의 소득보장제도는 소득 위기를 완전하게 포괄하지 못하고 있다고 보아야 한다.

한국 소득보장제도는 대상자의 포괄성 측면에서는 어떠한가? 한국의 사회보장 방식은 사회보험과 공공부조를 혼용한 것이다. 사회보험에서는 기여 여부에 따라, 공공부조에서는 소득 및 자산 조사 결과에 따라 소득보장의 대상이 결정된다. 이 두 제도를 운용하는 경우 소득보장의 대상에서 제외된 사람이 있기 마련이다. 예컨대 모든 연금은 10년 이상 가입하지 않으면 원칙적으로 연금을 받을 수 없다. 실업급여는 실직 무렵에 180일 이상 고용되지 않은 사람은 실업급여를 받을 수 없다. 그러나 이처럼 사회보험에서 배제된 사람들이 공공부조로 다 구제되는 것은 아니다. 공공부조에서는 '근로능력', 부양해줄 가족, 소득 및 자산이 모두 없거나 적을 때에만 소득보장의 대상자가 되기 때문이다. 따라서 주택과 같은 재산이 있어 소득인정액이 최저생계비를 넘지만 실제로 소득이 없는 사람들도 생계비를 지원받을 수 없다. 예컨대 서울에서 혼자 사는 노인의 전세금이 약 7,000만 원을 넘으면 기초생활보장 대상자가 될 수 없다. 뿐만 아니라 자식이 있는 가난한 노인의 생계는 더욱 어렵다. 우리 사회에서 기초생활보장 대상에서 제외된 '차상위계층'의 삶이 문제가 되는 것은 바로 이런 이유 때문이다. 여기서 우리는 한국의 소득보장제도가 대상자를 다 포괄하지 못하고 있다는 것을 알 수 있다.

그러면 한국의 사회보장 수준은 어느 정도인가?

우선 사회보험의 소득보장 수준부터 살펴보자. 출산 및 임신을 전후한 급여는 처음 3개월을 제외하곤 월 50~100만 원이다. 한국에서 산재의 경우를 제외한 일반 병가급여는 0원이다. 2012년 국민연금의 장애연금은 최중증 장애인(1급)의 경우 최저 24만 원에서 최고 693,810원이다. 완전노령연금의 최저액은 10년 가입자인 경우 121,910원, 40년 가입자는 24만 원이고, 최고액은 1,205,130원(40년 이상 가입, 기준소득 389만 원 이상)이다. 여기에 부양가족이 있으면 이 금액에 1인당 월 1~2만 원 정도가 추가된다. 국민연금의 유족연금 최저액은 102,320원(가입기간 10년, 기준소득 24만 원 이하), 최고액은 513,530원(가입기간 20년 이상, 기준소득 389만 원 이상)이다. 실업급여의 최저액은 최저생계비의 90%이고, 최고액은 월 124만 원(4만 원×31일)이다. 이상에서 살펴본 모든 소득보장제도들은 최저액이 1인 가구 최저생계비 553,354원에도, 최고액이 4인 가족 최저생계비 1,495,550원에도 미치지 못한다. 따라서 건강한 사람들의 최저생존권을 보장해주기에도 버겁다고 할 수 있다.

한국의 사회보험에서는 특수직 연금과 산재보험만이 최저소득을 보장해준다고 말할 수 있다. 공무원 등의 특수직 연금에서는 평생 소득, 혹은 퇴직 전 3년 평균 임금의 50% 이상을 노령연금으로 지급하고, 공무로 최심(最甚)장애를 앓는 사람에게는 평균 임금의 80%를 지급한다. 공무원의 임금이 상대적으로 높은 편임을 감안하면 노령연금이나 장애급여는 최저생계비를 넘는다고 할 수 있다. 그러나 한국 사회에서는 의료비와 수발비의 자기 부담이 적지 않다는 점을 감안하면 이것도 최저생계를 보장해준다고는 말할 수 없다. 산재보험에서는 요양급여와 장애급여 등을 지급한다. 요양급여는 평균 임금의 70%이고 최심장애급여는 90%이다. 그리고 최저액은 최저임금이다. 이것이 물론 산재에 대한 충분한 보훈(報勳)이라고는 말할 수 없으나, 최저생계를 보장해주는 수준임에는 틀림없다. 특히 산재에서는 치료를 무료로 해주고, 간병비도 지급되고 있다는 점을 고려하면 산재를 입은 사람들의 최저생계비는 보장되고 있다고 볼수 있다.

공공부조인 국민기초생활보장제도는 그 이름대로라면 최저생계를 보장해준다고 할 수 있다. 소득과 자산을 기준으로 산정한 소득인정액이 최저생계비에 미치지 못한 만큼을 보충해준다. 뿐만 아니라 기초생활보장 대상자는 거의 무료로 치료를 받을 수 있기 때문에 최저생계는 보장받는다고 할 수 있다. 그러나 문제가 없는 것은 아니다. 처분할 수 없는 부동산 등을 가상 소득으로 인정하므로 소득인정액이 실제 소득보다 높아져 최저생계를 보장받지 못하기 때문이다. 예컨대 소득이 전혀 없이 서울에서 6,900만 원짜리 전세방에 살고 있는 홀노인은 22,709원밖에 받을 수 없다.[49] 따라서 이 제도에서 지급하는 생계급여가 모든 빈민의 최저생계비를 보장해주지는 못한다. 한편 공공부조인 기초노령연금은 홀노인에게는 96,400원까지, 부부 노인에게는 151,400원까지 차등 지급한다. 이것으로 최저생계를 보장할 수 있겠는가?

한국 소득보장의 상한선은 얼마인가? 한국에서는 상한선이 높지 않은 편이다. 국민연금과 실업급여는 4인 가족 최저생계비를 넘지 않는다. 특수직 연금의 최고액도 의료 및 수발의 자부담 비용을 고려한다면 높다고 할 수 없다.

한국의 소득보장제도는 요람에서 무덤까지 모든 개인이 직면할 수 있는 모든 생계 소득 부족 위기들과 위기에 처해 있는 모든 사람들을 포괄하지 못하며, 보장해주는 수준도 생계 위기를 해소하기에는 부족한 경우가 많다. 그러므로 한국에서는 아직도 최저생계비를 하늘로 여길 수밖에

---

49 급여액=기초생계비−소득인정액, 소득인정액=(전세금×적용율−기본재산액)×소득환산율. 2010년 1인 가구 월 최저생계비는 504,344원, 전세금 적용은 0.95, 대도시 기본재산액은 5,400만 원, 일반 재산 소득환산율은 0.0417이다(보건복지부, 2010가). 이를 대입하면 전세금이 6,900만 원인 노인의 급여액(생계급여와 주거급여의 합)은 22,709원이다. 전세금이 100만 원 감소하면 62,324원을 받고, 전세금이 100만 원 증가하여 7,000만 원이 되면 전혀 받을 수 없다.

없는 사람들이 많다. 여기서 우리는 율곡 선생의 상소문 구절을 생각하게 된다.

"임금은 나라에 의지하고, 나라는 백성에게 의지하므로 임금은 백성을 하늘로 삼사온데, 백성은 밥을 하늘로 삼습니다. 백성이 그 하늘로 삼는 것을 잃어버리면 나라는 그 의지할 곳을 잃게 되옵니다. 이것은 변하지 않는 이치이옵니다(君依於國 國依於民 王者以民爲天 民以食爲天 民失所天 則國失所依 此不易之)."

3. 재원의 동원과 분배는 어떠한가?

한국에서는 소득보장의 비용을 사회보험의 기여금과 조세로 징수한다. 기여금은 국민연금, 공무원연금, 군인연금, 사립학교 교직원연금, 고용보험, 산재보험으로 나누어서 징수한다.[50] 비록 최근에 의료보험을 포함한 4대 사회보험기여금 징수를 의료보험공단에서 통합하여 관리한다고 할지라도, 사회보장비용을 세금으로 통일하여 징수하는 스웨덴의 경우와 비교하면 징수비용이 많이 들어갈 수밖에 없다. 징수비용만이 아니라 기금의 관리비용도 많이 들 것이다.

소득보장의 실행, 곧 배분도 각 사회보험의 공단과 기초자치단체의 공공부조 담당부서가 나누어 맡고 있기 때문에 소득보장청에서 일괄하여 배분하는 스웨덴의 경우에 비하면 배분 효율성도 낮다고 할 수 있다.

한국에서는 노동과 소득보장을 연계시키려는 정책 의지가 강하다. 그

---

50 의료보험은 병가급여를 포함하고 있지 않으므로 여기서 다루는 것은 적절하지 않다.

러나 한국의 소득보장제도가 노동을 유인하기에 적절하다고는 말할 수 없다. 사회보험제도에서는 급부의 정도가 기여금의 총액과 연계되어 있어 적게 내면 적게 받는다. 뿐만 아니라 기여금을 내지 않으면 어떠한 사회보험의 소득보장도 받을 수 없다. 따라서 한국의 사회보험 소득보장제도에서는 노동 기피에 대한 처벌이 강하다고 할 수 있다. 그러나 특수직 연금을 제외하면 각종 급여의 최고액이 4인 가족 최저생계비에도 미치지 못하므로 노동을 유인하는 보상은 약하다고 할 수 있다.

한국의 공공부조도 노동을 유인하도록 설계되었다. 이를 뒷받침하는 국정철학이 '능동적 복지', '생산적 복지'이다. 열등처우의 원칙에 따라 보장해주는 최저생계비는 최저임금보다 낮다. 특히 노동력이 있는 사람들은 '자활근로'를 조건으로 최저생계를 보장해주고 있다. 그러나 빈곤이 수급의 조건일 수밖에 없는 공공부조에서는 노동 소득의 발생이 급여의 감소를 의미하므로 노동을 유인하기보다는 오히려 노동 기피를 조장한다. 우리 사회의 기초생활보장제도도 이런 공공부조의 태생적 한계를 벗어나지 못하고 있다. 특히 국민기초생활보장 수급자에게만 부여해주는 부가적 혜택이 많다는 것도 한국 공공부조의 노동 유인력(誘因力)을 약화시키고 있다. 수급자들은 생계비 이외에도 교육급여, 해산급여, 각종 수수료 면제, 전기세·수도세 면제, 저렴한 영구임대주택 입주자격 부여 등 다양한 혜택들을 추가로 받는다. 그런데 노동 소득이 늘어나 수급자격에서 벗어나면 이런 혜택들을 받을 수 없기 때문에 소득 활동을 기피할 수밖에 없다. 예컨대 영구임대주택 생활자가 소득을 올려 수급자격에서 벗어나면 임대주택에서 나와야만 하므로, 소득 증가는 재앙의 원인이 된다.

4. 공동체 친화적인 소득보장제도인가?

치사랑에 대한 보상체계는 있는가? 한국에서는 노인의 생계를 자식이 보장하는 것을 원칙으로 삼고 있다. 국민기초생활보장법(제3조 2항)에서는 국가는 가족(이 하는) 복지가 사회(국가) 복지보다 우선임을 천명하고 있다. 많은 노인들이 사회보장의 그물망에서 벗어나 있고, 국가 소득지원을 받는 노인들도 결코 최저생계비를 보장받는 것은 아니다. 자식들의 부양 부담이 적지 않은 이런 상황에서 효수당을 기대하기는 어려울 것이다.

내리사랑에 대한 지원도 없다. 아동을 낳아 기르는 것에 대한 포상은 커녕 손해에 대한 보상도 제대로 해주고 있지 않다. 아동 보육과 교육의 지원은 논외로 하더라도 아동의 생활비 지원금인 아동수당도, 아동간병 휴가수당마저도 없다. 아이를 낳아 기르는 것은 사회의 구성원을 충원하는 가장 중요한 공무이다. 그런데도 출산과 양육의 부담을 개인에게만 떠넘기는 것은 공무원에게 월급을 주지 않으면서 국가를 위해 일하라고 하는 것과 같다. 다만 국민연금에서 2명 이상의 자녀를 가진 사람에게 국민연금 가입기간을 추가로 인정해주는 제도가 있다. 2명일 경우 12개월, 3명부터는 50개월이 넘지 않은 범위에서 1명당 18개월을 추가로 인정해준다(국민연금법 제19조, 2012). 물론 이 우대가 미미하기 그지없지만, 자식을 많이 낳아 기르는 것을 우대해주는 연금제도가 있다는 것만으로도 다행스럽다. 이것이 더욱 좋은 제도의 씨앗이 될 수 있기 때문이다.

한국에는 동기사랑을 장려하는 특별한 소득보장제도는 거의 없다. 특히 남성의 가족노동 참여를 유인하는 소득보장제도는 찾아보기 어렵다. 배우자가 출산을 한 남성 노동자에게 기업주가 부담하는 3일간의 산후조리 휴가 정도가 있을 뿐이다. 한편 동기사랑을 장려하는 연금제도도 없다. 다만 동기사랑을 강요하는 연금제도가 있다. 예전의 국민연금과 특수직 연금에서 전업주부는 남편의 연금에 의존하여 노후를 살아야 했다. 뿐만 아니라 남편이 사망하면 유족연금을 받을 수 있다. 이러한 연금제도들에서 이혼을 한 여성은 생계의 위협을 받을 가능성이 커진다. 그러므로 이 연금제도는 이혼을 줄이는 데 기여한다고 볼 수 있다. 그러나 이것은 생존권 보장 및 남녀평등의 원칙을 고려한다면 심각한 문제가 있다. 따라서 최근에는 전업주부였던 여성이 남편의 국민연금을 분할해서 받을 수 있게 하여 국민연금이 동기사랑을 강요하는 힘이 약해졌다고 할 수 있다. 그러나 연금에 동기사랑을 강요하는 힘이 전혀 없는 것은 아니다. 왜냐하면 국민연금만으로는 모둠살이를 해도 생계를 꾸리기가 쉽지 않은데, 연금을 분할하면 두 사람 모두의 생존권이 위협받을 가능성이 크기 때문이다. 한국의 소득보장제도는 이혼에 대한 처벌은 있어도, 모둠살이를 지원하는 포상은 거의 없다고 할 수 있다.

기본소득제 도입안 검토[51]

    기본소득제는 연금, 기초생활보장 대상자의 생계비, 실업급여, 저소득층 면세 등과 같은 기존의 소득보장제도를 없애고 심지어 부자들을 포함한 모든 국민에게 최저생계비를 일괄 지급하는 것이다. 최근에 한국에서도 기본소득제를 도입하자는 사람들이 늘어나고 있다.[52] 이 제도의 구체적인 내용이 무엇이고, 우리 사회에 도입할 만한 것인가를 검토해보는 것은 학문적으로나 정책적으로나 의미 있는 일이 될 것이다. 따라서 기본소득제의 개념을 소개한 다음, 이를 도입하면 어떤 점이 좋고 어떤 점이 나쁠 것인가, 그리고 이 기본소득제는 사회보장의 장기적인 발전 방향을 고려할 때 어떤 의의와 한계가 있는가에 대해서 논의하고자 한다.

---

51 나는 이 책을 집필하는 도중에 이미 작성된 기본소득제에 관한 논의로 동학들의 도움을 받아 논문의 형식을 갖추어 발표한 적이 있다. 그러므로 다음의 글은 그 논문(박승희 · 김금자 · 김종환 · 홍세영, 2011)과 중복되는 부분이 매우 많다. 일일이 인용하지 않겠다.

52 이것을 보여주는 한 예로 전자방 속의 '기본소득네트워크'(http://cafe.daum.net/basicincome)를 지적할 수 있다. 연구로는 유럽에서 활발하게 논의된 기본소득을 소개하는 연구(박홍규, 2008; 이명현, 2007; 곽노완, 2007)와 기본소득제를 시행하기 위한 재원의 조달 가능성과 방안을 탐색하는 연구(김교성, 2009; 강남훈 · 곽노완, 2008) 등이 있다.

1. 기본소득제의 이해

1) 기본소득의 개념

　기본소득이란 정치적인 공동체가 그 구성원에게 자산 조사도 하지 않고 기여 여부도 따지지 않으며, 소요와 무관하게 노동도 요구하지 않은 채, 무조건적으로 모든 개인에게 동일하게 지급하는 보통 사람들의 최저생계비 수준의 현금이다.[53] 이것은 사회지본의 방식을 따라 지급된다. 기본소득을 지급하면 면세점을 폐지하여 모든 소득에 과세한다. 저소득층을 제외한 대부분 사람들은 기본소득을 받은 만큼 더 많은 세금을 낼 것이다. 이렇게 되면 이런 사람들의 가처분소득은 기본소득제가 도입되더라도 변하지 않을 것이다. 지급하는 주체는 중앙정부나 지방정부일 수도 있고, 유럽공동체나 국제연합과 같은 초국가적인 조직일 수도 있다. 재원은 일반 조세로 하는 것이 원칙이다. 물론 알래스카의 석유수익금처럼 특별재정수입일 수도 있다. 지급하는 것은 현물이나 이용권(바우처)이 아니라 현금이다. 이 소득은 정기적으로, 예컨대 매월 지급한다. 이 기본소득이 기존의 사회보장제도를 어느 정도로 대체할 것인가는 각 나라 사정에 따라서 다르겠지만, 공공부조의 생계급여, 실업급여, 노령연금, 병가급여, 장애급여 등과 같이 보통 사람들의 최저생계 이상을 보장해주는 각종 소득보장의 급여(benefit)를 대체할 수도 있을 것이다. 그러나 개인이나 가정의 특수한 소요를 충족하기 위해서 부가적으로 지급하는 권우나 소득을 대체할 수는 없을 것이다. 예컨대 보육, 교육, 의료, 수발 등의 권우는 물론 장애수당이나 아동수당[54] 등과 같이 기본 급여에 추가적으로 지급하

---

53 기본소득의 세세한 내용은 주장하는 사람에 따라 다양하다. 그러나 그 근간은 큰 차이가 없다. Philippe Van Parijs(2004)는 기본소득에 관한 주요 쟁점들을 소개하면서, 기본소득의 근간을 잘 소개하고 있다. 여기서는 이것을 중심으로 기술하고자 한다.
54 만약 기본소득이 아동에게도 지급된다고 한다면 아동수당은 제외되어야 할 것이다.

는 현금은, 사회보장의 원칙을 허물지 않는 한, 기본소득과 무관하게 지급되어야 할 것이다.

이 기본소득제도의 장점은 우선 모든 사람들의 모든 생계 위기를 포괄할 수 있다는 점이다. 이 제도에서는 가난한 사람들이 낙인(烙印)을 받지 않고 확실하게 소득보장의 대상이 될 수 있다. 소득보장의 수준은 기본소득을 얼마로 할 것이냐에 달려 있기 때문에 이것이 반드시 최저생계를 잘 보장한다고는 말할 수 없다.

사회지본 방식을 따르는 이 제도는 재원의 동원과 분배가 매우 효율적이다. 일반 조세에서 지급하므로 사회보험과 달리 따로 재원을 동원하는 행정절차가 불필요하다. 나누어주는 것도 전산기기가 발달한 현대 사회에서는 매우 간편하다. 소요 사정, 자산 상황, 기여 여부, 노동 여부[55] 등을 확인할 필요가 없기 때문에 행정비용이 거의 들어가지 않는다. 한편 수급자를 제한하지 않기 때문에 자원이 낭비된다는 지적이 있을 수 있다. 심지어 부자에게까지 기본소득을 지급하므로 부자를 더 부유하게 만드는 것이 아니냐는 의문을 가질 수도 있다. 그러나 일정 소득 이상의 사람들은 기본소득을 받은 만큼 세금을 더 내게 될 것이므로 부자가 더 부유해지는 것은 아니다. 그러므로 이 점에서 공공부조와 같은 다른 제도에 비해 재원이 매우 많이 낭비된다고 말할 수는 없을 것이다. 뿐만 아니라 면세점을 철폐하여 아무리 적은 소득이라도 세금을 부과하므로 세수(稅收)가 증가한다고 볼 수 있다. 다만 사회보험과는 달리 기여와 수급이 개인별로 연동되어 있지 않기 때문에 공공부조와 마찬가지로 재원 동원의 유인력이 약하다고 볼 수도 있다.

이 제도는 노동의 유인 효과가 공공부조나 각종 실업급여 등에 비해서 크다. 공공부조나 실업급여는 소득 활동을 하면 줄어드는 것이 일반적이

---

[55] 예컨대 우리나라의 자활 급여제도에서는 노동이 수급의 조건이다.

므로 노동을 기피하게 하는 경향이 있다. 그러나 이 제도에서는 기본소득은 항상 고정되어 있고, 소득 활동을 하면 세금을 내더라도 소득이 추가되므로[56] 노동을 유인하는 효과가 크다고 할 수 있다. 물론 기본소득으로 자족하고 일을 아예 하지 않는 사람도 있을 수 있다. 그러나 노동의욕이 없는 사람에게 자활 급여처럼 강제로 노동을 시킨다고 그것이 사회적 생산에 보탬이 된다고는 말할 수 없다. 이에 비해 기본소득이 보장된 상태에서는 노동의 자발성이 큰 편이므로 노동의 생산성이 높다고 말할 수 있다.

한편 기본소득제는 공공부조에 비해 공동체 생활을 유인하는 물질적 자극이 크다고 볼 수 있다. 가구 단위로 지급하는 공공부조의 총 급여액이 가구원 수에 비례하여 증가하지 않는 것과는 달리, 기본소득은 개인별로 동일하게 지급되므로 가구원 수에 비례하여 가구 기본소득의 총액이 증가한다. 이것은 소비 수준을 향상시킨다. 예컨대 1인분이나 3인분이나 된장국을 끓이는 데 들어가는 비용은 마찬가지이기 때문이다.

2) 기본소득제의 현실적 방안들

기본소득제의 골간에는 이견도 적고 견해 차이도 크지 않지만, 세부 내용은 주장하는 사람과 각 사회의 사정에 따라 다양하다. 그러나 우리가 아무리 '상상적 실험'을 한다 하더라도 모든 방안들을 다 적용해볼 수는 없으므로 한국과 스웨덴의 현행 제도를 고려해서 있을 법한 두 가지 방안을 구상해보고자 한다. 하나는 기본소득제로 현행 소득보장제를 대체하는 것이요, 다른 하나는 기본소득제로 현행 소득보장제를 보완하는

---

56 이것은 다른 측면에서 보면 세금을 늘리는 길이기도 하다.

것이다.

현행 소득보장제를 완전하게 대체하는 기본소득제는 어떤 것일까? 사회보장이 목적인 기본소득은 건강한 보통 개인의 최저생계를 보장하는 것일 수밖에 없다. 장애인처럼 보통 사람과는 특별한 소요가 있는 사람들의 최저생계비를 기본소득으로 삼는다면 자원의 낭비가 심할 것이다. 여기서 우리는 기본소득의 두 가지 조건을 지적할 수 있다. 하나는 기본소득이 소득을 보충해주는 수당이 아니라 대체해주는 급여라는 점이고, 다른 하나는 이것이 보통 사람들의 최저생계를 보장하는 수준이어야 한다는 점이다. 이 두 조건만을 가장 단순하게 충족시켜주는 기본소득은 한 사회의 기존 사회급여를 대체한 최저생계비라고 할 수 있다. 이런 기본소득을 지급하는 경우, 주로 소득을 대체해주는 육아급여, 병가급여, 산재보상급여, 실업급여, 공공부조의 생계비 등과 같은 모든 사회급여는 지급하지 않아야 할 것이다. 그러나 아동수당, 장애수당 등과 같이 소득을 보충해주는 사회수당은 그대로 유지되어야 할 것이다. 이와 같은 기본소득제를 '단순 기본소득제'로 부르기로 하자.

단순 기본소득제의 가장 큰 문제는 기존의 사회급여에 비해 대체 소득이 급격하게 줄어드는 경우가 많다는 점이다. 예컨대 한국의 최중증 산재장애인에게는 소득의 70%에 해당하는 연금을 지급하는데, 단순 기본소득제가 도입되면 급여가 최저생계비(553,354원)[57]로 줄어들 것이다. 이런 급격한 사회급여의 감소는 여러 사회문제를 야기하는 것은 물론 많은 사람들의 반발을 살 가능성이 크다. 따라서 우리는 기본소득보다 높은 현행 사회급여 수준을 그대로 유지하는 것을 대안으로 생각해볼 수 있다. 이 경우 현 제도에서 실질 사회급여[58]를 기본소득보다 적게 받는 사람의 급

---

57 이것은 정부가 정한 2012년 1인 최저생계비이다.

58 이것은 사회급여에서 세금을 제외한 금액이다. 예컨대 스웨덴에서는 사회급여에도 세금이 붙는다. 이것은 어찌 보면 행정비용을 증가시키는 것으로 보인다. 그러나 세금을 내는 것이 시민의 권리이자 의무인 점을 고려하면 당연하다고 할 수 있다.

여는 기본소득으로 대체되며, 실질 급여가 기본소득 이상인 사람은 기본소득만큼 세금을 더 내야 할 것이다. 이것을 우리는 '보완 기본소득제'라고 부를 수 있을 것이다. 이것은 현행 제도를 기본소득제가 보완해준다는 의미를 담고 있다.

2. 스웨덴에 기본소득제를 도입한다면?

한국에 기본소득제를 도입하면 어떻게 될 것인가? 이에 답하기 위해서는 기본소득제가 무엇인가를 생생하게 이해하는 것이 선행되어야 한다. 물론 기본소득제의 개념을 살펴보았지만 아직 구체적인 모습을 그려보지는 않았다. 그런데 소득보장이 제대로 되어 있지 않은 한국에 매우 앞서가는 소득보장제도로 보이는 이 기본소득제도를 도입할 경우의 변화된 상황을 상상해보는 것만으로는, 이것을 도입했을 때 어떤 점이 좋고 나쁜지 대강을 알 수 없는 것은 아니지만 정미한 부분까지 알아내기는 어렵다. 이것은 올림픽 축구 선수들의 실력을 동네 축구 선수들과 비교해서는 제대로 알 수 없는 것과 같다. 따라서 이미 사회보장제도가 잘 갖추어진 스웨덴에 이 기본소득제를 도입한다면 어떤 변화가 있을 것인가를 탐색해볼 필요가 있다.

한편 스웨덴의 앞서가는 소득보장의 현재 상황과 기본소득제를 도입하는 상황은 한국의 현재 상황과 기본소득제를 도입한 상황이 어떤 것인가를 가늠하는 좌표이자 어디로 갈 것인가를 안내해주는 이정표가 될 것이다. 한국의 두 경우만 비교하는 것은 망망대해에서 멀리 움직이는 다른 배만 보고 배의 위치와 나아갈 방향을 찾으려 하는 것과 같다. 한국에 기본소득제를 도입하는 것이 장기적인 소득보장제도 발전을 위해 어떤 의의와 한계가 있는지 알아보기 위한 북극성을 찾기 위해서도 스웨덴에 기본소득제를 도입했을 때의 상황 변화를 추정해볼 필요가 있다.

1) 단순 기본소득제의 도입

(1) 단순 기본소득제의 구체적 방안

스웨덴에 단순 기본소득제를 도입하려면 임신급여, 육아급여, 단기아동간병급여, 활동보상급여, 상병보상급여, 산재보상급여, 병가급여, 실업급여, 노령연금, 사회부조 최저생계비 등과 같은 모든 사회급여는 기본소득으로 대체해야 할 것이며 아동수당, 장애아동보호수당, 장애수당, 주거수당 등의 사회수당, 그리고 여러 사회권우(social service)는 그대로 유지해야 할 것이다.

스웨덴의 최저생계비는 7,000크로나(1,190,000원)로 보아도 무방하다. 2010년 최저실업급여는 7,040크로나(1,196,800원)[59]이기 때문이다. 따라서 기본소득액은 7,000크로나로 가정한다.

이와 함께 그 대상을 스웨덴의 모든 영주권자로 하되, 현행 소득보장제도를 참작하여 18세 미만의 아동은 제외시키기로 하자. 현행 사회보장제도에서도 18세 미만의 소득보장은 따로 없고, 아동의 부모에게 아동수당을 지급하기 때문이다.

(2) 도입 전후의 비교

이런 단순 기본소득제가 도입되면, 소득보장의 상황이 어떻게 변할 것

---

[59] 스웨덴 실업금고 전자방, 2010, http://www.ams.se

인가? 앞에서 소득보장제도를 평가할 때 사용했던 기준들을 중심으로 논의해보자.

스웨덴 국민의 생계 위기를 포괄하는 정도는 어떻게 변할까? 현재에도 사회보공 방식에 의해서 거의 모든 생계 위기를 포괄하고, 소득보장의 최후 한계를 사회부조로 보완하고 있기 때문에 생계 위기의 포괄성은 완벽하다고 볼 수 있다. 따라서 기본소득제의 도입으로 소득 위기의 포괄성에는 큰 변화가 있을 리 없다. 그러나 기본소득제에서는 소득 위기를 따지지 않고 기본소득을 지급하므로 위기 포괄성이 약간 증가한다고 억지로 말할 수 있다.

그러면 스웨덴 소득보장제도는 대상자의 포괄성 측면에서는 어떠한가? 현재 스웨덴에서는 소득 위기를 당한 사람들을 사회보공의 방식으로 구제하는 것이 원칙이다. 여기서는 소요 위기를 야기할 수 있는 상황이 확인되면 소득을 지급한다. 다만 장기실업자의 생계 위기는 소득 및 자산 조사를 거친 후 구제한다. 이처럼 현행 제도의 대상자 포괄성도 완전에 가깝기 때문에 기본소득제가 시행되더라도 큰 변화는 없을 것이다. 그러나 기본소득제가 시행되면 장기실업자에게도 아무런 조건 없이 기본소득이 지급되므로 대상자 포괄성은 조금이라도 증가한다고 말할 수는 있다.

단순 기본소득제가 도입되면 소득보장의 수준은 어떻게 변할까? 스웨덴의 사회보장 소득은 〈표 2-3〉에서 보는 것처럼 대부분 하한선과 상한선을 정한 가운데, 기존 소득에 비례해서 지급된다. 이와는 달리 단순 기본소득제에서는 소득 위기 시에 모든 보장급여가 기존의 사회급여 하한선에 해당하는 기본소득으로 획일화된다. 따라서 사회보장 소득은 전반적으로 낮아진다고 할 수 있다. 다만 사회부조의 경우는 약간 증가한다고 볼 수 있다. 왜냐하면 성인이 2인 이상인 경우, 기본소득은 사회부조와는 달리 사람 수에 비례해서 지급되기 때문이다. 이처럼 대체로 위기 시 소득대체율은 크게 하락한다. 그러나 보통 사람들의 최저생계는 물론 모든

〈표 2-3〉 기본소득제 도입에 따른 사회보장급부의 변화

(단위: 크로나)

구분		현행	기본소득	급여액 변화
사회급여	임신	소득 64%, 최고 21,120	최저생계비 7,000	대폭 감소
	육아	소득 80%, 최고 26,400		대폭 감소
	아동간병	소득 64%, 최고 21,120		대폭 감소
	활동, 상병	소득 64%, 최저 7,700 최고 21,120		대폭 감소
	산재보상	손실금 전액		대폭 감소
	병가	소득 80%, 최고 26,400		대폭 감소
	실업	소득 80%, 최저 7,040 최고 14,960		대폭 감소
	연금	최저 7,700, 최고 약 17,000		감소
	공공부조	가구별 생계비		증가
사회수당		불변		
사회권우		불변		

사람들의 최저생계[60]도, 특수한 사람들의 소요를 잘 배려해주는 사회수당과 사회권우가 불변하는 한 이전과 같이 확실하게 보장된다. 그러나 이러한 기본소득제가 시행되면 사회 전체 수준의 물리적 최저생계는 보장될 수 있겠지만, 많은 개인들의 심리적 최저생계는 보장될 수 없다. 저소득자의 경우는 현재와 다를 것이 없으나, 그 이상의 소득자는 소득 위기가 닥치면 현재와는 달리 소득이 급격하게 감소하여 상대적 빈곤층으로 전락할 것이다. 예컨대 현 제도에서는 월 2만 크로나(340만 원)를 받는 유치원 교사가 아프면 병가급여로 16,000크로나(272만 원)를 받는데, 위에서 가정한 기본소득제가 도입되면 7,000크로나(119만 원)밖에 받을 수 없을 것이다. 특히 산재급여의 소득 감소가 더욱 클 것이다. 산재급여는 사

---

60 이것은 장애인과 같이 특수한 소요가 있어서 일반인에 비해 특별한 지원이 필요한 사람들의 최저생계까지 포괄한 것이다.

회보장과 함께 보훈의 목적도 있기 때문에 기존의 사회보장제도에서 산재노동자의 소득 손실을 전액 보상하였다. 그런데 기본소득제가 도입되면 최하위소득자들을 제외한 대부분의 사람들이 산업재해를 당하면 소득이 급격하게 감소할 것이다.

단순 기본소득제가 도입되더라도 재원 징수비용에는 변화가 없을 것이다. 소득보장을 위한 재원 동원 방식에 큰 변화가 없을 것이기 때문이다. 지금처럼 국세청과 광역 및 기초자치단체가 '사회보장기여금(social security contributions)'과 일반 조세로 징수하게 될 것이다.

재원의 배분비용은 감소할 것이다. 배분절차가 많이 간편해질 것이기 때문이다. 현행 제도에서는 각종 사회급여를 지급하기 위해 소요 위기 여부, 현재 소득, 과세 경력 등을 고려해야 하지만, 기본소득제에서는 이런 것을 고려할 필요가 없기 때문이다. 그만큼 배분에 들어가는 행정비용은 감소할 것이다. 예컨대 연금을 지급하기 위해서 접수를 받고, 과거 과세 경력 등을 확인하는 행정절차가 기본소득제가 도입되어 없어지면 그만큼 인건비가 줄어들 것이다.

노동을 장려하는 힘은 커질 것이다. 기존의 소득보장에서는 소득대체율이 높기 때문에 탈상품화 정도가 높다. 예컨대 노동자들이 아파서 쉰다고 해도 소득의 80%가 보장되기 때문에 노동시장에 참여하여 돈을 벌지 않고 마음 놓고 요양을 받을 수 있다. 그러나 단순 기본소득제가 도입되면 대부분의 사람들은 위기 시 소득이 급감하기 때문에 마음 놓고 쉬면서 치료를 받을 수 없다. 이것은 탈상품화의 정도가 약해진 반면, 노동시장 유인력은 커진다는 뜻이다. 뿐만 아니라 공공부조의 대상자였던 저소득자들에 대한 노동시장 유인력도 커질 것이다. 물론 기본소득으로 자족하고 일을 하지 않는 사람도 없지 않을 것이다. 그러나 소득이 증가할수록 급여가 줄어들어 가처분소득이 불변하는 공공부조와는 달리, 기본소득제에서는 기본소득은 이미 정해져 있고 소득이 증가할수록 가처분소득이 증가할 것이므로 노동의 유인력도 증가할 것이다. 예컨대 현행 제도에서 월 소득이 없는 사람은 공공부조로 7,000크로나를 받고, 월 소득이 1,000크로나인 사람은 공공부조로 6,000크로나를 받으므로 가처분소득은 7,000크로나로 동일하다. 이와는 달리 단순 기본소득제에서는 두 사람 모두 일단 7,000크로나를 받고, 소득이 1,000크로나인 사람은 세금으로 500크로나(50% 세율 가정)를 낸다 하더라도 500크로나가 남으므로, 소득이 없는 사람의 가처분소득은 7,000크로나인 반면 소득이 1,000크로나인 사람의 가처분소득은 7,500크로나가 될 것이다. 따라서 기본소득제가 도입되어 최하위소득자에 대한 공공부조가 기본소득으로 대체되면 노동 유인 효과는 커질 것이다.

이와는 달리 산재노동자에 대한 보훈 정도는 거의 없어지는 셈이다. 산재급여는 사회보장과 함께 보훈의 목적도 있기 때문에 기존의 사회보장제도에서는 산재노동자의 소득 손실을 전액 보상하였다. 현행 제도에서 산재보상급여는 유일하게 소득의 100%이다. 그런데 단순 기본소득제에서는 산재급여가 최저생계비인 기본소득으로 고정되어 최하위소득자들을 제외한 대부분 산재자의 급여를 현저하게 하락시킬 것이다.

스웨덴에 기본소득제를 도입하면, 가구원 수에 비례해서 기본소득의 총액이 증가한 반면 생활비는 절감되므로 기존 공공부조 대상자들에 대한 공동체 유인력은 커진다고 보아야 한다. 그러나 그 이외의 사람들에 대한 공동체 유인력이 커진다고는 말할 수 없다. 왜냐하면 가족원 수의 증가에 따른 생활비 절감 효과는 공공부조를 제외한 다른 스웨덴 사회보장제도에서도 다 나타나기 때문이다.

가족원 수의 증가로 인한 생활비 절감 효과를 제외하면 기본소득제가 치사랑과 동기사랑을 진작(振作)하는 데 기여하는 바는 거의 없다. 반대로 치사랑과 동기사랑을 억제하는 효과도 없다고 볼 수 있다. 다만 내리사랑에 대해서는 오히려 억제하는 효과가 발생할 것이다. 기본소득제에서는 임신을 하거나 출산을 하여 일을 쉬는 경우 대부분 소득이 현저하게 줄어들 것이기 때문이다. 이것은 기본소득제의 탈상품화 효과가 매우 작은 것과 깊이 관련되어 있다. 따라서 스웨덴에서 기본소득제를 도입하는 것은 임신과 출산에 대한 포상은커녕 보상마저도 축소시킨다고 볼 수 있다.

사회보장을 위한 비용은 어떻게 변할 것인가? 사회보장비의 지출 총액 외형은 늘어날 것이다. 현행 제도에 비하면 모든 사람들이 급여를 받기 때문이다. 물론 앞에서 살펴본 바와 같이 개인별 급여 액수는 대체로 줄어들 것이므로 기존의 제도에서 급여를 받던 사람들의 급여총액 줄어들 것이다. 그러나 단순 기본소득제에서는 기존에 사회급여를 받지 않던 많은 사람들이 새로 받을 것이며, 이런 사람들이 기존에 받던 사람에 비해서 훨씬 많을 것이므로 지출비용은 증가할 수밖에 없다. 그런데 비용이 증가된 만큼 수입도 증가할 것이다. 기본소득제가 도입되면 약간의 오차는 있지만 대체로 기존의 사회급여를 받지 않던 사람들이 기본소득으로 받은 금액만큼 세금을 더 낼 것이기 때문이다. 증가한 사회보장비는 늘어나는 세수로 대부분 상쇄된다고 볼 수 있다. 더욱이 면세점이 없어지기 때문에 오히려 세수가 더 늘어날 수도 있다. 따라서 실질 사회보장비는 앞에서 지적한 소득보장의 수준이 낮아진 만큼 줄어들 것이다.

이제 이상의 논의를 종합하여 검토해보자.

스웨덴에 기본소득제가 도입되면 기존의 소득보장제도에 비해 소득 위기의 종류와 대상자를 포괄하는 정도는 조금은 더 완전하게 될 것이고, 전반적으로 노동을 유인하는 효과가 커질 것이며, 배분의 비용이 조금 절약될 것이다. 특히 소득보장의 수준이 하락하면서 소득보장 비용이 절감될 것이다. 그리고 저소득자들은 소득 및 자산 조사도 받을 필요 없이 기초생계비를 받을 수 있다. 뿐만 아니라 소득이 있다고 해서 기본소득이 줄어드는 것은 아니기 때문에 오히려 가처분소득이 증가하기도 한다. 이들이 속한 가구의 가처분소득도 증가한다. 따라서 최저소득층의 가족 공동생활을 지원하는 효과도 조금은 커질 것이다. 그러나 이런 점들이 현행 제도에 비해서 매우 매력적이라고 말할 수는 없다. 단순 기본소득제의 가장 큰 매력은 사회보장의 비용을 줄일 수 있다는 점이다.

그러나 단순 기본소득제의 도입에 따른 문제점은 가볍지 않다. 소득보장 수준이 현저히 낮아져 심각한 사회문제를 야기할 것이기 때문이다. 이를테면 육아급여가 줄어들면 많은 여성들이 출산을 포기하게 될 것이고, 산재급여가 줄어들면 산재노동자들은 억울한 심정으로 살아가야 할 것이다. 결국 단순 기본소득제의 도입은 사회보장비를 줄인 대신, 상대적 빈곤자를 증가시키고 출산율을 급감시키는 것과 같은 사회문제를 야기하는 것이라고 할 수 있다. 이것은 결코 바람직한 일이 될 수 없을 것이다. 그리고 대부분의 스웨덴 국민들이 단순 기본소득제의 도입을 원하지 않을 것이다. 이런 기본소득제의 도입은 현실적으로도 어려울 수밖에 없다.

2) 보완 기본소득제의 도입

(1) 보완 기본소득제의 구체적 방안

스웨덴에 보완 기본소득제를 도입하려면, 단순 기본소득제의 경우와는 달리 기존의 사회수당은 물론 사회급여도 그대로 유지해야 한다. 다만 공공부조의 생계급여는 폐지해야 할 것이다. 이렇게 되면 스웨덴의 모든 사회급여에는 최저생계비와 비슷한 수준의 최저보장급여가 있기 때문에 모든 사회급여를 받은 대부분의 사람들은 기본소득액만큼 세금을 더 내야 할 것이다.[61] 여기서도 기본소득은 7,000크로나(119만 원)로 가정하자. 한편 현재 아동수당을 지급하므로 아동에게는 기본소득을 지급하지 않는 것으로 해두자.

---

61 현행 사회급여에도 세금이 붙는다. 이것은 어찌 보면 행정비용을 증가시키는 것으로 보인다. 그러나 세금을 내는 것이 시민의 권리이자 의무인 점을 고려하면 당연하다고 할 수 있다.

(2) 도입 전후의 비교

보완 기본소득제가 도입된다면, 단순 기본소득제가 도입될 때와 마찬가지로 소득 위기의 종류와 대상자를 포괄하는 정도가 조금은 개선된다고 볼 수 있다. 저소득자들이 소득 및 자산 조사도 받을 필요 없이 기초생계비를 받을 수 있기 때문이다.

보완 기본소득제가 도입되면 소득보장의 수준은 조금 높아진다고 볼 수 있다. 사회급여가 그대로 유지되므로 대부분 사람들의 소득대체율은 변함이 없으나, 공공부조 대상자들의 가구 기본소득 총액이 단순 기본소득제의 경우와 마찬가지로 가구원 수에 단순 비례하여 증가할 것이기 때문이다. 여기서도 보통 사람들의 최저생계와 모든 사람들의 최저생계는 잘 보장될 것이다.

보완 기본소득제가 도입되더라도 재원 동원 및 배분비용에는 큰 변화가 없을 것이다. 물론 단순 기본소득제에 비하면 그 비용이 클 것이다. 그러나 공공부조의 자산 및 소득 조사 비용이 없어지므로 총비용에는 큰 변화가 없을 것이다.

노동을 장려하는 힘도 크게 변하지 않을 것이다. 소득대체율과 탈상품화 정도가 유사하기 때문이다. 다만 저소득자들의 노동을 권장하는 힘은 커질 것이다. 단순 기본소득제의 경우처럼 노동소득이 증가할수록 가처분소득도 증가할 것이기 때문이다. 산재노동자의 보훈도 변하지 않을 것이다.

보안 기본소득제가 도입되더라도 공동생활의 권장 정도는 큰 변화가 없을 것이다. 특히 단순 기본소득제가 도입될 때 나타날 수 있는 출산과 육아의 지원이 급감하는 문제는 발생하지 않을 것이다. 현재의 임신급여, 육아급여, 단기아동간병급여 등이 그대로 존속되기 때문이다. 보완 기본소득제도 단순 기본소득제와 마찬가지로 공공부조 대상자들에 대한 공동체 유인력은 커진다고 보아야 한다. 다만 단순 기본소득제와는 달리 임신

<표 2-4> 보완 기본소득제 도입에 따른 사회보장급부의 변화

(단위: 크로나)

구분		현행	기본소득	급여액 변화
사회급여	임신	소득 64%, 최고 21,120	최저생계비 7,000	불변
	육아	소득 80%, 최고 26,400		불변
	아동간병	소득 64%, 최고 21,120		불변
	활동, 상병	소득 64%, 최저 7,700 최고 21,120		불변
	산재보상	손실금 전액		불변
	병가	소득 80%, 최고 26,400		불변
	실업	소득 80%, 최저 7,040 최고 14,960		불변
	연금	최저 7,700, 최고 약 17,000		불변
	공공부조	가구별 생계비		증가
사회수당		불변		
사회권우		불변		

과 출산에 대한 보상은 현행 제도와 차이가 없을 것이다. 그리고 사회보장을 위한 실질 비용은 조금 늘어날 것이다. 현행 제도에 비해 저소득층의 보장 소득이 증가하기 때문이다.

결국 스웨덴에 보완 기본소득제가 도입되면 저소득자들이 자산 조사등을 받을 필요 없이 최저생계비를 확보할 수 있고, 이들의 가처분소득과 공동생활 및 노동의 의욕도 증대될 것이다. 그 대신 소득보장의 비용이 조금 증가할 것이다. 이것은 소득보장비를 조금 늘려서 현행 제도의 미비점(未備點)을 기본소득제의 장점으로 보완하는 것이라고 볼 수 있다.

3. 한국에 기본소득제를 도입한다면?

한국에서 지금 기본소득제를 도입한다면 사회보장의 측면에서 어떤 점이 좋고, 어떤 문제점이 생길 것인가?

1) 단순 기본소득제의 도입

(1) 단순 기본소득제의 구체적 방안

한국에 단순 기본소득제를 도입하려면, 기본소득이 모든 사회급여를 대체하고 한국의 최저생계비가 되어야 할 것이다.

한국의 현행 사회급여로는 산전후휴가급여, 육아휴가급여, 국민연금의 장애연금, 산재보상급여, 실업급여, 국민연금·특수직역연금·기초노령연금, 공공부조의 생계급여 등이 있는데, 단순 기본소득제를 도입하려면 이런 사회급여들은 없어져야 할 것이다. 물론 없는 병가급여를 만들 필요도 없을 것이다. 현재 변변한 사회수당은 거의 없지만, 사회부조에 의한 '장애인연금'이라 불리는 장애수당 등과 그나마 있는 사회수당은 그대로 유지되어야 할 것이다. 물론 사회권우도 그대로 유지되어야 할 것이다.

한편 지급 대상은 논의 수준을 단순하게 하기 위해서 일단 현행 소득보장제의 원칙에 따라 한국 국적을 가진 18세 이상의 사람으로 해두자. 아동을 대상에서 제외시킨 것은 스웨덴과 같이 사회보장이 잘 발달된 나라에서는 아동의 소득은 보장하지 않고 부모에게 아동수당을 지급하는 것이 일반적이므로 이렇게 하는 것이 나라 사이의 비교를 하는 데 편리하기 때문이다. 기본소득액은 2012년 정부가 정한 1인 최저생계비 553,354원으로 하자.

(2) 도입 전후의 비교

단순 기본소득제가 도입되면 생계 위기의 내용 포괄성이 증대된다. 현행 소득보장제에서는 병가급여가 없는 것에서도 알 수 있는 것처럼 모든 종류의 위기를 포괄하지 못하고 있다. 이와는 달리 단순 기본소득제는 모든 종류의 생계 위기를 포괄하게 된다.

대상자의 포괄성도 완벽해진다. 현행 소득보장제에서는 다 알다시피 많은 사람들이 소득보장의 대상에서 제외된다. 그런데 기본소득제가 도입되면 모든 사람이 소득보장의 대상이 된다. 예컨대 자식이 있다고 공공부조의 대상에서 제외되는 일도 없을 것이며, '차상위계층'이란 말도 사라질 것이다.

단순 기본소득제가 도입되면 보장의 정도는 어떻게 변하는가? 60일간 임금 전액과 30일간 135만 원을 받는 산전후휴가급여, 통상임금의 70%를 받는 산재의 휴업급여, 통상임금의 90%를 받는 산재의 1급장애보상연금, 가입기간 평균의 50% 이상을 받는 특수직역연금 등은 많이 줄어들 것이다. 실업급여도 대체로 줄어드는데, 많게는 월 약 69만 원(최고 실업급여액 124만 원−기본소득)까지 줄어든다. 그러나 이것은 반드시 줄어든다고만 말할 수 없다. 현행 실업급여 기간은 240일(8개월) 이하인 반면, 기본소득제 기간은 한이 없으므로 장기실업자의 실업기간 총 급여액은 증가한다고도 볼 수 있기 때문이다. 국민연금의 장애연금은 고소득자의 경우 약 14만 원까지 줄기도 하고 약 31만 원까지 늘어나기도 한다. 노령연금도 기여를 많이 한 사람의 경우에는 약 66만 원까지 줄어들기도 하고, 반대로 기여 정도가 적은 사람의 경우에는 약 43만 원까지 늘어나기도 한다. 육아휴가급여는 대체로 줄어든다. 이와는 달리 늘어나기만 하는 것도 있다. 국민연금의 유족연금, 기초노령연금, 공공부조는 늘어난다. 그리고 병가급여와 아동간병급여는 아예 없기 때문에 기본소득만큼 늘어난다고 해석할 수 있다. 이상의 변동을 종합적으로 살펴보면 특수직역연금,

상대적 고소득자의 국민연금 중 노령연금, 소득자의 실업급여, 산재급여, 산전후휴가급여, 육아급여 등은 줄어들고, 나머지는 오히려 증가하거나 큰 변동이 없다. 따라서 기본소득제가 도입되면 위기 시의 소득보장 수준은 대체로 증가한다고 볼 수 있다(〈표 2-5〉 참조).

〈표 2-5〉 단순 기본소득제 도입에 따른 급여 변화(기본소득 553,354원)

구분	현재	변화
산전후휴가급여	60일 임금의 전액, 30일 135만 원	감소
육아휴가급여	1년 이내 휴가 중 월 50~100만 원	감소
아동간병급여	없음	기본소득만큼 증가
장애연금	국민연금 가입자 1급장애연금 24만 원~약 693,100원	대부분 증가, 소득이 높은 사람은 약 14만 원까지 감소
산재급여	휴업급여 통상임금의 70% 1급장애보상연금 통상임금의 90% 유족급여 통상임금의 47%	대부분 감소
병가급여	없음	기본소득만큼 증가
실업급여	240일 이내 약 45~124만 원	단기실업자 대부분 감소, 장기실업자는 증가한 셈
국민연금(노령)	완전노령연금 121,910~1,205,130원	감소하거나 증가
유족연금	약 10~51만 원	증가
특수직역연금	가입기간 평균소득의 50~76%	거의 다 감소
기초노령연금	1인 최대 약 9만 원	증가
공공부조	1인 최대 553,354원	대부분 증가

그러나 모든 사람들의 최저생계가 보장되는 것은 아니다. 현재 한국사회에서는 아동이나 장애 등으로 추가되는 비용을 지원해주는 사회수당 등이 거의 없고, 교육 및 보육의 대부분과 의료비의 상당 부분을 개인이 부담하고 있기 때문이다. 현재 한국에서 기본소득을 도입하더라도 딸린 가족이 없는 건강한 성인의 최저생계만 보장될 뿐, 만인의 최저생계는 보장할 수 없을 것이다.

단순 기본소득제가 도입되면 재원 동원의 행정비용은 어떻게 될까? 현재 사회부조와 기초노령연금을 제외한 대부분의 소득보장 재원은 사회보험의 방식으로 동원하고 있다. 이런 방식이 효율성에 문제가 있다는 것은 다 잘 알고 있는 사실이다. 단순 기본소득제가 도입되면 소득보장을 위한 재원 동원 방식이 조세로 통일되어 복잡한 갹출 절차가 간소화되므로 행정비용이 줄어들 것이다.

배분비용도 절감될 것이다. 여러 사회보험에서 지급 조건을 확인하고 사회부조에서 자산 및 소득을 조사한 뒤 급여 여부와 급여액을 결정하여 지급하는 복잡한 절차가 기본소득제에서는 없어지고, 모든 사람의 통장에 일정 금액을 자동 입금하게 되기 때문이다.

한편 노동의 유인력에는 큰 변화가 없을 것으로 보인다. 고소득자의 소득대체율은 줄어들 것이므로 노동시장 유인력은 약간 증가할 수도 있을 것이다. 그러나 지금도 소득대체율이 낮은 상황이므로 유인력이 증가하는 정도는 미미할 것이다. 저소득층은 기본소득이 보장되므로 노동시장에 참여하지 않고 근근이 사는 것으로 만족하는 사람도 있을 것이다. 그러나 사회부조와는 달리 노동을 할수록 가처분소득은 증가하므로 가능한 한 노동시장에 참여하려는 사람도 많을 것이다. 이런 점들을 종합적으로 고려하면 기본소득제가 도입되더라도 노동의 유인력에는 큰 변화가 없을 것이다. 한편 산재 피해자에 대한 보훈은 매우 낮아질 것이다.

기본소득제는 공동살이를 장려하는 성격이 있다. 사회부조 등과는 달리 기본소득제에서는 가구의 급여 총액이 가족원 수에 비례해서 늘어나는 반면, 1인당 생활비는 가족원 수가 늘어날수록 줄어들기 때문이다. 한국에서 기본소득제가 도입되면 치사랑, 내리사랑, 동기사랑이 전반적으로 권장된다고 볼 수 있다.

단순 기본소득제가 도입되면 치사랑의 가능성이 조금은 커질 것이다. 지금은 자식 있는 노인은 소득이 없다 하더라도 사회부조의 대상이 될 수 없기 때문에, 자식이 노인과 동거하는 경우 경제적 부담이 커지는 경향이 있다. 그러나 기본소득제가 도입되면 이런 노인들도 소득이 안정되므로 같이 사는 자식들의 경제적 부담이 줄어들 것이기 때문이다.

내리사랑에도 약간의 변화가 있을 것이다. 절대빈곤이 해소되기 때문에 아이를 낳아 기르는 것을 포기할 수밖에 없는 절망 상태는 많이 해소될 것이다. 특히 전업주부에게도 최저소득이 보장되므로 출산과 양육을 위해 직장을 포기할 가능성도 커진다고 볼 수 있다. 그러나 이것이 출산과 육아의 좋은 장려책이라고는 볼 수 없다. 기본소득은 출산과 육아에 대한 포상은커녕 보상도 제대로 될 수 없기 때문이다.

기본소득은 동기사랑을 조장하면서도, 이혼율을 높일 가능성도 있다. 기본소득이 지급되면 예컨대 대학생들처럼 소득이 없는 사람들도 생계소득이 안정되고, 함께 살면 생활비가 절감되기 때문에 결혼을 증가시킬 가능성이 크다. 그러나 이혼을 증가시키는 효과도 있을 수 있다. 현재는 소득이 없으면 배우자에게 의존해야 하므로 이혼을 하고 싶어도 못하는 사람들이 적지 않다. 그런데 기본소득이 확보되면 이런 강제가 약해진다. 즉 이혼의 자유가 확대된다고 볼 수 있다. 따라서 기본소득은 결혼을 유인하면서도, 이혼의 자유를 확대시키기도 한다고 말할 수 있다.

단순 기본소득제가 도입되면 사회보장을 위한 비용은 어떻게 변할 것인가? 사회보장비의 외형은 크게 늘어날 것이다. 왜냐하면 현행 제도에서는 급여를 받지 않는 사람들이, 심지어 고소득자까지, 기본소득이라는 사회급여를 받을 것이기 때문이다. 물론 개인별 급여 액수는 줄어드는 사람들도 있으나 그런 사람은 많지 않을 것이므로 줄어드는 금액은 미미하다고 보아야 한다. 그런데 세수 또한 크게 늘어날 것이다. 기본소득제가 도입되면 저소득층을 제외한 대부분의 사람들은 기본소득으로 받은 금액만큼 세금을 더 낼 것이며, 면세점이 없어져 저소득층의 세금도 늘어날 것이기 때문이다. 증가한 사회보장비의 외형은 늘어나는 세수로 대부분 상쇄될 것이다. 그러나 이런 상쇄 부분을 빼더라도 소득보장의 전체비용은 증가할 것이다. 현행 소득보장제도에서는 사회보험이라는 1차 막이 그물은 물론, 사회부조라는 마지막 막이 그물도 너무 성글기 때문에 소득보장을 받지 못하는 경우가 매우 많다. 기본소득제가 도입되면 모든 사람이 소득보장의 대상이 되고, 소득보장의 수준도 대부분 증가한다. 따라서 실질 사회보장비가 그만큼 증가할 것이다. 물론 사회급여가 줄어들기 때문에 실질 사회보장비는 감소하는 면도 없지 않다. 그러나 줄어드는 것보다는 늘어나는 것이 더 클 것이다.

이제 이상의 논의를 종합해보자. 단순 기본소득제가 도입되면 생계 위기의 종류 및 대상자 포괄성이 거의 완벽해진다. 위기 시 소득보장의 수준도 대체로 증가한다고 볼 수 있다. 그러나 다른 사회보장제도가 잘 갖추어져 있지 않기 때문에 모든 사람들의 최저생계는 보장할 수 없을 것이다. 재원 동원의 비용도 배분비용도 절감될 것이다. 노동의 유인력은 대체로 현재보다 높아질 것이다. 치사랑의 부담이 줄어들고 결혼, 출산과 육아를 포기할 수밖에 없는 절망적 경제 상황도 개선될 것이다. 그러나 새로운 문제점도 생긴다. 특수직역연금, 상대적 고소득자의 국민연금 중 노령연금, 소득자의 실업급여, 산재급여, 산전후휴가급여 등은 줄어들 것이다. 소득 위기 시에 고소득자의 소득이 더 급격하게 감소하고, 임신과 출산의 지원, 산재 피해자에 대한 보훈도 줄어들 것이다. 특히 사회보장의 비용이 증가할 것이다. 사회보장비가 얼마나 증가할 것인가는 면밀히 분석해봐야 하겠지만, 대체로 병가급여와 차상위계층의 기본소득보장 비용이 추가되는 만큼 증가할 것으로 보인다.

2) 보완 기본소득제의 도입

단순 기본소득제 도입에 따른 장점도 많지만 문제점도 없지 않으므로 '보완 기본소득제'를 대안으로 생각해볼 수 있다.

(1) 보완 기본소득제의 구체적 방안

보완 기본소득제를 도입하려면 단순 기본소득제에서는 폐기되어야 할 산전후휴가급여, 육아휴가급여, 산재보상급여, 실업급여, 국민연금 및 특수직역연금 등과 같은 사회급여를 현행 수준으로 유지해야 한다. 다만 기초노령연금과 사회부조의 급여는 폐지해야 할 것이다. 생계비를 보충해주는 사회수당이나 사회권우도 현재대로 유지해야 할 것이다. 그리고 아동에게는 기본소득을 지급하지 않는 것으로 해두자. 기본소득액은 2012년 정부가 정한 1인 최저생계비 553,354원으로 하자.

한편 주로 사회보험으로 지급되는 현행 급여 수준을 유지하더라도 이러한 급여를 위한 자원의 동원과 배분 방법은 그대로 유지할 것인가에 대해서는 깊이 생각해보아야 한다. 지금도 동원과 배분 과정이 매우 복잡하여 비용이 많이 드는 이 제도를 그대로 유지하면서 기본소득제를 도입하면, 재원 동원 및 배분의 과정은 더욱 복잡해지고 비용은 더 많이 들 것이다. 따라서 현행 사회보험기여금을 사회보장세로 통합하여 징수하고, 기본소득을 포함한 모든 사회급여와 수당을 소득보장청에서 일괄하여 배분하는 방식으로 전환하는 것이 바람직할 것이다. 이렇게 되면 스웨덴처럼 재원의 징수는 조세로 하되, 배분은 소득보장청과 같은 기관이 소요와 소득 수준 등을 고려해서 해야 할 것이다.

(2) 도입 전후의 비교

이런 보완 기본소득제가 도입되면 현행 제도에 비해 생계 위기의 종류 및 대상자 포괄성이 거의 완벽해진다. 위기 시 소득보장의 수준은 증가하거나 최소한 현 수준을 유지할 것이다. 단순 기본소득제와 비교해서도 소득보장의 수준은 단순 기본소득제에서 감소한 급여들을 현행대로 올려준 것만큼 증가할 것이다. 현행 제도에 비하면 저소득층의 소득대체율은 높아질 것이나, 나머지 사람들의 소득대체율은 그대로 유지될 것이다. 보통 사람들의 최저생계는 보장되지만, 사회수당이 미미하고 의료, 수발, 보육, 교육을 위한 자기 부담이 크기 때문에 절대적인 최저생계는 보장되기 어려울 것이다.

재원 동원 및 배분 비용도 절감될 것이다. 그러나 단순 기본소득제의 경우와 비교하면 기존 사회급여에 해당되는 금액을 소요와 소득 수준을 확인해서 지급해야 하므로 비용이 더 들어갈 것이다. 물론 현행 급여 수준을 현행 사회보험 등의 방식으로 유지해준다면 재원 동원 및 배분 비용은 오히려 늘어날 것이다.

노동을 장려하는 정도는 현행과 비교하여 큰 차이는 없을 것이다. 저소득층을 제외한 사람들의 소득대체율과 노동력의 탈상품화 정도는 변화가 없으므로 노동을 장려하는 정도도 차이가 없을 것이다. 한편 저소득층의 소득대체율과 탈상품화 정도가 상승하는 편이므로 노동을 장려하는 힘이 감소할 수도 있지만, 다른 한편으로는 노동을 할수록 가처분소득이 증가하는 기본소득제의 특성상 노동을 장려하는 힘도 커질 것이므로 결국 저소득층에게 노동을 장려하는 힘은 큰 변화가 없을 것이다. 산재에 대한 보훈은 그대로 유지될 것이다. 물론 단순 기본소득제에 비하면 개선될 것이다.

단순 기본소득제와 마찬가지로 치사랑의 부담은 줄어들고 결혼, 출산과 육아를 포기할 수밖에 없는 절망적 경제 상황은 개선될 것이다.

그러나 사회보장의 실질 비용은 증가할 것이다. 현행 제도에 비하면 소득보장의 사각지대에 있던 사람들이나 기본소득보다 적은 급여를 받는 사람들의 가처분소득이 증가한 만큼 비용이 증가할 것이다. 단순 기본소득제에 비하면 기본소득을 초과하는 사회급여 총액만큼 비용이 증가할 것이다.

〈표 2-6〉 보완 기본소득제의 도입에 따른 급여 변화(기본소득 553,354원)

구분	현재	변화
산전후휴가급여	60일 임금의 전액, 30일 135만 원	불변
육아휴가급여	1년 이내 휴가 중 월 50~100만 원	불변
아동간병급여	없음	기본소득만큼 증가
장애연금	국민연금 가입자 1급장애연금 24만 원~약 693,100원	대부분 증가, 고소득자 불변
산재급여	휴업급여 통상임금의 70% 1급장애보상연금 통상임금의 90% 유족급여 통상임금의 47%	대부분 불변
병가급여	없음	기본소득만큼 증가
실업급여	240일 이내 약 45~124만 원	단기실업자 대부분 불변, 장기실업자는 증가
국민연금(노령)	완전노령연금 121,910~1,205,130원	절반 정도씩 불변이나 증가
유족연금	약 10~51만 원	증가
특수직역연금	가입기간 평균소득의 50~76%	불변
기초노령연금	1인 최대 약 9만 원	증가
공공부조	1인 최대 553,354원	대부분 증가

보완 기본소득제를 도입하면 모든 사람의 보통 생계 위기를 완전하게 보장할 수 있다는 커다란 장점이 추가되지만, 소득보장 비용은 증가할 것이다.

4. 한국과 스웨덴의 기본소득제 비교

이제 한국에서 도입할 만한 기본소득제를 스웨덴의 경우와 비교해보기로 하자.

1) 한국의 단순 기본소득제와 스웨덴 제도들 비교

한국 단순 기본소득제의 위기 포괄성과 대상자 포괄성은 스웨덴의 현행 제도 및 단순·보완 기본소득제와 마찬가지로 거의 완전에 가깝다. 그러나 보장 수준은 스웨덴의 단순 기본소득제와는 비슷하지만, 현행 소득 보장제와 보완 기본소득제에 비하면 현저하게 낮다. 따라서 이 제도에서는 소득 위기를 맞으면 급격하게 소득이 감소하면서 많은 사람들이 상대적 빈곤층으로 전락할 가능성이 매우 크다. 한국의 단순 기본소득제는 스웨덴의 세 경우처럼 보통 사람들의 최저생계는 보장할 수 있다. 그러나 스웨덴의 경우들과 달리 모든 사람들의 최저생계는 보장할 수 없다. 이것은 기본소득이 작아서가 아니라 특별한 소요를 가진 사람들을 위한 사회수당이 거의 없고[62] 치료 및 수발비의 자부담이 크기 때문이다.

한국 단순 기본소득제의 재원 동원 및 배분 효율성은 스웨덴처럼 높을 것이다. 노동 유인력은 스웨덴에 비하면 노동력의 탈상품화 정도가 낮기 때문에 매우 클 것이다. 산재 보훈 수준은 스웨덴의 현행 제도와 보완 기본소득제에 비하면 매우 낮다.

치사랑과 내리사랑을 장려하는 정도는 스웨덴의 경우들과 큰 차이 없을 것이다. 그러나 출산과 육아에 대한 지원은 스웨덴의 현행 제도와 보완 기본소득제에 비하면 현저하게 낮기 때문에, 내리사랑의 장려 정도는 미미하다고 볼 수 있다.

이런 단순 기본소득제의 소득보장 비용은 스웨덴의 현행 제도와 보완 기본소득제에 비하면 소득보장 수준이 아주 낮기 때문에 매우 적다.

이상을 표로 정리하면 다음과 같다.

---

[62] 사회부조 방식의 '장애인연금'이라고 불리는 장애수당 정도가 있을 뿐이다(장애인연금법).

〈표 2-7〉 한국과 스웨덴의 가상 기본소득제 비교

구분	한국			스웨덴		
	현행	단순	보완	현행	단순	보완
위기 종류 포괄성	낮음	높음	높음	높음	높음	높음
대상자 포괄성	낮음	높음	높음	높음	높음	높음
보장 수준	낮음	낮음	중간	높음	낮음	높음
위기 시 소득 감소	큼	큼	중간	작음	큼	작음
보통 최저생계보장	불가	가능	가능	가능	가능	가능
절대 최저생계보장	불가	불가	불가	가능	가능	가능
재원 동원 효율성	낮음	높음	높음	높음	높음	높음
배분 효율성	낮음	높음	높음	높음	높음	높음
노동 유인력	큼	큼	중간	작음	큼	작음
산재 보훈 수준	중간	낮음	중간	높음	낮음	높음
치사랑 장려	낮음	중간	중간	중간	중간	중간
내리사랑 장려	중간	낮음	중간	높음	낮음	높음
동기사랑 장려	낮음	중간	중간	중간	중간	중간
소득보장 비용	낮음	낮음	중간	높음	낮음	높음

2) 한국의 보완 기본소득제와 스웨덴 제도들 비교

한국 보완 기본소득제의 위기 포괄성과 대상자 포괄성도 〈표 2-7〉에 요약된 것과 같이 스웨덴의 현행 제도 및 단순·보완 기본소득제와 마찬가지로 거의 완전에 가깝다. 그러나 보장 수준과 위기 시 소득대체율은 스웨덴의 단순 기본소득제보다는 약간 높지만, 현행 소득보장제와 보완 기본소득제에 비하면 매우 낮다. 한국의 보완 기본소득제도 스웨덴의 세 경우처럼 보통 사람들의 최저생계는 보장할 수 있으나, 스웨덴의 경우들과 달리 모든 사람들의 최저생계는 보장할 수 없다.

한국 보완 기본소득제의 재원 동원 및 배분 효율성도 스웨덴의 세 경우처럼 높을 것이다. 노동 유인력은 스웨덴의 단순 기본소득제에 비하면 노동력의 탈상품화 정도가 높은 만큼 작을 것이나, 현행 제도와 보완 기본소득제에 비하면 클 것이다. 산재 보훈 수준도 스웨덴의 단순 기본소득제에 비하면 높지만, 현행 제도와 보완 기본소득제에 비하면 낮다.

보완 기본소득제도 치사랑과 내리사랑을 장려하는 정도는 스웨덴의 세 경우와 큰 차이 없을 것이다. 출산과 육아에 대한 지원은 스웨덴의 단순 기본소득제에 비하면 높은 편이다. 그러나 현행 제도에서 출산과 육아에 대한 지원이 스웨덴 현행 제도와 보완 기본소득제에 비하면 현저하게 낮기 때문에, 한국에서는 보완 기본소득제를 도입하더라도 내리사랑의 장려 정도는 미미할 수밖에 없다.

이런 보완 기본소득제의 소득보장 비용은 스웨덴의 단순 기본소득제에 비하면 많은 편이지만, 현행 제도와 보완 기본소득제에 비하면 적다.

5. 제언(提言)

기본소득제가 우리에게는 대단히 '혁명적으로' 보일지 모르지만 이미 소득보장제도가 정착된 스웨덴의 상황에서 보면 대단한 것은 못 된다. 스웨덴에 단순 기본소득제가 도입되면 소득보장 수준이 현재보다 현저하게 떨어진다. 현재의 제도를 그대로 두고 기본소득제를 도입하더라도 크게 나아지는 것은 없다. 공공부조 대상자들의 처우와 노동 유인성이 약간 개선될 뿐이다. 따라서 의의가 있다면 현행 공공부조를 보완해줄 수 있다는 점 정도라고 할 수 있다.

한국에서 현행 사회급여를 완전히 대체하는 단순 기본소득제를 도입하면 보통 사람들의 최저생계는 모두 보장된다. 소득보장의 사각지대도 외형상으로는 없어지고, 소득보장의 수준도 일부 고소득자의 경우를 제외하면 대체로 높아진다. 자원 동원 및 배분의 비용이 감소하고, 노동의 유인력도 현재와 비슷할 것이다. 다만 산재의 보훈 수준은 낮아질 것이다. 노인 부양의 부담은 줄어들 것이나, 출산과 아동 양육의 부담은 지금보다도 개선되지 않을 것이다. 소득보장의 실질 비용은 고소득자의 사회급여가 줄어든 만큼 감소한 반면, 소득보장의 사각지대가 없어진 만큼 증가할 것이므로 전체적으로 보면 지금보다는 늘어날 것이다. 현행 사회급여를 유지하는 보완 기본소득제를 도입하면 단순 기본소득제를 도입할 때의 장점들이 그대로 나타나면서도, 고소득자의 사회급여가 줄어들고 산재의 보훈 수준이 낮아지는 문제점은 발생하지 않을 것이다. 다만 소득보장의 실질 비용이 현행 제도에 비하면, 소득보장의 사각지대가 없어진 만큼 증가할 것이다. 단순 기본소득제에 비하면 고소득자의 사회급여가 줄어들지 않은 만큼 많을 것이다.

이처럼 한국에 단순 기본소득제라도 도입되면 소득보장제가 많이 개선되는 것은 사실이다. 그러나 사회보장제도가 발전한 스웨덴의 경우와 비교해보면 여러 가지 심각한 문제들이 여전히 지속된다는 것을 알 수 있다. 스웨덴의 현행 제도 및 보완소득제가 도입된 경우와 비교해보면, 위기 시에 소득이 급감하고 출산과 양육의 지원 수준이 현저하게 낮다는 것이 큰 문제이다. 이와 함께 모든 사람들의 최저생계를 보장하지 못한다는 것도 문제이다. 보육 및 의료, 수발의 자부담 비용이 크고 각종 사회수당이 미미하기 때문이다. 여기서 한국에 기본소득제가 도입되면 소득의 사회적 보장 형식은 완비된다고 볼 수 있으나, 소득보장의 내용까지 충족되는 것은 아니라는 점을 확인할 수 있다.

우리는 앞에서 한국 사회에서는 생계의 위협을 받을 때 피할 수 있는 최후의 보루가 없기 때문에 늙은이도 젊은이도, 부자도 빈자도 마음이 불안하며, 그 결과 심지어 스스로 목숨을 버리고 새 생명의 탄생마저도 막고 있는 경우가 적지 않다는 점을 지적했다. 이런 상황을 고려한다면 단순 기본소득제라도 도입할 필요가 있다. 이미 지적한 것처럼 단순 기본소득제는 돈을 벌 수 없는 불행을 만났을 때 절대적 최저생계를 보장해주는 최후의 보루는 될 수 없을지라도, 최저의 보통 생계라도 보호해줄 수 있는 '기댈 언덕'은 될 수 있기 때문이다. 이리 되면 노란 절망의 싹은 줄어들고 파란 희망의 떡잎이 늘어날 것이다. 그리하여 스스로 생명을 버리는 것도, 태어나고픈 생명을 꺾는 것도 조금은 줄어들지 않을까? 이런 사정만을 생각하면 기본소득제는 도입해볼 만하다.

문제는 돈이다. 돈으로 표현되는 자원만 넉넉하다면 현행 소득보장제도보다는 단순 기본소득제를, 단순 기본소득제보다는 보완 기본소득제를, 한국형 보완 기본소득제보다는 스웨덴형 보완 기본소득제를 도입하는 것이 나을 것이다. 그렇다면 한국에서는 어떤 기본소득제를 도입할 수 있을까?

한국도 단순 기본소득제를 시행할 정도의 돈은 가졌다고 할 수 있다. 문제는 여기에 돈을 쓰지 않고 다른 곳에 돈을 쓰고 있다는 것이다. 4대 강을 파고, 신행정수도를 건설하며, 호화판 지자체 청사를 짓고, 사회복지를 한다면서 '일회용 행사(이벤트)'를 하는 데 탕진하는 돈이면 단순 기본소득제를 도입하고도 남을 것이다. 여기서 한 걸음 더 나아가 보완 기본소득제를 시행할 수 있는 돈도 가졌다고 볼 수 있다. 물론 면밀하게 검토해봐야겠지만, 어림잡아 보아도 나랏돈의 씀씀이를 조금 줄이면 보완 기본소득제까지는 가능할 것으로 보인다. 여기서 문제가 되는 것은 자원의 절대적 크기가 아니라 자원 용처(用處)의 선택일 것이다.

그러나 스웨덴의 소득보장 수준을 유지할 수 있는 보완 기본소득제를 도입하는 일은 어려울 것이다. 물론 지금도 이 제도를 도입하는 데 필요한 재원을 억지로 마련하려고 들면 마련할 수도 있을 것이다. 그러나 이것은 자원 용처를 일시에 크게 변화시켜야 하므로 무리가 따를 수밖에 없다. 자원의 절대량이 부족하지 않다 하더라도 동의를 위한 긴 시간이 필요하다. 그런데 시간이 지날수록 이런 제도를 도입하기는 더 어려워질 것이다. 한국의 급감하는 출산율이 재앙을 예고하고 있기 때문이다.

1970년에는 아이들이 100만 명 넘게 태어났으나 2011년에는 471,400명 정도밖에 태어나지 않았다.[63] 이미 생산 인구가 감소하고 있고, 소득보장의 주요 대상인 노인 인구는 급증하고 있다. 자원은 줄고 소득보장의 비용은 커질 것이다. 뿐만 아니라 출산율이 이대로 계속되면 더욱 심각한 재앙을 맞을 것이므로 출산과 육아를 장려하는 일에 자원을 적극 투입하지 않으면 안 된다. 이런 상황들을 감안하면 스웨덴처럼 소득대체율이 높은 소득보장을 전제한 기본소득제도를 도입하기는 당분간 어려울 것이다. 따라서 한국에서는 단순 기본소득제라도 먼저 도입하여 소득보장의 체제라도 갖춘 다음, 자원의 생산력과 노동력의 재생산 과정을 개선시켜 가면서 소득보장의 수준을 늘려나가는 것이 지혜로운 선택일 것이다.

그것도 어렵다면 우선 노인들에게라도 단순 기본소득제를 도입해보는 것도 생각해볼 수 있다. 아직 연금제도가 갖추어지지 않았고 연금이 최저생계를 보장해주지 못하고 있기 때문에 노인들의 최저생계를 보장해줄 필요가 있는 반면, 노인 인구가 급증할 것으로 예상되므로 소득대체율이 높은 연금제도를 운영하면 많은 재정 부담이 따르기 때문에 연금액을 억제해야 할 필요도 있다. 이런 상황에서 단순 기본소득제를 도입하면 좋은 대안이 될 수도 있다. 이 경우 장애가 되는 것은 높은 수준의 연금을 이미 받고 있거나 받을 것으로 기대하는 사람들, 특히 특수직 연금 수급자의 반발일 것이다. 이 문제를 해결하기 위해서 특수직 연금을 포함한 모든 연금제도를 장기적으로 폐지하는 것을 전제로 현행 연금 수급권을 인정하는 과도기적 보완 기본소득제를 시행할 수도 있을 것이다.

---

63 1970년에 1,006,645명, 1980년에 862,835명, 1990년에 649,728명, 2000년에 634,501명, 2011년에 약 471,400명의 아이가 태어났다(통계청 전자방, http://kostat.go.kr/portal/index/statistics.action).

제2부
현물보장

제3장

의료보장

"(서울에서는) 병자가 오부(五部)에 신고하면 활인서의 월 당번의사[月令醫]를 보내어 치료해주며, 빈곤하여 약을 살 수 없는 사람에게는 관에서 지급하고 예조에 보고한다. 지방에서는 관아에서 의료와 약을 제공한다(病人告五部 卽遣月令醫治療 貧乏不能買藥者給 報本曹外則 本邑給醫藥)."

— 『經國大典』, 禮典, 惠恤

현물보장의 주요 내용

의료는 절박한 질병 상황에서 생명과 노동력의 상실을 막는 데 필수적이다. 그럼에도 불구하고 보육이나 수발 등과는 달리 가족이 대신할 수 없는 고도의 전문성이 필요한 권우(眷佑, human service)이다. 따라서 의료보장은 현물보장의 시발이자 기초이다. 이것은 의료보장이 다른 현물보장에 비해 그 역사가 오래되었다는 것을 통해서도 잘 알 수 있다. 스웨덴을 비롯한 여러 복지국가들에서는 물론 한국에서도 의료보장제도가 보육 및 수발보장보다 먼저 시행되었다. 심지어 가족 안팎 공동체가 살아 있어 사회보장제도가 상대적으로 덜 필요했던 시대에도 의료보장은 절실했다. 예컨대 조선시대에도 의료보장의 필요성을 국가가 충분히 인정하고 있었다.

"(서울에서는) 병자가 오부(五部)에 신고하면 활인서의 월 당번의사[月令醫]를 보내어 치료해주며, 빈곤하여 약을 살 수 없는 사람에게는 관에서 지급하고 예조에 보고한다. 지방에서는 관아에서 의료와 약을 제공한다(病人告五部 卽遣月令醫治療 貧乏不能買藥者給 報本曹外則 本邑給醫藥)."

— 『經國大典』, 禮典, 惠恤

따라서 의료보장으로부터 현물보장에 대한 논의를 시작하는 것이 바람직할 것이다. 그런데 의료보장을 살펴보려면 현물보장에는 의료보장 이외에 어떤 것들이 있는지 살펴보아야 한다. 이것은 의료보장만이 아니라 앞으로 진행될 다른 현물보장 분야들에 대한 논의를 위해서도 필요하다.

자본주의 사회에서 인간이 태어나 죽을 때까지 직면할 수 있는 생계 위기들을 해소하는 데 긴요한 것은 소득만이 아니다. 소득만으로는 생계가 보장되지 않기 때문에, 혹은 소득보다는 현물을 제공하는 것이 편리하고 경제적이기 때문에 국가는 생계보장의 방편으로 현물을 급부한다. 이런 현물은 권우와 물품으로 나뉜다. 사회보장을 위해서 보급해주는 대표적인 권우는 의료(치료), 수발, 보육 및 교육이다. 의료는 수발과 마찬가지로 병자에 대한 도움을 주는 것이다. 그러나 의료는 병의 치료로서 사람 몸 자체의 개선을 지향하고, 수발은 환자의 불구(不具) 능력의 대체로서 몸 밖의 기능 보완을 추구한다. 예컨대 의료는 손을 다친 사람에게 수술을 해주는 것이고, 수발은 밥을 먹여주는 것이다. 한편 사회보장을 위해서 제공하는 물품으로는 안경이나 윤의(輪倚)와 같은 생활보조기구 및 주택이 있다. 따라서 현물보장이란 의료, 수발, 보육 및 교육, 생활보조기구의 제공과 주택정책이라고 보아도 무리가 없다. 이 중에서 보육과 교육은 아동(혹은 부모)에게, 수발과 생활보조기구는 주로 노인과 장애인, 병자에게 필요하다. 이런 점을 고려한다면 교육보장은 보육보장과 함께, 생활보조기구의 보장은 수발보장 및 의료보장과 함께 다루는 것이 편리할 것이다. 따라서 현물보장을 의료보장, 보육 및 교육보장, 장애인 수발보장, 노인 수발보장, 주택정책으로 묶어서 다룰 수 있을 것이다(〈표 3-1〉 참조).

〈표 3-1〉주요 현물 보장의 성격

주요 현물 보장	현물의 종류	대상	논의처(論議處)
의료	권우	보편	의료보장
수발	권우	노인	노인 수발보장
		장애인	장애인 수발보장
보육	권우	아동	보육 및 교육보장
교육	권우	청소년	보육 및 교육보장
수발 장비	물품	노인	노인 수발보장
		장애인	장애인 수발보장
주택	물품	보편	주거보장

그런데 의료보장, 보육 및 교육보장, 장애인 수발보장, 노인 수발보장
의료보장은 주로 권우를 제공하는 것이고, 주택정책은 물품을 보장하는
것이라고 할 수 있다. 권우보장 중에서도 대상자 보편성이 가장 큰 의료
보장을 맨 먼저 살펴보고, 이어서 생애(生涯) 과정에서 필요한 권우의 순
서에 따라 보육 및 교육보장, 장애인 수발보장, 노인 수발보장을, 마지막
으로 물품보장에 속하는 주택정책을 다루고자 한다.

제2절
의료보장 점검 기준

의료보장도 소득보장의 경우와 마찬가지로 생존권의 사회보장이라는 목적에 충실한 정도, 그 수단의 적합한 정도, 공동체 친화성 등이 주요 쟁점이 될 수 있을 것이다. 의료보장도 예외가 아니다.

1. 의료보장의 목표

의료보장의 목표와 관련해서는 의료보장의 내용 포괄성, 대상자 포괄성, 보장의 수준, 의료의 질이 중요할 것이다.

의료보장의 내용 포괄성은 얼마나 많은 진료의 내용을 보장의 대상으로 삼는가의 문제일 것이다. 예컨대 화상으로 얼굴 형상이 바뀐 사람의 성형수술을 의료보장 대상에 넣을 경우는 그렇지 않은 경우에 비해서 의료보장의 내용 포괄성이 크다고 볼 수 있다.

의료보장의 대상자 포괄성은 얼마나 많은 사람들을 의료보장의 대상자로 삼느냐의 문제이다. 이것은 자원을 동원하고 배분하는 방식에 따라서 차이가 나므로 사회보장의 방식이 사회부조, 사회보험, 사회보공, 사회지본 중에서 어떤 것인가와 관련시켜 점검할 필요가 있다.

의료보장의 수준은 의료비를 개인이 부담하는 정도로 파악할 수 있을 것이다. 그런데 소득보장과는 달리 의료보장은 양적으로만 판단할 수 없다. 화폐로 표현되는 소득은 사용가치를 추상한 것이므로 양적으로만 파악하더라도 무방하지만[1], 의료와 같은 현물은 사용가치를 그대로 함유하고 있으므로 질적인 면도 고려해야 한다.

2. 의료보장의 수단

의료보장의 수단적 측면에서는 재원 동원 및 배분, 의료 권우의 전달, 진료 과정에 대한 관리와 감독을 얼마나 효율적으로 하는가가 무엇보다도 중요할 것이다. 한편 의료와 수발이 얼마나 분리되면서도 상호 보완이 잘 이루어지는가도 중요하다. 의료를 하는 데 수발 인력과 장비를 투입하면 식칼로 수술을 하는 것과 같고, 수발을 하는 데 의료 인력과 장비가 투입되면 고급승용차를 윤의로 삼아 밀고 다니는 것과 같다. 의료를 하는 데 수발(간병)의 지원이 없다면 의료 인력과 장비를 수발에 쓰게 되고, 수발을 하는 데 의료가 없다면 수발 인력과 장비를 의료에 쓰게 될 것이다.

---

1 이 점에 대해서는 박승희(2004), 2장을 참고하기 바란다.

3. 공동체 친화적인가?

의료보장제도가 공동체 친화적이라는 말뜻은 의료보장제도가 가족 안팎 공동체를 보호·발전시키는 데 기여하고, 공동체가 의료보장에 기여하게 하는 것이다.

의료보장이 공동체 보호에 기여하게 하면 공동체가 감당하기 어려운 자원 부담을 경감시켜줄 것이다. 의료는 가족이 대신할 수 없는 고도의 전문성이 필요한 권우이므로, 고가로 구매하여 사용할 수밖에 없다. 고비용을 개인과 가족이 감당할 수 없으면 생명이나 노동력을 상실하거나, 억지로 비용을 마련하다 빚에 허덕이게 된다. 어떤 경우든 가족이 파괴될 위험성이 매우 크기 때문에 의료보장 자체가 가족 공동체의 보호 조치라고 볼 수 있다.

그런데 의료를 보완해주는 간병은 가족이 대신할 수 있다. 대가족 공동체와 이웃 친족 공동체가 살아 있었던 자본주의 이전 사회에서는 간병이 크게 문제가 되지 않았다. 그러나 가족 안팎 공동체가 약화되고 일과 삶의 시공간이 분리된 자본주의 사회가 전개됨에 따라 공동체의 간병 능력은 현저하게 감소했다. 이런 상황에서 가족에게 간병을 감당하게 한다면 부담을 감당하지 못할 것이고, 직접 간병이나 간병 비용 부담의 문제로 가족 간에 불화가 생길 수도 있다. 즉 간병의 부담을 줄여주는 것이 공동체의 파괴를 막는 길이 될 것이다. 따라서 간병의 부담을 얼마나 의료보장제도가 줄여주느냐를 살펴봄으로써 그것이 공동체 보호에 기여하는 정도를 가늠할 수 있을 것이다.

그러나 의료는 가족이 직접 할 수 없기 때문에 어쩔 수 없지만, 가족이 할 수 있는 간병을 국가가 완전히 대신하는 것, 곧 간병의 완전한 사회화는 오히려 가족 안팎 공동체를 파괴하는 것일 수도 있다. 가족 간의 정서적인 교류 기회를 앗아가기 때문이다. 만남이 없으면 가족도 없는 것이다. 이처럼 의료보장제도는 간병의 사회화를 지원하면서도, 반대로 간병의 가족화도 지원할 필요가 있을 것이다. 따라서 간병에 가족이 참여할 수 있도록 지원하는 제도도 검토해볼 필요가 있다.

한편 공동체가 의료보장에 기여하게 하는 방법은 결국 공동체의 간병 참여를 늘리는 것이다. 공동체의 간병 참여는 양적으로는 사회보장의 부담을 줄여줄 수 있고, 질적으로는 사회적 간병에서 기대하기 어려운 심리적인 보살핌까지 가능하게 해주기[2] 때문이다. 이런 점에서도 가족의 간병 참여 지원제도를 살펴볼 필요가 있다.

---

2 이 점에 대해서는 뒤의 노인 수발을 다루는 6장에서 자세히 논의할 것이다.

제3절
스웨덴의 의료보장제도

한국의 의료보장을 검토하기 위한 비교 대상으로 스웨덴의 의료보장제도를 먼저 살펴보기로 하자.

1. 질병 관련 소득보장과 수발보장

의료는 소득 및 수발과는 구별되지만, 깊은 관련이 있을 수밖에 없다. 아무리 치료를 무료로 해준다고 하더라도 먹을 것이 부족하고 보살펴줄 사람이 없으면 병 치료는 무의미할 것이다. 그러므로 의료보장의 상황을 잘 이해하기 위해서는 질병 관련 소득보장과 수발보장을 개관할 필요가 있다.

대표적인 질병 관련 소득보장으로는 병가급여(sickness benefit)가 있다. 사람들이 아프면 일을 할 수 없는 경우에는 병가급여를 지급한다. 노동자가 아파서 일을 하지 못하면 둘째 날부터 14일까지는 고용주로부터 병가급료(sickness pay)를 받고, 15일째부터는 소득보장청으로부터 병가급여를 받는다. 병가급여는 소득의 80%이고, 상한액은 월 26,400크로나

(4,488,000원)이다.[3] 산업재해로 다친 경우에는 소득의 100%를 소득보장청에서 지급한다. 장애로 1년 이상 노동력을 상실하면 19세부터 29세까지는 활동보상급여(activity compensation)를, 30세부터 노령연금을 받지 않은 64세까지는 상병보상급여(sickness compensation)를 지급한다. '활동 및 상병보상급여'는 노동력을 전부 상실한 경우, 소득 활동을 했던 사람에게는 기존 소득의 64%를, 소득이 없거나 낮은 사람에게는 최저보장급여로 월 7,700크로나(1,309,000원)에서 8,617크로나(1,464,890원)를 지급한다. 장애아동 부모에게는 아동보호수당(childcare allowance)을 매월 최저 2,292크로나(389,640원)에서 최고 9,167크로나(1,558,390원)까지 지급한다. 이 밖에도 아동의 간병이나 중병 가족의 위로를 위해서 직장을 쉬는 경우에는 병가급여의 80%를 지급한다.[4]

이처럼 아플 때도 소득이 보장되고, 최대 월평균 의료비 자부담금액이 225크로나(38,250원)에 지나지 않기 때문에(박승희 · 채구묵 외, 2007: 67~69) 스웨덴에서는 그 어떤 사람도 소득 중단과 병원비 부담으로 고통을 겪을 가능성이 없다. 가장의 중병으로 많은 사람들이 빈민으로 전락하고 있는 한국의 경우와는 다르다.

한편 치료와는 구별되는 수발도 국가가 대부분 부담한다. 입원 시에는 간병비 전액을 광역자치단체가 부담한다. 퇴원하여 수발이 필요한 사람들에게 기초자치단체에서는 수발인을, 광역자치단체에서는 간호사를 파견해준다. 재가수발비용은 기초지방자치단체에서 대부분 부담한다. 요양원에서 수발을 받으면 수발비용은 전액 기초자치단체에서 지불한다. 따라서 스웨덴에서는 한국의 경우처럼 병수발을 받지 못하거나 비용을 부담하느라 고통받는 사람이 없다.

---

3 스웨덴 소득보장장청 전자방, 2012, http://www.fk.se
4 스웨덴 소득보장장청 전자방, 2012, http://www.fk.se

2. 의료보장제도의 개관

스웨덴에서는 의료보장도 사회보공의 원리에 따라서 이루어진다. 의료보장에 필요한 재원을 사회보험료(기여금)로 갹출하지 않고 국세청과 지방자치단체에서 일반 조세로 충당한다. 의료보장의 대상은 모든 스웨덴 시민이다. 부자냐 빈자냐, 세금을 냈느냐 내지 않았느냐는 따지지 않고 아픈 사람들은 대부분 국가 부담으로 치료해준다. 그래서 스웨덴에서는 의료보장이 있을 뿐 의료보험(사회보험)도, 의료보호(공공부조)도 없다. 국가가 부담하는 의료비는 광역자치단체에서 병원에 지급한다.

진료기관은 1차 진료기관과 2차 진료기관으로 나뉜다. 1차 진료기관에는 가정의가 근무한다. 이들은 각 개인들의 주치의 역할을 맡는다. 2차 진료기관은 전문병원이다. 응급환자가 아닌 한, 모든 환자들은 1차 진료기관을 거쳐서 2차 진료기관에 갈 수 있다. 1차 진료기관의 주치의는 간단한 진료만 하고, 추가적인 진료가 필요하다고 판단되면 어떤 곳에서 어떤 전문적인 진료를 받을 것인지 환자와 상의하여 결정한다. 이곳에서는 단골 환자들의 모든 진료기록을 보관한다. 심지어 2차 진료기관의 정보도 모아둔다. 스웨덴에서는 국민의 병을 국가가 책임지고 치료한다는 전통적 의료보장 원칙에 따라 병원을 국가가 직영하는 것이 일반적이었으나, 최근에는 민영화가 추진되고 있다. 1차 진료기관은 민영이, 2차 진료기관은 공영이 많다. 한편 노인전문병원 등에서는 가정간호사 파견사업도 한다. 재가수발을 받고 있는 노인이나 장애인, 요양 중인 환자에게 간호사를 파견하여 간단한 진료를 해주는 것으로, 재가 수발을 보완해주는 것이라고 할 수 있다. 이 비용도 기초자치단체에서 지급하는 수발비와 달리 광역자치단체에서 부담한다.

개인들은 첫 진료가 시작된 날로부터 1년 동안은 진찰, 치료, 재활, 간병 등에 필요한 모든 의료비(약값 포함)를 최대 2,700크로나(459,000원)까지만 부담한다. 다만 입원 시에 식자재비는 개인이 부담하는 것이 원칙이다. 이것은 소득보장의 대상이지 의료보장의 대상이 아니기 때문이다. 1차 진료기관의 진료비는 매회 140크로나(23,800원)이고, 2차 진료기관의 진료비는 첫 번에는 100크로나(17,000원), 이후에는 260크로나(44,200원)이다. 진료비는 연간 900크로나(153,000원), 약제비는 1,800크로나(306,000원)를 넘을 수 없다. 이렇게 개인에게 약간의 부담을 주는 것은 의료 남용을 막기 위한 것이라고 볼 수 있다. 나머지 의료비는 광역지방자치단체에서 부담한다. 개인이 연간 2,700크로나(459,000원) 이하로만 부담하면 환자나 그 가족이 간병을 포함한 다른 부담을 질 필요가 없다. 가족은 위안과 같은 심리적인 간병만 감당한다. 물론 스웨덴에서도 미용이 목적인 성형수술과 같은 의료비는 전액 개인이 부담한다. 그러나 치료가 목적인 성형은 대부분 국가가 부담한다. 치과 진료의 경우 아동과 노인은 국가가 부담하지만, 나머지는 자기가 부담하는 것이 원칙이다(박승희 · 채구묵 외, 2007: 67~69).

3. 의료보장의 목표

스웨덴에서는 간병을 포함한 모든 질병의 진료가 의료보장의 대상이다. 성형과 같은 미용 목적의 의료가 아닌 한, 한국에서처럼 '비급여 대상' 진료는 없다. 간병도 급여의 대상이다. 방문간호가 한국에서는 수발보장의 대상인 것과는 달리 의료보장의 대상이다.[5] 의료보장의 내용 포괄성은 완전하다고 볼 수 있다.

의료보장의 대상자는 모든 시민이다. 아프면 누구나 거의 무료로 치료

---

5 자세한 것은 뒤의 6장을 참조하기 바란다.

를 받을 수 있다. 심지어 외국인도 세무서에 소득을 신고하고 주민번호를 받으면 스웨덴 시민과 동일한 대우를 받는다. 스웨덴 의료보장제도는 대상자 포괄성 역시 완전하다고 볼 수 있다.

그렇다면 스웨덴의 의료보장 수준은 어떠한가? 자부담 비용은 개인에게 거의 부담이 되지 않는 정도이다. 예컨대 2007년 홀노인 월 최저연금이 7,597크로나(1,291,490원)인 점을 헤아려보면 연 2,700크로나(459,000원), 월평균 225크로나(38,250원)의 자부담이 어떤 스웨덴 사람의 생계에도 부담이 된다고 볼 수는 없을 것이다. 더군다나 질병으로 소득 활동이 중단되면 소득보장청으로부터 소득의 80%에 해당하는 병가급여를 받고, 가족의 심리적 간병을 위해서 직장을 쉬는 경우에도 역시 가족간병급여를 받을 수 있기 때문에 환자와 그 가족이 질병으로 생계 위협을 당할 가능성은 거의 없다. 이런 점을 고려하면 의료보장의 수준이 매우 높다고 봐야 한다.

보장해주는 의료의 질은 어떠한가? 의료의 질은 의사의 실력만이 아니라 태도에 의해서도 많이 달라질 것이다. 그런데 태도는 의료제도에 의해서 영향을 받는다. 스웨덴 전문병원은 대부분 국가에서 운영한다. 많은 의사들이 공무원으로서 월급을 받기 때문에 이윤을 위한 경쟁에 내몰리지 않고 여유롭게 환자들을 진료한다. 최근에 극히 일부 병원들이 민영화되었지만, 국영 병원과 경쟁을 해야 하므로 국영의 기준을 따를 수밖에 없다. 따라서 대부분의 의사들은 여유를 가지고 차분하게 환자들을 진료한다. 민영이 많은 1차 진료기관에서도 1명의 의사가 하루에 10명이 조금 넘는 환자를 진료한다고 한다. 따라서 환자들은 한번 가면 보통 30분 이상의 진료를 받는다.[6] 5분간의 진료를 받기도 어려운 한국의 사정과는 사뭇 다르다.

---

6 스웨덴에서 간호사로 오랫동안 일해온 김문정 간호사의 증언에 따른 것이다.

4. 의료보장의 방법과 전달체계

스웨덴에서는 산업재해질병 치료비를 포함한 모든 의료보장에 필요한 재원을 일반조세에서 충당한다. 국가 부담 의료비는 중앙정부가 정한 원칙에 따라 광역지방자치단체에서 모두 지급한다. 스웨덴에서는 의료비의 재원 마련과 지급을 일반 행정기관이 담당하므로, 별도의 기관이 담당하는 한국의 경우와 비교해보면 행정비용이 절감된다고 할 수 있다.

치료를 받고자 하는 사람들은 1, 2차 진료기관을 찾아가 진료를 받고 자기부담금을 병원에 납부한다. 개인이 병원에 직접 납부하는 방식은 수발이나 보육의 자부담 비용을 시설에 납부하지 않고 기초자치단체에 납부하는 것과는 차이가 있다. 시설에 납부하지 않고 자치단체에 납부하게 하면 권우를 제공하지 않고 비용을 청구하는 것을 막는 데 효과적이다. 그럼에도 불구하고 이렇게 하는 것은 자부담액이 많지 않을 뿐만 아니라, 그 목적이 의료 남용을 절제시키는 데 있기 때문일 것이다.

의료 감독은 의료비를 지급하는 광역자치단체에서 담당한다. 즉 돈의 지급과 감독이 일원화되어 있다. 이것은 의료기관들이 돈을 주는 의료보험공단의 감독을 받을 뿐만 아니라 일선 행정기관의 감독도 받아야 하기 때문에 행정의 비용이 많이 들어가는 한국의 경우와는 대비된다. 한편 의사들이 대부분 공무원이기 때문에 스웨덴에서는 '과소 진료'가 문제가 될 지언정 한국처럼 '과잉 진료'는 문제가 될 수 없다. 따라서 한국처럼 과잉 진료를 감독할 필요성은 크지 않은 편이다. 다만 과소 진료의 문제는 있을 수 있기에 이를 경쟁의 견제로 관리하기 위해 부분적인 병원 민영화가 이루어지고 있다고 볼 수 있다.

1차 진료기관과 2차 진료기관의 분업적 협업이 잘 이루어지고 있다는 것도 의료비용을 절감시켜주는 요인이 된다. 모든 시민들은 1차 진료기관 의사를 주치의로 선정할 수 있다. 특별한 진료가 필요한 경우 주치의가 2차 진료기관을 정해준다. 수술과 같은 2차 진료기관 진료를 마친 이

후에도 1차 진료기관의 주치의는 2차 진료기관의 전문의의 협조를 받아 사후관리까지 해준다. 따라서 꼭 필요한 사람들만이 적합한 2차 진료기관에서 전문적인 진료를 받을 수 있으므로 전문적 진료에 필요한 인력과 장비가 낭비되지 않는다. 이것은 환자와 가족이 어떤 병원의 어떤 전문의를 찾아가야 할 것인가를 결정해야 하므로 전체 국민이 의료 전문가가 되기 위해 엄청난 기(氣)를 소모하고, 전문 인력과 장비를 낭비할 수밖에 없는 한국의 경우와는 대조적이다. 한편 1차 진료기관의 주치의들은 2차 진료의 기록도 공유하므로 한국과 달리 병원을 옮길 때마다 같은 조사를 반복하는 일은 거의 없다.

이런 분업적인 협업은 의료와 수발의 관계에서도 잘 이루어지고 있다. 반드시 병원에서 치료를 받을 필요가 있는 사람들은 병원에서 치료와 간병을 받게 하지만, 그렇지 않은 사람들은 가정이나 시설에서 수발을 받으며 의사와 간호사의 방문 진료를 받게 하고 있다. 이런 제도는 수발에 고급 인력과 장비를 투입하는 것을 억제시켜주고, 입원 치료가 필요한 사람이 병원 밖으로 내몰리는 일이 없도록 해준다. 이에 관해서는 노인 수발 보장을 다룰 때 자세히 논의하겠다.

5. 공동체 친화적인가?

스웨덴의 의료보장제도에서는 의료는 물론 간병까지 국가가 대부분 책임을 지므로 이런 부담 때문에 가족 안팎 공동체에 갈등이 생길 가능성은 없다. 그러나 공동체의 간병 참여를 적극으로 유도하는 정책도 없다. 다만 입원 치료가 절실하지 않은 환자들이 가정에서 수발과 진료를 받도록 지원함으로써 공동체들의 참여 기회를 증진시키는 데 일조하고 있다. 가족 및 이웃이 환자들과 인사라도 나눌 수 있기 때문이다. 물론 이러한 정책의 주목적은 수발을 의료에서 분리하여 비용을 절감하려는 것이다. 한편 소득보장청에서는 병원에서 제공하는 간병과는 별개로 중환자의 가족들이 직장을 쉬면서 위로할 수 있도록 소득의 80%에 해당하는 가족간병급여를 지급한다. 이 정책의 주요 목적은 간병 지원보다는 환자 가족의 심리적 위안이라고 볼 수 있다.

제4절
한국의 의료보장제도

1. 질병 관련 소득보장과 수발보장

한국에서는 아파서 일을 할 수 없을 때 지급하는 일반적인 병가급여는 없다. 뿐만 아니라 장애인의 소득보장도 변변한 것이 없다. 국민연금 가입기간이 20년 이상인 사람의 장애연금은 최저 월 153,480원(3급 장애, 기준소득 24만 원 이하)에서 최고 693,810원(1급 장애, 기준소득 389만 원 이상)이다.[7] 공무원, 군인 및 사립학교 교원연금 가입기간이 20년 이상인 사람이 가장 심한 정도의 장애를 입고 퇴직하면 원칙적으로 평균 보수월액의 50~76%의 퇴직급여를 받는다. 나머지 장애인들은 자산 및 소득 조사 등을 받은 후 '장애인연금'으로 불리는 장애수당 등을 받을 수 있다. 다만 산업재해보상보험 대상자들은 산업재해 질병 치료를 받고 있는 경우 소득의 90%에 해당하는 휴업급여를 받고, 장애를 얻은 사람은 산업재해 장애보상연금으로 평균 임금의 70%까지 받을 수 있다. 따라서 의료보장이 완

---

7 연금관리공단 전자방, 2012, http://www.nps.or.kr

벽하다고 가정하더라도 긴병으로 소득 상실 기간이 길어지면 대부분의 사람들은 빈민으로 전락할 가능성이 매우 크다.

한편 치료와는 구별되는 수발제도도 잘 갖추어져 있지 않다. 물론 장애인과 노인에 대한 수발제도가 변변하지는 않을지라도 없는 것은 아니다. 그러나 치료를 받고 있는 동안 수발에 대한 국가의 지원은 전혀 없다. 입원 시 간병은 물론 퇴원 후의 병수발도 보장해주지 않는다. 이것은 입원 시에는 국가가 간병비 전액을 부담하고, 퇴원하여 수발이 필요한 사람들에게는 집으로 수발인과 간호사를 거의 무료로 파견해주는 스웨덴의 경우와 많은 차이를 보인다. 한국에서는 많은 사람들이 병수발을 받지 못하거나, 비용을 부담하느라 심한 고통을 받을 수밖에 없다.

2. 의료보장제도의 개관

사회보공 방식으로 일원화된 스웨덴의 경우와는 달리, 한국에서는 의료보장이 국민건강보험, 산업재해보상보험, 의료보호라는 세 가지 방식으로 이루어진다. 앞의 둘은 사회보험에, 나머지는 공공부조에 속한다. 1차 의료보장은 국민건강보험이 맡는다. 원칙적으로 모든 사람들은 건강보험에 의무적으로 가입하여 기여금(보험료)을 납부해야 한다. 다만 소득 활동을 하지 않는 사람들은 피부양가족으로서 기여금을 내지 않아도 건강보험의 혜택을 받을 수 있다. 산업재해보상보험에서는 산업재해로 발생한 질병과 부상에 대한 의료만을 보장해준다. 물론 산재보험료를 낸 업체에서 일하는 사람들만이 대상자가 될 수 있다. 의료보호는 국민건강보험료마저 부담하기 어려운 가난한 사람들의 의료를 공공부조의 원리에 따라서 보장해주는 것이다.

〈표 3-2〉 대상자 및 대상 질병별 의료보장 방법

구분		대상 질병	
		일반 질병	산재 질병
대상자	건강보험 가입자	국민건강보험	−
	산재보험 가입자	−	산재보험
	빈민	의료보호	−

국민건강보험 대상자의 사회보장 진료비는 국민건강보험에서, 산재보험 대상 질병의 경우는 근로복지공단에서, 의료보호 대상자의 경우는 기초지방자치단체에서 지불한다. 의료기관에 대한 관리는 일반 행정기관에서 담당한다.

한국에는 1차 진료기관과 2차 진료기관이 명목상으로만 있고, 주치의 제도는 없다. 대부분의 의료기관은 사영이다.

개인들이 부담하는 진료비는 형식적으로는 의료보험의 경우 연 400만 원, 의료보호의 경우는 연 120만 원까지만 부담하면 된다. 그러나 의료보험이나 의료보호의 적용 대상이 되지 않는 '비급여' 진료들이 많고, 간병은 의료보장의 대상이 되지 않기 때문에 이런 연간 부담금 상한액은 의미가 없다. 물론 한국에서도 미용이 목적인 성형수술과 같은 의료는 의료보장의 대상이 되지 않는다.

3. 의료보장의 목표

한국에서는 얼마나 많은 의료들이 사회보장의 대상이 되는가? 우선 가장 많은 사람들을 대상자로 삼고 있는 의료보험의 경우부터 살펴보자. 한국의 의료보험에서는 사회보장의 대상이 되지 않는 '비급여' 의료들이 많다. 비급여 대상 의료는 의사의 진료 행위, 병실 사용, 치료 재료, 진료기구 등에 따라 결정된다. 예컨대 특진비, 상급 병실 이용료 차액, 특별 재료비, 초음파기를 사용한 진료비 등은 의료보험의 대상이 되지 않는다. 간병비를 제외한 전체 의료비 중에서 16%가 '비급여' 비용이다(박민정 외, 2011). 물론 이 비용에는 사치성도 포함되어 있을 수 있다. 그러나 대형병원에서 특진이 아닌 진료를 받기 어려운 현실을 감안하면 이 비율이 의료보장의 예외 영역을 나타내는 지표일 수도 있다. 이것은 스웨덴에서 비급여라는 말이 없는 것과는 큰 차이를 보인다. 한국에서 특이한 점은 입원 중 식자재비가 의료보장비에 포함되어 있다는 것이다. 이것은 소득보장의 불완전 상황을 반영한 것이라고 볼 수 있다. 만약 병가급여제도가 있다면 이중 지원 문제가 부각될 것이다.[8] 아무튼 의료보험에서 의료보장의 내용 포괄성은 생존권을 보장하기에 충분하다고 볼 수 없다. 의료보호에서도 의료보험과 동일한 '비급여' 항목을 적용하고 있다. 산업재해보상보험의 '비급여' 항목도 의료보험의 경우와 유사하다.[9]

한편 의료에 포함되지는 않지만 의료 과정에서 긴요한 간병도 한국의 의료보장과 의료보호에서는 스웨덴과 달리 사회보장의 대상에서 제외된다. 이에 따라 간병을 가족이 담당하는 경우가 적지 않다. 가족 중에 한 사람이 입원을 하면 다른 가족이 병원의 간이침대에서 칼잠으로 밤을 새는 '진풍경'이 벌어지기도 한다. 간병해줄 가족이 없으면 놉을 사야 하고, 놉을 살 돈이 없으면 간병을 받을 수 없는 경우도 생긴다. 퇴원한 다음 집에서 요양할 사람들의 수발도 보장되지 않는다. 이것은 입원 시에는 간병을 의료보장의 일부로 인정해주고, 퇴원 후에는 의료와는 별개로 수발을 국가가 보장해주는 스웨덴과 많은 차이를 보인다. 한국의 경우 산업재해

---

8 지금도 연금이나 국민기초생활보장 생계비를 받은 사람들은 엄밀하게 따지면 이중 지원을 받는다고 볼 수 있다.

9 근로복지공단 김현석 부장의 가르침.

보상보험에서만 간병을 의료보장의 대상으로 인정한다.[10]

　의료보장의 대상자 포괄성은 어떠한가? 국민 건강보험의 보호 대상자는 기여금을 낸 환자이고, 의료보호 대상자는 기초생활보장 수급자나 국가유공자처럼 국가가 정한 기준에 해당되는 환자이며, 산업재해보상보험 대상자는 산재보험 기여금을 낸 기업에서 일하다가 산재를 당한 사람이다. 산재보험의 대상자가 될 수 없는 사람은 대부분 국민건강보험의 대상자가 되며, 두 사회보험의 대상자가 될 수 없는 사람은 의료보호의 대상자가 된다. 따라서 한국에서는 거의 모든 국민이 의료보장의 대상자가 된다고 볼 수 있다. 이것은 예컨대 보건가족부가 집계한 2005년 국민건강보험 및 의료보호의 대상자 수가 2005년 총인구보다 많다는 사실을 통해서도 짐작할 수 있다. 그럼에도 불구하고 한국의 의료보장이 모든 국민들을 포괄한다고 말할 수는 없다. 대한민국의 국민이면서도 국민건강보험과 산재보험 어느 쪽의 대상자도 될 수 없고 의료보호의 조건도 충족하지 못하는 사람이 있을 수 있기 때문이다. 예를 들면 국민건강보험의 가입 대상자로서 '보험금(기여금)'을 내지 않은 사람은 의료보장을 받을 수 없다. 따라서 어떤 조건도 고려하지 않고 국민이면 모두 의료보장의 대상자가 되는 스웨덴에 비하면 의료보장제도의 대상자 포괄성은 조금 약하다고 볼 수 있다.

　한국 의료보장제도의 보상 수준을 살펴보기로 하자. 다 아는 것처럼 산업재해를 입은 사람은 자기 부담이 전혀 없이 재해로 얻은 질병을 치료받을 수 있다. 이러한 의료보장과는 별개로 소득보장도 받는다. 이들은 치료 중에는 자기 소득의 90%인 요양급여를 받고, 장애가 발생하면 소득의 70%까지 장애급여를 받는다. 이와는 달리 대부분의 의료보장 대상자인 국민건강보험 가입자는 적잖은 자기 부담을 하면서 의료급여를 받

10　산재보상보험에서는 2012년 1일 '간병료'로 57,000원까지 지급한다(근로복지공단 김현석 부장의 가르침).

는다. 의료비 개인 부담의 상한액은 소득에 따라 차이가 나는데, 전체 의료보험 가입자 중에서 보험료(기여금) 순위가 약 50% 미만인 사람은 연간 200만 원, 약 50% 이상에서 80% 미만인 사람은 300만 원, 약 80% 이상인 사람은 400만 원이다.[11] 그런데 특진비나 고가 의료장비의 사용비용 등은 의료보장의 대상이 되지 않기 때문에 여기에는 포함되지 않는다. 국민건강보험 가입자의 의료비 상한액은 없는 셈이다. 이것은 간병비를 제외한 전체 의료비 중 자부담액의 비율이 37.3%라는 점을 보아도 잘 알 수 있다. 2010년 의료보험 환자의 간병비를 제외한 전체 의료비 중에서 건강보험공단에서 부담한 것이 62.7%, 법정 본인부담금 21.3%, '비급여' 본인부담금은 16.0%이다(박민정 외, 2011). 따라서 많은 사람들이 의료비를 감당하기 어렵다. 그런가 하면 병의 원인이 산재가 아닌 한, 간병도 개인이 책임져야 한다. 2명의 간병인이 4명의 환자를 돌보는 경우 환자당 월 간병료는 90만 원이고, 1명이 1명을 돌볼 경우에는 월 180만 원이다. 간병인이 쉬는 주당 하루의 간병료는 별도로 부담해야 한다.[12] 이와 함께 병가급여가 없다는 점까지 고려하면 의료비 부담이 매우 크다고 보아야 한다. 치료기간이 짧으면 간병기간과 소득 상실이 짧기 때문에 큰 문제가 되지 않지만, 치료기간이 길어지면 개인은 물론 가족 전체가 생존의 위기에 직면하게 된다.

한편 의료보호 대상자의 상한액은 1종 수급자는 연간 60만 원, 2종 수급자는 연간 120만 원이다(보건복지부, 2012다). 이들의 부담액은 국민건강보험 가입자와 비교하면 적은 편이다. 그러나 1종 수급자 대부분을 차지하는 사람들의 1인 월 보장 소득이 2012년 기준 553,354원인 점을 감안하면 연간 60만 원의 부담은 결코 적다고 말할 수 없다. 1종 수급자의 자기부담금은 월 최저생계비의 1.08배, 2종 수급자의 자기부담금은

---

11 국민건강보험법 시행령 제22조 1항, 2010년 기준.
12 미소들 노인전문병원 윤영복 원장의 가르침.

2.16배로서 스웨덴의 약 0.36배(2,700/7,500)보다 훨씬 높다. 그러나 이것만이 문제가 아니다. 의료보호도 의료보험과 동일한 비급여 항목이 적용되며, 간병은 의료보장의 대상이 되지 않는다. 따라서 의료급여도 생계 위기를 벗어날 수 있게 해주는 사회보장제도라고 보기는 곤란하다.

이상의 논의를 잘 보여주는 사례를 살펴보자. 다섯 아이의 아빠인 한 용접공이 2009년에 백혈병 진단을 받고 아프다는 이유로 해고되었다. 각종 검사와 1차 항암치료를 하는 데 1,200만 원을 썼다. 그 후 주기적인 검사를 받기 위해서 매회 혈액검사비 10만 원, 골수검사비 55만 원, 세포검사비 68만 원 등을 부담하면서 이미 800만 원을 지출했다. 이 비용은 자선단체인 '사랑의 열매'로부터 1,400만 원을 지원받아 지불할 수 있었다. 지금 수중에 남은 돈은 600만 원이다. 그런데 골수이식 수발을 받기 위해서는 3,000만 원이 더 들어갈 예정이다. 골수 기증자까지 찾았지만 돈이 없어서 수술을 받을 수 없다. 그는 결국 기초생활 수급자가 되었고, 카드사에서 생활비로 빌린 1,000만 원의 이자 등으로 수급비에서 매월 14만 원을 지출하고 있다. 형제들에게 빌린 돈은 언제 갚을지 막막하기만 하다. "없는 사람은 병이 들면 죽을 수밖에 없다."[13] 이 사례에서 알 수 있듯이 의료보험도, 의료보호도 생계 위기를 면해주기에는 많이 부족하다. 이런 상황은, 모든 시민들은 연간 자부담 의료비로 2,700크로나(459,000원)까지만 부담하고, 병중에 소득의 80%를 병가급여로 받기 때문에 병으로 빈곤층이 되거나 가족 전체가 생계 위기에 직면하는 일을 상상할 수 없는 스웨덴과는 많은 차이를 보인다.

한국의 의료보장 수준은 〈표 3-3〉에서 보는 바와 같이 산업재해보상보험을 제외하고는 매우 낮다고 볼 수 있다. 여기서 우리는 왜 노동자들이 아팠을 때 산재보험을 적용받기를 그토록 갈망하는지 알 수 있다. 이

---

13 김지훈·김소연 기자, 「한겨레신문」, 2011년 5월 13일.

것은 산재로 아프든 그렇지 않든 생계 위협을 받지 않는 스웨덴의 상황과는 판이하게 다르다.

〈표 3-3〉 의료보장 제도별 의료보장의 수준

구분		의료 지원	수발 지원			소득보장		보장 수준 총평
			입원 중	퇴원 후 병수발	장애 수발	병가급여	장애급여	
한국	의료보험	약 60%	없음	없음	없음	없음	없음	낮음
	의료보호	약 60%	없음	없음	없음	없음	없음	낮음
	산재보험	전부	전부	없음	일부	소득 70%	소득 90%	높음
스웨덴	일반 질병	거의 전부	전부	거의 전부	거의 전부	소득 80%	소득 64%	높음
	산재 질병	거의 전부	전부	거의 전부	거의 전부	소득 100%	소득 100%	높음

한국의 의료보장제도에서 제공하는 의료의 질은 어떠한가? 스웨덴 병원은 대부분 국가가 운영한다. 한국에서 대부분의 의사들은 민영 병원에서 일을 한다. 이들은 개업의로서 사적 이윤을 직접 추구하거나, 사적 이윤을 추구하는 병원에 고용되어 있다. 따라서 대부분의 의사들은 이윤 추구의 논리로부터 자유로울 수 없다. 이들은 이윤을 추구하기 위해 고객을 만족시키려고 노력한다. 심지어 밤에도 적극적으로 환자들을 진료하는 경우도 적지 않다. 아마도 스웨덴의 의사들에게서 이런 적극성을 발견하기는 어려울지 모른다. 그러나 한국의 의사들은 이윤의 최대화를 위해 권우의 양과 질을 제한할 수밖에 없다. '돈이 되는' 진료를 '돈이 되는' 시간 범위 안에서만 하려는 경향이 강할 것이다. 스웨덴에서 의사가 이윤 경쟁에 내몰리지 않기 때문에 여유를 갖고 환자들을 진료할 수 있는 것과는 달리, 한국의 의사들은 보다 많은 환자들을 보다 짧은 시간 안에 진료하기 위해서 노력한다. 스웨덴에서는 한 의사가 아무리 많아도 하루에 20명이 넘는 환자를 진료하지 않는 것과는 달리, 한국의 의사들은 하루에 100명이 넘는 환자들을 진료하는 경우도 많다. 따라서 한국에서는 환자

들이 차분하게 진료를 받기가 매우 어렵다.

4. 의료보장의 방법과 전달체계

한국에서는 의료보장에 필요한 재원을 세 가지 방식으로 징수한다. 산재보험의 의료보장비는 고용주로부터 '산재보험료'로, 국민건강보험의 의료보장비는 개인들과 고용주로부터 '건강보험료'로, 의료보호의 요양급여비는 일반 조세로 징수한다. 의료보장의 비용을 마련하기 위해서 일반 조세를 거두어들이는 조직 이외에 의료보험과 산재보상보험의 기여금을 거두어들이는 별도의 두 조직을 운영하고 있다. 뿐만 아니라 가장 많은 의료비를 갹출하고 있는 의료보험에서도 보험료를 두 가지 방식으로 징수한다. 직장 가입자들의 경우는 소득에 따라 징수하지만, 지역 가입자들은 심지어 자동차 소유 여부 등까지 고려하는 매우 복잡한 기준을 적용한다. 이런 제도에서는 직장 가입자가 지역 가입자로 전환될 때마다 징수 정보를 파악하는 데 엄청난 행정력을 낭비하게 된다. 따라서 의료보장을 위한 별도의 재원 징수기관 없이 국세청과 자치단체가 조세의 일부로 징수하는 스웨덴과는 달리, 한국에서는 조세 징수조직 이외에도 두 '보험료(기여금)' 징수기관이 있고 징수 방식도 복잡하여 재원 동원 행정비용이 클 수밖에 없다.

의료비를 지급하는 기관도 세 곳이다. 국민건강보험공단, 근로복지공단, 그리고 의료급여기금에서 각각 해당 의료비를 지급한다. 근로복지공단과 국민건강보험공단에서는 자격 여부를 따져 의료급여를 지급하고, 의료급여기금에서는 지방자치단체 등에서 자산 및 소득 조사 등으로 지정한 대상자들에게 의료급여를 지급한다. 이것은 자격을 따지지 않고 광역자치단체에서 의료급여를 일괄 지급하는 스웨덴과는 큰 차이를 보인다. 따라서 한국에서는 의료급여 조직 관리 및 대상자 판정 비용이 클 수밖에 없다.

또한 한국은 병원과 약국 등을 관리 감독하는 기관이 의료비를 지급하는 기관과 다르다. 의료비를 지급하는 광역자치단체에서 관리 감독도 책임지고 있는 스웨덴과는 달리, 의료비를 지급하는 것과는 무관한 각 지방자치단체의 보건소에서 관리 감독 업무를 맡는다. 이것은 두 사람 밥상을 따로따로 차리는 것과 같다. 이런 상황에서는 국가의 행정비용뿐만 아니라 의료기관의 관리비용도 증가할 수밖에 없다.

다 아는 바와 같이 한국의 의사들은 대부분 이윤 추구가 목적인 민영병원에서 종사한다. 따라서 의사들이 대부분 공무원인 스웨덴의 경우와는 달리 이윤 추구의 유혹에 내몰리기도 한다. 따라서 '과잉 진료'[14]를 하거나, 심지어 허위 및 과장 진료비를 신청할 유혹에 빠질 가능성이 적지 않다.

한국에도 스웨덴처럼 1차 및 2차 진료기관이 있다. 그러나 스웨덴과는 달리 이 제도가 철저하게 운영되는 것도 아니고, 주치의제도가 있는 것도 아니다. 또한 1차 의료기관과 2차 의료기관의 정보는 공유되지 않는다. 한국에서는 예를 들어 허리가 아프면 환자와 가족이 한의사를 찾아가 침을 맞을 것인지, 정형외과를 찾아가 물리치료를 받을 것인지, 내과를 찾아가 약을 먹을 것인지, 종합병원을 찾아가 수술을 할 것인지를 스스로 결정하면서 이 병원, 저 병원 찾아 헤맨다. 그리고 병원을 옮길 때마다 인체에도 좋을 리 없는 똑같은 사진을 반복해서 찍는다. 이런 것들이 의료비를 증가시킨다고 볼 수 있다. 스웨덴에서는 이런 낭비를 상상하기조차 어렵다.

수발과 의료의 분업적인 협업도 아직 갖추어져 있지 않다. 이것은 의

---

[14] 물론 '과소 진료'의 가능성은 적을 것이다.

료가 필요하지 않은 노인들이 노인병원에서 생활하고, 노인요양시설에는 의료 인력이 파견되지 않는 것만 보아도 쉽게 알 수 있다. 이것은 의료 인력과 장비를 낭비하고 환자를 의료 사각지대에 방치하는 결과를 낳는다. 자세한 것은 뒤의 6장 노인 수발보장에서 다룰 것이다.

5. 공동체 친화적인가?

한국의 의료보장 수준이 아직은 낮기 때문에 치료를 제대로 받지 못하거나, 의료비 부담 때문에 가족이 생계 위기에 내몰리기도 한다. 특히 입원 시 간병에 대한 지원이 없기 때문에 간병을 누가 하고, 그 비용을 누가 댈 것인가를 놓고 가정 내 불화가 생기는 일도 비일비재하다. 물론 간병과 의료비를 전적으로 국가가 책임지는 스웨덴과는 달리, 가족이 간병과 일부 의료비를 책임진다는 것은 가족 간 상호작용을 늘려주고, 유대를 강화하는 계기가 될 수도 있다. 특히 간병은 가족이 담당하는 경우에 고급의 상호작용이 발생할 수 있다. 그러나 생활 공간과 분리된 병원에서 간병한다는 것은 고역일 뿐만 아니라 직장이 있는 사람들은 처음부터 불가능한 일이고, 대리 간병비용도 적지 않기 때문에 가족의 간병 책임이 공동체의 분란으로 이어질 가능성이 더 크다.

한국에서는 입원 치료 중에 가족 간병을 지원하는 제도는 없고, 산재 장애인이나 노인들의 가족 수발을 지원하는 제도만이 있다. 한편 산업재해보상보험을 제외하고는 병가급여제도가 없는 상황에서 중병 가족을 위안하고 간병하기 위해 직장을 쉬는 동안 소득을 보장해주는 제도는 상상조차 하기 어렵다.

제4장

아동 보육보장

라다크 전통에서 아이가 태어나면 아버지는 이레 동안 밭일을 피한다. 무심코 곤충이라도 해쳐서 아이의 영혼을 어지럽히지 않을까 염려해서이다. 엄마에게는 최상의 유제품을 먹인다. 아이는 밤낮으로 엄마 품에서 자고 놀며 마음대로 젖을 먹고 자란다. 그러나 보살피는 것은 엄마만이 아니다. 언제나 누군가 안아주고 입 맞춰준다. 세 살 아이가 뜨거운 주전자를 만지려 하면 찰싹 때려주고 바로 안아준다. 교훈과 사랑을 동시에 준다.

– 헬레나 노르베리–호지, 김종철 · 김태언 역, 『오래된 미래』, 1991

왜 보육보장이 필요한가?

모든 생물이 그렇듯 인간도 태어나서 자라나 살다가 세상을 떠난다. 이런 자연적 순환을 지속하기 위해서는 일상적인 삶을 재생산하기 위한 생계 노동(이하 '일'로 줄여 씀)과 인간 종족을 재생산하기 위한 출산 보육 노동(이하 '보육'으로 줄여 씀)을 반복하지 않을 수 없다. 그렇지만 일도 보육도 혼자서는 지속할 수 없다. 인간이 노동을 할 수 있는 시기는 제한되어 있다. 하루 내내 일할 수 없고, 나서 죽을 때까지 일할 수 없다. 쉬지 않으면, 그리고 어리거나 늙거나 병들면 어떻게 일할 수 있겠는가? 출산과 보육도 혼자서는 해낼 수 없다. 어떻게 남자나 여자가 혼자서 아이를 낳고, 혼자서 기를 수 있을 것인가? 이것은 동물의 세계에서도 마찬가지이다.

그런데 일과 보육 중에 하나만 없어도 인간은 사라질 것이므로 사회적 차원에서는 물론 개인적 차원에서도 보육과 일은 병행하지 않을 수 없다. 그러나 개인의 단기적인 차원에서 보면 보육과 일은 병행할 수 없다. 젖 먹이면서 일할 수 없고, 일하면서 젖 먹일 수 없다. 사회적이거나 장기적인 차원에서는 일과 보육의 병행이 필수이지만, 개인적이고 단기적인 차원에서는 일과 보육의 분리가 필연이다. 일과 보육의 병행이란 일과 보육의 분리를 전제로 한다. 따라서 일과 보육을 병행하기 위해서는 보육을 일로부터 해방시켜주고, 일을 보육으로부터 해방시켜주지 않으면 안 된다. 따라서 보육과 일, 그 각각을 위해서도 그렇지만, 특히 이 둘의 병행을 위해서는 많은 사람들의 협동이 필수적이다.

전근대 사회에서 보육과 일은 가족 안팎 공동체를 중심으로 이루어졌다. 이곳에서는 일과 보육이 공간적으로, 그리고 사회적으로 분리되지 않았다. 일하는 곳에서 보육하고, 보육하는 시간에 일하며, 가능한 모든 주변 사람이 보육과 일에 참여했다. 공동체 안에서는 사람들이 모두 다 보육을 위해 일로부터 벗어날 수 있고, 일을 위해 보육으로부터 벗어날 수 있다. 여기서는 보육과 일이 세대를 연결하는 고리가 된다. 사람들은 나서 보살핌을 받고, 자라서는 보살펴준 사람들을 보살펴주고 자식들을 낳아 기른 다음, 늙어서는 자식들의 보살핌을 받다가 생을 마감한다. 보살핌은 보육 노동과 생계 노동을 통해서 이루어지므로 보육 및 일과 그 보상이 선순환을 이루며 지속된다.

이런 출산 보육의 생태계는 자본주의가 전개되면서 파괴되었다. 공동체적인 인간관계가 상품관계로 전환되고, 노동시장이 발전함에 따라 가족이 공동체로부터 뽑혀 나오며, 대가족은 소가족으로 줄어들고[1] 결국 소가족마저 해체되는 경향을 보인다. 보육의 자연스러운 협업체계가 파괴되어 보육은 고립적 노동이 되었다. 즉 혼자 할 수 없는 보육을 혼자 할 수밖에 없게 되었다. 보육과 그 보상의 선순환 구조도 깨지고, 보육의 가계 전승이라는 문화적인 동기도 약화되었다. 한편 일과 삶이 시공간적으로, 그리고 사회적으로 분리되면서 일의 목표와 보육의 목표가 대립되었다. 자본주의에서 일은 가치의 창출, 곧 돈 벌기를 위해서만 이루어지므로 보육은 일의 낭비가 되고, 일은 보육의 방해가 된다. 따라서 보육과 일의 병행은 더욱 어렵게 되었다. 보육을 위해 일로부터 벗어날 수도 없고,

---

1 대가족은 소가족이 확대된 것이 아니다. 반면 소가족은 대가족이 축소된 것이다.

일을 위해 보육으로부터 헤어날 수도 없게 되었다.

이런 상황에서 출산과 보육은 당사자 개인의 생존을 위협할 수 있다. 혼자서 할 수 없는 출산과 보육을 혼자서 하는 것 그 자체가 생계의 위협이며, 생계 노동은 엄두도 낼 수 없게 만들기 때문이다. 더군다나 이러한 위기를 돌파할 용기나 의무감도 약해질 수밖에 없다. 이미 출산과 보육의 자연스러운 보상체계와 대를 이어야 한다는 문화적 의미체계마저 사라졌기 때문이다. 사람들이 출산과 보육을 포기할 가능성이 매우 크다.

출산과 보육의 포기는 자식의 포기이자 부모 됨의 포기이므로 대부분의 사람들은 환과고독(鰥寡孤獨)이 될 것이다. 자식과 관련된 욕망의 생성과 충족체계가 형성되지 않기 때문에 생활 생계는 단조롭게 되고, 늙고 병들면 생계를 위협받게 된다. 한편 출산과 보육의 포기는 사회의 생존을 위협한다. 여기서 우리는 이것들이 사회를 존속시키는 대사(大事)임을 확인할 수 있다. 출산과 보육은 얼핏 보면 개인적 일, 기껏해야 가정의 일로만 보인다. 그러나 지극히 공적인 일이기도 하다. 아이 엄마들은 가장 중요한 공무원으로서 마땅히 가장 많은 보상을 받아야 한다.[2] 그리고 가족 안팎 공동체인 작은 사회가 무너진 상황에서는 큰 사회가 작은 사회를 대신하여 출산과 보육을 지원해야 한다는 당위성은 말할 필요조차 없다. 출산과 보육을 사회적으로 지원하려면 이것들이 일과 병행되어야 하므로, 결국 사회는 출산과 보육을 위해서 일을 감면해주고, 일을 위해서 보육을 대체해주어야 한다.

---

2 이좌용 교수의 술자리 가르침.

보육보장의 점검 기준

1. 부모 직접보육에 대한 지원

보육은 누가 하는 것이 좋은가? 이 문제에 답하기 위해서는 좋은 보육이란 어떤 것인가를 먼저 살펴보아야 한다.

> "밥만 먹여주고[食] 좋아하지[愛][3] 않으면 돼지로 대접하는 것이요, 좋아하기만 하고 공경하지[敬] 않으면 짐승을 기르는 것과 같다. 공경이란 폐백을 드리기 전에 미리 갖추고 있는 것이다(食而弗愛 豕交之也 愛而弗敬 獸畜之也 恭敬者 幣之未將者也)."
>
> ‒『孟子』, 盡心章句 上 37

여기서 돼지[豕]는 잡아먹기 위해서 기르는 가축의 표상이고, 짐승[獸]은 말과 개와 같은 애완동물을 가리킨다(朱子 註). 엄마는 아이에게 돼지

---

3 애(愛)를 사랑으로 번역하면 오해가 생긴다. '나라 사랑'처럼 사랑이라는 의미에는 존경의 의미까지 들어가는 경우가 많기 때문이다.

와는 달리 이익을 위해서만 젖을 먹이지 않고, 애완견과는 달리 좋아하기 때문에만 보살펴주지 않는다. 밥을 주고 보살펴주기 전에 공경하는 마음을 갖추고 있기 때문에 먹여주고 보살펴준다(〈표 4-1〉 참조). 맹자의 말씀에 따른다면 좋아하지 않으면서 하는 보육은 아동을 사육하는 것이고, 공경하지 않고 좋아하기만 하면서 보육하는 것은 애완동물을 기르는 것이된다. 아이를 사육하거나 노리개로 기른다면 아이가 자란 후에는 사회적 재앙을 부를 것이다. 좋은 보육이란 공경하고 좋아하면서 보살펴주는 것이다.

〈표 4-1〉 돼지, 개, 아이에 대한 태도 비교

구분	보살핌[食]	좋아함[愛]	공경[敬]
돼지	있음	없음	없음
개	있음	있음	없음
아이	있음	있음	있음

이것을 가장 잘할 수 있는 사람은 대체로 부모일 것이고, 다음으로는 가족, 친척 그리고 이웃일 것이다. 예컨대 『오래된 미래』(헬레나 노르베리-호지, 김종철 · 김태언 역, 1991: 86~88)의 전통 라다크 사회에서는 아이가 태어나면 아버지는 이레 동안 밭일을 피한다. 무심코 곤충이라도 해쳐서 아이의 영혼을 어지럽히지 않을까 염려해서이다. 엄마에게는 최상의 유제품을 먹인다. 아이는 밤낮으로 엄마 품에서 자고 놀며 마음대로 젖을 먹고 자란다. 그러나 보살피는 것은 엄마만이 아니다. 언제나 누군가 안아주고 입 맞춰준다. 세 살 아이가 뜨거운 주전자를 만지려 하면 찰싹 때려주고 바로 안아준다. 교훈과 사랑을 동시에 준다. 이 가족 안팎 공동체에서는 아이를 공경하고 좋아하면서 보살펴준다. 우리는 이 위대한 인류의 유산으로부터 가족 안팎 공동체가 사랑하고 좋아하면서 먹여주는 일을 무리 없이 잘할 수 있다는 것을 확인할 수 있다.

그런데 문제는 우리 사회에는 이런 가족 안팎 공동체가 많이 해체되었다는 데 있다. 심지어 가장 강고한 공동체인 가족마저 흔들리고 있다. 그러므로 부모들이 자기 힘만으로는 할 수 없는 보육 그 자체나, 보육과 일의 병행을 위해서 공동체 밖의 남의 손을 빌려야 한다. 남의 손을 빌리는 가장 흔한 방법은 놉을 사서 보육을 맡기는 것이다. 부모가 돈을 주고 아이를 맡길 때, 아이를 맡아주는 사람은 돈을 버는 것이 목적이다. 이들에게 아이에 대한 공경과 애정까지 기대하기는 어렵다.[4] 뿐만 아니라 부모의 보육은 원래부터 남이 대신하기가 쉽지 않다. 예컨대 아이를 안고 젖을 주는 것을 어떻게 남이 우유병으로 대신할 수 있을 것인가? 이러한 문제들은 국가가 보육료를 부담할 때에도 해결되지 않는다. 이런 대리교육의 한계 때문에 아동 보육에 대한 사회지원제도가 잘 갖추어져 있는 스웨덴에서조차 여성 정치지도자가 사회민주당의 당수직을 제안받았을 때, "총리[5]는 다른 사람이 대신할 수 있지만 엄마는 대신할 수 없다"라고 사양했을 것이다.[6]

따라서 직접보육이 주(主)가 되고, 대리보육이 종(從)이 되어야 한다. 그리고 두 보육의 배분량은 아이의 조건에 따라 달라져야 한다. 특히 아이가 젖먹이일 때나 아플 때처럼 부모의 손길이 간절할 때에는 부모의 직접보육이 많아야 한다. 일반적으로 아이가 성장할수록 대리보육의 양이 늘어나도 무리가 없을 것이다. 그러나 아무리 대리보육이 많아도 직접보육은 반드시 있어야만 한다.

그런데 대리보육은 말할 것도 없고, 직접보육도 남의 도움을 받지 않으면 안 된다. 특히 부나 모가 직접보육에 전념하는 동안에는 누군가가 생계를 책임져주어야 한다. 우리가 보육의 사회보장을 점검하려면 어떤

---

4 물론 아이를 좋아하고 공경할 수 있는 보육사가 전혀 없지는 않을 것이다.
5 스웨덴에서는 여당의 당수가 총리가 되는데, 사회민주당이 여당이 될 가능성이 크다.
6 2007년 남스톡홀름 대학 최연혁 교수의 가르침.

경우에 얼마나 많은 부모들에게 어느 정도의 생계를 보장해주면서 절실한 직접보육에 전념할 수 있게 해주는가를 먼저 살펴보아야 할 것이다. 물론 직접보육을 위한 생계보장은 엄밀한 의미에서 보면 현물보장이 아니라 소득보장의 영역에 속한다. 그러나 보육보장을 총체적으로 다루기 위해서는 이것을 소득보장에서 발라내어 현물보장에 속하는 보육보장과 관련시켜 정리해볼 필요가 있다.

2. 대리보육보장의 대상과 수준

때에 따라서는 부모의 직접보육이 절실하지만, 부모가 직접보육만을 감당하게 하는 것은 사회적으로나 개인적으로나 엄청난 노동력의 낭비이며, 개인의 삶을 지나치게 단조롭게 만든다. 그러므로 부모의 직접보육도 보장해주어야 하는 것처럼, 보육으로부터 벗어나 일(생계 노동)을 할 수 있도록 하기 위해서는 대리보육도 보장해야 한다. 물론 사회의 대리보육은 보육 그 자체를 부나 모 혼자서 감당할 수 없기 때문에도 필수적이다. 가족 밖 공동체가 해체된 상태에서는 그 사회의 대리보육이란 주로 국가 보육일 수밖에 없다.

이러한 대리보육보장이 얼마나 잘 이루어지고 있는가를 파악하기 위해서는 먼저 이것이 필요한 아이들이 얼마나 빠짐없이 보육을 받느냐, 곧 대상자 포괄성을 따져보아야 한다.

다음으로는 얼마나 적절한 양의 보육을 받고 있는가를 살펴보아야 한다. 대리보육의 적절한 양은 부모의 보육비 부담 정도로 가늠해볼 수 있다. 일단 부모가 필요한 만큼 맡긴다는 것을 전제하면, 부모의 보육비 부담이 적을수록 국가 부담 보육비로 결정되는 국가의 제공 보육량이 충분할 가능성이 크기 때문이다.

한편 국가 보육의 양이 적절한가는 보육시간으로도 살펴볼 수 있다. 국가가 많은 시간을 보육해줄수록 부모의 일과 보육 부담이 줄어들 가능성도 크다. 그러나 보육의 시간을 늘린다고 항상 좋은 것은 아니다. 대리보육이 늘어날수록 부모의 직접보육은 줄어들 것이며, 애(愛)와 경(敬)이 결여되기 쉬운 지나친 대리보육은 아동의 육체적·정신적 건강을 해할 가능성이 크기 때문이다. 따라서 대리보육시간이 얼마나 충분한가뿐만 아니라 지나침이 없는가도 살펴보아야 한다. 특히 영아처럼 부모의 직접보육이 필수적인 경우에도 대리보육을 시키고 있지는 않은가 눈여겨보아야 한다.

한편 국가의 대리보육 수준을 평가할 때에는 보육시간과 보육의 질도 고려하지 않으면 안 된다. 소득보장의 경우, 질은 추상(抽象)[7]되고 양만을 대변하는 화폐를 지급하는 것이기 때문에 소득보장의 수준을 점검할 때 질이나 시간 따위를 점검할 필요가 없다. 그러나 보육권우의 수준은 보육시간·보육의 질과 분리하여 평가할 수 없다. 보육의 질은 무엇보다도 시간당 총 보육비와 교사당 학생 수로 어림해볼 수 있을 것이다. 시간당 보육비가 많을수록, 교사당 학생 수가 적을수록 보육의 질이 낮아질 가능성은 적을 것이다. 보육의 질은 교사들의 노동 조건으로도 가늠해볼 수 있다. 노동 조건은 노동 강도, 시간, 임금 수준 등으로 측정할 수 있을 것이다. 교사의 노동 조건이 좋을수록 보육의 질이 나빠질 가능성은 줄어들 것이다.

---

7 추상이란 구체(具體, 모두 갖추어짐)에서 상상으로 잘라내는 것을 뜻한다. 구체적인 것은 흔히 일상에서 경험하는 것이고, 추상적인 것은 단순한 경험으로는 파악하기 어렵다.

3. 보육보장의 방법과 전달체계

보육보장에 필요한 재원을 어떻게 동원하고, 보육 대상자를 선정하는 방식이 얼마나 효율적인가를 먼저 살펴볼 필요가 있다. 다음으로 전달체계의 효율성, 보육비용의 산정과 전달 과정의 투명성, 보육 과정에 대해 국가가 책임을 지는 정도, 보육보장 행정에 민주주의 원칙이 적용되는 정도 등을 살펴보아야 할 것이다.

4. 공동체 친화적인가?

어떤 경우든 아동 보육을 혼자서 하는 것은 매우 힘들다. 그 이유는 한 사람이 아동을 혼자서 돌보는 노동 자체가 힘들어서가 아니라 아동에게 매이기 때문이다. 고립보육은 마치 감옥살이를 하는 것과 같다. 더욱이 고립보육은 아이의 인성교육을 위해서도 결코 바람직하지 않다. 그런데 자본주의 사회에서는 가족 안팎 공동체가 약화되었기 때문에 이런 공동체 자체만으로 보육을 지원하기가 쉽지 않다. 이런 상황에서 출산과 양육에 대한 사회적인 지원이 없다면 가족 내 갈등을 야기하여 가족 안팎 공동체의 파괴를 더욱 부추길 가능성이 매우 크다. 따라서 사회적인 지원이 가족 간 갈등을 야기하지 않을 정도인가를 점검해볼 필요가 있다.

그러나 모든 보육을 국가가 지원하기는 기술적으로 쉽지 않을 것이다. 예컨대 부모들이 잠시 시장에 가거나 잠깐 쉬는 동안까지 국가가 아이를 맡아줄 수는 없다. 물론 아이 돌보미가 집에서 아이를 잠깐 보살펴주는 것을 지원하는 한국의 '아이 돌보미' 제도를 응용할 수도 있다. 아무튼 부모가 직접보육을 하는 중에도 가족이나 이웃 공동체의 도움을 받을 수밖에 없다. 가족이 없다면 가계전승이라는 출산과 보육의 문화적 목표가 사라지며, 가족은 친족 및 이웃 공동체에 뿌리를 박고 있을 때에만 건강하게 유지될 수 있다. 물론 가족 안팎 공동체의 유지 및 강화가 사회보장의 직접적인 목표일 수는 없지만, 사회보장에서 중요하게 고려하지 않으면 안 된다. 그러므로 가족 안팎 공동체를 강화시키는 데 도움이 되는 보육 참여를 얼마나 지원하고 있는지 살펴볼 필요가 있다. 이를 위해서 부부 공동 보육, 조부모를 비롯한 친족들의 보육 참여를 어느 정도 지원하는가를 점검해볼 필요가 있다.

한편 보육보장에서 세대와 이웃의 교류를 얼마나 총체적으로 배려하고 있는가도 따져보아야 한다. 공동체는 분리되어 있는 것이 아니기 때문이다. 예컨대 아동 보육이 따로 있고 노인 부양이 따로 있는 것이 아니므로, 이 두 가지를 얼마나 결합하여 접근하고 있는가를 살펴보는 것도 중요할 것이다.

스웨덴의 보육 및 교육보장제도

1. 보육보장제도의 개관

　스웨덴 보육보장의 중요한 목표 중 하나는 부모가 아동 보육과 일을 병행할 수 있게 하는 것이다. 일 때문에 아동 양육을 포기하거나, 아동 양육 때문에 일을 포기하지 않도록 하기 위해 부모의 손길이 필수적인 아동이 있는 가정에는 생계비를 지원하여 부모가 직접 보살필 수 있게 하고, 부모를 대신해 다른 사람이 보살펴도 무리가 없는 아동은 국가가 대신 보육하여 부모가 마음 놓고 일할 수 있게 해준다.

　여성이 임신을 하면 직장에서는 여성 자신과 태아의 건강에 해가 되지 않는 업무만을 맡겨야 한다. 만약 그런 업무가 없으면 임신부는 소득보장청으로부터 통상 병가급여의 80%(소득의 64%)를 임신급여[8]로 받고 50일간 휴직할 수 있다.[9]

8　병가급여는 소득의 80%이다. 병가급여 상한액은 2012년의 경우 월 26,400크로나(4,488,000원)이다. 따라서 임신급여 상한액은 26,400크로나의 80%인 21,120크로나(3,590,400원)이다.

9　이하의 금액들은 특별한 서술이 없는 한, 2012년 스웨덴 소득보장청 전자방(http://www.fk.se) 자료에 근거한 것이다.

누구든 아이를 가지면 출산 전부터 아동이 8세가 되기 직전까지 소득 보장청으로부터 육아급여를 받으며 480일간 휴직할 수 있다. 출산 전에도 60일까지 육아급여를 사용할 수 있다. 390일까지는 소득의 80%가 원칙(병가급여와 같은 수준)이고, 그 이후는 일일 기본 육아급여 180크로나(30,600원)를 받는다. 출산 전에 소득이 없는 경우에도 480일간 하루 180크로나의 육아급여를 받을 수 있다.[10] 총 480일분의 육아급여를 다 받으려면 아빠든 엄마든 한 사람이 최소한 60일의 육아휴직을 받아 써야 한다. 부모가 육아휴직을 위해서 회사에 신고하면 회사는 이를 소득보장청 지역사무소에 통보하고, 이 사무소에서는 부모의 통장에 육아급여를 입금한다. 이와는 별개로 아이가 태어나면 아버지에게 산후조리 등을 위해서 10일간의 특별휴직급여를 지급한다.

아동의 부모들은 아동이 12세가 되기 직전까지 60일간의 아동간병휴직급여를 사용할 수 있다. 이 급여도 통상 병가급여의 80%(소득의 64%)이다. 아동이 중병을 앓은 경우에는 60일 후에도 추가 간병휴직급여를 사용할 수 있다. 아동의 조부모나 이웃과 같은 친지가 간병하는 경우에는 하루 180크로나를 지급한다. 그리고 모든 아동의 부모에게 아동수당을 지급한다. 아동 1명이면 2012년의 경우[11] 1,090크로나(185,300원)이고, 아동이 많을수록 평균 아동수당은 많아진다. 예컨대 아동이 5명이면 1인당 아동수당은 1,090×5=5,450크로나보다 훨씬 많은 8,114크로나(1,379,380원)이다.

스웨덴에서는 부모가 직장에 다니거나 집에서 갓난아이를 키우고 있어 보살펴주기 어려운 한 살 이상의 모든 아동들은 소득 수준에 상관없이 국가가 대부분의 보육비를 부담하여 대리보육을 받을 수 있게 해준다. 아동당 월 보육료는 어린이집이냐 놀이방이냐에 따라서 차이가 나는데, 2007

---

10 스웨덴 소득보장청 전자방, 2012, http://www.fk.se
11 이는 스웨덴 소득보장청 2010년 자료에서 다른 소득보장 상승률을 고려해 추산한 값이다.

년 스톡홀름 나카 구의 주 40시간 보육료는 6,207크로나(1,055,190원)[12]
에서 10,114크로나(1,719,380원)이다. 이 중에서 부모가 부담하는 금액
은 최고 1,260크로나(214,200원)이다. 자녀 수가 늘어날수록 아동당 부담
비용은 줄어든다(박승희·채구묵 외, 2007: 80). '특기교육비' 등과 같은 추가
비용도 전혀 없다. 이 자부담액은 아동수당으로 넉넉하게 감당할 수 있다
(박승희·채구묵 외, 2007: 81).

보육시간은 부모의 노동시간에 따라서 달라진다. 스웨덴의 주당 법정
노동시간은 40시간이고 이 시간은 잘 지켜지므로 아이들은 대부분 그 정
도의 시간을 보육기관에서 보낸다. 아이들이 어린이집이나 놀이방을 오
가는 것은 부모들이 책임을 진다. 스웨덴에서는 어린이들을 실어 나르는
봉고차를 볼 수가 없다. 보육교사들은 1명당 4~6명의 아이들을 돌보며,
4인 가족이 부족함 없이 살 수 있는 월 2만 크로나(340만 원)의 급여를 받
는다(박승희·채구묵 외, 2007: 82).

보육보장의 재원은 조세로 마련하며, 대리보육은 기초자치단체가 책
임을 진다. 기초자치단체는 어린이집 등을 직접 경영하거나, 민간 어린
이집이나 놀이방 등에 위탁하여 아이들을 보육해준다. 직영과 민영의 비
율은 반반이다. 아이를 맡길 부모들은 자신들의 출퇴근 시간과 보육의 질
등을 고려하여 원하는 보육기관을 선정한 다음, 기초자치단체에 신청서
를 접수한다. 담당공무원이 부모들과 상의하여 아동을 시설에 배당하면
시설에서는 아이들을 보육한다. 부모들은 자부담금을 어린이집이나 놀이
방에 납부하는 것이 아니라 기초지방자치단체에 납부한다. 기초자치단체
에서는 부모 부담금과 국가 부담금을 합하여 시설에 지불하는데, 아동당
얼마로 정해진 보육비 이외에는 어떠한 시설 지원금도 주지 않는다. 공영
이라고 추가 지원을 더 해주고 민영이라고 덜 해주는 것도, 인가 시설이

---

12 여기서도 2012년 8월 환율 170을 적용했다.

라고 해주고 비인가 시설이라고 안 해주는 것도 없다. '비인가 시설'이란 말 자체가 없다. 시설에서는 아동 보육의 결과를 기초자치단체에 보고하고 보육비를 수령한다.

2. 부모 직접보육을 위한 소득보장

임신, 출산, 영아보육, 아동간병 등은 부모가 직접 하지 않을 수 없을 것이다. 스웨덴에서는 임신한 여성이 쉴 수 있도록 업무 사정에 따라 임신급여를, 본인이 원하면 임신 중에도 최고 60일분의 육아급여를 미리 지급한다. 출산을 하면 아버지에게 주는 10일간의 특별휴직급여와 함께 390일의 육아급여를, 그리고 아동이 아플 때는 간병급여를 지급한다. 뿐만 아니라 한국처럼 아빠나 엄마의 육아휴직 등을 암암리에 금하는 회사 분위기는 전혀 없다. 따라서 출산과 직접보육을 위해 쉴 필요가 있는 모든 경우에 충분한 기간 동안 생계를 지원한다고 보아도 무방하다.

이런 급여들은 사회보공의 원칙에 따라 지급하므로 소요가 있는 모든 부모에게 지급한다. 직장에 다니는 부모들은 모두 이 대상자가 될 수 있다. 구직 활동을 하면서 실업급여를 받고 있는 부모에게도 구직 활동을 일시 중단하고 직접보육에 전념할 수 있도록 실업급여의 80%인 육아급여와 64%인 아동간병급여 등을 먼저 지급한다. 그리고 전업주부처럼 실업급여마저 받지 못하는 사람이라도 최소한의 육아급여를 지급한다. 그래서 영아들을 어린이집에 맡기는 일은 상상할 수도 없다. 따라서 이런 급여들의 대상자 포괄성은 완전에 가깝다고 볼 수 있다.

국가에서 부모 직접보육에 지원하는 수준은 어떠한가? 육아급여는 소득의 80%이다. 세금과 출퇴근 경비가 감소하는 것과 아동수당 등을 감안하면 포상은 아니더라도 보상은 된다고 할 수 있다. 이 정도면 일을 쉬면서 아동 보육에 전념하는 데 경제적인 어려움은 거의 없을 것이다. 아동 간병급여나 아동수당 등은 전혀 없고, 육아급여가 월 50~100만 원인 한국의 상황과 비교하면 매우 높은 편이다.

스웨덴에서 부모의 직접보육 지원을 철저히 해주고 있음에도 불구하고 문제가 없는 것은 아니다. 예컨대 갓난아이를 직접보육 하는 엄마를 대신해서 보육해주는 제도가 없기 때문에 엄마가 잠깐 쉬거나 시장에 가는 것이 쉽지 않다.

직접보육을 지원하기 위한 모든 소득보장의 재원은 일반 조세로 동원하고, 분배하는 기간도 소득보장청에서 일괄 처리하므로 직접보육 지원을 위한 행정은 간편하다고 볼 수 있다.

3. 대리보육보장의 대상과 수준

스웨덴에서 시행되는 국가의 직접보육에 대해 살펴보자. 스웨덴에서는 사회보공의 방식에 따라 국가의 보육이 필요한 모든 아동에게 보육권우를 제공한다. 특히 일과 보육의 병행 원칙에 따라 부모가 모두 직장에 나가는 아동의 보육은 국가가 책임을 진다. 부모가 모두 직장에 다니는 1세 이상 아동의 주간 보육, 유치원 교육, 초등학교 저학년 방과 후 보호 및 학습지도, 점심 및 간식 제공 등의 비용 대부분을 국가가 부담한다. 그러나 부모 중 1명이라도 집에 있는 경우에는 이 권우를 받을 수 없다. 다만 전업주부(專業主婦 혹은 專業主夫)라도 1세 미만의 갓난아이를 기르는 경우에는 그 영아의 누나나 형은 이 권우를 받을 수 있다. 여기서 우리는 스웨덴이 사회보장의 원칙을 철저히 지키고 있다는 것을 알 수 있다. 대리보육은 국가가 선심을 쓰는 것이 아니라, 생계를 위한 소요의 충족을 사회가 보장하는 것의 일환인 셈이다. 이것은 한국에서 전업주부의 아이들이 오히려 대리보육의 지원을 받을 가능성이 큰 것과는 차이를 보인다. 그러나 전업주부에 대한 대리보육을 전혀 해주지 않는 것의 문제점도 없지는 않다. 단독 보육은 어떤 경우이든 구속이며, 아동의 사회성을 키우는 데 장애가 되기 때문이다. 이런 점에서 스웨덴의 대리보육은 대상자 포괄성이 완벽하다고 보기 어렵다. 그렇더라도 부모가 보육할 수 있는 아동을 제외한 모든 아동은 국가 보육의 대상이 되므로 스웨덴 보육보장의 포괄성은 매우 높다고 볼 수 있다.

대리보육의 양은 적절한가? 먼저 비용 차원에서 살펴보기로 하자. 스웨덴에서 아동 1인당 보육료는 아동 연령, 유치원 교육 포함 여부, 시설의 종류(어린이집 혹은 놀이방)[13] 그리고 보육시간 등에 따라 차이가 난다. 보육료는 각 기초자치단체에서 책정하는데, 각 지역마다 다르다. 어린이집이나 놀이방에서는 이 보육료 이외에 어떠한 돈도 정부나 부모로부터 받지 않는다. 그러므로 이것은 실질 보육료이다.[14] 2007년 스톡홀름 나카 구의 경우, 주 40시간 아동 1인 월 보육료는 최저 6,207크로나(1,055,190원)에서 최고 10,114크로나(1,719,380원)이다. 부모 부담금액은 아동 수에 따라서만 달라지는데, 아동이 1명이면 1,260크로나(214,200원), 2명이면 2,100크로나(357,000원), 3명 이상이면 2,520크로나(428,400원)이다. 소득 낮은 가구는 이 비용도 면제받는다. 아동 1명인 경우의 부모 부담률은 12.5~20.3%, 4명이면 6.2~10.2%이다(〈표 4-2〉 참조; 박승희·채구묵 외, 2007: 80). 이것은 한국에서 아동 부모들이 보육료를 전혀 내지 않거나 최고 337,000원까지만 내는(보건복지부, 2010나: 254)

---

13 시설이 공립이냐 사립이냐는 차이가 없고, 어린이집이냐 놀이방이냐에 따라 차이가 난다. 어린이집은 시설 규모가 조금 더 크고 교사 수도 많은 반면, 놀이방은 규모가 작다. 내가 2007년 가본한 어린이집은 2층 독립건물에서 4명의 교사와 1명의 시간제 요리사가 1~6세 어린이 21명을 돌보고 있었고, 한 놀이방에서는 한 교사가 방이 6개인 자기 집에서 3~6세 아이들 9명을 돌보고 있었다. 두 기관에서 제공한 보육권우의 내용과 시간은 비슷했다. 그러나 놀이방의 보육료는 어린이집 보육료의 평균 77% 정도였다.

14 이와는 달리 한국에서는 기초자치단체가 책정한 '보육료'가 실질 보육료가 아니다. 어린이집 등에서는 이 보육료 이외에도 기초자치단체로부터 교사인건비 보조금 등을, 부모로부터는 '특기교육비' 등을 받고 있기 때문이다.

것과 비교하면 낮은 부담률이 아닌 것처럼 보인다. 그러나 한국에서는 '특기교육비' 등과 같은 추가 비용이 들어가고, 아동수당이 없다는 점을 고려하면 높다고 말할 수 없다. 뿐만 아니라 대부분 아동수당으로 자부담 보육비를 지급하고 남는다는 것까지 고려하면 보육비 부담은 없다고 보아야 한다(〈표 4-3〉 참조; 박승희 · 채구묵 외, 2007: 81).

〈표 4-2〉 주당 40시간 아동보육에 대한 부모 부담 비율

(단위: 크로나 / 원)

아동 수		1명	2명	3명	4명 이상
부모 부담 월액(ㄱ)		1,260 (214,200)	2,100 (357,000)	2,520 (428,400)	2,520 (428,400)
구청 지급액	최고(ㄴ)	10,114 (1,719,380)	20,228 (3,438,760)	30,342 (5,158,140)	40,456 (6,877,520)
	최저(ㄷ)	6,207 (1,055,190)	12,414 (2,110,380)	18,621 (3,165,570)	24,828 (4,220,760)
부모 부담률	최저(ㄱ/ㄴ)	12.5%	10.4%	8.3%	6.2%
	최고(ㄱ/ㄷ)	20.3%	16.9%	13.5%	10.2%

〈표 4-3〉 주 40시간 아동 보육 부모의 부담 월액과 아동수당 월액의 차이

(단위: 크로나 / 원)

아동 수	1	2	3	4	5	6
보육 부담 월액(ㄱ)	1,260 (214,200)	2,100 (357,000)	2,520 (428,400)	2,520 (428,400)	2,520 (428,400)	2,520 (428,400)
아동수당[15] 월액(ㄴ)	1,050 (178,500)	2,200 (374,000)	3,604 (612,680)	5,514 (937,380)	7,614 (1,294,380)	9,714 (1,651,380)
차액 (ㄴ-ㄱ)	-210 (-35,700)	100 (17,000)	1,084 (184,280)	2,994 (508,980)	5,094 (865,980)	7,194 (1,222,980)

대리보육의 양을 보육시간의 차원에서 살펴보자. 스웨덴에서 아동의 보육시간은 부모의 노동시간과 의사에 따라 결정된다. 정규직 노동자의 아이들은 대개 월요일에서 금요일까지 하루 8시간씩 주간 40시간의 보육을 받을 수 있다. 부모가 모두 실업자로서 구직 활동을 하는 경우나 영

아가 있는 집안의 아이들은 주당 25시간의 보육을 받을 수 있다. 아이들의 시설 왕래는 부모들이 책임을 진다. 보육의 시작과 종료 시각은 시설에 따라 다르고, 시설 내에서도 부모의 사정에 따라 탄력적이다. 예컨대 나카 구의 공립 어린이집에서는 매일 오전 6시 30분부터 오후 6시 30분 사이에 8시간까지, 부모보육조합[16]에서 운영하는 어린이집 오전 7시 35분부터 오후 5시 15분 사이에 8시간까지 보육해준다(박승희 · 채구묵 외, 2007). 스웨덴의 보육시간은 한국에 비해 많이 짧은 편이다. 한국에서는 전일반 보육시간이 평일 12시간, 토요일 8시간이다. 그러나 스웨덴의 부모들에게 이 보육시간이 부족하지는 않다. 부모의 노동시간에 비해 결코 짧지 않기 때문이다. 2007년 스웨덴 제조업 노동자의 주당 평균 노동시간은 37.2시간이었다.[17] 뿐만 아니라 부모들은 아동의 부양을 위해서 각종 유급휴가를 사용할 수 있고, 차별받지 않는 '비정규직'의 당제와 시간제 노동이 활성화되어 있기 때문이다. 다만 전업주부의 아이들에게 대리보육을 해주지 않기 때문에 아이들의 대리보육 양은 부족하다고 볼 수 있다. 물론 이들의 대리보육이 절박하다고 볼 수는 없고, 이것까지 국가가 지원하는 것이 기술적으로 쉽지 않지만, 고립보육의 문제를 고려한다면 대리보육이 부족하다고 보아야 한다.

그렇다면 대리보육이 지나치지는 않은가? 부모가 모두 실업자인 아이들과 갓난아이 동생을 둔 아이들은 주당 25시간의 보육을 받기 때문에 과잉 대리보육의 문제는 없을 것이다. 부모가 모두 직장에 다니는 경우에는 최대 주당 40시간을 보육해주므로 전통사회의 아이들과 비교해보면 부모와 격리된 시간이 길다고도 볼 수 있다. 그러나 이것은 자본주의

---

15 보육 부담 월액은 2007년 정부에서 정한 아동 부모 최고 부담 월액으로서 나카 구청 자료에 근거한 것이고, 아동수당 월액은 2007년 아동수당으로서 소득보장청 나카 사무소 자료에 근거한 것이다.

16 부모들이 조합을 결성하고 직접 이사가 되어서 원장과 교사를 채용하여 어린이집을 운영한다.

17 통계청 전자방, 2011, http://kostat.go.kr/portal/index/statistics.action

적 노동시장의 원리를 인정하는 한 어쩔 수 없는 일일 것이다. 나머지 시간에는 아이들이 부모의 보살핌을 받을 수 있고, 특히 영아나 아픈 아이들은 대리보육을 시키지 않기 때문에 40시간 보육이 지나치게 많다고 볼 수는 없을 것이다.

보육의 질은 주로 보육교사들의 노동 강도, 시간 그리고 보상과 깊은 관련이 있을 것이다. 스웨덴에서 한 교사가 돌보는 아동의 수는 나이에 따라 다르지만 평균 5명 정도이다. 내가 2007년에 방문한 한 어린이집에서는 각각 2명씩, 총 4명의 교사가 1~3세 아동 9명과 3~6세 아동 12명을 돌보고 있었다. 그리고 한 놀이방에서는 3~6세 아동 9명을 한 교사가 돌보고 있었다. 공립 시설에서는 아동의 수가 이보다 적은 편이다. 한 공립 어린이집에서는 1~3세의 어린이 16명을 4명의 교사가 보살피고 있다.[18] 교사의 노동시간은 주당 40시간을 넘지 않는다. 그 기관에서 임금이 낮은 부교사의 월급은 20,500크로나(3,485,000원)이며, 이 중 20%를 세금으로 낸다고 한다. 이 정도의 월급이면 스웨덴 3~4인 가족이 사는 데 부족함이 없다. 보육 및 교육, 의료와 수발이 거의 무료이며, 주거비도 부담이 되지 않는 선에서 안정화되어 있고 노후도 사회적으로 보장되기 때문이다.[19] 스웨덴의 보육교사들은 노동 강도, 시간 그리고 보상의

---

18 〈워킹맘의 육아보고서〉, KBS1, 2010년 8월 24일.

19 두 아이를 둔 여성 부교사가 이혼해서 혼자 사는 경우를 가정하여 수입지출 현황을 정리하면 〈표 4-4〉(박승희 · 채구묵 외, 2007: 89)와 같다.

〈표 4-4〉 두 아이를 둔 수발노동자인 이혼 여성의 가계수지 현황

(단위 크로나 / 원)

수입		지출	
내력(來歷)	액수	내력(來歷)	액수
월급(20% 과세 후)	16,000(2,720,000)	주거비	6,312(1,073,040)
아동수당(소득보장청)	2,200(374,000)	보육비	2,100(357,000)
아동 양육지원비(1,273×2)	2,546(432,820)	잔액	12,334(2,096,780)
계	20,746(3,526,820)	계	20,746(3,526,820)

주: 1) 위 총액에는 아동을 위한 주택보조금은 포함되지 않는다.
　　2) 아동당 390일까지는 급여의 80%를, 그 후 90일은 일당 180크로나(30,600원)를 받고 출산휴가를 사용할 수 있다.
　　3) 의료 및 교육은 거의 무상이고, 노후생계는 보장된다.

측면에서 한국의 보육교사에 비해[20] 매우 좋은 조건에서 일하고 있다. 이를 통해서 우리는 스웨덴의 아이들이 질 높은 보육을 받을 가능성이 크다는 것을 알 수 있다.

한편 보육의 질은 보육시설이 이윤 추구의 논리를 따르는가와 공적인 원리를 따르는가에 따라서 달라질 수 있다. 왜냐하면 이런 것들이 보육교사의 보육 태도에 영향을 주기 때문이다. 특히 이윤을 추구하는 시설의 보육교사들은 시설의 돈벌이를 위해서 보육의 질을 희생할 수 있다. 그런데 스웨덴에서는 사립이라도 국가로부터 돈을 받으면서 국가가 정한 운영 원칙을 준수할 수밖에 없기 때문에 사립도 공립처럼 운영하지 않을 수 없다. 뿐만 아니라 보육교사의 태도는 지방자치단체와 학부모에 의해서 철저히 관리될 수 있는 체계[21]로 짜여 있기 때문에, 시설의 운영 목표에 따라서 아동들의 보육의 질이 나빠질 가능성은 거의 없다.

4. 보육보장의 방법과 전달체계

스웨덴에서는 대리보육도 사회보공의 원리에 따라 이루어진다. 필요한 재원 조달도 일반 조세로 마련하므로 재원의 마련을 위한 별도의 행정이 필요하지 않다. 보육 대상자를 선정하기 위한 자산 조사 등과 행정의 비용도 들지 않는다.

전달체계는 어떠한가? 대리보육은 기초자치단체에서 책임을 진다. 자치단체에서는 직영 어린이집, 민간 어린이집이나 놀이방 등에 대한 정보를 부모들에게 제공하고, 부모들로부터 보육 신청을 접수하며, 매월 부모

---

20 자세한 것은 뒤에서 다룰 것이다.
21 이것은 바로 뒤에서 다룰 전달체계를 보면 알 수 있다.

들의 보육비 자부담금도 받는다. 담당공무원은 부모들이 원하는 순위와 시설 사정을 고려하여 아동을 시설에 배당해주고, 매월 시설에 보육료를 지급하며, 시설 운영을 감독한다.

부모들은 기초지방자치단체의 전자방이나 주변 사람들의 소문을 통해서 장소, 보육시간, 공간 크기, 아동 수, 아동 나이, 교사의 질, 음식 등에 관한 다양한 정보를 얻어 마땅한 시설을 결정한 다음, 기초자치단체에 신청서를 접수하고 매월 자부담비를 납부한다.

어린이집과 놀이방에서는 기초자치단체에서 배정받은 아이들을 지침에 따라 보육하고 지자체로부터 보육료를 받는다.

기초자치단체, 아동 부모와 시설의 관계를 정리하면 〈그림 4-1〉(박승희 · 채구묵 외, 2007: 76)과 같다.

〈그림 4-1〉 지방자치단체, 부모, 시설의 삼자 관계

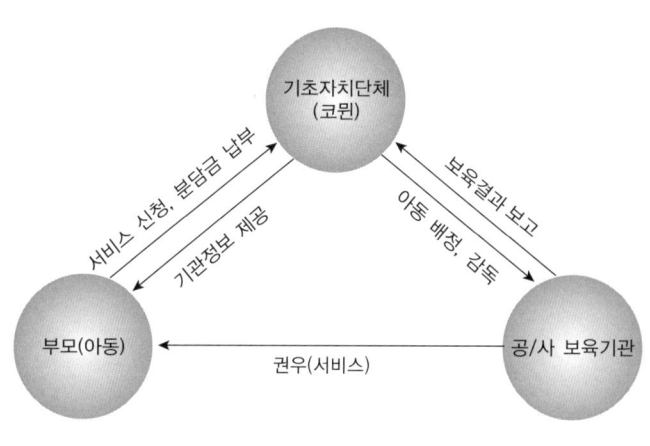

이것을 한국의 경우와 비교해보면 매우 효율적이라는 점을 쉽게 알 수 있다. 한국에서는 보육료의 국가 부담금은 보건복지부에서, 유치원 교육

비 지원금은 교육부에서 각각 지급하며, 교사급여 지원금 등의 보조금은 지자체에서 시설장에게 지급한다. 이와는 별도로 시설에 대한 관리 감독은 자치단체와 교육청이 맡는다. 이런 복잡한 지원 방식과는 달리 스웨덴 보육권우의 전달은 기초지방자치단체를 통해서만 이루어진다. 비용 지급과 관리 감독의 책임을 기초자치단체에서만 지는 것이다. 전달체계가 매우 간편하기 때문에 행정비용이 적게 든다고 볼 수 있다.

한편 보육비의 산정·지급과 수납 과정의 투명성을 살펴보자. 보육료의 지급 기준은 개별 아동의 보육비로 단일하다. 각 아동의 보육비 총액을 산정하고 그에 의해서만 보육료를 지급하기 때문에 시설 지원을 따로 해주는 한국에서처럼 특별 지원을 받기 위해서 시설장과 관련 공무원이 유착하여 비리를 저지를 가능성은 없다. 뿐만 아니라 돈을 지급해주는 기관과 관리 감독기관이 기초자치단체로 일원화되어 있고, 부모 부담금이 감독기관을 통해서 전달되기 때문에 아동의 보육 현황과 돈의 흐름이 투명하게 드러난다. 이런 곳에서는 지자체와 부모, 시설이 서로 견제할 수 있어 비리가 싹틀 가능성이 매우 적다. 따라서 한국에서 시설장이 보육 아동 수를 속여 지원금을 횡령하는 것과 같은 범죄는 원천적으로 차단되어 있다.

스웨덴에서는 대리보육을 국가가 처음부터 끝까지 책임을 지고 있다. 이것은 기초지방자치단체가 부모 부담금을 직접 받을 뿐만 아니라, 시설에 보육료를 직접 지불한다는 사실에서 확인할 수 있다. 국가는 보육에 대해 책임을 지는 당사자로서 시설과 직접 계약을 맺고 있다. 이런 제도에서는 보육에 문제가 있을 경우, 개인들은 보육료를 받아서 시설에 지불하는 기초지방자치단체의 담당자에게 문제를 제기할 수 있다. 따라서 국가가 돈만 지원해주고 계약은 개인과 시설에 맡겨두므로 문제에 대한 책임 주체가 애매한 한국의 사정과는 차이가 있다.

5. 보육보장제도의 공동체 친화성

스웨덴에서는 남성과 여성 그 누구도 보육 때문에 일을 포기하거나, 일 때문에 보육을 포기할 수 없다. 따라서 아동 보육 문제로 부부간이나 세대 간에 갈등을 겪을 가능성이 적다. 특히 부부의 공동 보육을 적극 권장하고 있다. 예컨대 480일분의 육아급여를 받으려면 부와 모 어느 쪽이든 최소한 60일 이상은 육아휴가를 사용하도록 법으로 규정하고 있다. 이런 점에서 가족 친화적이라고 할 수 있다.

그러나 이것은 어디까지나 소가족(핵가족) 친화적일 뿐 대가족 친화적이라고는 말할 수 없다. 조부모의 보육 참여를 직접적으로 지원해주는 제도는 없다. 다만 아동의 간병을 조부모가 하는 경우에 기본적인 아동 간병급여를 지급하는 제도가 있다. 이것은 대리 간병제도의 일환일 뿐, 특별히 세대 간 교류를 증진시키려는 목적에서 생긴 제도는 아니다. 한편 아동을 시설에 맡기고 찾아오는 일을 조모부가 대신하는 경우가 간혹 있다고 한다. 이것은 다세대 간 교류를 증진시키는 중요한 계기이다. 그러나 이것이 가족 공동체 활성화 정책으로 이루어지는 것은 아니다. 이웃의 참여를 지원하는 제도는 없다. 다만 이웃이 대리 간병을 해도 아동 간병급여가 나오고, 이웃들이 아이들을 시설에 맡기고 찾아오는 것을 공유하기도 한다. 물론 이런 것들이 의도된 정책에 의해서 이루어진다는 증거는 없다.

스웨덴에서 가족 안팎 공동체들을 총체적으로 지원하는 제도는 있는가? 아동 보육은 주거지역을 중심으로 이루어진다. 직장 어린이집과 놀이방은 없다. 그 이유는 직장 어린이집의 경우 특히 엄마만이 아이들을 찾아오고 찾아가는 일을 전담하게 될 가능성이 크며, 엄마가 직장을 바꿀 경우 어린이집을 바꾸어야 하고, 직장을 그만둘 경우에는 심지어 보육을 받을 수 없는 문제까지도 생기기 때문일 것이다. 주거지역 중심 보육은 가족과 친척, 이웃이 아동을 공동으로 돌볼 가능성을 키워준다. 실제로 스웨덴에서는 보육시설에 아이를 맡기고 찾아오는 일을 엄마만이 아니라 아빠도 하며, 조부모와 이웃이 대신하기도 한다. 뿐만 아니라 부모들이 보육조합을 조직하여 보육시설 운영을 지원하기도 한다. 그러나 스웨덴의 보육 사업이 공동체의 총체성을 잘 배려한 것이라고 보기는 곤란하다. 예컨대 스웨덴에서는 어린이를 보살피는 일이 노인을 보살피는 일과 분리되어 있다. 스웨덴 어디를 가도 노인시설과 아동시설이 나란히 있는 곳은 매우 드물다. 이것은 인간의 삶을 분업적인 관점에서만 보는 결과라고 할 수 있다. 분업은 단편적이고 단기적인 생산성을 향상시킬 수 있을지는 모르나, 공동체적 효율성은 파괴하는 경향이 있다. 예를 들면 스웨덴의 분업적인 부양체제에서는 퇴근길에 아이를 데리러왔다가 어린이집과 한 울타리 안에 같이 있는 요양원의 부모를 아이의 손을 잡고 찾아뵙는 광경은 상상하기가 어려운데, 여기서 우리는 노인의 노동력과 농손락(弄孫樂)[22]에 필수적인 보화(寶華)가 어떻게 '낭비'되고 있는가를 확인할 수 있다.

6. 교육보장

스웨덴에서는 박사과정까지 원하는 사람의 모든 교육비를 국가가 전액 책임을 진다. '반값 등록금'이란 말 자체가 없다. 그렇다고 싸구려 교육을 시키는 것은 결코 아니다. 예컨대 내가 가본 남스톡홀름 대학에는 박사과정 학생을 위한 연구실이 잘 갖추어져 있었다. 스웨덴에서는 명문대학을 가야만 좋은 직장을 잡는 것은 아니다. 실력이 있으면 안정된 삶을 누

---

22 손자와 함께 노는 즐거움.

릴 수 있다. 조금 능력이 부족하더라도 성실하기만 하면 여유 있게 살 수 있고, 심지어 능력이 없으면서 게으른 사람도 최저생계는 보장받는다. 아무런 벌이가 없는 사람도 자식의 보육과 교육, 노후를 걱정할 필요가 없다. 그래서 부모와 아이들은 '명문'과 자격증에 목을 맬 필요가 없다. 스웨덴 고교생 중 졸업하고 바로 대학에 가는 사람의 비율은 35%에 불과하다. 자신의 진로를 찾아가다가 대학 교육이 필요하다는 생각이 들면 대학에 갈 수 있기 때문이다.[23] 이런 분위기에서 사교육을 시킬 필요는 없을 것이다.

---

23 2007년 남스톡홀름 대학 최연혁 교수의 강연 내용.

한국의 보육 및 교육보장제도

1. 보육보장제도의 개관

먼저 부모의 직접보육에 대해서 살펴보자. 2012년 여성 노동자들은 산전후휴가급여로 처음 90일간 고용주와 고용보험공단으로부터 통상임금을 받는다. 처음 60일 동안 대기업 노동자는 통상임금 전액을 기업으로부터 받고, 중소기업 노동자는 월 135만 원까지는 고용보험공단으로부터, 통상임금 중에서 그것을 초과하는 부분은 기업으로부터 받는다. 그 후 30일간은 고용보험공단으로부터 135만 원을 받는다.[24] 그리고 공무원을 포함한 남녀 노동자들은 6세 미만 아동 1명에 대해 1년간 매월 50~100만 원의 육아급여를 받을 수 있다.[25] 남성 노동자는 기업주가 부담하는 3일간의 배우자 출산휴가를 사용할 수 있다.[26] 아동간병급여, 아

---

24 근로기준법 74조, 고용보험법 시행령 101조.

25 남녀고용평등과 일 · 가정 양립 지원에 관한 법률 19조, 고용보험법 시행령 95조, 공무원 수당 등에 관한 규정 11조의 3.

26 남여고용평등과 일 · 가정 양립 지원에 관한 법률 18조의 2.

동수당 등은 없다. 다만 양육수당이 있다. 이것은 대리보육을 받지 않은 '차상위계층' 이하의 아동 부모들에게는 생후 3년간 월 10~20만 원을, 장애아동 부모에게는 7년간 10~20만 원을, 농어촌 거주 아동의 부모에게는 7년간 4.5~9만 원을 지급하는 수당을 말한다.

한국의 대리보육 지원 정책에 대해서 살펴보자. 보장 지원 방식에는 부모 보육비 지원과 시설운영비 지원 그리고 장소 비용 지원이 있다. 부모 보육비 지원은 정부가 부모 부담 보육비의 기준(정부지원단가)을 정해주고, 그 기준금액의 범위 내에서 정부가 보육비를 차등 지원하는 것을 말한다. 2012년 정부지원단가는 0세 394,000원, 만 1세 347,000원, 만 2세 286,000원, 만 3세 197,000원, 만 4세 177,000원, 만 5세 20만 원이다(보건복지부, 2012나: 278, 299).[27] 과거에는 전 연령 아동들에 대해서 부모의 소득과 아동 수에 따라 차등 지원했으나[28], 최근에는 0~2세 아동들은 모두 단가 전액을 지원해주고, 3~4세의 아동들은 부모 소득이 아동을 가진 모든 부모들 중에서 70% 이하인 경우에만 전액을 지원해주며, 나머지는 지원해주지 않는다. 한편 5세 아동에게는 일회용 행사를 연상시키는 '5세 누리과정'을 만들어 지원단가 전액을 모두에게 지원한다. 이 과정에는 유치원 교육이 포함되어 있다(보건복지부, 2012나).

---

[27] 이 정부지원단가는 부모 부담 한도액이라고도 볼 수 있다. 그러나 실제로 부모들은 이보다 더 부담한다. 왜냐하면 입소료(가방, 옷 등의 비용)와 특기활동비 등을 별도로 내야 하며, 정부미지원 시설의 3~4세 어린이 부모 부담 보육비는 지방자치단체가 정부지원단가를 초과하여 정할 수도 있기 때문이다. 예를 들면 2010년 서울시 민간보육시설과 가정보육시설 3세 어린이 부모 부담금은 정부지원단가보다 52,000원이 많은 243,000원이고, 4세 경우는 66,000원이 많은 238,000원이다. 영유아 가구소득이 50% 이하인 부모는 이 초과분을 서울시가 지원해준다. 그러나 이보다 소득이 많은 부모는 이 금액을 추가 부담해야 한다(서울특별시, 2010: 49).

[28] 2010년까지 중앙정부는 아동 1명인 가구의 소득이 전체 아동가구 소득 순위가 50% 이하이면 이 단가의 100%, 50% 초과 60% 이하이면 60%, 60% 초과 70% 이하이면 30%를 지급했다. 그리고 보육 대상 아동이 2명이면 소득이 70% 이하인 가구의 아동에게는 정부지원단가 전액을 지원했다. 그러나 세 번째 아동에 대한 보육비는 원칙적으로 하지 않았다(보건복지부, 2010나). 다만 지방자치단체에 따라서 전액을 지원하기도 하고, 전혀 지원하지 않기도 한다(어린이집 김현숙 원장과 이선옥 교사의 가르침).

〈표 4-5〉 2012년 아동 연령별 보육비 지원단가

(단위: 원 / %)

연령	대상	지원단가			지원비율
		주간	야간	24시간	
0	모든 아동	394,000	394,000	591,000	100%
1	모든 아동	347,000	347,000	520,000	100%
2	모든 아동	286,000	286,000	429,000	100%
3	소득 하위 70% 이하	197,000	197,000	295,000	100%
4	소득 하위 70% 이하	177,000	177,000	265,000	100%
5	모든 아동	200,000	200,000	-	100%

국가는 아동 부모를 지원하는 것만이 아니라 아동을 보육하는 시설의 운영비도 지원한다. 이것은 각 지자체와 보육시간 등에 따라 약간의 차이가 나기 때문에 서울 주간반 아동의 경우를 중심으로 살펴보기로 하겠다. 국공립시설[29]이나 법인이 운영하는 시설을 포함한 '국가지원시설'은 원장과 영아반은 인건비의 80%, 유아반(3세 이상)은 인건비의 30% 등을 지원한다(보건복지부, 2012나: 321). 그 외에도 교사 처우 개선비로 교사의 중식비, 각 시설당 보조교사 1인의 인건비 그리고 유기농 식사비 등을 지원해 주기도 한다. 서울의 경우, 민간 어린이집이라도 정부가 정한 '보육시설 종사자 인건비 지원기준' 등을 지키는 이른바 '서울형 어린이집'은 정부지원시설로 인정하여 이와 동일하게 지원해준다. 그러나 인건비는 호봉 승급과 무관하게 최저호봉인 1호봉을 기준으로 지원하기 때문에 지원액이 정부지원시설보다 줄어들 수밖에 없다.[30]

---

29 이것은 국가가 운영하는 시설만을 의미하지 않는다. 국가가 건물 등을 짓고 개인이나 법인에게 위탁하여 운영하는 것까지 포함한다. 그런데 위탁의 경우가 대부분이고 국가가 직접 경영하는 경우는 드물기 때문에, 국공립시설이란 실제로 국가가 위탁한 시설이라고 보아도 무방하다.

30 예컨대 같은 7호봉의 1세 반 교사라도 국공립 교사를 위해서는 7호봉 급여 1,698,010원의 80%인 1,358,408원을 지원하지만, 서울형에 근무하는 교사를 위해서는 1호봉 급여 1,351,730원의

그 이외의 시설은 '미지원시설'로 분류되어 2세 이하 영아반에 대해서만 운영비를 지급한다. 만 0세 아동 1명당 월 361,000원, 1세 174,000원, 2세 115,000원을 '기본보육료'라는 이름으로(보건복지부, 2012나: 352), 그리고 0세 반은 반당 월 20만 원, 1세 반 15만 원, 2세 반 15만 원을 운영비로 지급한다(서울특별시, 2010). 영아반의 경우 지원시설과 미지원시설은 지원 방법이 다르긴 하지만 차별은 심하지 않다. 그러나 만 3세 이상 유아반의 경우, 정부지원시설이 교사 인건비의 30%를 지원해주는 것과는 달리 미지원시설은 전혀 지원해주지 않는다.

장소 비용의 지원이란 토지와 건물 그리고 건물의 개보수 등을 지원해주는 것을 말한다. 국공립 어린이집은 토지와 건물을 정부가 제공함은 물론 개보수 비용도 전액 지원해준다. 그러나 민간시설에 대해서는 토지와 건물을 구입할 때 세제 혜택을 줄 뿐이다. 다만 지자체에 따라서는 '서울형 어린이집'처럼 시설의 개보수 비용 일부를 지원해주기도 한다.

〈표 4-6〉 시설 유형별 보육비 지원 비교(2010년 서울시의 경우)

지원 방식		국공립	민간		
			정부지원시설	'서울형'	미지원시설
개인별	보육비	정부지원단가 30~100%	정부지원단가 30~100%	정부지원단가 30~100%	정부지원단가 30~138%[31]
시설별	운영비	호봉 급여 30~80%, 운영비	호봉 급여 30~80%, 운영비	1호봉 급여의 30~80%, 운영비	유아반 일부 운영비
	장소 지원	장소 제공, 개보수 전액	장소 구입 시 세제 혜택, 일부 개보수비	장소 구입 시 세제 혜택, 일부 개보수비	장소 구입 시 세금 혜택

이상의 대리보육 지원과는 별개인 '아이 돌보미 지원' 제도가 있다.

80%인 1,081,384원만 지원한다(서울특별시, 2010).

31 100%가 넘는 것은 미지원시설은 정부지원단가를 초과하여 보육료를 받을 수 있는데, 서울시에서는 유아 가구소득이 50% 이하인 부모에게 추가 보육료 52,000원(3세), 66,000원(4세)을 지급하

12세 이하 아동을 돌보는 전국 평균 가구소득 이하 가정 가운데 야근, 출장, 질병 등으로 긴급하게 돌봄이 필요한 아동들에게 아이 돌보미 인건비 일부를 지원해주는 제도이다. 이것은 보건복지부 업무였으나 여성가족부로 이관되었다. 이 제도는 유치원이나 어린이집이 끝난 뒤 부모가 퇴근할 때까지 돌보미에게 아이들을 맡길 수 있어 맞벌이 가정에서 큰 인기를 얻었다.[32]

2. 부모 직접보육을 위한 소득보장

임신, 출산, 영아보육, 아동간병 등은 부모가 직접 하지 않을 수 없을 것이다. 한국에도 산전후휴가급여, 영아 직접보육을 지원하기 위한 육아급여, 배우자 출산휴가 등이 있다. 그리고 어린이집 등에 보내지 못하여 대리보육을 받지 못하는 특수한 환경에 있는 아이들의 보육을 지원하기 위한 양육수당이 있다. 그런데 이 양육수당은 보육지원금으로서 모든 아동의 생계비를 보편적으로 지원하는 스웨덴의 아동수당과는 다르다고 할 수 있다. 또한 2자녀 이상을 출산한 여성에게는 연금 가입기간을 추가해주는 제도가 있다. 그러나 아동간병급여는 없다. 따라서 한국의 부모 직접부양을 위한 지원제도는 아직 아동간병급여와 아동수당 등이 없다는 것을 제외하면 명목상 구색은 갖추었다고 볼 수 있다.

그렇다면 급여들의 대상자 포괄성은 어떠한가? 산전후휴가급여는 스웨덴의 임신급여에 비하면 대상자 포괄성이 높은 편이다. 스웨덴에서 임신급여가 특수한 환경에서 일하는 여성 노동자만을 대상으로 삼고 있는

기 때문이다.
32 「한겨레신문」, 2010년 3월 31일, 13면.

것과는 달리, 한국의 산전후휴가급여는 고용보험 등에 가입한 모든 여성을 대상으로 삼고 있다. 그러나 스웨덴에서는 육아급여가 길고 그것을 임신기간에도 당겨쓸 수 있기 때문에 한국의 임신휴가를 지원하는 급여의 대상자 포괄성이 스웨덴에 비해서 높다고 볼 수는 없을 것이다. 육아급여는 사회보험의 원리에 따라서 지급되므로 고용보험 등에 가입하지 않고 사업장에서 일하는 사람들은 대상에서 제외된다. 실업자나 전업주부는 이런 급여를 받을 수 없다. 이것은 스웨덴에서 실업자나 전업주부에게도 적지만 기본적인 육아급여를 지급하고 있는 것과는 차이를 보인다. 뿐만 아니라 육아급여를 받으면서 휴가를 가기란 현실적으로 쉽지 않다. 여성 직장인이 3개월 출산휴가를 마치고 돌아오면 육아휴직은 상상할 수도 없다. 이것은 퇴직이나 마찬가지이다. 휴직을 하면 그 자리를 누군가 채워야 하는데 복직하면 그 사람을 밀어내고 돌아갈 수도 없고, 회사를 그만두고 외벌이가 될 경우 살림살이는 더 빡빡해질 것이기 때문이다.[33] 스웨덴에서는 너도 나도 육아휴직이나 병가를 자유롭게 사용할 수 있어 복직하는 사람도 많고 서로 일을 대체해주므로 복직을 걱정할 필요가 없다. 아무튼 한국의 육아급여 대상자 포괄성은 실질적으로 매우 낮다. 육아수당은 차상위계층이나 농어촌 거주자, 장애아 부모에게만 한정하여 지급한다. 결국 한국에서 부모 직접보육 보장제도의 대상자 포괄성은 낮다고 볼 수 있다.

직접보육보장 수준은 어떠한가? 산전후휴가급여는 스웨덴의 임신급여에 비하면 보장 수준이 높은 편이다. 스웨덴의 임신급여가 60일간 소득의 80%인 반면, 산전후휴가급여는 처음 60일간은 소득의 100%이기 때문이다. 그러나 육아급여는 겨우 월 50~100만 원으로 소득대체율이 80%인 스웨덴에 비해 많이 낮다. 급여기간도 1년으로서 스웨덴의 480일

---

33 「한겨레신문」, 2012년 1일 20일, 29면.

에 비하면 짧다. 이 급여는 아동 양육에 대한 보훈은커녕 보상에도 턱없이 부족하다고 할 수 있다. 이런 상황에서 부모들은 일과 양육 중 하나를 선택할 수밖에 없다. 대부분의 부모들은 직접 양육을 하자면 소득의 급감을 받아들일 수밖에 없고, 일을 하자면 양육이나 출산을 포기할 수밖에 없을 것이기 때문이다. 사람들은 사랑을 하자니 배가 고프고, 먹고살자니 사랑이 아쉬운 '야속한 운명의 덫'에 걸려서 허덕인다.

그러면 한국에는 직접보육을 보충해주는 제도가 있는가? 정부가 의도한 것은 아니지만 분명 있다. 한국에서는 0세 아동도 시설에 맡길 수 있기 때문이다. 스웨덴에서는 직장 여성 등에게 육아급여가 지급되기 때문에 이중 지원을 해줄 필요가 없고, 전업주부 등에게 대리보육 지원을 해주지 않는 것이 원칙이므로 0세 아동에 대한 대리보육 지원제도 자체가 없어 고립보육 문제가 있을 수 있다. 그러나 한국에서는 오히려 영아의 대리보육에 대한 특별 지원을 해주고 있다. 정부가 모든 영아들의 '무상보육'을 용감하게 선언하자, 직접보육을 하던 부모들까지 공떡을 받아먹지 못하는 손해를 보지 않기 위해서 갓난아이들을 장시간 시설에 맡기고 있다. 이 중에는 육아급여나 산전후휴가급여를 받아서 이중의 혜택을 누리는 사람도 있을 것이다. 그 결과 지방자치단체의 재정이 파산 직전이라고 한다. 그러나 심각한 것은 재정의 파탄만이 아니다. 지금 정부는 엄마의 품에서 존경과 애정을 받고 자라야 할 아이들을 사육장으로 내몰고 있다. 이렇게 자란 아이들은 어떤 사람이 될까? 참으로 두렵기만 하다. 스웨덴에서 영아 등의 직접보육을 보충해주는 대리보육이 없다는 것이 한계라면, 한국에서는 직접보육을 대리보육으로 대체하고 있다는 것이 심각한 문제이다. 그나마 다행인 것은 가족 공동체가 조금은 살아 있어 조부모가 엄마의 직접보육을 지원해주기도 한다는 점이다.

한국에서 부모의 직접보육을 지원하는 주된 방식은 사회보험이다. 일반 노동자들의 육아급여는 고용보험에서 지급하며, 공무원들의 육아급여는 일반 국가예산에서 바로 지급한다. 필요한 재원은 고용보험기여금과 일반 조세로 조달한다. 일반 노동자들의 육아휴직급여 재원은 주로 고용보험기여금으로, 공무원의 육아휴직급여 재원은 조세로 충당한다. 육아급여는 고용보험을 관리하는 '근로복지공단'과 국가기관의 각 조직에서 지급한다. 재원 조달 및 급여 지급 조직이 통일되어 있지 않으면서도 연금 등과는 다른 소득보장을 위한 재원 조달 및 분배 조직과도 분리되어 있다. 따라서 한국의 부모 직접보육 방식은 재원 조달과 급여 지급이 단순한 스웨덴에 비하면 효율성이 떨어진다고 할 수 있다.

3. 대리보육보장의 대상과 수준

1) 대상자 포괄성

한국에서는 출산율이 매우 낮아지면서 대리보육이 급격하게 늘어나고 있다. 대리보육의 대상자 포괄성은 어떠한지부터 살펴보자. 이 포괄성은 보육보장 방식에 따라서 달라지므로 국가의 직접보육 방식을 살펴보기로 하자. 한국의 보육비 지원 방식은 크게 나누면 두 가지이다. 하나는 아동의 부모에게 보육비를 지원해주는 것이고, 다른 하나는 시설의 인건비를 포함한 운영비를 지원해주는 것이다. 이 두 가지로 나누어서 보육보장의 포괄성을 살펴보기로 하자.

부모에게 지원해주는 보육비는 2012년까지는 주로 공공부조의 원리에 따라서 지급되었으나, 지금은 주로 사회보공과 공공부조의 방식에 따라 이루어지고 있다. 2세 이하의 아이들과 5세 아이들에게는 부모가 원하면 대리보육을 시켜준다. 그런데 3세와 4세의 아이들은 소득에 따라서 보육료 지원 여부가 결정된다. 아동이 있는 가구 중에서 소득이 하위 70%에 속하지 않는 가구들은 보육비 지원을 받을 수 없다. 이것은 공공부조의 잔재라고 볼 수 있다. 한편 아이 돌보미는 전국 도시가구 평균 소득 이하의 가정에만 지원해주고 있어 이 제도의 대상자 포괄성이 완전할 리 없다. 따라서 모든 아동들의 대리보육비를 지원해주고 있는 스웨덴에 비해 대상자 포괄성이 낮다고 보아야 한다.

그런데 한국의 대리보육제도에서 주목할 만한 것은 0세 아동과 전업주부의 아동도 대리보육의 대상이 된다는 점이다. 0세의 대리보육은 허용하는 차원을 넘어 특별 지원을 해주고 있다. 심지어 육아급여를 받고 있는 사람들의 아동에게도 대리보육의 권우를 제공한다. 그리고 전업주부의 아이들도 대리보육을 시켜주고 있다. 오히려 대리보육이 절실한 맞벌이 가정의 아이들보다 더 많은 기회를 주고 있다. 아동이 있는 가구들 중에 소득 순위가 70% 이하만이 지원 대상이 되는 이 제도에서, 전업주부가 있는 가구는 맞벌이 가구보다 소득이 낮을 가능성이 크기 때문이다. 물론 이런 점을 개선하기 위하여 맞벌이 가구 소득을 하향 조정하여 보육비 지원 여부와 정도를 결정하지만, 그렇다고 홀벌이 가구가 맞벌이 가구보다 보육비를 지원받을 가능성이 낮아지는 것은 결코 아니다. 이것은 0세 아동 및 전업주부 아동의 대리보육을 원칙적으로 지원하지 않는 스웨덴과는 차이를 보인다. 이런 점에서는 스웨덴보다 대상자 포괄성이 높다고 이야기할 수 있다.

그렇다면 이것은 과연 바람직한가? 0세 아동과 전업주부 아동의 대리보육에서 고려할 점들을 먼저 살펴보아야 한다. 0세 아동처럼 직접보육이 절실한 경우에는 직접보육을 주로 지원해야 하지만, 단독 보육의 고통을 줄여주기 위해서 대리보육도 보완해주어야 할 것이다. 그러나 대리보육이 늘어나도 큰 무리가 없는 아이들의 경우, 맞벌이 부부에게는 일과 보육의 병행을 위해 대리보육을 적극 지원해주면서도 직접보육의 기회를 보충해주어야 하고, 전업주부에게는 단독 보육의 고통을 줄여주고 아동의 사회성을 키워주기 위하여 직접보육을 주로 하게 하지만 대리보육도 보충해주어야 할 것이다. 가족 안팎 공동체가 살아 있는 전통사회에서는

〈표 4-7〉 맞벌이와 홀벌이 부모 아동의 직접 및 대리보육 대상 가능성

구분	0세				1세 이상				문제점
	맞벌이 부모		홀벌이 부모		맞벌이 부모		홀벌이 부모		
	직접보육	대리보육	직접보육	대리보육	직접보육	대리보육	직접보육	대리보육	
공동체	큼	큼	큼	큼	큼	큼	큼	큼	없음
스웨덴	큼	없음	큼	없음	중간	큼	큼	없음	고립보육
한국	작음	큼	작음	큼	없음	작음	큼	큼	보육·일 불병행, 낭비, 아동 사육

〈표 4-7〉에서 보는 바와 같이 이런 조화가 자연스럽게 이루어졌다. 그런데 스웨덴에서는 0세 아동들은 대부분 직접보육의 대상자가 되지만 대리보육 대상자가 되지 않기 때문에 부모들의 고립보육 문제가 생길 수 있다. 전업주부의 보살핌을 받는 1세 이상 아동들도 대리보육의 대상이 되지 않기 때문에 부모들의 고립보육 문제가 생길 수 있다. 반면 한국에서는 0세 아동은 직접보육 지원 대상에서 제외될 가능성이 큰 대신, 대리보육의 대상자가 되어 아동이 사육되는 위험을 배제할 수 없다. 뿐만 아니라 육아급여 수급자의 아동에게까지 대리보육 기회를 제공하는 것은 중복 지원의 문제를 야기한다. 물론 육아급여의 소득대체율이 매우 낮고 단독 보육의 문제도 없지 않기 때문에, 육아급여 수급자 아동의 대리보육이 일리가 없는 것은 아니다. 그러나 이것은 사회보장의 전체 관점에서 조정되지 않으면 안 될 것이다. 한편 맞벌이 부부의 1세 이상 아동들은 대리보육의 대상에서 제외될 가능성이 많아 부모의 보육과 일 병행을 어렵게 만들고, 전업주부의 1세 이상 아이들은 필요 이상의 대리보육을 받아 자원을 낭비하게 한다. 그러나 전업주부 아동의 대리보육은 고립보육을 피하게 해주어야 하고, 많은 전업주부들이 비공식적 소득 활동에 나서고 있는 현실을 무시할 수 없기 때문에 어느 정도는 인정하지 않을 수 없을 것이다. 따라서 0세 아동과 전업주부의 아동도 대리보육 대상에 포함시키

는 것은 맞벌이 부부의 아동과 같이 대리보육이 절실한 아동은 대상에서 제외시키면서, 동시에 덜 절박한, 심지어 불필요한 아동들은 대상에 포함시키는 문제가 있다. 이것은 대상자 포괄성의 과소 및 과잉 문제를 동시에 포함하고 있다.

다음은 시설운영비 지원을 기준으로 대상자 포괄성을 살펴보자. 한국의 시설운영비 지원 방식은 희한하다. 이것은 보육 지원을 받을 필요가 있는 사람에게 소득과 소요 등을 고려하여 지급하는 기존의 사회보장 방식과는 전혀 다르다. 기존의 사회보장 방식에서는 사회부조, 사회보험, 사회보공, 사회지본 중 어떤 것이든 개인이 수급 대상인 반면, 여기서는 시설이 수급 대상이다. 따라서 개인의 여건에 따라 현금과 현물의 급여가 결정되는 일반 사회보장의 원리와는 달리, 시설의 여건에 따라 지원이 결정된다. 이를테면 국공립시설이냐 민간시설이냐, 민간시설에서도 기준을 충족했느냐(예를 들어 '서울형 어린이집') 그렇지 못했느냐에 따라, 그리고 시설장의 청탁 능력과 공무원들의 자의적 판단까지 연(緣)이 되어 지원 여부와 지원액이 결정된다. 아동을 기준으로 보면, 아동에 대한 지원 여부와 정도는 아동이 어떤 시설에 입소하느냐에 달려 있고, 지원을 많이 해주는 시설의 입소 자격은 대개 추첨에 의해서 정해지므로 아동의 지원 수급 여부와 정도가 추첨에 따라 결정된다. 사회복지의 대상자 결정 기준이 소득도, 기여 여부도, 소요도, 시민권도 아니다. '팔자'이다. 이런 보육보장의 방식을 '제비뽑기식(추첨식)'이라 부르면 어떨까? 이런 방식의 보육 지원에서는 운이 없으면 지원을 받을 수 없다. 부모의 보육비 지원제도가 대상자의 소득에 따라 지원을 배제하는 것과 달리, 이러한 시설 지원제도는 추첨으로 배제한다. 따라서 대상자의 포괄성이 완전할 리 없다. 한 구립 어린이집은 대기자가 수백 명이라고 하니, 포괄성이 얼마나 낮은가를 짐작할 수 있다.

2) 보육비 부담액

대리보육의 양은 얼마나 되는가? 이것은 아동 부모의 부담보육비가 어느 정도인가에 의해서 파악하는 것이 바람직할 것이다. '정부지원시설'에 아동을 맡기는 부모들은 1세 이상[34] 아동 1인의 보육료로 0~197,000원까지 부담하는 것이 원칙이다(〈표 4-8〉 참조). 3세와 4세 아동이 있는 상위 소득자만 '정부지원단가'의 금액을 지원받지 않기 때문이다. '정부미지원시설'에 맡기면 정부지원단가보다 더 많은 비용을 부담하기도 한다. 정부지원시설을 중심으로 보면 아동 1명의 부담보육비는 〈표 4-8〉에서 보는 바와 같이 스웨덴보다 오히려 적다. 그런데 한국의 부모들은 이 비용 이외에도 입소료, 특수교육비 등의 경비[35]를 추가로 부담하는 반면, 스웨덴의 부모들은 아동수당을 받는다. 이 점까지 고려하면 부담은 스웨덴과 비슷하거나, 3세와 4세 아동이 있는 상위 소득가구의 부담은 스웨덴보다 20~30만 원 정도 더 크다고 할 수 있다. 물론 한국에서는 이것 외로 들어가는 '사교육비'가 매우 많다는 점도 고려해야 한다.

〈표 4-8〉 2012년 아동 연령별 부담액비교

(단위: 크로나 / 원)

아동 연령	한국		스웨덴	
	최저	최고	아동수당 미고려	아동수당 고려
1	0	0	1,260 (214,200)	210 (35,700)
2	0	0	1,260 (214,200)	210 (35,700)
3	0	197,000	1,260 (214,200)	210 (35,700)
4	0	177,000	1,260 (214,200)	210 (35,700)
5	0	0	1,260 (214,200)	210 (35,700)

---

34 0세는 직접보육의 대상이 되어야 하므로 논외로 삼겠다.

35 서울에서 5세 아동을 민간 어린이집에 보내고 있는 엄마는 정부지원단가 외에 매월 6만 원 정도를 더 내고 있다고 한다(장은주님의 가르침, 2010년 11월 2일).

이제 자녀가 2명 이상인 부모의 보육비 부담액을 살펴보기로 하자. 계
산의 편의를 위해서 아동이 연년생이고 한 살부터 차례로 있다고 가정하
자. 예컨대 3명이면 한 살, 두 살, 세 살짜리가 있다고 해두자. 아동 수가
늘어나더라도 최저부담액은 0원이다. 왜냐하면 저소득가구는 아동 수와
무관하게 전액 지원을 받기 때문이다. 그러나 최고부담액은 증가할 수 있
을 것이다. 그런데 전 연령에 소득 제한을 두었던 2010년 전과는 달리,
3~4세 아동만 소득 제한을 두므로 3~4세 아동이 늘어날 경우에만 최고
부담액이 늘어날 것이다. 따라서 최고부담액(2012년 기준)은 374,000원이
다. 이런 부모의 부담액을 스웨덴의 경우와 비교해보자. 〈표 4-9〉에서 보
는 바와 같이 아동의 수를 고려한 경우에도 한국 부모의 외형상 부담액은
많은 편이 아니다. 그러나 한국의 부모들은 이것 외에도 입소료와 특수교
육비 등을 추가로 부담하고 있는 반면, 스웨덴의 부모들은 아동수당을 받
으며 이것으로 보육비를 부담하는 데 약간 부족하거나 넉넉하게 남는다는
점까지 고려하면, 아동의 수까지 고려한 경우에는 한국 부모들의 보육비
부담이 크다고 보아야 한다. 특히 아동 수가 늘어날수록 부모의 부담이 줄
어드는 스웨덴과는 달리 한국에서는 그대로이거나 늘어나고 있다.

〈표 4-9〉 아동 수별 부모 보육비 부담액 비교

(단위: 크로나 / 원)

아동 수	한국		스웨덴	
	최저	최고	아동수당 미고려	아동수당 고려
1	0	0	1,260 (214,200)	210 (35,700)
2	0	0	2,100 (357,000)	−100 (−17,000)
3	0	197,000	2,520 (428,400)	−1,084 (−184,280)
4	0	374,000	2,520 (428,400)	−2,994 (−508,980)

그렇다면 한국 부모의 보육비 부담률(부담액/아동 보육비)은 얼마나 될
까?

우선 아동 1명인 경우의 부담률부터 살펴보자. 보육자 부담액과 보육비의 총액에 지대한 영향을 미치는 정부지원 정도는 정부지원시설 여부에 따라 크게 차이가 나므로 시설별로 나누어 검토해야 할 것이다.

정부지원이 가장 많은 국공립시설의 부모 보육비 부담률은 얼마나 될까? 이에 답하기 위해서는 아동 1인 연령별 총보육비를 알아야 한다. 그런데 정부가 아동의 총보육비를 산정해서 그 금액을 기준으로 지원하는 것이 아니라[36], 보육비를 산정하지 않은 채 여러 방식으로 부모의 보육비와 시설의 운영비를 지원하므로 보육비 총액을 파악하려면 많은 노력이 필요하다. 따라서 궁여지책으로 서울에서 인기가 있는 한 구립 어린이집의 2010년 운영비와 인건비, 가상임대료를 분석하여 보육비를 추정해보면 1세는 약 76만 원, 2세는 약 61만 원, 3세는 약 45만 원, 4세 이상은 약 41만 원이다.[37] 이를 바탕으로 각 연령별 2012년 국공립시설 아동의 부모 보육비 부담률을 살펴보면 최저는 0%이고, 최고는 대체로 40%를 조금 넘는다(〈표 4-10〉 참조).

이제 민간시설의 경우를 보기로 하자. '서울형 어린이집'을 포함한 정

---

36 물론 정부가 '표준보육비용'을 매년 산출하고 있다. 그러나 이것에 근거하여 보육비를 지원하는 것은 아니다. 따라서 실제 보육비는 이와는 다를 수밖에 없다. 이것은 보육료 인상을 통제하기 위한 '전략적 비용'이라고 보아도 무방하다.

37 시설의 총수입이 총보육비일 수밖에 없기 때문에 총수입을 총보육비로 잡고, 각 나이별 보육비를 다음과 같이 구했다. 각 연령 아동 1인당 보육비=[(총운영비−담임교사인건비총액+가상임대료)/총아동수]+[담임교사월급평균×해당연령교사수/해당연령반아동수]. 2010년 9월 총보육비는 약 4,472만 원이고, 이 어린이집 교사들은 평균 7호봉인데 7호봉 교사의 총급여는 기본급 1,698,010원, 처우개선비 145,000원, 초과근무수당 20,000원, 자기계발비 20,000원, 시간외근무수당 30,000원을 합하여 총 1,913,010원이다. 여기에 고용주가 부담하는 사회보험기여금과 퇴직정립금 등을 합하면 교사 평균 인건비는 더 늘어날 것이다. 이런 비용을 월 30만 원으로 가정하면 7호봉 교사 평균 인건비를 230만 원으로 어림해도 큰 무리는 없을 것이다. 이 어린이집은 구가 소유하고 있고, 수리도 구가 해주므로 실제로 임대료는 없다. 그러나 민간 어린이집이라면 이것이 비용으로 지출되므로 이를 무시할 수는 없을 것이다. 113명의 어린이를 보육하는 공간의 임대료는 적어도 월 1,500만 원은 될 것이다. 1세 반은 아동 15명에 교사 3명, 2세 반은 22명에 교사 3명, 3세 반은 30명에 교사 2명, 4세 반은 23명에 교사 1명, 5세 반은 20명에 교사 1명, 장애아동 통합반은 3명에 교사 1명이다. 이를 바탕으로 1세 반의 보육료를 예시하면 다음과 같다. 1세 아동 1인당 보육료=[(4,472−2,530+1,500)/113]+[230×3/15]=약 76만 원.

〈표 4-10〉 아동 1명 연령별 보육비 부모 부담률 비교

(단위: %)

아동 연령	한국 국공립시설		한국 미지원시설		스웨덴	
	최저	최고	최저	최고	최저	최고
1	0	0	0	0	12.5	16.1
2	0	0	0	0	12.5	16.1
3	0	43.8	0	100.0	14.4	18.9
4	0	43.2	0	100.0	14.4	18.9

부지원 민간시설의 운영비 지원은 국공립시설보다 작다. 인건비 지원액이 적고 공간 지원도 거의 해주지 않기 때문이다. 따라서 보육비가 국공립의 경우보다 적어서 부모 부담률은 높다. 비율을 계산할 때 분자인 부모 부담액은 불변이나, 분모인 보육비 총액이 줄어들기 때문이다. 그러나 정부지원시설이 아닌 곳의 부담률은 크게 증가할 수밖에 없다. 미지원시설의 수입으로는 정부와 부모로부터 받는 보육료[38], 2세 이하 아동 수를 기준으로 시설에 정부가 지원해주는 기본보육료[39], 2세 이하 영아반을 기준으로 지원해주는 운영비[40]가 있다. 이를 근거로 2010년 서울시 연령별 아동 1인당 보육비를 추정하면 1세 527,000원, 2세 407,000원이다.[41] 3세와 4세에 대한 지원은 전혀 없으므로 3세 보육비는 서울시가 정한 보육료인 243,000원, 4세는 238,000원이다. 이 금액은 중앙정부가 정한 기준단가보다 많은데, 하위 소득층은 서울시가 차액을 지원해준 반면 고

---

38 서울시의 경우 보육료는 0세 383,000원, 1세 337,000원, 2세 278,000원, 3세 243,000원, 4세 238,000원이다. 미지원시설에 아동을 맡기는 상위 소득자들은 정부지원단가 이외에 3세는 52,000원, 4세는 66,000원을 추가 부담한다(서울특별시, 2010).

39 기본보육료는 0세 아동 1명당 35만 원, 1세 169,000원, 2세 112,000원이다(서울특별시, 2010).

40 반별로 지원해주는 운영비는 0세 반당 20만 원, 1~2세 반당 15만 원이다(서울특별시, 2010).

41 1세와 2세의 보육비는 '보육료+기본보육료+(반당운영비지원액/반당최대정원)'이다. 정부가 정한 반당최대정원은 1세는 7명, 2세는 9명이다. 따라서 1세 아동 1명의 보육료는 337,000+169,000+(150,000/7)=527,000원이다. 3세 이상은 보육료가 시설 수입의 전부이므로 보육료가 곧 보육비라고 보아야 할 것이다.

소득층은 다 부담해야 한다. 이를 근거로 계산한 2012년 부모 보육비 부담률의 경우 1~2세는 최저, 최고 모두 0%이고, 3~4세는 최저 0%, 최고 100%이다(〈표 4-10〉 참조). 여기에 추가로 부모가 부담하는 비용까지 고려하면 그 비율은 증가할 것이다.

이러한 아동 연령별 부담률을 스웨덴의 경우와 비교해보면, 국공립시설의 최저부담률은 0%로서 스웨덴의 최저부담률보다 낮은 반면, 최고부담률은 44% 정도로서 스웨덴의 최고부담률 16~19%보다 높다. 전반적으로 비교해보면 외형상으로는 한국의 부담률도 높지 않은 편이다. 그러나 여기서도 한국 부모의 추가 부담과 스웨덴 부모의 아동수당까지 고려하면 양국의 부모 부담률 차이는 더 커질 것이다. 또한 민간보육시설까지 고려하면 한국의 부모 부담률은 더 증가한다. 물론 최저부담률은 변화가 없지만, 최고부담률은 100%까지 증가한다. 따라서 한국의 아동 연령별 보육비 부모 부담률은 스웨덴에 비해서 매우 높다고 할 수 있다.

〈표 4-11〉 아동 수별 보육비 부모 부담률 비교

(단위: %)

아동 수	한국 국공립시설		한국 미지원시설		스웨덴	
	최저	최고	최저	최고	최저	최고
1	0	0	0	0	12.5	16.1
2	0	0	0	0	10.4	13.4
3	0	10.8	0	20.5	8.6	11.3
4	0	16.8	0	33.8	6.7	8.7

그러면 아동 수에 따른 부모 부담률도 살펴보자. 여기서도 2명 이상 아동이 연년생이고 1세부터 차례로 있다고 가정하자. 이 경우 4명이라면 1세부터 4세까지 있을 것이다. 앞에서 살펴본 국공립 및 정부미지원시설 아동의 연령별 보육비와 부모 부담액을 기초로 아동 수와 시설 종류에 따른 부모 부담률을 살펴보면 〈표 4-11〉과 같다. 아동 수를 고려한 한국의

부모 부담률은 0%에서 33.8% 사이이다. 이 비율도 최저는 스웨덴보다 낮지만, 최고는 매우 높다. 물론 부모의 추가 부담액과 아동수당까지 고려하면 아동 수로 살펴본 부모 부담률도 대체로 스웨덴에 비해 상당히 높다고 할 수 있다.

3) 보육시간

이제까지 우리는 보육비를 중심으로 국가의 직접보육 수준을 살펴보았다. 그런데 보육비는 보육시간과 비례하는 경향이 있을 수밖에 없으므로 보육시간도 살펴보아야 할 것이다. 한국 종일반 아동의 보육시간은 주당 68시간이다. 월요일부터 금요일까지는 오전 7시 30분부터 오후 7시 30분까지이고, 토요일은 오전 7시 30분부터 오후 3시 30분까지이다. 그런가 하면 시설에 따라서는 아동을 차로 실어오고 데려다주는 경우도 있어 이 시간을 하루에 1시간으로 가상하면 총 보육시간은 최대 74시간이라고 볼 수 있다. 이 보육시간을 스웨덴과 비교해보자. 스웨덴의 종일반 주당 보육시간은 주당 40시간이다.[42] 스웨덴에서는 부모가 등하원(登下園)을 시키므로 노란 어린이집 차를 볼 수 없다. 한국의 보육시간은 스웨덴의 1.7~1.85배이다. 특히 0세의 대리보육시간은 스웨덴이 0시간인 데 반해, 심지어 24시간 보육까지 권장하고 있다.

보육시간이 길다는 것을 부담보육비와 연관시켜보자. 한국의 시간당 부모 부담액은 0~675원[43]이고, 스웨덴은 7.33크로나(1,246원)[44]이다. 따

---

42 월요일부터 금요일까지 하루에 8시간을 맡기는 것이 원칙이다. 물론 데려오고 데려가는 시간에 30분 여유를 주므로 9시간까지 맡긴다고도 볼 수 있다.

43 2012년 공식적인 최고부담액인 3세 아동 정부지원단가(197,000원)를 월 보육시간(등하원시간 제외)인 292시간으로 나눈 것이다.

44 아동 1인당 보육료 1,260크로나를 월 보육시간 172시간으로 나눈 것이다.

라서 부모 부담은 한국이 낮다고 할 수 있다. 그러나 스웨덴의 아동수당과 한국 부모의 추가 부담까지 감안한다면, 한국의 평균 보육 부모 부담액은 스웨덴의 경우와 비슷할 것이다. 그런데 한국 부모들의 실질적인 월 부담액이 스웨덴에 비해 높은 것을 감안하면, 결국 한국의 부모들은 적은 금액을 부담하면서 아동을 짧게 맡기는 스웨덴의 부모들과는 달리 많은 금액을 부담하면서 오래 맡긴다고 볼 수 있다.

왜 이렇게 보육시간이 길까? 한국에서는 부모들의 실질적인 노동시간이 길다. 그래서 맞벌이 부모인 경우 보육시간이 길지 않으면 보육을 맡길 수 없을 것이다. 심지어 휴일이나 밤에 근무하는 맞벌이 부모도 많기 때문에 정부에서 24시간 보육과 휴일 보육을 권장하고 있다는 것을 봐도, 보육시간의 길이는 한국의 일반적 노동 조건을 반영한 것이라고 볼 수 있다.

그렇다면 이런 장시간 보육의 문제는 없는 것인가? 아동을 부모와 주변이 함께 보살피는 것은 자연의 길을 따르는 것이다. 그러나 이 말에는 보육의 주체는 부모이고, 주변 사람들은 보조이며, 부모의 보살핌이 필수적일 때에는 부모가 보육해야 한다는 전제가 깔려 있다. 부모가 중심이 되어 자식을 돌보는 것은 천명(天命)이다. 그러므로 국가의 대리보육은 차선이고, 부모의 보육을 보조해주는 것이다. 그러나 한국에서는 대리보육을 늘리는 것만을 정책의 방향으로 삼고 있다. 부모의 손길이 가장 필요한 젖먹이 아이를 시설에서, 심지어 야간에도 보육하는 것을 지원하고 있다. 그런가 하면 시설에서 생활하는 시간이 최대 주당 74시간이다. 반면 스웨덴은 최대 40시간이다. 부모와 자식의 결별이 너무 심하지 않은가? 긴 시간 보육을 '서비스'로 받으니까 좋은 것인가? 항생제가 공짜라고 많이 먹을수록 좋은 것인가? 이것은 장시간 노동하는 부모들에 대한, 그리고 아이 보육으로부터 '해방'을 원하는 철없는 부모들[45]에 대한 '현실적'

---

45 나는 한 보육교사로부터 일을 하지 않는 여자들이 저녁에 모여 놀면서 아이들을 더 늦게 데려간

필요와 욕구를 충족시켜주는 것이겠지만 순리라고 말할 수는 없다. 아동 사육의 위험이 큰 과잉 대리보육은 사회적 낭비만이 아니라 재앙의 원인일 수 있다. 그리고 보육자의 삶은 고려하지 않아도 되는 것일까?

4) 보육의 질

보육의 질은 총 보육비에 의해서 영향을 받을 가능성이 크다. 이미 한국의 공식적 보육비는 이미 추정해보았고, 스웨덴의 보육비는 아동 연령별로 투명하게 산정되어 있다(〈표 4-12〉 참조). 한국의 공식적 보육비는 스웨덴의 20~60%에 지나지 않는다. 부모들의 추가 비용까지 합친다 하더라도 한국의 보육비는 많이 낮다. 이것이 보육의 질을 떨어뜨릴 가능성이 매우 크다. 예컨대 이것은 아이들의 급식 질도 낮춘다. 이에 대해 한국의 어린이집 원장은 다음과 같이 증언한다.

"정부가 정한 비용에 따르면 하루 급·간식비가 1,745원 정도에 불과하다. 이걸 가지고 어떻게 유기농 쌀이며 채소를 사다 먹일 수 있겠나. 보건복지부 담당자에게 급·간식비를 올려달라고 했더니 '능력껏 하라'고 해서 황당했다."[46]

낮은 보육비는 보육의 질에 가장 큰 영향을 미치는 보육교사의 노동 조건을 악화시킬 수 있다. 보육교사의 노동 조건을 먼저 보육교사 1인이 돌보는 아동의 수로 살펴보자. 한국에서는 보육교사 1인이 돌볼 수 있는 연

다는 이야기를 실감 나게 들었다.

[46] 「시사in Live」, 2010년 10월 11일, http://www.sisainlive.com/news/articleView. html·idxno=8462

〈표 4-12〉 한국과 스웨덴의 아동 연령별 총 보육비

(단위: 크로나 / 원)

아동 연령	한국		스웨덴	
	국공립시설	미지원시설	어린이집	놀이방
1	760,000	527,000	10,114 (1,719,380)	7,840 (1,332,800)
2	610,000	417,000	10,114 (1,719,380)	7,840 (1,332,800)
3	450,000	243,000	8,748 (1,487,160)	6,640 (1,128,800)
4	410,000	238,000	8,748 (1,487,160)	6,640 (1,128,800)

〈표 4-13〉 교사 1인당 보육 아동 수 비교

아동 연령	한국		스웨덴 사례[47]	
	허용 최대 인원[48]	구립 어린이집 사례	어린이집	놀이방
1	5-7	5	4.5	
2	7-9	7.3	4.5	
3	15-18	15	6	9
4	20-23	23	6	9

령별 아동의 최대 수를 정부가 제한하고 있다. 그런데 보육비가 적기 때문에 특히 민간시설에서는 이 최대 수를 채울 수밖에 없다. 따라서 이 최대 수가 보육교사 1인의 통상적인 담당 아동 수라고 할 수 있다. 비교적 보육 여건이 좋은 구립 어린이집의 경우를 보아도 교사당 아동 수가 대부분 허용 최대 인원에 가깝다. 〈표 4-13〉에서 보는 바와 같이 한국 교사당 아동 수가 1세는 스웨덴에 비해 약간 많은 편이지만, 2세 이상은 1.6~3.8배나 된다. 이는 한국 보육교사들의 노동 강도가 세다는 것을 의

---

47 박승희 · 채구묵 외, 2007: 82~86 참조.

48 2010년 정부가 인정하는 교사당 아동 수는 1세는 5명, 2세는 7명, 3세는 15명, 4세는 20명이다. 그러나 유동인구가 많은 경우에는 이 인원보다 2~3명을 더 받을 수 있다(보건복지부, 2010나: 67).

미한다.

보육교사들의 노동시간은 어떠한가? 한국 아동들의 보육시간이 긴 만큼 노동시간도 길 수밖에 없다. 아동들의 보육시간이 주당 68~74시간 정도이므로 보육교사들의 노동시간도 이와 같다고 볼 수 있다. 물론 이보다 적을 수도 있다. 그러나 줄어들수록 노동의 강도가 더 세질 수밖에 없다. 동료 교사가 일찍 퇴근하면 남은 교사들은 더 많은 아이들을 돌봐야하기 때문이다. 한 보육교사는 정규 보육시간이 끝난 다음에 돌아가며 남은 아이들을 돌보는데, 그때가 매우 힘들다고 증언한다.

그런가 하면 보육교사들의 급여는 열악한 편이다. 2010년 최고호봉의 보육교사는 월 2,795,480원까지 받을 수 있다. 그러나 이것은 국공립시설에서나 가능하다. 서울시가 인건비의 80%를 지원해주는 '서울형 어린이집'에서도 서울시 지원 기준이 최저호봉 급여이므로 교사들은 월 1,357,730원을 받는다. 물론 이 급여 외에 처우개선비 등이 지급되지만, 세금 등을 내고 나면 실질 수령액은 이 금액을 넘지 않을 것이다. 그래도 이런 교사들은 미지원시설 교사들의 급여에 비하면 높은 편이다. 미지원 시설에서는 급여의 실수령액이 80만 원 정도라고 한다.[49] 이 돈으로 생활이 될까? 최고호봉의 급여를 받는 국공립 보육교사라도 생활이 빠듯할 것이다. 월 280여만 원으로 내 집 마련, 아동 보육과 교육 등의 비용을 감당하고, 아프거나 늙었을 때도 준비해야 한다. 생활이 넉넉할 수 없을 것이다. 최고호봉을 받는 교사도 이러할진대 80만 원에서 130여만 원을 받는 수많은 보육교사들의 생활은 말해 무엇하겠는가? 스웨덴의 보육교사들은 한국 최고호봉 수준의 급여를 받고 여유 있게 생활한다. 이 돈으로 보육비와 교육비를 지출하고 노후나 질병 상황을 준비할 필요가 없기 때문이다.

---

49 노화자 보육교사의 가르침.

한국의 보육교사들은 장시간 고강도 노동을 하면서도 낮은 급여를 받는다. 특히 민간시설의 보육교사들은 아침 일찍부터 차로 아이들을 데려오고, 여러 아이들을 늦게까지 돌보고, 또 데려다주기까지 하면서도 저임금을 받는다. 생활이 안정될 리 없다. 삶이 불안한 교사들이 아동을 정성으로 돌보겠다는 마음을 갖기가 쉽겠는가? 그런 마음을 가졌더라도 하나밖에 없는 몸이 고단하기까지 한데 그 많은 아이들을 잘 돌볼 수 있겠는가? 이런 상황에서는 양질의 아동 보육을 기대할 수 없을 것이다.

한편 한국에서는 공영보다 사영이 훨씬 많다. 공영과 사영이 반반이면서 상호 경쟁하는 스웨덴의 상황과는 많이 다르다. 따라서 보육의 질이 보육시설의 이윤 추구 논리를 따라 악화될 가능성이 적지 않다.

4. 보육보장의 방법과 전달체계

한국에서는 대리보육에 필요한 모든 재원을 일반 조세로 거두어들인다. 이점에서는 스웨덴과 다를 바 없다. 그러나 분배 방식은 매우 복잡하다. 아동의 부모를 지원하는 것은 사회보공과 공공부조의 원리를 따르고 있다. 사회보공 원리를 따르는 3~4세 아동의 보육비와 아이 돌보미 인건비 지원을 위해서는 소득 조사를 해야 한다. 이와는 별도로 시설을 선별하여 운영비를 지급한다. 그러므로 단순하게 아동을 기준으로 보육비를 지급하는 스웨덴에 비해서 분배 행정비용이 많이 들어간다고 볼 수 있다.

전달체계를 살펴보자. 부모 보육비 지원은 중앙정부와 지방자치단체가 협동하여 담당한다. 지급 자격 여부 등은 지방자치단체에서 맡고, 지급은 중앙정부에서 맡는다. 시설 지원비는 지방자치단체에서 책임진다. 뿐만 아니라 아이 돌보미 인건비 지원은 여성가족부에서, 유치원 지원비는 교육부에서 관장한다. 한국은 보육비 지원의 기관도, 방식도 다원화되어 있다. 만약 보육비 지급과 방식을 일원화한다면 보육비 배분의 행정비용은 현저히 줄어들 것이다. 이를테면 스웨덴처럼 현재 기초지방자치단체가 모든 보육비를 아동 중심으로 산정하여 지급한다면 지금보다 비용이 훨씬 적게 들 것이다.

이제 보육비용의 지불과 수납 과정을 살펴보자. 부모 지원금은 부모가 '아이 사랑 카드'로 시설에서 결제하게 하여 자동 지급되므로 비리가 없다고 알려져 있다. 이것은 이전에 시설이 지자체 담당자에게 보고한 아동 수에 근거하여 지원금이 지급되던 기존 방식과 비교하면 많이 개선된 것이다. 왜냐하면 시설이 아동 수를 속일 수 있는 가능성이 수납과 지급이 전산화됨에 따라 감소했기 때문이다. 이 제도에서는 예전에 비해 부모와 시설과 국가에는 정보가 공개된 것과 같다. 그러나 완전하게 개선된 것일까? 이에 답하기 위해서는 스웨덴의 제도와 비교해보자. 스웨덴에서는 시설과 계약하는 주체가 기초자치단체이므로 부모가 자부담금을 지자체 담당부서에 납부하면 그 부서에서는 이 금액에 정부 보육지원비를 합하여 시설에 지급한다. 여기서는 부모, 담당자, 시설 모두에게 자금의 흐름이 자연스럽게 개방된다. 그러나 한국에서는 부모가 시설과 계약을 맺는 주체로서 자부담을 시설에서 직접 결제하므로 일선 국가기관의 담당자가 자금 흐름의 정보를 자연스럽게 숙지하기가 쉽지 않다(〈표 4-14〉 참조). 따라서 예컨대 부모와 시설이 '짜면' 담당자를 속일 수 있는 가능성이 미약하지만 여전히 남아 있다.

이처럼 일선 국가기관 담당자가 상대적으로 배제되는 보육비 부모 지원 절차와는 달리, 보육비의 시설 지원 과정에서는 부모가 철저하게 배제된다. 지방자치단체 담당자가 시설에만 지급하므로 부모들은 얼마나 지원받는지 알 수 없다. 여기서 공무원과 시설의 결탁 비리가 발생할 틈이 생긴다. 이런 지원 방식에서는 담당공무원의 자의적인 판단력이 중요하므로 공무원은 권력자가 된다. 그런가 하면 시설장이 공무원을 속이는

〈표 4-14〉 보육비 지급 방식별 정보 공개 정도 비교

구분	계약자	자부담 수납	지급 기준	보육료 결제자	정보 투명성 정도			
					부모	시설	지자체	중앙
스웨덴	지자체	지자체	아동 연령	지자체	강	강	강	약
과거 부모 지원	개인	시설	아동 연령	지자체	강	강	약	약
현재 부모 지원	개인	시설	아동 연령	개인	강	강	약	약
시설 지원	지자체	–	시설 지원	지자체	약	강	강	약

일까지 발생할 수 있다. 2012년 5월 서울 양천경찰서는 어린이집 교사와 어린이를 허위로 등록해서 국가보조금을 부당 수령한 서울·경기 지역 어린이집 181곳을 적발했다.[50] 이런 비리가 없다고 하더라도 이것은 자원 배분 과정의 낭비 요인이 된다. 예컨대 어린이집의 수리비가 고르게 지급되지 않을 때 자원이 낭비될 수 있다. 만약 스웨덴처럼 아동당 실질 보육비를 산정하여 아동의 수에 따라 지급하되, 돈 흐름과 보육 요구의 흐름이 부모, 지방정부 담당자, 시설의 순서를 따라서 이루어지면 보육비의 사용이 투명하게 공개되므로 결탁 비리나 담당공무원의 판단 오류가 현격하게 감소할 것이다(〈표 4-14〉 참조).

이제 한국의 보육비 지원제도가 보육 관리의 측면에서는 어떤 장단점이 있는지 살펴보자. 보육을 관리하는 일선 행정기관의 중요한 과제는 보육 대상자의 수와 소요 파악, 대상 부모에게 시설에 대한 정보 제공, 시설의 보육에 대한 관리 감독 등이다. 자본주의 사회에서는 현금을 지급하여 국가의 정책을 실현하므로 이런 과제들은 돈의 흐름과 관련될 수밖에 없다. 한국에서는 부모에게 지급되는 보육지원비 및 부모의 보육비 납부 과정에서 일선 행정기관이 배제되어 있기 때문에 별도의 노력을 하지 않는 한 행정기관은 보육 대상자의 수와 욕구를 파악하기 어렵고, 시설을 선택

---

50 「Focus」, 2012년 5월 15일, 4면.

하는 아동의 부모에게 시설에 대한 정보를 제공할 수도 없다. 뿐만 아니라 이 과정에서는 시설에 대한 관리도 자연스럽게 이루어지기 어렵다. 그런가 하면 시설에 운영비 등을 지원하는 과정에서 부모가 배제되어 있기 때문에 보육 대상자에 대한 정보를 파악하고, 부모에게 시설에 대한 정보를 제공하는 것이 원천적으로 불가능하다. 물론 시설에 돈을 지급하는 과정에서 보육 과정을 점검할 수 있을 것이다. 그러나 보육권우의 최종 소비자인 부모나 아동의 현실 욕구를 행정기관이 파악할 수 없기 때문에 보육시설에 대한 관리는 추상적이거나 형식적인 기준에 따라 이루어질 수밖에 없다.

이런 보육비의 집행 절차는 보육행정에 대한 책임기관이 어디인지 알수 없게 만든다. 책임기관이 없거나 지방에서 중앙까지 여러 부서에서 나누어 담당한다. 이를테면 보육비 지원 대상자를 선정하는 곳은 일선 행정기관이고, 돈을 지급하는 일을 책임지는 곳은 중앙부처이며, 시설 지원비를 지급하고 관리하는 곳은 기초자치단체의 또 다른 관련 부서이다. 한국에서는 국가의 직접보육 책임기관이 어디인지가 아리송하다. 뿐만 아니라 부모에게는 보육을 관리하는 담당공무원이 저 높은 곳에 있거나, 가까이 있더라도 낯이 설다. 그래서 가물거리고 또 가물거린다(玄之又玄, 『노자』: 1장). 보육 관리의 업무를 맡아야 하는 사람이 없는 것도 아니고 있는 것도 아니다. 이런 상태에서 보육 관리가 잘될 리 없다. 예컨대 적지 않은 어린이집들이 특별활동업체나 우유배달업체로터 뒷돈을 받고 부모들의 돈을 가로채는 현실도 경찰이 나서야 겨우 밝혀졌다.[51]

이 말을 쉽게 이해하기 위해서 다시 스웨덴으로 떠나보기로 하자. 스웨덴에서 부모가 아동의 보육을 신청하는 곳은 어린이집이 아니라 아동보육을 지원하는 기초자치단체 부서이다. 그리고 보육비 자부담금을 납

---

51 「Focus」, 2012년 5월 15일, 4면.

부하는 곳도 기초자치단체이다. 여기서 담당공무원과 아동의 부모가 접촉을 하면서 아동 보육에 관한 전반적인 정보를 주고받는다. 정부기관은 아동에 대한 정보를, 아동의 부모는 시설에 대한 정보를 얻는다. 부모의 아동 보육 신청과 보육비를 받은 담당부서는 부모의 희망과 시설 사정 등을 고려하여 아동을 시설에 배당해주고, 아동에 대한 모든 보육비를 매월 지급하면서 보육 과정을 점검한다. 이 과정에서 행정기관은 보육 대상자의 수와 욕구 파악, 대상 부모에게 시설에 대한 정보 제공, 시설의 보육에 대한 관리 감독 등을 자연스럽게 수행할 수 있다. 일선 행정기관의 담당자 및 부모와 시설 종사자들이 구체적인 현실을 놓고 투명하게 만난다. 이곳에는 가물거림이 없다.

반면 한국에서는 개인에게 보육비를 받을 자격만 인정해주고, 그 비용을 사용하여 보육을 받는 과정에 대해서는 전혀 책임지지 않는다. 여기서 보육시설과 맺는 계약의 주체는 개인이지 국가가 아니다. 그러므로 한국에서는 보육에 관한 문제가 있을 경우, 마땅하게 호소할 곳이 없다. 이것은 국가가 계약자이므로 보육의 과정을 담당자가 책임지는 스웨덴의 경우와 많이 다르다.

5. 보육보장제도의 공동체 친화성

이제까지 살펴본 것처럼 한국에서는 젊은 사람들이 부담 없이 일을 그만두고 아이를 돌볼 수도 없으며, 마음 놓고 아이를 맡기고 일을 하기도 쉽지 않다. 우리는 주변에서 아이를 낳으면 아이 부양을 둘러싸고 부부, 세대, 양가(시가와 친정) 사이의 갈등이 발생하는 것을 자주 본다. 직접보육과 대리보육에 대한 사회적 지원이 가족 공동체의 갈등을 막기에도 부족하다고 볼 수 있다.

남녀의 공동 보육, 특히 남성들의 보육 참여를 얼마나 지원하는가? 국가는 '남녀고용평등과 일·가정 양립 지원에 관한 법률'을 제정하여 남성도 육아휴직급여를 받을 수 있다고 천명하고 있다. 그런데 남성의 육아휴직을 유인하지도 않고 강제하지도 않는다. 육아휴직급여가 미미할 뿐만 아니라, 육아휴직을 한다고 보상을 주는 일은 더욱 없다. 오히려 현실은 남성의 보육 참여를 징벌하고 있다. 아동의 수유가 필수적인 엄마도 유아휴직을 하는 데 엄청난 '눈치'를 보아야 하는 현실에서 아빠의 육아휴직은 상상할 수조차 없다. 이것은 육아휴직급여를 남녀가 공히 사용하도록 권장하고 강제하는 스웨덴의 상황과는 너무나 다르다. 480일 육아휴직을 반분하여 사용하면 추가 혜택을 주고, 그 기간을 다 사용하려면 최소한 한쪽이 60일 이상을 사용해야 한다.

그렇다면 한국의 보육 정책은 대가족 친화적인가? 일하는 여성들이 어쩔 수 없이 주변 사람들의 도움을 청해야 하므로 가족 상호작용을 촉진하는 정책을 쓴다고 말할 수도 있을 것이다. 그러나 가족의 현실을 생각해 보자. 가족은 이미 해체의 길을 걸었다. 도와줄 사람이 없다. 있다고 해도 도와주는 사람이 감옥살이를 해야 할 가능성이 매우 높다. 노인들이 혼자서 손자를 돌보는 고통은 이루 말로 표현하기도 어렵다. 그래서 "손자가 오면 좋고, 가면 더 좋다"는 말이 있다. 이미 가족이 축소된 상태에서 가족에게 보육을 전담하게 하는 것은 세대 간 상호작용을 오히려 피하게 만드는 일일 수도 있다. 만약 한국에서도 스웨덴처럼 사회가 일정 정도의 보육을 담당해준다면, 아직 대가족 관습이 잔존해 있으므로 조부모가 보육에 참여하면서 세대 간 화목을 증진할 수 있을 것이다.

한편 한국에서는 이웃의 참여를 고려한 정책은 아직 생각조차 못하고 있다. 이것은 지역 보육만이 아니라 직장 보육도 권장한다는 사실로도 알 수 있다. 한국에서는 무엇보다도 사회 보육을 늘리는 것을 최대 목표로 삼은 나머지, 보육의 공동체 친화성은 고려하지 않고 있기 때문일 것이다. 직장 보육은 아동과 엄마의 물리적 거리를 좁힌다는 장점이 있지만, 가족 안팎 공동체 강화라는 관점에서 보면 문제가 많다. 직장 어린이집에서 아이를 돌보면 엄마만이 아이를 데려가고 데려올 가능성이 크다. 아빠와 조부모가 아동 보육에 참여할 기회는 그만큼 줄어든다. 뿐만 아니라 이웃 간 보육 도움도 불가능할 것이다. 예컨대 지역 어린이집에 아이를 맡길 경우와는 달리 이웃끼리 아이 동행 품앗이가 용이하지 않다. 한편 직장 어린이집은 엄마의 노동시장 및 직장 예속성을 키워서 지역 공동체로부터 아이와 엄마를 분리시키는 경향이 있다. 이것은 주거지역을 중심으로 아동을 보육해주는 스웨덴의 상황과는 큰 대조를 이룬다.

〈표 4-15〉 직장 어린이집과 지역 어린이집 비교

구 분	직장 어린이집	지역 어린이집
엄마의 작업 중 아동과의 거리	가까움	멂
엄마의 노동시장 예속성	강함	약함
주변 사람들의 참여	불가능	가능
이웃 연대 강화 기여도	약함	강함

그러면 한국의 보육 사업은 공동체의 총체성을 잘 배려하고 있는가? 결코 그렇지 않다. 국가의 보육을 증대시키는 것만이 최선이라고 생각한다. 한국에서도 스웨덴처럼 분업의 원리에 매몰되어 어린이를 보살피는 일과 노인을 보살피는 일이 통합적으로 이루어지는 것이 자연의 순리임을 감지조차 하지 못한다. 스웨덴 어디를 가도 그런 것처럼 한국에서도 노인시설과 아동시설이 나란히 있는 곳을 찾아보기 어렵다. 할아버지가 복지관의 취미교실에 가면서 같은 복지관 어린이집에 손녀 손자를 데려다주는 것은 불가능한 일인가?

6. 교육보장

한국에서는 중학교까지 '의무교육'이다. 의무교육이란 부모가 돈을 부담하지 않는다는 뜻이다. 그러나 완전 의무교육은 아니다. 서울의 한 중학교에서는 2011년 한 해 동안 62,000원씩 4회(총 248,000원)를 냈다.

일반고의 연간 등록금은 145만 8천 원이고, 특목고는 480만 원이다. 이외에도 보충수업비와 식비를 부담한다. 서울의 한 특목고 학생은 보충수업비로 월 17만 원, 식비로 월 7만 원을 낸다고 한다. 서울의 한 사립대학은 연간 등록금이 832만 원이고, 다른 사립대학은 문과대학원생의 연간 등록금이 950만 원이다.

이처럼 한국의 '공교육'도 개인이 대부분의 돈을 부담하므로 따지고 보면 '사교육'이다. 그러나 '공교육'으로 치장된 '사교육' 비용을 제외한 명실상부한 '사교육비'가 엄청나게 들어간다는 사실은 누구나 다 아는 일이다. 중고생의 입시 준비 등을 위한 '사교육비'는 말할 것도 없고, 대학생들도 엄청난 사교육비를 쓰지 않으면 안 된다. 요즈음 대학에서는 학교에서 가르치지도 않는 공부로 졸업을 제한하면서 대학생들을 학원으로 내몬다. 예컨대 '국제품'이라는 희한한 명칭으로 '토익'이나 '토플'의 점수를 졸업조건으로 요구한다. 그래서 학생들은 학교에서 가르치는 과목의 성적을 잘 받고도 졸업을 하기 위해 영어 학원을 다녀야 한다.

제5장

장애인 수발보장

"우리는 누구나 여러 상황에서 장애를 가진 사람과 만나게 된다. 그 사람이 학생일 수도, 고객일 수도, 구직자일 수도 있다. 개개인이 다 가치 있는 존재라는 사실을 염두에 두고 장애인을 존경하는 마음으로 대할 수 있으려면, 모든 분야에서 일하는 사람들이 이에 관한 기본 교육을 받아야 한다. 소통을 더욱 꼬이게 하는 장벽과 갈등을 없애기 위해서는 역지사지하는 자세를 가져야 한다."

– The City of Stockholm, 2007

장애인 수발보장의 점검 기준

장애인은 다양한 사람들의 일부로서, 비장애인처럼 특수하다. 그러나 보편적이다. 사람들은 다 반드시 죽는 것처럼, 언젠가 길든 짧든 장애를 가질 수밖에 없기 때문이다. 장애인이 존경받을 가치가 있는 다양한 사람들의 일부일 뿐만 아니라, 모든 인간이 언젠가 될 수밖에 없는 존재이므로 장애인의 인간다운 삶의 보장은 우리 모두를 위한 것이다.

여기서는 장애인에게 필요한 수발을 어떻게 보장할 것인가를 다루고자 한다. 장애인 수발보장을 점검하기 위해서는 먼저 각 사회에서 장애인 수발보장의 위상(位相)을 어디에 두고 있는지 살펴볼 필요가 있다. 장애인 사회복지제도가 아직 정착되지 않은 한국과 같은 사회에서는 장애인의 수발이라는 개념 자체가 불분명할 수 있기 때문이다. 이런 경우 수발은 소득보장 및 의료와 혼돈되어 '보호'로 이해될 수 있다. 이어서 생존권의 사회보장이라는 목적에 충실한 정도, 그 수단의 적합한 정도, 공동체 친화성을 논의하는 것이 바람직할 것이다.

먼저 장애인 수발보장제도가 사회보장의 일부인 현물보장의 목적에 충실한가를 살펴볼 것이다. 이를 위해서 수발보장의 포괄성, 보장해주는 수발의 양과 질을 논의해야 할 것이다. 수발보장의 포괄성은 얼마나 많은 장애인을 대상자로 삼고 있는가(대상자 포괄성)와 어떤 수발 소요들을 보장해주는가(수발 내용의 포괄성)로 나누어볼 수 있다. 수발보장의 양은 국가가 제공하는 수발시간으로 가늠해볼 수 있는데, 이것은 전체 수발시간에서 장애인이 스스로 비용을 부담하는 시간을 뺀 것이다. 수발의 질은 수발에 투여된 비용과 노동력을 통해 간접적으로 알아볼 것이다.

장애인 수발보장의 방법에 대해서는 전달체계와 수발비용의 산정 방식, 비용의 지불 및 장애인 자부담비 수납 방식을 중심으로 살펴보아야 할 것이다. 전달체계는 국가가 전달 과정에서 하는 역할들과 국가 기구 내의 역할 분담이 어떻게 행정비용의 효율성과 장애인 복지에 기여하는가와, 그리고 수발비용의 지불과 수납 방식은 장애인의 소요 충족과 시설 관리 등의 문제와 관련시켜 다룰 것이다.

장애인 수발제도의 공동체 친화성은 장애인을 가족과 지역 공동체에서 분리시키지 않으려는 노력을 확인하는 것을 중심으로 다루고자 한다.

스웨덴의 장애인 수발보장[1]

1. 장애인 소득 및 의료보장

장애인의 수발보장도 장애인 복지의 전체적 관점에서 이해하지 않으면 안 된다. 장애인의 인간다운 삶을 보장하기 위해 사회는 모든 영역에서 노력하지 않으면 안 되기 때문이다. 예컨대 다음과 같은 세심한 곳까지 국가가 신경을 써야 할 것이다.

"우리는 누구나 여러 상황에서 장애를 가진 사람과 만나게 된다. 그 사람이 학생일 수도, 고객일 수도, 구직자일 수도 있다. 개개인이 다 가치 있는 존재라는 사실을 염두에 두고 장애인을 존중하는 마음으로 대할 수 있으려면, 모든 분야에서 일하는 사람들이 이에 관한 기본 교육을 받아야 한다. 소통을 더욱 꼬이게 하는 장벽과 갈등을 없애기 위해서는 역지사지하는 자세를 가져야 한다."(The City of Stockholm, 2007)

---

[1] 이하에서 다루는 스웨덴 장애인 수발보장에 관한 많은 정보는 2007년 스웨덴 현장 조사 등으로 얻은 것이다. 자세한 것은 박승희·채구묵 외(2007)를 참조하기 바란다.

따라서 수발보장을 다룰 때도 이런 다양한 측면들을 고려하는 것이 좋을 것이다. 그러나 다 언급할 수 없기 때문에 스웨덴의 장애인 수발보장을 살펴보기 위한 예비 작업으로 장애인 사회보장에서 가장 중요한 소득보장과 의료보장만을 간추려 소개하고자 한다.

1) 소득보장

장애인의 소득보장은 소득보장청에서 사회보공의 원리에 따라 책임지는 것이 원칙이다. 재원은 국세청에서 자본가(사용자)로부터 징수한 사회보장기여금과 일반 조세로 충당한다. 소득보장청에서는 장애인 개인들의 소요를 고려하여 급여와 수당을 지급한다.

급여는 장애 정도와 연령 등을 고려하여 지급하는 보편적·평균적 생활비이고, 수당은 장애 특성 등에 따라서 지급하는 특수적·추가적 비용이다. 급여가 장애인의 보편적 소요를 충족시키기 위한 것이라면, 수당은 장애인의 특수한 소요를 배려한 것이다.

급여는 주로 연령에 따라 명칭이 달라진다. 장애인이 18세 이하일 때는 부모에게 장애아동의 보호수당을 지급한다. 이것은 부모가 장애아동을 보살피는 노력과 비용에 대한 보상이다. 장애아동을 부양하느라 감소된 소득을 보전해주는 것이기 때문에 수당이지만, 장애아동의 입장에서 보면 생활비에 해당하는 것이므로 급여라고도 해석할 수 있다. 6개월 이상 특별한 관리가 필요한 아동을 보살피는 경우에도 이 수당을 받을 수 있다. 장애아동을 시설에 맡긴 다음에도 처음 6개월 동안, 특별한 사유가 있는 경우에는 6개월을 연장하여 이 수당을 받을 수 있다. 장애아동 보호수당은 장애 정도에 따라 차등 지급한다. 2012년 기준으로 장애 정도가 25%이면 월 2,292크로나(389,640원), 50%이면 4,583크로나(779,110원), 75%이면 6,875크로나(1,168,750원), 100%이면 9,167크로나(1,558,390원)

를 지급한다.[2]

19세 이상이 되면 장애아동은 성인이 되므로 이때부터 장애아동보호수당은 중단되고 '활동보상급여'로 전환되어 29세까지 지급된다. 이 급여도 장애 정도, 곧 노동력의 상실 정도에 따라 차등 지급한다. 노동력을 100% 상실한 사람의 최저보장 월 급여액은 최저 7,700크로나(1,309,000원), 최고 8,617크로나(1,464,890원)이다. 이런 차이는 나이에 따라 차등을 주기 때문이다. 30세가 되면 이 급여의 명칭은 '상병보상급여'로 바뀌며, 최대 보장 급여액은 월 8,800크로나(1,496,000원)이다. 소득 활동을 하다가 장애를 입은 사람은 치료기간에는 병가급여를 받고, 1년 이후에 장애 판정을 받으면 활동보상급여와 상병보상급여를 받는다. 노동력을 모두 상실한 사람의 이 급여 월액은 상한선 범위 안에서는 기존 소득의 64%이다. 이 급여들에서 연금처럼 많지는 않지만 세금을 낸다.[3]

산업재해로 장애인이 된 사람은 손실 소득의 100%를 급여로 받는다. 산재장애인은 기존 소득에 노동력의 상실률을 곱한 만큼의 산재급여를 받을 것이다.

장애인이 65세가 되면 상병보상급여는 종결되고 연금을 받는다. 연금은 세금을 낸 정도에 따라 소득연계연금이나 최저보장연금을 받는다.

지금까지 보편적이고 평균적인 소요에 대응한 급여를 살펴보았다. 이제부터는 장애인의 특수한 소요를 배려한 수당들에 대해서 알아보기로 하자. 장애인이 18세 이하인 경우에는 부모에게 장애의 특성에 따라서 장애아동의 수발에 필요한 물품구입수당을 지급하는데, 금액은 최저 월 660크로나(112,200원)에서 최고 2,530크로나(430,100원)이다.[4] 장애인이 19세 이상이 되면 장애수당을 지급하는데, 금액은 월 1,320크로나

---

2 스웨덴 소득보장청 전자방, 2012, www.fk.se
3 스웨덴 소득보장청 전자방, 2012, www.fk.se
4 이는 스웨덴 소득보장청 전자방(www.fk.se)의 2011년 자료에서 2012년 금액을 추정한 값이다.

(224,400원)에서 2,530크로나(430,100원)이다.[5] 이외에도 대소변, 옷 입고 벗기, 식사 등의 기본 소요를 충족하는 데 주당 20시간 이상의 수발이 필요한 65세 미만의 장애인으로서 시설에서 생활하지 않는 이에게는 장애인 수발수당(attendance allowance)을 소득보장청에서 지급한다. 개인의 사정을 고려하여 시간당 252크로나(42,840원)에서 282크로나(47,940원)까지 지급하는데, 20시간이 넘는 것에 대해서만 지급하고 20시간 이내의 수발 비용은 기초자치단체가 책임을 진다(박승희 · 채구묵 외, 2007: 104). 그리고 장애인의 사정에 따라 차량수당과 주거수당을 지급한다.

〈표 5-1〉 연령별 장애인의 소득보장 종류

나이	기본 생활비(급여)	특수 소요에 대한 추가 수당
0~18세	장애아동보호수당	수발물품지원수당
19~29세	활동보상급여	장애수당
30~64세	상병보상급여	장애수당
65세 이상	연금	장애수당

이처럼 사회보공으로 장애인에 대한 소득보장을 철저히 시행하고 있는 스웨덴에서 장애인은 과연 공공부조의 대상이 될 수 있을까? 물론 장애인을 위한 가족 급여와 수당은 소요 조사를 하여 지급 여부와 정도를 결정하고, 특히 주거수당의 경우 소득까지도 고려하므로 공공부조의 원리를 일부 활용한다고도 볼 수 있다. 그러나 이런 것들은 소득 및 자산 조사를 통해 부족한 생계비를 지급하는 일반적 공공부조와는 다르다고 할 수 있을 것이다. 아무튼 스웨덴에서는 장애인이 한국의 기초생활보장제와 같은 공공부조의 대상이 될 가능성은 매우 적다. 노동을 전혀 할 수 없는 장애인은 보편적인 최저생계비에 해당하는 급여와 특수한 소요를 배려한

---

5 이는 스웨덴 소득보장청 전자방(www.fk.se)의 2010년 자료에서 2012년 금액을 추정한 값이다.

장애수당 등을 받기 때문에 공공부조의 대상자가 될 수 없다. 그러나 노동력의 상실 정도가 100%가 아닌 사람은 공공부조의 대상자가 될 수 있다. 왜냐하면 노동력의 상실 정도만큼 소득보장의 대상이 될 수 있으나, 그 이외에 해당되는 생계비는 노동력을 통해서 벌어야 하는데 실업자로서 소득이 없을 수도 있기 때문이다. 〈표 5-2〉에서 보는 바와 같이 2007년 노동력의 상실 정도가 50% 이하인 장애인 1인이 상병보상급여만으로 생활하기에는 생활비가 부족할 수 있다. 이 경우에는 기초자치단체로부터 부족한 만큼의 공공부조를 받을 수 있다.

〈표 5-2〉 2007년 장애등급별 최저생계비 보충액

(단위: 크로나 / 원)

노동력 상실 정도	상병보상(ㄱ)	최저생계비+주거비(ㄴ)[6]	보충액(ㄴ-ㄱ)
100%	8,060 (1,370,200)	3,420+2,567=5,987 (581,400+436,390 =1,017,790)	-2,073 (-352,410)
75%	6,045 (1,027,650)		-58 (-9,860)
50%	4,030 (685,100)		1,957 (332,690)
25%	2,015 (342,550)		3,972 (675,240)

출처: 박승희·채구묵 외(2007)에서 환율을 2012년으로 적용하여 재구성

2) 의료보장

장애인도 여느 사람들과 같이 2011년의 경우 연간 2,700크로나

---

6 최저생계비는 2007년 스톡홀름 성인 1인 최저생계비이며, 주거비는 2005년 스톡홀름 최소 주택 최저임대료에 의해서 추정한 것이다. 여기서 장애수당은 특수한 소요의 충족을 위해 모두 사용할 수밖에 없는 돈이므로 고려하지 않았다.

(459,000원) 이상의 의료비를 부담하지 않는다.[7] 그 이상의 의료비는 광역
자치단체에서 부담한다. 이 자부담 비용은 소득보장청에서 받은 급여로
지급한다. 이 부담액의 월액은 225크로나(38,250원, 2,700크로나/12)로서
최저활동보상연금 7,700크로나(1,309,000원)에 비하면 많지 않은 금액이
다. 장애인이라고 특별한 대우를 받는 것이 아니다. 이것은 의료비의 자
기 부담 비율이 높을 뿐만 아니라 장애인에게 소득보장을 제대로 해주지
않은 상태에서 너저분한 '장애인 혜택'을 베푸는 한국의 상황과는 전혀 다
르다.

장애인이 병원에 갈 때 타인의 도움이 필요한 경우가 있다. 이 도움은
의료가 아니라 수발에 속하기 때문에 기초지방자치단체에서 책임을 진
다. 그러나 장애인이 입원했을 때, 간병은 의료에 포함되므로 광역자치단
체에서 책임을 진다.

2. 수발보장의 개관

1) 수발보장의 위상

스웨덴에서 수발보장은 모든 사람들의 최저생계를 사회가 보장한다
는 대원칙을 달성하기 위한 수단의 일부이다. 만인의 최저생계를 보장하
기 위한 소요 충족을 위해서는 모든 사람에게 해당되는 일반적 소요와 함
께 개인별 특수한 소요를 동시에 고려하지 않으면 안 된다. 일반적 소요
가 평균적인 것으로서 추상적이라면, 개별적 소요는 구체적이라고 할 수

---

7 김소연 기자, 「한겨레신문」, 2011년 5월 13일, 5면.

있다.[8] 일반적인 소요는 자본주의 사회에서 추상적 가치의 표현인 화폐를 통해 충족시키는 경향이 강하다. 이런 화폐를 통한 소요 충족의 방식이 소득보장이다. 그러나 모든 소득보장이 일반적 소요를 겨냥하는 것은 아니다. 스웨덴에서 각종 급여는 일반적 소요를, 수당은 특수한 소요를 충족시켜주기 위해 제공하는 소득이다. 이와는 달리 현물보장은 개개인의 특수한 소요를 겨냥한 경우가 많다.[9] 특히 의료와 수발이 그렇다.

스웨덴에서는 장애인의 삶을 보장하기 위해서 활동 및 상병보상급여로 평균적인 생계를 보장한 다음, 장애인 특성에 따라 달라지는 소요를 충족하기 위한 추가 비용을 장애수당 등으로 지급한다. 그리고 각 개인의 질병 특성에 적합한 의료와 장애 특성에 합당한 수발을 제공한다. 이런 맥락에서 수발보장은 소득보장이나 의료보장과는 엄격하게 구분된다. 다아는 것처럼 주관하는 부처까지 다르다. 수발보장이 소득보장과 얼마나 엄격하게 구별되어 있는가는 시설에서 생활하는 모든 장애인이 의식주와 관련된 일반적 소요 충족에 관한 비용은 국가가 보장해준 소득으로 자부담하고, 수발비용은 기초자치단체에서 책임진다는 것을 통해서도 잘 이해할 수 있다. 예컨대 밥을 지을 수 없는 장애인은 자신의 음식물 재료비는 국가가 제공한 소득으로 부담하지만, 밥을 짓는 것은 지방자치단체가 책임진다. 공동가정의 장애인 개별 공간 임대료는 상병보상급여 등으로 장애인이, 도우미의 사무실 임대비는 지방자치단체가 지불한다.

수발보장은 의료보장과도 엄격하게 구별된다. 예컨대 재활은 몸의 변화를 추구하는 것으로서 의료에 속하므로 의료보장의 주체인 광역자치단체에서 책임을 진다. 그러나 장애인에게 일을 시키는 것은 비록 재활의

---

8 추상(抽象)과 구체(具體)는 대비되는 개념이다. 구체는 문자 그대로 다 갖추어진 모습이고, 추상은 깎아낸 모습이다. 어떤 불상 조각가는 돌에서 부처를 캐낸다고 표현했다. 돌은 구체이고 불상은 추상이라고 비유할 수 있다. 그런데 실제로 추상은 상상을 통해 깎아낸 것이다. 모든 사람에게 평균적으로 통용되는 소요란 현실에는 없는 상상으로 깎아서 만들어낸 모습이다. 반면 개인들의 특수한 소요는 우리가 현실에서 경험할 수 있는 것으로서 다 갖추어진 것이다.

9 소득보장과 현물보장의 관계는 이미 이 책의 도입부에서 설명했다.

효과가 있다 하더라도, 장애인의 정상적인 삶을 보장하기 위해서 몸 밖의 조건 변화를 추구하는 것이 주목적이므로 수발을 관장하는 지방자치단체가 책임진다. 이에 관한 다른 예를 들어보자. 재가수발을 받은 노인이 줄관(호스)을 통해서 소변을 배출하는 경우, 소변을 비워주는 것은 수발로, 정기적으로 줄관을 바꾸어주는 것은 의료로 처리한다. 수발이 명확하게 독립되어 있는 이런 사회보장 방식은, 수발보장이 소득보장 및 의료보장과 미분되어 있는 한국의 경우와 많이 다르다. 예컨대 장애인 시설에서 생활하는 기초생활보장 대상자의 현금급여를 의식주에 관한 현물급여로 대체하여 지급하는데, 이것은 수발과 소득의 보장이 뒤섞여 있음을 의미한다.

스웨덴에서 수발보장의 독립적 위상을 이처럼 확실하게 세우는 것은 언뜻 보면 매우 비효율적인 것처럼 보인다. 예컨대 쌀값 따로, 밥 지어주는 비용 따로 지급하기보다는, 밥 지어주는 비용을 주면서 쌀값까지 한꺼번에 주는 것이 편리할 수 있기 때문이다. 그러나 모든 사람들의 생존권을 보장한다는 사회보장의 원칙에서 보면, 수발보장과 다른 보장을 구별하는 것이 더 바람직하다. 이렇게 구별해야만 모든 개인들의 특수한 소요까지 고려하여 빠짐없이 필요한 자원과 용역을 제공할 수 있기 때문이다. 누구에게나 필요한 보편적인 소득을 보장해주고 난 다음, 개인의 특수한 의료나 수발 등을 추가적으로 제공하는 것이 각 사람의 총체적 소요를 보다 완전하게 충족시켜줄 수 있다. 만약 이런 구별을 하지 않고 한꺼번에 지원한다면, 장애인 개인별 비용 및 전체 비용을 계산하기가 용이하지 않기 때문에 남는 곳은 남고 부족한 곳은 부족하게 지급되어 오히려 예산의 낭비가 커진다.

2) 수발보장제의 개요

스웨덴에서는 사회보공 방식으로 장애인이 필요한 모든 수발을 제공하는 것이 원칙이다. 수발을 실행하는 기관은 각 기초지방자치단체이다. 기초자치단체는 장애인 개개인에게 필요한 모든 수발을 제공하는 책임을 진다. 여기서 책임을 진다는 것은 단지 비용만 부담한다는 뜻이 아니라, 비용 부담은 물론 전 과정을 주관하기까지 한다는 것이다. 기초지방자치단체의 장애인복지과에서는 중증 장애인이나 주변 사람의 신고를 받거나, 직접 중증 장애인을 발견하면 필요한 수발의 양과 질을 파악한 다음, 수발 계획을 세우고 수발을 제공한다.

수발의 제공 방식은 장애인의 거주처가 공동가정이냐 개인집이냐에 따라서 약간의 차이가 난다. 공동가정에서 생활하는 사람들은 대개 중증 장애인이다. 보통 5명 정도가 함께 생활하는 '공동가정(group home)'은 대부분 국가가 직영한다. 물론 민간이 운영할 수도 있다. 공동가정에서는 장애인의 일과 후 생활에 관련된 수발만 제공한다. 군대생활에 비유하자면 내무생활 수발만 책임진다. 주로 평일 저녁식사부터 아침식사까지, 그리고 휴일 활동에 필요한 모든 수발을 제공한다. 식사, 빨래, 잠자리, 용변, 산책, 장보기 등과 관련된 모든 수발을 공동가정에서 책임진다. 공동가정의 도우미는 장애인들의 상태에 따라 달라지지만, 내가 가본 시설의 경우는 중증 장애 5명을 돕기 위해 6명의 도우미가 정규직으로 근무하고 있었다. 여기서 생활하는 장애인들은 자기 음식물 재료비와 주거비는 자신이 부담한다. 의복비를 비롯한 모든 개인 소모품도 자기 돈으로 구입한다. 의료비도 이 시설에서 책임지지 않는다. 기초지방자치단체는 오직 수발에 필요한 비용만 감당한다. 공동가정의 도우미는 '일과 수발'은 전혀 책임지지 않는다. 기초자치단체 담당자는 장애인의 특성에 맞는 주간 활동을 보장하기 위한 수발을 제공하는 것까지 책임을 진다. 예컨대 장애인 작업장에서 일을 한다면 출퇴근과 작업 과정의 도우미를 고용하여 수발을 제공케 한다. 수발 제공자는 개인일 수도 있고 기관일 수도 있다. 공동 가정 생활자는 수발비를 전혀 부담하지 않는다.

자기 집에서 생활하는 모든 장애인에게는 기초자치단체에서 수발인을 파견하는 것이 일반적이다. 젊은 장애인만이 아니라 노인 장애인은 물론, 일시적으로 수발이 필요한 재가 병자에게도 수발을 파견해준다. 수발 제공자는 기관일 수도 있고 개인일 수도 있으며, 기관은 사립일 수도 있고 공립일 수도 있다. 제공되는 수발은 의식주, 출퇴근, 병원 왕래, 장보기, 산책 등을 포함한 모든 생활과 관련된 도움들이다. 필요수발시간은 기초자치단체에서 조사를 통해 월별로 산정한다. 수발비용은 시간당 300크로나(51,000원)[10]이다. 그런데 월 수발시간에서 5시간 20분에 해당되는 1,600크로나(272,000원)까지는 장애인이 부담하고, 그 이상의 비용은 국가가 부담한다(박승희 · 채구묵 외, 2007: 119). 장애인은 자부담 비용을 기초자치단체에 납부한다. 기초자치단체에서는 이 돈과 국가 부담분을 합하여 수발 제공자에게 지급한다. 수발에 필요한 주택의 개조와 장비도 지방자치단체가 책임을 진다. 재가수발을 받는 사람에게 필요한 의료는 수발과 별개로 광역자치단체에서 제공한다. 병원을 방문하는 것 이외에도 재가 장애인에게는 간호사를 정기적으로 파견한다.

---

10 여기에 수발을 위한 이동시간은 수발시간에 포함되지 않는다.

3. 수발보장의 포괄성과 보장 수준

1) 수발보장의 포괄성

(1) 대상자 포괄성

스웨덴에서 국가는 모든 장애인들이 장애로 인한 어떠한 차별도 받지 않고 일반인과 다르지 않은 보통의 삶을 누리는 것을 보장하고자 한다. 따라서 모든 장애인은 소득보장과 의료보장의 대상이 됨과 동시에 수발 보장의 대상이 된다. 장애인이 부자인가 가난한가, 기여를 했는가 하지 않는가는 전혀 따지지 않는다. 장애인이 생활하는 데 누군가의 도움이나 보조기구가 필요하면 기초자치단체를 찾아가 도움을 요청할 수 있다. 기초자치단체에서는 장애인의 소득이나 기여 여부를 따지지 않고, 사회보공의 원리에 따라 필요하다고 인정되는 모든 권우와 물품을 제공한다. 스웨덴의 이런 수발보장제도에서는 장애인 한 사람, 한 사람이 수발보장의 목표가 되므로 수발이 필요함에도 불구하고 수발을 받을 수 없는 사람은 거의 없다. 일부러, 혹은 몰라서 도움을 요청하지 않은 사람도 있을 수 있을 것이다. 그러나 주변 사람들이 신고해도 지방자치단체에서 적극적으로 나서서 도움을 주려고 하므로 장애인이 수발보장의 대상에서 제외될 가능성은 희박하다. 따라서 스웨덴 수발보장의 대상자 포괄성은 완벽하다고 할 수 있다.

이것은 한국의 장애인 수발 지원 대상의 포괄성이 매우 낮은 것과는 대비된다. 한국에서는 주로 공공부조 방식에 따라 선택된 사람들만 수발을 받을 수 있으므로 수발보장제도의 대상자 포괄성이 낮을 수밖에 없다. 그리고 장애인 개개인을 수발의 표적으로 삼는 것보다는 장애인을 보호하는 시설을 지원의 단위로 삼는 것이 일반적이다. 이것은 장애인이 모여 있는 곳에 수발을 위한 그물을 던지는 것과 같다. 이러한 방식의 경우, 시설의 그물에 들지 않은 사람은 수발의 대상에서 제외될 것이다.

(2) 수발 내용 포괄성

스웨덴에서는 장애인이 필요로 하는 수발들 중에서 어떤 것을 국가가 보장해주는가? 이것은 장애인의 수발 소요를 수발보장제도가 얼마나 포괄하는가의 문제이다.

스웨덴 장애인 복지의 주요 목표는 장애인에게 비장애인처럼 먹고 자고 입고, 출근해서 일하고, 퇴근해서 여가를 보내는 삶을 보장해주는 것이다. 이것을 삶의 '정상화(normalization)'라고 부른다. 이를 위해 소득보장청에서는 모든 장애인에게 생활에 필요한 보편적 최저생계비인 '활동 및 상병보상급여', 장애 특성에 따라 추가되는 생계비인 장애수당 등을 지급하고, 각 개인의 특수 소요 충족을 위한 의료와 수발을 보장해준다. 생계비(소득) 보장이 시장에서 최저생활에 필요한 재화와 용역을 구입하여 충족할 수 있는 조건을 보장하는 것이라면, 의료와 수발(현물) 보장은 장애인의 소요를 국가가 직접적으로 충족시켜주는 것이라고 할 수 있다. 이 수발은 보장된 소득과 의료만으로는 일반인과 유사한 삶을 누릴 수 없는 장애인에게도 그런 삶을 가능하도록 도와주는 것이라고 할 수 있다. 예컨대 의식주에 필요한 재료를 시장에서 구입할 수 있는 돈은 있으나 지적인 장애로 시장을 활용할 수 없는 사람에게는 장을 대신 봐주고, 옷이 있으나 손발이 불편하여 옷을 입고 벗을 수 없는 사람에게는 옷을 입혀주고 벗겨주며, 화장실은 있으나 혼자서는 화장실을 사용할 수 없는 사람에게는 화장실 사용을 도와주는 것 등이다.

그런데 스웨덴의 장애인 복지제도가 장애인의 삶을 정상화시켜주는 것을 목표로 삼는 한, 장애인 삶의 정상화에 필요한 모든 수발을 포괄할 수밖에 없다. 그렇다면 장애인에게 필수적인 수발은 어떤 것이 있을까? 비장애인의 일상적 삶은 주로 집 안에서 이루어지는 휴식·수면 등의 일과 후 생활과, 주로 집 밖에서 이루어지는 노동·교육 등의 일과 생활로 구성된다. 장애인 삶의 '정상화'란 이런 비장애인의 평범한 삶과 유사하게 하는 것이므로 장애인 수발도 일과 후 수발과 일과 수발로 나눌 수 있다.

그렇다면 스웨덴에서는 장애인에게 어떤 일과 후 수발과 일과 수발을 제공하는가? 이를 알아보려면 공동가정에서 생활하는 정신 및 지체 장애인의 일상을 들여다보는 것이 좋다. 이들도 수발을 받아가면서 작업장에서 일을 한다. 여기서 일은 소득과 재활을 위한 것이 아니라 삶의 정상화를 위한 것이다. 이 장애인은 이동 도우미의 도움을 받아 일터로 출근하여 작업 도우미의 도움을 받아 일을 하고, 퇴근한 다음에는 여가 도우미의 도움을 받아 여가를 즐긴다. 저녁에 집에 들어와서는 생활 도우미들의 도움을 받아 저녁을 먹고 쉬다가 잠을 자고, 일어나서는 씻고 아침을 먹고 출근을 한다. 산책을 하거나, 시장에 가거나, 병원에 갈 때도 도우미가 따라간다. 이런 일련의 과정을 기초자치단체의 담당자가 주관한다. 이처럼 장애인 개개인이 정상화된 삶을 누리는 데 필요한 수발을 제공하기 때문에 장애인 수발제도의 수발 소요 내용 포괄성은 완전에 가깝다고 할 수 있다.

여기서 우리는 중증 장애인에게 오히려 돈을 들여서 노동을 시키고 있다는 점에 주목해볼 필요가 있다. 중증 장애인의 노동은 소득 수단이나 재활 방법이 아니다. 노동 그 자체가 목적이다. 우리가 잘 아는 바와 같이 노동은 인간 본성의 발현임과 동시에, 휴식의 욕망 등을 만들어 삶을 재미있게 구성해주는 수단이기도 하다. 따라서 스웨덴에서는 장애인의 단순한 생존 소요만을 충족시켜주는 것이 아니라 욕망의 생성과 충족을 통해 권태롭지 않은 생활 세계까지 구성해주려 한다고 말할 수 있다. 물론 스웨덴의 장애인 사회복지정책 철학 속에 욕망의 생성이나 아름다운 생활 세계에 대한 구상이 있었던 것으로는 보이지 않는다. 정상적인 삶의 보장을 추구하다 보니, 이런 의도되지 않은 결과가 나타났다고 할 수 있다. 이것은 하루 종일 시설 안에서 살면서 우두커니 텔레비전만 쳐다보는 한국 장애인들의 삶을 당연시하는 정책과 많은 대조를 이룬다.

2) 수발의 양과 질

국가가 수발해주는 양이 얼마인가를 알기 위해서는 수발에 대한 수발시간과 자부담비용을 동시에 점검해야 한다. 국가가 제공하는 수발의 양은 총수발시간 중에서 국가가 부담하는 비용 부분(총수발시간×국가부담비용/총비용)으로 측정할 수 있기 때문이다.

수발의 시간은 어떠한가? 수발시간은 장애인이 수발을 필요로 하는 정도에 따라서 결정한다. 장애인의 정상화된 삶을 보장하는 것이 수발보장의 원칙이므로 수발시간은 넉넉한 편이다. 수발이 가장 많이 필요한 장애인들이 얼마나 수발을 받고 있는지 알아보기 위해서 한 공동가정의 사례를 소개하고자 한다. 스톡홀름의 한 임대주택 단지에 있는 대형 아파트를 개조하여 5명의 중증 정신 및 지체 장애인들이 생활하는 공동가정에는 5개의 개인 방들이 있다. 공동 공간으로는 화장실, 부엌, 목욕탕, 세탁실과 거실이 있고, 도우미의 근무 공간이 있다. 이곳에는 6명의 도우미들이 돌아가면서 24시간 근무를 한다. 낮에는 1~2명이 근무하고 밤에는 1명이 근무한다. 도우미들은 장애인 5명과 함께 10년 이상 생활해왔다. 이들은 청소, 세탁, 취사, 식사, 목욕, 장보기와 잠자리 보기 등을 도와준다. 이들은 장애인의 '집 안 생활'만 책임을 진다. 장애인의 외부 활동과 이동은 다른 사람들이 돕는다. 여기서 우리는 장애인들이 매일 24시간 동안 양적으로 충분한 수발을 받고 있다고 말할 수 있다. 한편 집에서 수발을 받는 사람도 필요로 하는 모든 수발을 받는다.

이 중에서 국가가 부담하는 수발비용은 얼마나 될까? 스웨덴의 수발방식은 장애인의 거주지에 따라 공동가정인 경우와 자가인 경우로 구분할 수 있다. 우선 중증 장애인이 생활하는 공동가정의 경우부터 살펴보자. 수발비용은 지방자치단체에서 전액 부담하는 것이 원칙이다. 중증 장애인의 경우, 소득보장청에서 일부 수발비용을 지원해주기도 한다. 공동가정의 수발비용으로는 시설을 장애인에게 맞도록 주택을 개조하는 비용과 도우미가 사용하는 공간 임대료, 장애인 공동으로 사용하는 공간의 임대료[11], 윤의(輪椅)와 같은 장비의 비용, 공동가정 생활 도우미의 인건비, 그리고 작업, 여가, 이동, 교육 등에 필요한 수발비 등이 있다.

한편 자기 집에서 생활하며 수발을 받는 장애인은 월 5시간 20분 이내의 수발비용은 자신이 부담한다. 재가수발을 받는 사람은 5시간 20분에 해당하는 1,600크로나(272,000원)까지는 자부담을 하고, 나머지 수발비용은 지방자치단체에서 책임진다(박승희·채구묵 외, 2007: 119). 장애인의 생활에 적합하도록 개인의 집을 개조하는 비용과 장비 비용도 지방자치단체에서 부담한다. 따라서 스웨덴에서는 재가 장애인의 월 5시간 20분 이상의 수발과 시설 장애인의 모든 수발을 국가가 제공한다고 볼 수 있다.

그렇다면 수발의 질은 어떠한가? 수발의 질을 직접적으로 평가하기는 어렵기 때문에 장애인에게 투입되는 비용을 중심으로 살펴보기로 하자. 위의 장애인 공동가정의 1인당 생활 도우미 수는 1.2명이다. 외부 활동 도우미까지 고려하면 평균 2명 정도의 도우미가 장애인 1명을 돌본다고 할 수 있다. 장애인 도우미의 급여는 2007년의 경우 19,000크로나(323만 원)정도이다. 도우미 2명의 인건비만 고려해도 장애인 1인당 월 수발비용은 38,000크로나(646만 원)이다(박승희·채구묵 외, 2007: 106~107). 여기에 수발을 위한 장비, 도우미들의 사무공간 및 소모품 등과 관련된 추가 경비가 더해질 것이다. 물론 이 금액에는 장애인의 주거비와 음식물 재료비, 의복비 등은 포함되지 않는다. 중증 장애인들은 활동보상급여와 장애수당 등으로 월 9,000크로나(153만 원) 정도를 받는데, 이 돈으로

---

11 여기에는 장애인 개인의 생활공간 임대료 등은 포함되지 않는다. 이에 대한 비용은 개인이 소득보장청으로부터 받은 활동 및 상병보상급여로 지급한다. 이것은 소득보장과 수발보장이 완벽하게 분리되어 있음을 보여주는 사례이다. 다른 예를 들어보자. 도우미들이 쓰는 사무용품비와 장애인들이 사용하는 문구는 원칙적으로는 엄격하게 구분된다. 물론 사람 사는 세상인데, 잠깐 빌려 쓸 수야 없겠는가? 아무튼 전자는 구청에서 수발비용으로 지급된 것이지만, 후자는 소득보장청에서 활동 및 상병보상급여로 지급된 것이라고 할 수 있다.

난방비, 전기세와 수도료가 포함된 자기 사적 공간의 임대료로 2,500크로나(425,000원)를 내고 나머지 돈으로 생활한다. 개인의 음식물비도 자기가 부담한다. 따라서 순수 수발비용이 인건비만 따져도 600만 원 정도라고 할 수 있다. 이것은 서울의 한 중증 장애인 시설의 장애인 1인당 인건비가 204만 원인 것과 대조를 이룬다.[12] 스웨덴의 장애인 수발 질은 투여되는 인력으로도 짐작할 수 있다. 이미 지적한 것처럼 스웨덴에서는 중증 장애인 1명에게 평균 2명의 도우미가 따라붙는다. 이것은 서울의 한 장애인요양원 장애인당 평균 도우미가 0.7명인 것과 대조를 이룬다.[13] 여기서 우리는 스웨덴에서는 많은 돈을 들여 많은 사람들이 장애인을 돌본다는 것을 알 수 있다. 따라서 수발의 질이 좋을 가능성이 매우 크다고 말할 수 있다.

물론 사람이 많다고 질이 좋다고는 말할 수 없다. 많은 사람들이 수발이라는 이름으로 학대한다면 사람이 많을수록 질이 떨어질 것이다. 특히 수발을 노동시장에서 구입한 노동력으로 공급할 수밖에 없는 자본주의 사회에서 수발자와 피수발자의 관계는 백화점 점원과 소비자의 관계처럼 상품관계로 물상화(物象化)되어 있기 때문에 인권침해의 소지가 다분히 있다. 이것은 상품의 가치와 사용 가치의 모순에서 기인한다(박승희, 2004: 2장). 상품의 생산자는 자신의 노동 결과인 가치의 실현에만 집착하고, 자기가 사용하기 위해서 만든 상품이 아니므로 남의 것일 수밖에 없는 사용 가치는 언제든지 희생시킬 수 있다. 자기가 먹을 음식이 아니라 판매하여 돈만 벌면 되는, 결국 남이 먹는 음식은 불량품으로 생산될 수 있을 것이다. 이와 같은 이치에 따라 상품으로 공급되는 수발도 불량 서비스가 될 수 있다. 여기서 장애인의 인권침해 가능성이 있는 것이다. 스웨덴에서는 이런 문제를 최소화하기 위한 제도들이 있다. 대표적인 것이

---

12 뒤에서 한국 장애인의 수발 질을 다루면서 계산 과정을 밝힐 것이다.
13 뒤에서 한국 장애인의 수발 질을 다루면서 계산 과정을 밝힐 것이다.

장애인의 자기 결정주의 원칙을 고수하는 것이다. 그런데 장애인 중 지적 장애로 사리를 제대로 판단하기 어려울 때에는 법정후견인을 세운다. 이 후견인은 거주지 선택과 돈 관리에 대한 결정을 장애인의 입장에서 대신한다. 가족이나 도우미들은 후견인이 될 수 없다. 따라서 후견인과 가족, 도우미 사이에서는 상호 견제의 관계가 성립되어 장애인의 권리가 보호될 수 있을 것이다. 이것은 한국에서 장애인 주변 사람들의 금품 갈취가 비일비재한 상황과는 대비된다. 한편 장애인의 인권침해는 담당공무원에 의해서도 제어된다. 장애인의 수발 주체는 어디까지나 국가, 구체적으로 기초자치단체의 담당공무원이고, 도우미는 수발 대행자일 뿐이므로 담당자는 장애인 개개의 상황을 점검하고 수발 과정을 감시할 수밖에 없다. 이런 것들을 통해서 장애인의 인권침해가 줄어들 수 있을 것이다. 그러나 완전히 사라진다고 말할 수는 없다.

4. 수발보장의 방법

1) 개별 수발보장의 원칙

수발보장도 사회보공의 원리에 따라 이루어진다. 재원은 일반 조세로 충당하며, 수발이 필요하다는 것만 확인되면 수발을 제공한다. 장애인의 소득과 재산, 기여 여부는 수발을 받을 자격과는 무관하다.

소득보장이나 의료보장과 마찬가지로 수발보장에서도 장애인 개개인이 모두 수발보장의 목표점이 된다. 각각의 수발 소요를 파악하여 수발을 개인별로 제공하기 때문이다. 스웨덴에서는 사례 관리란 말이 필요하지 않다. 수발보장제도 자체가 사례 관리이기 때문이다. 이것은 시설을 중심으로 장애인을 위한 수발, 소득, 의료를 지원하는 활동을 펼치게 하는 한국의 '투망(投網)식' 장애인 복지정책과는 다르다. 예컨대 막연한 모든 장애인을 상대하는 한국식 장애인복지관은 스웨덴에는 없다. 장애인 하나하나의 소요를 정확하게 판정하여 필요한 소득과 현물을 공급하기 때문에 중복으로 받는 일도, 전혀 받지 못하는 일도 없다.

2) 전달체계

수발은 기초자치단체에서 주관한다. 수발이 필요한 장애인이나 그 주변 사람들이 기초자치단체 장애인복지과에 수발을 신청하면, 장애 판정을 담당하는 복지사가 전문가의 도움을 받아 필요한 수발의 종류와 양을 판정한다. 이 결과를 장애인 본인과 기초자치단체의 수발 집행 사회복지사에게 통보하면, 수발 집행 사회복지사는 장애인(혹은 법정후견인)의 의견을 존중하여 수발 계획을 세우고 수발을 실행할 기관이나 개인을 선정한다.

〈그림 5-1〉 스웨덴 장애인 수발 전달체계

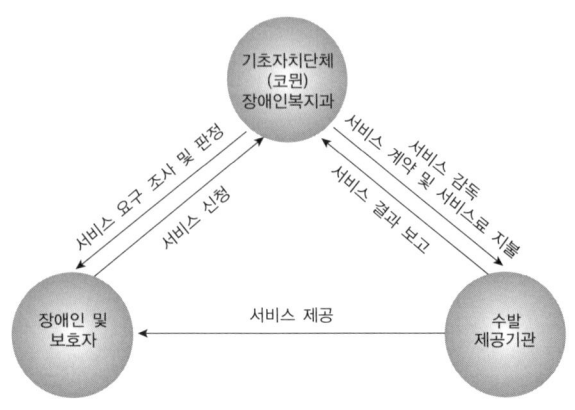

출처: 박승희 · 채구묵 외, 2007: 102

수발 실행자는 기관일 수도 있고, 개인일 수도 있다. 심지어 돈을 받고 수발하는 사람이 가족이나 친구일 수도 있다. 하나일 수도 있고, 공동가정생활자의 경우처럼 여럿일 수도 있다. 수발기관으로는 공동가정(입주시설), 주간보호시설, 재가인 수발기관, 장애인 작업이나 취미 활동을 돕는 기관, 운송회사 등이 있다. 이것들은 공립도 있고 사립도 있다. 모든 수발 실행자들은 각각 수발 계획을 세워서 기초자치단체와 계약을 맺고 수발을 집행한 다음, 수발 결과를 기초자치단체에 보고하고 수발 비용을 받는다. 기초자치단체에서는 수발 과정을 감독한다.

수발을 받는 사람은 통원치료를 받고 있는 단기 장애인(환자)에서부터 평생 장애인까지, 그리고 수발이 조금만 필요한 경증 장애인에서부터 수발이 많이 필요한 중증 장애인에 이르기까지 다양하다.

3) 수발비용의 산정과 지불 및 수납 방식

수발비용은 장애인 개별 소요 보장의 원칙에 따라 개인별로 산정된다. 특히 재가수발의 경우는 개인이 받는 수발시간에 따라 비용이 정해진다. 공동가정에서 생활하는 장애인들도 개인들이 필요한 생활수발의 양과 질을 모두 고려하여 총비용을 산정한다. 물론 공동가정 밖의 노동이나 취미 활동을 위한 수발, 이동 수발 등의 비용은 일과 후 생활수발 비용과는 별개로 개인별로 산정된다. 이것은 장애인 개개인이 필요한 수발을 정밀하게 고려하지 않은 채 시설의 운영비를 일괄적으로 제공하는 한국의 수발 지원 방식과는 구별된다.

수발비용은 기초지방자치단체의 담당부서에서 수발 제공자에게 지불한다. 심지어 개인이 부담하는 수발의 비용도 여기서 지불한다. 한편 자기 집에서 생활하면서 수발을 받는 사람이 부담하는 월 5시간 20분 이내의 수발비용은 장애인이 지방자치단체에 납부한다. 이처럼 모든 돈의 지불과 납부는 지방자치단체를 중심으로 이루어진다. 장애인과 수발 제공자 사이에는 어떠한 돈거래도 없다. 이것은 돈의 흐름을 투명하게 드러내주는 장치가 된다.

5. 공동체 친화성

　스웨덴의 장애인 수발보장의 과정에서는 가능한 한 장애인을 가족과 이웃 공동체로부터 분리시키지 않기 위한 노력을 기울인다. 도움을 줄 수 있는 가족이 있거나 자기 집에서 생활하고자 하는 장애인에게는 수발을 집으로 배달해준다. 심지어 가족이나 친지들에게도 수발비를 지급하여 수발을 부담 없이 맡을 수 있게 해준다. 장애인을 가족으로부터 분리시키지 않으려는 원칙은, 장애아동이 있는 가정에 소득보장청에서 장애아동수당을 지급하는 것처럼 소득보장 방법에서도 그대로 적용된다.

　그러나 스웨덴에서도 가족의 고립, 축소, 해체 경향이 지속적으로 진행되어왔기 때문에 장애인이라고 가족으로부터 분리되지 않으라는 법은 없다. 특히 나이가 든 장애인들이 가족으로부터 분리되는 것은 당연한 일로 받아들여지고 있다. 이런 장애인들을 일반인의 생활공간에서 함께 살아가게 하도록 노력하는 것이 스웨덴 장애인 수발보장 정책의 기본 원칙이다. 혼자서는 생활하기 어려운 중증 장애인들이라도 보통 사람들이 사는 임대주택 단지 안에 소규모 장애인 공동가정을 만들어 생활하게 한다. 이런 가정에서는 5명 이내의 장애인들이 거의 평생 함께 살며, 도우미들도 바꾸지 않는 것이 원칙이다. 따라서 장애인과 도우미가 거의 가족과 같은 친밀성을 유지하게 된다. 뿐만 아니라 이들의 집 밖 출입과 주간 활동을 적극 보장하므로 이웃들과 격리되지 않는다. 이것은 많은 장애인 시설의 규모가 수십 명을 수용할 정도로 큰 것들이 주를 이루고, 그런 시설

은 일반 사람들이 사는 주택과 격리되어 있는 경우가 많으며, 장애인들도
주로 시설 안에서만 생활하는 한국의 상황과는 사뭇 다르다.

한국의 장애인 수발보장

이제까지 살펴본 스웨덴의 장애인 수발보장 사례를 참고하면서 한국의 장애인 수발보장 실태를 점검해보기로 하자.

1. 장애인 소득 및 의료보장

장애인의 수발보장은 소득 및 의료보장과 밀접하게 연관되어 있으므로 장애인의 소득 및 의료보장에 대해서 먼저 살펴보기로 하자.

1) 소득보장

한국에서는 장애인의 소득보장은 사회보험 방식과 공공부조 방식으로 이루어지고 있다. 사회보험 방식으로 이루어지는 소득보장에는 국민연금의 장애연금, 특수직역연금의 장애연금, 산업재해보상보험의 장애보상연금이 있고, 공공부조 소득보장에는 기초생활보장제도의 생계급여, '장애인연금'으로 불리는 장애수당, 장애아동수당 등이 있다.

먼저 사회보험 방식의 소득보장부터 살펴보자. 국민연금 가입자가 질병과 사고로 장애인이 되면 등급에 따라 장애연금을 받는다. 가입기간이 20년 이하인 사람이 최중증장애(1급)를 입은 경우, 장애연금은 최저 153,480원(3급 장애, 기준소득 24만 원 이하)에서 최고 614,610원(1급 장애, 기준소득 389만 원 이상)이다.[14] 20년이 넘은 사람은 일반 노령연금을 받는 경우에 해당될 것이므로 1,205,130원(40년 이상 가입, 기준소득 389만 원 이상)까지 받을 수 있다. 공무원, 군인 및 사립학교 교원연금 가입기간이 20년 이상인 사람이 가장 심한 정도의 장애를 입고 퇴직한 경우, 가입기간에 따라 가입기간(혹은 퇴직 직전 3년간)[15] 평균 보수월액의 50~76%의 퇴직급여를 받는다. 산업재해보상급여의 장애보상연금은 가장 심한 장애의 경우 평균 임금의 329일분(평균 임금의 90%)이다. 공무상 사고나 질병으로 장애를 얻은 공무원, 군인이나 사립학교 교원은 각 연금관리공단으로부터 장애등급에 따라 가입기간(혹은 퇴직 직전) 평균 보수월액의 15~80%를 장애급여로 받는다.

사회보험의 대상자 포괄성은 어떠한가? 국민연금 가입자는 기여금을 착실하게 내고 있는 한 모두 대상자에 포함되고, 산재보험 가입자가 장애를 입은 경우도 모두 소득보장의 대상이 된다. 다만 특수직역연금 가입자들이 가입기간 20년 이내에 산재가 아닌 다른 이유로 장애를 입은 경우 소득보장이 될 수 없다는 문제점이 있다. 따라서 사회보험에 가입한 사람으로 한정해보면, 대상자 포괄성에 문제가 없는 것은 아니지만 매우 작다

---

14 연금관리공단 전자방, 2012, http://www.nps.or.kr

15 연금 기준소득은 2009년까지는 퇴직 직전 3년간 평균 보수월액이다. 2010년 이후 가입분에 대해서는 가입기간 평균 보수월액이 적용된다. 예컨대 20년을 근무하고 2015년 말에 퇴직한 사람은 2009년 이전 가입기간 14년에 대해서는 퇴직 직전 3년 평균 보수월액이, 2010년 이후 6년 가입기간에 대해서는 20년 가입기간 평균 보수월액이 적용될 것이다.

고 보기는 어렵다. 그러나 보장의 수준은 낮은 편이다. 가장 넓은 영역을 포괄하는 국민연금의 장애급여만 보더라도 최저생계비에도 이르지 못한 경우(553,354원 이하)가 적지 않기 때문이다.

나머지 장애인들은 소득·자산 조사 등을 받은 후 국민기초생활보장법에 따른 사회부조인 생계급여를 받을 수 있다. 물론 기초생활보장제도는 일반적인 공공부조로서 장애인만을 위한 소득보장제도는 아니다. 그러나 장애인이 다른 사람보다 이 급여를 받을 가능성이 크다. 장애인들은 노동력이 없거나 적은 경우가 대부분이다. 그런데 국민기초생활보장제도에서는 노동력이 있는 사람에게 급여를 지급하지 않는 것이 원칙이다.[16] 따라서 장애인이 기초생활보장제도의 생계급여를 받을 가능성은 매우 크다고 볼 수 있다. 장애인 한 사람이 생계급여로 받을 수 있는 월 최대 금액은 436,044원이다. 이것은 최저생계비(553,354원)에서 교육비 및 의료비, 주민세, 텔레비전 전파수신비 등과 같이 다른 제도로 지원받은 금액을 뺀 것이다.

그 외에도 장애인들만을 위한 공공부조로는 '장애인연금'으로 불리는 장애수당[17], 장애아동부양수당, 장애인자녀교육비 지원 등이 있다. 장애인연금은 중증(1급, 2급, 3급 중복) 장애인에게 소득 및 자산 조사 등을 통해 월 15만 원까지 지급한다. 차상위계층[18]까지는 월 15만 원, 하위 60%

---

16 물론 2000년 이전의 생활보호제도와는 달리 노동력이 있는 사람도 자활급여를 받을 수 있다. 자활급여를 받기 위해서는 정부가 주관하는 자활사업에 참여해야 한다. 그런데 이 급여도 3년으로 제한되어 있다(보건복지부, 2011가: 43). 이것은 노동력이 있는 사람은 노동을 안 해도 공공부조의 생활급여를 받을 수 없고, 해도 받을 가능성이 희박하다는 뜻이다.

17 기초생활보장법에 따른 생계급여 수급자인 중증 장애인에게 지급하던 '장애수당'이 2010년 7월 1일부터 '장애인연금'으로 바뀌었다. 기존에는 '장애수당'으로 중증 장애인인 '수급자'에게는 월 13만 원, '차상위계층'에 속한 사람에게는 월 12만 원을 지급했다. 그런데 새로운 '장애인연금법'에 따라 '연금'의 '기초급여'와 '부가급여'라는 이름으로 각각 15만 원과 13만 원까지 지급한다 (장애인연금법과 신영아 보건복지부 공무원의 가르침). 그러나 이것을 '연금'이라고 부르는 것은 무리이다. 왜냐하면 연금은 본봉에 해당되는 급여 중의 하나이고, '장애인연금'으로 지급하는 것은 본봉에 해당되는 생계급여나 소득(차상위계층)을 보충해주는 수당에 지나지 않기 때문이다.

18 소득인정액이 최저생계비의 100% 이상 120% 이하인 사람들을 말한다.

까지는 9만 원, 보장시설 수용자이면서 차상위계층 이하인 중증 장애인에게는 월 9만 원을 지급한다.

한편 시설에서 생활하는 장애인들에게는 기초생활보장 수급자라도 생계급여를 지급하지 않고 장애연금 등만 지급한다. 이들의 실질소득은 스웨덴의 경우와 비교해보면 매우 미미하다(〈표 5-3〉 참조).

〈표 5-3〉 시설에서 생활하는 장애인의 월간 소득보장 내력 비교

구분	기초생보 대상자	일반 장애인	스웨덴
수입	최대 94,000원[19]	없음	8,560크로나(146만 원)
수발비	국가 부담	300만 원 중에서 29~57만 원 본인 부담	국가 부담
식비	국가 부담		본인 부담, 약 2,500크로나(43만 원)
의복비	국가 부담		본인 부담
남은 생활비	최대 월 94,000원	없음	의복비 포함 6,000크로나(102만 원)

이러한 공공부조에 의한 장애인 소득보장의 대상자 포괄성은 매우 낮다. 소득 및 자산 조사에 의해서 대상을 제한하기 때문이다. 보장의 수준은 형식논리로는 최저생계를 보장하는 정도라고 말할 수 있다. 그러나 장애인의 1인 최대 생계급여와 장애수당을 합한 실질 최대 수령금액이 586,044원[20]이고, 이것으로 수발비용까지 충당해야 하므로 보장 수준은 매우 낮다고 할 수밖에 없다.

전체로 살펴보더라도 장애인 소득보장의 포괄성은 낮다. 각종 연금과 기초생활보장제도, 장애수당의 대상에서 제외된 사람이 많을 수밖에 없기 때문이다. 뿐만 아니라 보장의 수준도 연금과 공공부조 두 영역에서

---

19 장애연금 월 9만 원(보건복지부, 2011마: 22), 위로금 25,587원 연 2회(보건복지부, 2011가: 201).
20 최대 생계급여(436,044원)+최대 장애인연금(150,000원).

모두 최저생계를 보장해주기에는 부족하다고 할 수 있다.

　이제까지 살펴본 것처럼 장애인 소득보장이 잘 갖추어져 있지 않은 반면, 장애인을 위한 간접적 소득 지원(혜택) 제도가 다양한 편이다. 빈곤 장애인 가구의 자녀 교육비 지원, 장애아동 보육비 지원을 비롯해서 건강보험료 경감과 장애인을 위한 각종 세제 혜택 등이 있다. 장애인 자립자금이나 장애인 근로자 자동차 구입자금도 저리로 대여해준다. 이 밖에도 공공 박물관 · 미술관 등의 관람료 및 입장료, 공공시설 및 주차장 이용료, 철도 · 항공 · 여객선 요금, 고속도로 이용료, 통신비 등의 감면과 전기요금, 도시가스요금, 자동차검사료 할인 등 열거하기 어려울 정도로 많은 혜택들이 있다. 이런 것들은 장애인을 위한 소득보장이 잘되어 있지 않는 상황에서는 그나마 다행이라고 할 수 있다. 그러나 이것은 사회 전체적으로 보면 엄청난 낭비일 수도 있다. 이런 자질구레한 제도를 운영하는 비용이 적지 않을 것이기 때문이다. 장애인 입장에서도 무엇을 챙겨 혜택을 보아야 할지 도저히 다 알 수 없다. 이런 것들을 챙겨주는 전문가가 따로 있어야 할 정도이다. 만약 장애인에게 적절한 소득보장을 해주고, 사회성원으로서 떳떳하게 지불할 것은 지불하면서 살게 한다면 이런 자질구레한 제도를 운영할 필요가 없을 것이다.

　한국에서 장애인을 위한 소득보장의 운영 방식은 효율적인가? 재원 갹출부터 복잡하다. 국민연금과 특수직역연금의 기여금과 국민기초생활보장의 경우 일반 조세로 자원이 마련되기 때문이다. 전달체계도 역시 복잡하다. 4개의 연금관리공단에서 각각 장애연금이 지급되고, 기초생활보장제도에서 선별적으로 생활급여가 지급되며, 이와는 별도로 장애인을 위한 각종 수당이 지급된다. 특히 공공부조 방식의 전달체계는 조사비용이 적지 않게 들어간다. 이것은 스웨덴에서 조세 방식으로 통일하여 재원을 마련하고 소득보장청에서 일괄하여 지급하는 것과는 대조를 이룬다.

2) 의료보장

한국의 장애인들을 위한 의료보장도 일반인의 경우와 크게 다르지 않다. 장애인들도 의료보호와 의료보험, 산재보험의 대상이 된다. 가난한 일반인이 의료보호 대상인 경우에 자부담하는 의료비(연 최고 60만 원)도 빈곤 장애인은 거의 부담하지 않는다. 1차 진료기관의 1회 진료비 및 약값으로 750원만을 부담한다. 의료급여 대상 의료보장구의 본인부담금(15%)도 면제된다(보건복지부, 2011라: 140). 그렇지 않은 사람들은 의료보험의 대상으로서 연 최고 부담액이 400만 원이다. 그러나 실제로는 수천만 원의 의료비를 부담할 수도 있다. 의료보호나 의료보험이 적용되지 않는 진료비나 치료비도 많으며, 월 200만 원 정도의 간병비도 본인이 부담해야 하기 때문이다.

특별히 장애인을 위한 의료보장제도로는 저소득 청각장애인 인공달팽이관 시술비 지원, 장애아동 재활치료비 지원, 중도 시각장애인 적응 훈련사업 지원, 척추장애인 재활사업 지원 등이 있다. 이런 것들이 장애인을 위한 특별 사업으로 떠오르는 것은 일반 의료보장이 제대로 갖추어지지 않았다는 것을 반증한다. 예컨대 인공달팽이관 수술은 당연히 의료보장의 적용 대상이 되어야 하는데, 그렇지 않기 때문에 이런 지원이 장애인을 위한 특별 의료혜택으로 부상된다. 그 밖에 정부는 장애인 의료재활 시설을 운영하고 있다.

2. 수발보장의 개관

1) 수발보장의 위상

한국에서는 장애인 수발보장의 개념이 국가 정책적 차원에서 보면 아직도 분명하지 않다. 특히 장애인 수발 개념을 반영하고 있다고 볼 수 있는 장애인 활동보조 지원제도가 시행되었던 2010년 이전에는 수발 개념이 없었다고 볼 수 있다. 물론 실제적인 장애인 수발보장이 전혀 없었다는 것은 아니다. 그동안 장애인의 수발은 주로 '보호'[21] 차원에서 이루어지고 있었다. 이것은 지금까지도 '단기보호', '주간보호제도' 등과 장애인 수발 관련 제도의 명칭에서도 잘 알 수 있다. 그리고 수발이 소득보장과 구별되어 있지도 않았다. 예를 들면 지금까지도 장애인을 시설에서 보호하는 것으로 기초생활보장제도의 소득보장을 대체하고 있다. "기초생활보장은 수급자가 생활하는 주거공간에서 행하는 것"(보건복지부, 2011가: 189)을 원칙으로 삼고 있는데, 이것은 시설거주자의 기초생활보장 생계급여는 현물로 지급한다는 것을 의미한다.

뿐만 아니라 수발과 의료의 구별도 불분명하다. 이것은 의료에 속한다고 볼 수 있는 '재활'을 무차별적으로 사용하고 있는 점을 보면 잘 알 수 있다. '직업 재활'이 대표적인 예이다. 물론 직업의 재활 효과가 크다는 것은 충분히 인정한다. 그리고 장애인 수발에 문외한이었던 정치인을 포함한 정책결정자들과 대중을 설득하기 위해서 이런 개념을 사용하지 않을 수 없었던 실무자들의 심정도 이해한다. 그러나 이것은 장애인의 인간다운 삶을 위해서 필수적인 것이므로 구태여 재활이라고 포장할 필요조

---

21 '보호'는 인간다운 삶의 조건인 활동을 도와준다는 개념이 아니라, 단지 사고가 나지 않도록 지켜준다는 소극적인 의미를 담고 있다. 보호는 매우 소극적인 수발과 의료, 의식주의 제공을 의미한다. 따라서 소위 '정상화'를 위한 수발까지 포함한다고는 말할 수 없다.

차도 없다. 예컨대 스웨덴에서는 국가가 놉을 사서 중증 장애인의 무보수 노동을 돕는데도 이것을 직업 재활이라고 부르지 않는다. 일이 재활이라면, 밥 먹는 것도 재활이고 잠자는 것도 재활이지 않는가? 아무튼 재활의 남용에서 알 수 있는 바와 같이 수발과 의료의 구별도 애매하다. 여기서 우리는 장애인의 수발이 보호, 소득보장 혹은 의료에 포함되는 부가적인 요소로 간주되고 있다는 것을 알 수 있다. 이것은 장애인의 생존권 보장이 극히 초보적인 수준이라는 것을 뜻한다. 따라서 우리 사회에서는 장애인의 인간다운 삶을 보장하기 위해서 어떤 것들을 확보해주어야 하는가에 대한 공공적 차원의 고민이 제대로 이루어지지 않고 있다고 볼 수 있다.

2) 수발보장제의 개요

한국에서는 이처럼 장애인 수발보장에 대한 명확한 개념이 성립되어 있지 않다 하더라도, 어떤 방식으로든 공적인 수발 제공이 전혀 없는 것도 아니므로 수발보장 현황을 개관해보기로 하자.

한국의 수발제도를 살펴보기 위해서 수발보장 종류를 나누어보기로 하자. 장애인 수발은 크게 시설 수발과 파견 수발로 나눌 수 있다. 시설 수발은 장애인을 시설로 이동하여 시설 내에서 이루어지는 수발이고, 파견 수발은 '재가복지 서비스'[22]처럼 장애인에게 도우미를 보내어 이루어지는 수발이다. 시설 수발이 장애인을 수발로 근접시키는 것이라면, 파견 수발은 수발을 장애인에게 이동시키는 것이라고 할 수 있다. 시설 수발은 일

---

22 구태여 재가복지 서비스로 부르지 않는 것은 집에서만 수발이 이루어지는 것은 아니기 때문이다. 예컨대 장애인의 출퇴근을 돕는 이동 수발은 파견 수발이라고는 할 수 있어도 재가수발이라고 보기는 곤란할 것이다.

과(日課)와 관련된 수발(일과 수발) 및 일과 후 생활과 관련된 수발로 나눌 수 있다. 이를 기준으로 시설 수발을 분류하면, 두 가지를 함께하는 종합수발과 하나씩만을 수행하는 일과 후 수발 그리고 일과 수발로 나눌 수 있을 것이다. 대표적인 종합 수발에는 장애인 생활시설 수발, 장애인 작업장 수발, 단기보호가 있고, 일과 후 수발에는 장애인 공동생활가정의 수발이 있으며, 일과 수발에는 주간보호, 복지관 등의 장애인 교육문화 작업과 관련된 수발이 있다.

〈표 5-4〉 한국 장애인 수발 방식의 분류

시설 수발						파견 수발
종합 수발			일과 후 수발	일과 수발		활동 지원제도
생활 시설	작업장	단기 보호	공동생활 가정	주간 보호	복지관 교육 등	

종합 수발을 담당하는 대표적인 시설이 장애인 생활시설이다. 이 시설에서는 주로 기초생활 수급자를 수용하여 정부의 '보조금'으로 24시간 보호하면서 숙식을 제공하고, 여러 활동도 시켜주고 있다. 이 시설에서 생활하는 장애인들은 기초생계급여를 받을 수 없다. 다만 송년 기념이나 생일 축하를 위한 '위로금'으로 25,587원을 연 2회 지급받으며(보건복지부, 2011가: 201), '장애연금'을 최고 월 9만 원까지 받을 수 있다(보건복지부, 2011마: 22). 이런 생활시설에는 원칙적으로 기초생활보장 대상자만이 기초생계급여를 포기하는 조건으로 입소할 수 있다. 이것은 장애인의 수발과 소득보장의 구별이 분명하지 않다는 것을 잘 보여준다. 그런데 최근에는 입소 조건이 완화되어 기초생활보장 대상자가 아닌 사람도 비용을 자기가 부담하는 조건으로 '실비생활시설'에 들어갈 수 있게 되었다. 장애인 개인이 부담하는 최대 입소생활 비용은 2011년 서울시의 경우 569,000원(서울특별시, 2011가: 176)이다. 그리고 도시근로자가구 1인 평균 소득 이

하인 입소 장애인에게는 이 입소생활 비용을 293,000원까지 지원해준다 (보건복지부, 2011사: 33).

한편 이런 장애인 생활시설과 유사한 시설이 있다. 장애인들이 생활비를 부담하고 생활하는 '미신고시설'이 그것이다. 예컨대 복지법인이 아니기 때문에 정부의 지원을 받을 수 없는 서울의 한 미신고시설에서는 10명의 장애인이 기초생활보장급여 월 436,044원과 장애연금(최고 월 15만 원) 등을 모아서 공동생활을 한다. 그러나 이것만으로는 생활하기 힘들기 때문에 시설장 등의 노력으로 여러 가지 쌀과 생활품을 외부로부터 후원받는다. 이런 후원 덕분에 장애인들은 먹고사는 데에는 큰 어려움이 없으며, 개인별로 월 10만 원의 용돈을 받아 저축도 하고 있다.[23] 이런 시설의 장애인들은 기초생활보장제도에 의한 소득보장만 받을 뿐 수발보장은 전혀 받지 못하고 있음에도 불구하고, 시설 생활자로 규정되어 파견 수발제도인 활동보조 지원도 받을 수 없다(보건복지부, 2011바: 9). 이들은 수발보장의 사각지대에 놓여 있다. 이런 시설 내의 수발은 결코 수발보장제도에 포함시킬 수 없을 것이다.

장애인 작업장은 장애인이 자기 집 등으로 출퇴근하는 경우와 출퇴근을 따로 하지 않고 같은 건물에서 작업이 끝난 다음에도 생활하는 경우가 있다. 전자가 일과 수발이라면, 후자는 일과와 일과 후의 수발을 함께하는 종합 수발이라고 할 수 있다. 후자의 경우는 장애인 생활시설과 실질적으로 다르지 않다. 이곳의 장애인들도 정부 보조금으로 숙식과 수발을 해결하며 24시간 시설에서 생활한다.

장애인 단기보호는 집 안에서 생활하는 장애인들을 보호자가 단기간 시설에 맡기는 것이다. 그러나 실제로는 장기보호인 경우가 많다. 시설은 시설대로 안정적인 경영을 위해서, 보호자는 보호자대로 부양 부담을

---

23 소망쉼터 최강주 시설장의 가르침.

최소화하기 위해서 장기간 보호를 원하기 때문이다. 따라서 일반 생활시설과 다르지 않다. 다만 이 단기보호시설의 이용자들은 자부담 비용이 높은 편이다. 시설에 대한 정부 보조금이 적기 때문이다. 이런 시설은 주로 기초생활보장 대상자들이 이용하는 장애인 생활시설과는 달리, 보호자의 소득 수준이 최저생계비 이상인 장애인들이 주로 사용한다고 할 수 있다. 물론 이런 단기보호시설도 지방자치단체로부터 보조금을 받는 경우도 있고, 받지 못하는 경우도 있다. 정부 보조금을 받는 경우는 공무원의 중개로 후원을 받기가 더 쉽기 때문에 보조금을 받지 못하는 시설에 비해 사정이 나은 편이다. 이 단기시설 수발 중에서 지자체가 일부 시설에 주는 보조금으로 실행되는 수발만이 수발보장에 속한 것이라고 할 수 있을 것이다. 나머지는 개인이 시장에서 구매한 수발이거나 자선 수발이다.

일과 후 수발시설로는 공동생활가정이 있다. 공동생활가정은 장애인이 주간보호센터나 주간 작업장, 혹은 여가 및 교육 등의 일과를 마치고 주로 저녁에 생활하는 곳이다. 이곳에서는 대소변까지 받아 내주어야 할 정도의 수발을 받을 필요가 없는, 상대적으로 경증 장애인들이 생활한다. 이런 시설에 대한 지자체의 지원은 매우 선별적이다. 2010년에는 18개의 공동생활가정이 시울시에 신규 보조금 지원 기관 인정을 신청하여 2개만이 선정되었다. 서울시 지원 공동생활가정으로 선정되면 서울시로부터 연 3,500만 원의 보조금을 받아 통상 1명의 사회복지사가 4~5명 장애인의 일과 후 수발을 들어준다고 한다. 그러나 보조금을 받지 못하면 장애인의 회비와 후원금으로 시설을 운영해야 한다. 내가 방문한 공동가정에서는 3명의 지적 장애인이 1명의 사회복지사와 함께 3개의 방과 거실 및 부엌과 화장실이 있는 연립주택에서 숙식을 같이 하고 있었다. 서울시의 보조금을 받지 못하고 있는 이 시설에서는 각 장애인의 부모가 월 25만 원의 회비를 직접 시설에 낸다. 이것만으로는 연봉 2,000만 원의 급여와 월 30만 원의 월세, 보증금 1,500만 원의 이자 및 식재료비를 감당할 수 없다. 따라서 이 시설에서는 부족한 돈을 후원금으로 충당하면서

보조금을 받기 위한 준비를 하고 있다.[24]

일과 수발은 주간보호시설과 복지관의 다양한 기관들에서 담당한다. 주간보호시설은 개인 집이나 공동가정에서 생활하는 성인 장애인들을 주로 평일 낮에 보살펴주면서 교육, 재활과 취미 활동까지 시켜주고 점심과 간식을 제공하는 곳이다. 아동이나 청소년들은 교육을 받기 때문에 주간보호시설에 입소할 필요가 없다. 이런 시설도 정부의 지원을 받는 곳도 있고, 받지 못하는 곳도 있다.

대부분의 종합복지관에서는 이런 주간보호시설을 운영하고 있다. 서울의 한 종합복지관에서는 14명의 성인 지적 장애인들(21~39세)을 평일 아침 9시부터 오후 6시까지 9시간을 보살피고 있다. 이 시간에는 차량으로 출퇴소하는 시간이 포함되므로 시설에서 보살피는 시간은 10시부터 4시까지 6시간이다. 일하는 사람은 담당 사회복지사 2명, 기사 1명, 공익요원 2명으로 총 5명이다. 복지사의 급여는 1호봉 기준, 세전 소득으로 연봉 2,000만 원 정도이다. 재원은 지방자치단체 보조금 연 8,367만 원과 장애인이 부담하는 '이용료 수입' 연 2,301만 원이다.[25] 각 장애인은 이용료로 매월 13만 원을 낸다.[26]

한편 복지관과는 무관한 독립 주간보호시설도 적지 않다. 내가 탐방한 서울의 한 장애인주간보호센터는 2층 단독주택에서 1급과 2급 장애인 12명을 보살피고 있다. 지체장애가 심한 사람은 받지 않는다. 보살피는 시간은 원칙적으로 오전 10시부터 오후 6시까지 8시간이다. 이 시설의 차로 출퇴원을 시켜주므로 실질적으로는 하루 10시간 정도를 보살펴주

---

24 2011년 시설 방문 시 김영희 시설장의 가르침.

25 물론 이 보조금은 주간보호시설에 독립적으로 지급된 것은 아니다. 전체 복지관에 지급된 것 중에서 2011년 예산으로 주간보호시설 운영비로 책정된 것이다. 연간 이용료 총액이 2,184만 원 (13만 원×12×14)보다 약간 많은 것은 야외 활동비 등과 같은 기타 본인 부담액이 포함되었기 때문이다.

26 2011년 서울 모 장애인 종합사회복지관 내부 자료.

는 셈이다. 이곳에서는 점심과 간식을 주고, 여러 가지 활동과 교육도 한다. 이곳에서 일하는 사람은 시설장 부부를 포함한 사회복지사 3명과 공익요원 1명이다. 사회복지사 연봉은 2,000만 원이다. 이 시설은 사회복지법인에서 운영한다. 서울시로부터는 연 7,800만 원의 보조금을 받고, 개인들로부터는 25만 원의 회비를 받는다. 이외에도 여러 곳으로부터 후원을 받는다. 법인 허가를 받아 정부의 보조금을 받은 다음부터는 담당공무원이 후원기관을 연결해주어 후원이 늘었다. 전자제품 회사로부터 세탁기, 컴퓨터 등을 지원받거나, 자원봉사자들로부터 컴퓨터 교육과 같은 인력 지원을 받는다.

이외에도 장애인 및 종합복지관에서는 장애인의 여가교실과 직업교육, 작업장 등을 운영하여 장애인들에게 일과 수발을 제공하고 있다. 이런 수발은 거의 무료이거나 실비 이용료만을 받는다. 복지관에 대한 운영비 대부분을 정부가 지원해주고 있기 때문에 이런 일과 수발은 대부분 정부가 제공한다고 볼 수 있다.

이제까지 우리는 장애인을 위한 시설 수발에 대해서 살펴보았다. 지금부터는 파견 수발에 대해서 이야기하기로 하자. 파견 수발보장의 가장 대표적인 제도는 장애인 활동보조 지원제도이다.[27] 지원해주는 수발의 내용은 목욕 · 대소변 · 옷 입고 벗기 · 세면 · 식사 등과 관련된 신변 처리 지원, 장보기 · 청소 · 식사 준비 · 양육 등에 관한 가사 지원, 금전 · 시간 · 일정 등을 관리해주는 일상생활 지원, 낭독 대필의 의사소통 보조, 등하교 · 출퇴근 · 여가 활동 등을 위한 이동 보조이다(보건복지부, 2011바: 2). 따라서 이것은 결코 재가복지 서비스라고만 이야기할 수 없다. 수발이 집에서만 이루어지는 것은 아니기 때문이다. 대상자는 수발이 필요하

---

27 이 제도는 2007년 4월 1일부터 시행하고 있으며, 점차 지원 대상과 시간을 확대해왔다(보건복지부, 2011라: 15~17).

다고 인정되는[28] 6세 이상 65세 미만의 모든 1급 장애인이다. 단, 시설에서 수발을 받는 사람들은 이 권우를 받을 수 없다. 심지어 국가가 지원을 해주지 않는 장애인 시설에서 생활하는 사람들도 이 수발을 받을 수 없다. 그러나 주간보호센터 등에서 일과 수발을 받기 위해서 이동하고 돌아오는 동안에는 이 수발을 받을 수 있다. 보건복지부에서 도움을 주는 시간은 월 40~180시간이다. 이 시간은 지자체에 따라 다르다. 서울 은평구 장애인의 경우에는 서울시에서 50시간, 은평구에서 20시간까지 지원을 해주므로 최고 월 250시간까지 지원을 받을 수 있다.

장애인이 부담하는 비용은 소득 수준과 지원받은 수발시간에 따라 차이가 나는데, 최대 월 8만 원이다. 기초생활보장 대상자는 전혀 부담하지 않는다. 책정된 수발요금은 시간당 8,000원이다.[29] 이 금액에서 시간당 6,000원을 수발노동자에게 지급하고, 나머지 2,000원은 기관에서 수발노동자를 위한 4대 보험료와 운영비로 사용한다.[30] 수발의 전달체계는 구청 담당자가 활동보조 지원신청을 받은 다음 보건소 조사에 따라 대상자와 지원시간을 확정한다. 대상자는 이용권을 받아 정해진 시간만큼 수발기관으로부터 수발을 받고 카드로 결제하면 보건복지부와 지자체가 책임금액을 전자망으로 지급한다. 장애인 자부담 금액은 장애인이 수발기관에 직접 납부한다. 수발기관이 되려면 지자체의 인가를 받아야 한다. 수발기관은 사회복지관이나 장애인 자립생활센터 등이다.[31]

---

28 이것은 활동보조서비스 인정조사표에 의한 조사 결과, 220점 이상의 점수를 받는 경우를 말한다 (보건복지부, 2011바: 1).

29 그러나 시간당 8,000원이 비용의 전부라고는 할 수 없다. 복지관 등에서 이 사업을 하는 경우, 건물 사용료와 운영비가 복지관 일반 경비에서 지원된다고 볼 수 있기 때문이다.

30 2011년 서부장애인복지관 김잔디, 권다진 사회복지사의 가르침.

31 규모는 시설에 따라 차이가 나므로 단순하게 이야기할 수는 없다. 서울 은평구 서부장애인복지관에서 운영하는 '센터'에서는 2011년 196명에게 약 16,500시간 정도를 지원했다(여기에서 일하는 보조인이 165명이며, 1인 월평균 100시간 동안 수발을 든다). 시간당 수발 노임으로 직접 수령하는 금액이 6,000원이므로 평균 월수입은 60만 원(사회보험 등 별도)이라고 한다.

이 활동보조 지원제도는 한국 사회보장제도의 발전 방향과 관련하여 보면 두 가지 큰 의미가 있다. 첫째는 이 제도가 한국에서 수발보장의 개념을 분명하게 드러낸 최초의 수발보장제도라는 점이다. 이제까지 수발은 보호나 재활, 혹은 교육에 포함되어 있는 부차적인 요소에 지나지 않았다고 할 수 있다. 물론 수발이라는 용어를 사용하고 있지는 않지만 '활동보조'라는 말이 수발의 개념을 그런대로 잘 표현해주는 또 다른 용어라고 할 수 있다. 둘째는 이것이 한국 최초의 사회보공식 복지의 단초라는 점이다. 물론 소득에 따라 자부담 비용의 차이를 두고 대상자를 매우 제한하고 있어서 완전한 사회보공식 복지라고는 말할 수 없지만, 기여 여부나 소득 수준을 따지지 않고 생물학적으로 파악되는 소요만을 고려하여 해당되는 모든 사람에게 수발을 공여하는 것을 원칙으로 삼고 있다는 점에서 한국 보편복지의 새싹으로 평가할 만하다.

한편 활동보조 지원제도 이외의 파견 수발제도로는 장애인 사회복지관 등에서 실행하고 있는 '재가복지'가 있다. 이것은 복지관에서 자원봉사자들을 모집하여 집에서 거주하는 장애인의 수발을 들어주는 것이다. 이런 재가복지는 어디까지 자원봉사라는 자선에 근거하고 있으므로 수발의 사회보장이라고 보기는 곤란하다. 그렇지만 대부분 국가의 재정 지원으로 이루어지는 복지관에서 이를 운영하므로 국가의 지원이 없었다고는 볼수 없으며, 따라서 수발보장의 편린(片鱗)을 포함하고 있다고 이야기할 수는 있을 것이다. 그러나 이런 재가복지는 활동보조 지원제도가 발전하면 없어질 수밖에 없을 것이다.

3. 수발보장의 포괄성과 보장 수준

1) 수발보장의 포괄성

(1) 대상자 포괄성

한국 장애인 수발보장의 대상자 포괄성 및 수발 내용 포괄성을 알아보기 위해서는 먼저 한국 장애인 수발복지정책의 성격을 살펴보는 것이 바람직하다. 왜냐하면 한국의 국가가 추구하는 정책의 기조(基調)가 무엇인가에 따라서 포괄성은 지대한 영향을 받을 수밖에 없기 때문이다.

한국 장애인 수발정책의 기본 성격을 논하기에 앞서, 한국 장애인 복지의 발달 과정을 개관해볼 필요가 있다. 근대 이전의 조선 사회에서는 장애인은 먼저 가족과 이웃 공동체가 살피고, 가족과 이웃이 살필 수 없는 경우에만 국가가 관여하는 것이 원칙이었다. 그러나 외세 침략과 전쟁의 역사 속에서 가족과 이웃은 물론 국가도 장애인을 보살필 수 없었다. 가족 안팎 공동체와 국가로부터 버림받은 장애인들은 자선단체의 보살핌이라도 받을 수 있다면 다행이었다. 많은 사람들이 1990년대 이전까지도 장애인을 포함한 모든 '복지'는 '자선'이라고 생각했고, 지금도 적지 않은 사람들의 의식 바닥에는 이런 생각이 침잠(沈潛)되어 있다. 이런 상황에서 국가가 할 일은 겨우 자선을 돕는 것이었다. 이것이 관행으로 굳어져 지금도 지속되고 있다. 국가가 '합리화'된 자선단체인 비영리법인이 운영하는 장애인 시설을 골라서 지원하는 것이 한국 장애인 복지의 현실이다.

한편 장애인에 대한 국가의 책임이 강조되고, 장애인의 인간다운 삶의 보장에 대한 요구가 커지면서 한국의 장애인 복지는 공공부조의 원리를 적용하는 단계로 발전하고 있다. 장애인 시설 입소 자격, 소득과 수발의 지원 여부와 정도를 소득 수준에 따라서 결정하는 것이 여기에 속한다. 최근에는 공공부조의 원리를 벗어난 것은 아니지만, 나름대로 보편성의 원리를 가미한 수발보장제도인 장애인 활동보조 지원제도가 도입되었다는 점에서 한국의 장애인 수발보장제도가 진전을 이루었다고 말할 수 있다. 그렇더라도 현재 한국의 장애인 복지제도는 자선 지원이 지속되는 가운데 공공부조의 원리가 확대되는 단계에 있다고 말할 수 있다.

이러한 장애인 복지의 발전 과정으로부터 우리는 한국 장애인 수발제도의 세 가지 특성을 찾아낼 수 있다. 첫째, 국가의 수발보장이 '잔여적'이라는 점이다. 다 아는 것처럼 자선에서는 말할 것도 없고, 공공부조에서도 국가는 수발을 최소한으로 제공하는 것이 원칙이다. 국가가 모든 장애인에게 필요한 수발을 보편적으로 제공하는 스웨덴과는 달리, 한국에서는 장애인 개인이나 가족이 수발을 스스로 책임지게 하면서 자선에 기댈 수 있으면 기대게 하는 것을 기본 원칙으로 삼고, 그럴 수 없는 잔여(나머지)의 경우에만 국가가 도와주고 있다.

둘째, 국가가 제공하는 수발 과정도 국가가 적극적으로 책임지는 것이 아니라 지원해주는 데 그치고 있다는 점이다. 이것은 장애인 개개인에게 수발을 제공하는 제도가 '활동보조 지원제도'이고, 장애인 시설에 지급하는 돈이 '보조금'이라는 사실에서도 다시 확인할 수 있다. 한국의 수발보장제도에서는 개인이나 시설이 수발 과정에 대한 책임을 지고, 국가는 거의 책임지지 않는다. 이것은 국가가 모든 수발 과정을 끝까지 책임지고 관리하는 스웨덴의 경우와는 분명하게 구별된다.

셋째, 한국의 장애인 수발보장제도에서는 장애인 개개인에게 수발을 제공하기보다 시설을 지원하는 경우가 많다는 점이다. 이것은 자선단체를 지원하는 전통에서 연유한다고 볼 수 있다. 국가는 장애인을 지원하는 것이 아니라, 장애인의 수발을 들고 있는 시설에 보조금을 지급하고 있다. 이것을 우리는 스웨덴의 개인지원 방식과 구별하여 시설 지원 방식이라고 부르고자 한다.

이런 특성을 가진 수발보장제도의 대상자 포괄성은 어떠한가? 우선 잔여적 수발보장이 보편적 수발보장보다 대상자 포괄성이 낮을 수밖에 없다는 것은 분명하다. 수발 과정에 대해서 국가가 책임을 거의 지지 않는 다는 것은 수발보장의 대상자 포괄성에 어떤 영향을 미치는가? 국가가 수발 과정을 책임지지 않고 단지 경제적 지원만 하는 경우, 개인이 수발 제공자를 선정하지 못하거나, 수발기관이 장애인을 선별하여 보살필 수 있기 때문에 국가가 책임지는 경우에 비해서 대상자 포괄성이 낮을 것이 다. 국가가 수발의 표적을 장애인 개인으로 삼는가, 그렇지 않은가도 장 애인 수발제도의 포괄성에 많은 영향을 미칠 것이다. 개인지원 방식에서 는 국가가 수발 과정의 주체이고, 시설은 국가가 동원한 수발을 위한 수 단일 수밖에 없다. 이 경우 장애인 개개인의 소요를 파악하지 않을 수 없 기 때문에 중복 수발을 받을 가능성도 없고, 수발을 받을 법적 권리가 있 는 장애인이 수혜를 받지 못할 가능성도 적다. 이런 방식에서는 사례 관 리란 말조차도 불필요할 것이다. 이와는 달리 시설 지원 방식에서는 시설 이 수발의 주체가 되고, 국가는 보조자가 된다. 국가가 장애인 개개인의 실태를 파악하지 않기 때문에 장애인에 대한 중복 지원과 지원 배제가 동 시에 나타날 가능성이 매우 크다. 이런 곳에서는 사례 관리가 필요할 것 이다. 그러므로 시설 지원 방식이 개인지원 방식보다 포괄성이 낮을 것이 다(〈표 5-5〉 참조).

〈표 5-5〉 개인지원 방식과 시설 지원 방식의 비교

구분	장애인 수 파악	미수혜자 수 파악	중복 지원	사례 관리	대상자 포괄성
개인표적	용이	용이	불가능	불필요	높음
시설표적	곤란	곤란	가능	필요	낮음

그런데 이 세 가지 기준들이 현실에서는 교차될 수밖에 없기 때문에 이 기준들을 종합하여 장애인 수발보장의 유형을 이론적으로 구성해보면 여 덟 가지이다(〈표 5-6〉 참조). 이 중에는 우리의 주요 관심 대상인 한국과

스웨덴에 현존하는 사례도 있고, 그렇지 않은 사례도 있다. 한국과 스웨덴에 실재하는 것은 유형 一, 三, 八이다.

〈표 5-6〉 장애인 수발보장제도의 유형 분류

유형 번호	보장 성격	수발 과정의 국가책임	지원 대상	한국 및 스웨덴의 현존 사례	대상자 포괄성
一	보편	강	개인	스웨덴의 수발제도	대
二	보편	강	시설	없음	중
三	보편	약	개인	한국의 활동보조 지원제도	중
四	보편	약	시설	없음	중
五	잔여	강	개인	없음	중
六	잔여	강	시설	없음	중
七	잔여	약	개인	없음	중
八	잔여	약	시설	한국의 대부분 수발제도	소

'보편, 강한 국가책임, 개인지원 유형(一)'에서는 국가가 모든 장애인의 수발을 감당하고 수발 과정의 책임을 지므로 국가가 모든 장애인 수발의 양과 질을 적극적으로 파악하여 수발을 제공하고자 할 것이며, 장애인 개개인을 지원하는 것이 원칙이므로 장애인 개인이 수발 시설이나 수발할 사람을 선정하여 수발을 받는 전체 과정에 국가가 적극적으로 개입할 것이다. 이처럼 장애인 개개인의 수발 소요를 적극적으로 파악하여 수발의 전 과정을 책임지는 수발 유형에서는 수발이 필요함에도 불구하고 수발을 받지 못하는 장애인이 있을 가능성은 매우 희박하다. 따라서 대상자 포괄성이 가장 높다고 할 수 있다. 실제로 이런 제도를 채택하고 있는 스웨덴의 수발보장 대상자 포괄성은 매우 높다.

'보편, 약한 국가책임, 개인지원 유형(三)'은 국가가 일정한 장애등급 등으로 장애인을 선별하여 경제적인 지원만 하면서 수발을 받는 것을 스스로 책임지게 하는 제도이다. 여기서 수발 과정의 주체는 개인이나 그 가족이다. 이 유형의 대표적인 사례가 한국의 장애인 활동보조 지원제도이다. 이런 수발제도는 보편적으로 대상자를 선별하므로 잔여적인 것보다, 그리고 개인별로 소요를 파악하여 지원하므로 시설 지원 방식보다 대상자 포괄성이 높을 것이다. 그러나 동일한 보편 및 개인지원 방식이라도 국가가 적극적으로 수발 과정에 책임을 지느냐 그렇지 않느냐는 큰 차이를 보일 것이다. 예컨대 국가책임형에서 수발의 전체 과정에 국가가 관여하는 것과는 달리, 이 개인책임형에서는 국가가 개인별로 지원해야 하므로 최소한 각 장애인의 수발 소요의 양은 파악하겠지만, 수발의 주체가 아니므로 수발에 필요한 경비를 지원해주는 선에서 국가의 책임이 멈출 것이다. 그러면 장애인은 스스로 시장의 원리에 따라 수발 시설 등을 선정하며, 수발기관 등도 역시 시장의 원리에 따라 수발 받을 장애인을 선택한다. 이런 곳에서는 장애인이 수발기관을 선정하지 못하거나 수발기관이 수발을 거절하면, 수발 소요를 가진 것으로 판정을 받은 장애인이라도 수발을 받을 수 없는 상황이 발생할 수 있다. 이 유형(三)의 수발보장제도에서는 소요에 따라서만 대상자를 보편적으로 선정하고, 장애인 실태 파악이 용이하며, 중복 지원의 가능성은 적다고 할지라도 수발 과정을 개인이나 시설에서 책임지게 하기 때문에 미수혜자가 발생할 가능성이 크다. 따라서 '보편, 강한 국가책임, 개인지원 유형(一)'에 비하면 포괄성이 낮다고 볼 수 있다.

마지막으로 '잔여, 약한 국가책임, 시설 지원 유형(八)'에는 대부분의 한국 장애인 수발 지원제도가 속한다. 이것도 국가의 지원이 잔여적 복지를 지향하므로 대상자 포괄성이 낮을 것이다. 뿐만 아니라 수발 전달 과정도 대상자 포괄성을 떨어뜨릴 가능성이 매우 크다. 이 유형에서 국가는 시설에 보조금을 지급하는 것에 그치고, 시설이 장애인의 수발 소요의 양과 질 그리고 수발 받을 대상자를 결정하므로 수발을 받을 필요가 있는 장애인도 시설에서 거부될 가능성이 크다. 뿐만 아니라 국가가 장애인의 실태를 파악하기도 어려워 중복 지원의 가능성이 큼에도 불구하고, 장애인이 시설의 수발 그물에 포착되지 않을 가능성이 크다. 따라서 대상자 포괄성이 매우 낮다고 할 수 있다.

이제까지 논의한 한국과 스웨덴의 실제 수발보장 유형별 특성을 표로 정리하면 다음과 같다.

〈표 5-7〉 실제 수발보장제도 유형별 특성 비교

구분	수발 양 판정	수발 질 판정	수발 시설 선정	대상자 선정	장애 실태 파악	중복 지원	미수혜 발생	포괄성
보편·강한 국가 책임·개인지원형	국가	국가	국가, 개인	국가	철저	불가능	거의 불가능	대
보편·개인 책임·개인지원형	국가	시설	개인	시설	철저	불가능	가능	중
잔여·약한 국가 책임·시설 지원형	시설	시설	개인	시설	어림 잡음	가능	가능성 큼	소

한국과 스웨덴에 실재하지 않는 것이지만 이론적으로 성립될 수 있는 유형에 대해서도 간단하게 언급해보기로 하자. '보편, 강한 국가책임, 시설 지원 유형(二)'은 시설 지원이라는 한계 때문에, 그리고 '보편, 약한 국가책임, 시설 지원 유형(四)'은 수발 과정에 대한 국가의 책임이 미미하면서도 시설 지원의 한계를 지니고 있기 때문에 보편적인 수발 제공의 원칙을 지향함에도 불구하고 대상자 포괄성에 문제가 있을 수밖에 없다. '잔여, 강한 국가책임, 개인지원 유형(五)'과 '잔여, 강한 국가책임, 시설 지원 유형(六)' 그리고 '잔여, 약한 국가책임, 개인지원 유형(七)'은 잔여적 수발 제공의 한계 때문에 대상자 포괄성이 낮을 수밖에 없다. 이 중에서 '잔여, 강한 국가책임, 시설 지원 유형(六)'은 시설 지원의 한계까지, 그리고 '잔여, 약한 국가책임, 개인지원 유형(七)'은 국가책임이 약하다는 한계까지 안고 있어 포괄성이 더 낮을 것이다(〈표 5-6〉 참조).

지금까지 논의한 바를 바탕으로 한국 장애인 소득보장의 대상자 포괄성을 구체적으로 이야기해보자. 한국 장애인 수발제도에서 대상자 포괄성이 가장 높은 것이 장애인 활동보조 지원제도라고 할 수 있다. 이것은 앞의 〈표 5-6〉에서 밝힌 '보편, 약한 국가책임, 개인지원 유형(三)'의 수발제도에 속한다. 소득에 따라서 대상자를 제한하지는 않으므로 다른 장애인 수발보장제에 비하면 보편적 복지의 성격이 강한 편이다. 그러나 이 제도는 수발이 필요한 1급 장애인만을 대상으로 한정하면서 2급 이하의 장애인들은 수발보장의 대상에서 배제시키고 있다. 뿐만 아니라 1급 장애인이라 하더라도 시설에서 생활하는 장애인은 제외된다. 특히 수발에 대한 지원을 전혀 받지 못하는 비인가시설의 장애인들마저도 이 제도에 의한 지원을 받을 수 없다. 따라서 1급 장애인의 수발보장 포괄성마저도 완전하다고 볼 수 없다. 이런 장애등급에 의한 대상자 제한 이외에도 개인책임 유형이라는 성격에서 연유한 제한도 있다. 이를테면 수발이 절대적으로 필요한 장애인이라도 개인이 수발기관을 찾지 못하거나, 수발기관이 수발을 거부하는 경우에는 수발을 받을 수 없다. 예컨대 시간으로 수당을 받는 도우미들이 수발 노동의 강도가 셀 수밖에 없는 장애인의 수발을 거부할 수도 있을 것이다. 이런 경우는 장애인 하나하나의 수발에 대해서 적극적으로 책임을 지는 스웨덴과 같은 나라의 국가책임 유형 수발제도에서는 나타나지 않을 것이다. 아무튼 한국의 장애인 활동보조 지원제도도 대상자 포괄성이 완전하다고는 말할 수 없다.

장애인 생활시설에 의한 수발제도의 대상자 포괄성은 어떠한가? 이것은 '잔여, 약한 국가책임, 시설 지원 유형(八)'에 속한다. 이런 시설에는 잔여 복지의 원칙에 따라 기초생활보호 대상자만이 입소할 수 있다. 물론 최근에는 '실비 부담'을 하면서 입소할 수도 있게 되었다. 그러나 국가의 지원을 조금이라도 받는 장애인은 소득이 전체 평균 소득의 50% 이하인 경우로 제한된다. 아무튼 이런 잔여적 복지 원칙 때문에 대상자 포괄성이 제한될 수밖에 없다. 수발 과정을 개인이 책임지기 때문에 개인이 시설을 찾지 못하거나, 시설이 장애인을 거부하는 경우에는 수발이 절실한 장애인이라도 수발을 받을 수 없다. 장애인이 입소하여 생활하는 장애인 작업장의 경우도 이와 비슷하다.

장애인 공동가정이나 장애인 주간보호시설 등을 통해서 국가가 제공하는 수발도 '잔여, 약한 국가책임, 시설 지원 유형(六)'에 속한다고 볼 수 있다. 그런데 이런 시설은 정부가 선별적으로 지원하므로 정부지원시설에 다니는 장애인만 정부의 수발 지원을 받고, 그렇지 못한 장애인은 수발보장의 사각지대에 놓이게 된다. 그런가 하면 정부는 시설에 보조금만 지급할 뿐 수발 과정에 대한 책임을 지지 않기 때문에 시설에 입소하지 못하는 경우가 발생한다. 예컨대 행동이 거친 장애인이 학교를 졸업하면 부모들은 맡길 곳을 찾아 나서는데 받아주는 시설이 드물다고 한다.

전반적으로 한국 장애인 수발보장의 대상자 포괄성은 매우 낮다고 할 수 있다. 최근 장애인 활동보조 지원제도가 도입되면서 장애 1급의 대상자 포괄성은 높아진 편이지만, 완전하지는 못하다. 2급 이하 장애인들은 이 제도의 수발 지원 대상에서 배제되어 있다. 따라서 시설을 통한 수발보장제도의 대상자 포괄성은 더욱 낮다.

(2) 수발 내용 포괄성

이제 수발 내용의 포괄성에 대해서 살펴보자. 이것은 필요한 종류의 수발들을 어느 정도 빠짐없이 들어주는가이다. 그렇다면 정상화된 삶을 영위하기 위해서 필요한 수발의 종류는 어떤 것이 있는가? 자세히 열거하면 끝이 없기 때문에 묶어서 큰 것들만 살펴보면 의식주 관련 수발, 일과 수발, 출퇴근 이동 수발, 여가 수발 등을 지적할 수 있다.

우선 대상자 포괄성이 높은 1급 장애인의 경우부터 살펴보자. 1급 장애인은 생활하는 곳에 따라서 정부지원시설 생활자, 정부미지원시설 생활자, 개인 집 생활자로 분류할 수 있다. 정부지원시설 생활자들은 24시간 시설에서 생활하므로 24시간 보살핌을 받는다고 할 수 있다. 그러므로 이런 장애인들은 의식주 관련 수발을 제대로 받는다고 볼 수 있다. 그리고 일과 수발과 이동 수발, 여가 수발도 받는다고 볼 수 있다. 특히 장애인 작업장을 겸한 시설 생활자들의 경우 더욱 의심의 여지가 없다. 그런데 장애인의 모든 수발이 한 공간에서 이루어지는 것이 장애인의 정상화된 삶을 보장하는 것인가에 대해서는 의문을 가지지 않을 수 없다. 이것은 스웨덴에서 장애인들이 생활시설에서 밖으로 일과 활동을 위해 출퇴근하고, 여가로 산책을 하면서 수발을 받는 것과는 확연히 다르다. 이런 점에서 보면 정부지원시설에서 생활하는 1급 장애인들에 대한 수발 내용의 포괄성도 낮다고 보아야 할 것이다. 정부미지원시설의 1급 장애인들은 정부가 제공하는 수발을 전혀 받지 못하고 있으므로 수발 내용 포괄성을 이야기할 수조차 없다. 비록 자원봉사자들의 수발을 받는다 하더라도 이것은 사회보장과는 무관하다고 보아야 할 것이다.

개인 집에서 생활하는 1급 장애인들은 원칙적으로 장애인 활동보조 지원제도의 대상자가 될 수 있다. 이 제도에서 제공하는 수발의 내용은 목욕 · 대소변 · 옷 갈아입기 · 세면 · 식사 등과 관련된 신변 처리 지원, 장보기 · 청소 · 식사 준비 · 양육 등에 관한 가사 지원, 금전 · 시간 · 일정 등을 관리해주는 일상생활 지원, 낭독 대필의 의사소통 보조, 등하교 · 출퇴근 · 여가 활동 등을 위한 이동 보조이므로(보건복지부, 2011바: 2) 수발 내용의 포괄성이 형식적으로는 완전하다고 볼 수 있다. 한편 이들이 주간보호시설 등과 같은 일과 수발을 받고 있는 경우에는 이동과 관련된 수발만을 이 제도에 의해서 받을 수 있다. 그런데 이들이 정부지원시설에서 주간보호를 받는 경우에는 수발 내용의 포괄성이 크다고 할 수 있지만, 정부미지원시설에서 보호를 받는 경우에는 보호비용을 자부담하거나 자선에 의지해야 하므로 수발에 대한 사회보장의 내용 포괄성이 낮다고 보아야 한다.

2급 이하의 장애인들은 장애인 활동보조 지원제도의 수발 대상자가 될 수 없으므로 이들에 대한 수발보장의 수발 내용 포괄성이 낮을 수밖에 없다. 이들이 국가의 수발 지원을 받으려면 정부가 지원하는 생활시설이나 일과 수발시설을 이용해야 한다. 24시간 시설에서 생활하는 장애인의 경우에는 출퇴근 개념이 없다는 점에서 정상화된 생활에 필요한 수발의 내용 포괄성이 완전하다고 볼 수 없으며, 일과 수발시설을 이용하는 사람들은 일과 후 수발을 전혀 받을 수 없기 때문에 수발의 내용 포괄성이 낮다고 볼 수 있다. 정부미지원시설을 이용하는 장애인이나, 시설을 이용하지 않는 장애인에 대한 국가의 수발은 전무하다고 볼 수 있으므로 수발 내용의 포괄성을 이야기할 수조차 없다.

그런데 한국의 장애인 수발에서 노동과 관련된 수발의 상황을 점검해 볼 필요가 있다. 노동은 대표적인 일과이다. 한국의 장애인 수발과 관련된 시설로는 장애인 작업장, 직업재활센터 등이 있다. 그런데 이런 곳들은 소득 활동과 재활의 목표로 만들어져 욕구를 생성하고 해소하면서 재미있는 생활 세계를 구성하는 것과는 거리가 멀다. 특히 장애인을 보호하는 데 목적이 있는 장애인 생활시설이나 주간보호센터 등에서는 노동이 전혀 배려되지 않는다. 시설에서 생활하는 많은 장애인들은 하루 종일 우두커니 텔레비전만 쳐다보며 소일한다. 이것은 장애인의 정상화된 삶을 보장하기 위해서 비용을 들여 노동을 시키고 있는 스웨덴의 경우와는 대조를 이룬다.

한국 장애인 수발보장의 내용 포괄성은 전반적으로 미약하다고 할 수 있다. 1급 장애인들의 수발 내용 포괄성은 형식적으로는 완전한 것처럼 보인다. 무엇보다 이들은 모든 수발 내용을 포괄하는 장애인 활동보조 지원제도의 대상이 되기 때문이다. 그러나 뒤에서 살펴보겠지만, 수발의 전체 양이 넉넉지 않기 때문에 수발 내용 포괄성이 미미한 것과 다름없다고 볼 수 있다. 한편 1급 장애인이라도 시설에서 생활하는 이들은 이 제도의 혜택을 받을 수 없는데, 형식적으로는 24시간 보호를 받기 때문에 수발 내용의 포괄성이 완전하다고 볼 수 있다. 그러나 이들도 시설 안에서만 생활하므로 정상화된 생활 세계의 구성이라는 관점에서 보면 문제가 많다고 보아야 한다. 하루 종일 무료하게 시설에서만 보내는 한국 장애인들의 생활 세계는 출퇴근하는 스웨덴 장애인의 생활 세계와는 큰 차이를 보인다. 2급 이하의 장애인들은 수발 내용의 포괄성이 아주 빈약하다고 보아야 한다. 정부가 지원하는 각종 주간 활동 시설에 참여하는 장애인들만이 부분적인 수발을 받을 수 있기 때문이다.

2) 수발의 양과 질

(1) 수발의 양

수발의 양은 수발비용에 국가의 지원 정도와 수발시간을 동시에 고려할 필요가 있다. 한국에서는 수발제도가 매우 다양하며 제도마다 국가의 지원비용과 수발시간이 다르므로(〈표 5-8〉 참조), 중요한 제도별로 국가가 제공하는 수발의 양을 검토해보기로 하겠다.

〈표 5-8〉 스웨덴과 한국의 수발 자기 부담액

나라	수발제도	비용 부담자	수발시간
스웨덴	일반 수발	없음, 전액 국가 부담	인정 24시간
	재가 수발	5시간 20분까지만 자부담	인정 시간
한국	생활시설, 수급자	없음, 전액 국가 부담	24시간
	생활시설, 비수급자	월 29~57만 원 자부담	24시간
	주간보호센터	사례 1) 13만원, 사례 2) 25만 원	10시간
	파견 수발	월 8만 원 이하 자부담	인정 시간
	복지관 주간 교육	실비 부담	활동반별 시간
	비인가시설	전액 자부담이나 자선 의존	시설에 따라 차이

먼저 기초생활보장 생계급여 수급자들이 생활하는 '생활시설'에서 이루어지는 수발의 양은 어떠한가? 이곳의 장애인들은 자부담을 전혀 하

지 않는다. 1급과 2급 중증 장애인들이 생활하는 서울의 한 장애인 생활시설의 건물 및 토지 관련 비용(건축비, 수리비, 토지 구입비, 임대료 등)을 제외한 2011년 운영 예산은 152,400만 원이다. 이 중 86%가 정부 보조금이다.[32] 이외에도 정부는 가끔씩 시설보강비를 지원해주기 때문에 어림 잡아 총비용의 90%를 정부가 지원한다고 볼 수 있다. 그런데 이 시설의 장애인들은 24시간 보살핌을 받는다고 할 수 있으므로 24시간의 90%인 21시간 30분 정도만 국가의 수발을 받고[33], 나머지는 자선 등의 수발을 받는다고 볼 수 있다. 그러나 장애인의 입장에서 보면 24시간 무료로 수발을 받고 있으므로, 장애인에게 제공되는 수발의 양은 형식적으로는 충분하다고 볼 수 있다. 수발의 내용과 질이야 어떻든 24시간 동안 필요한 수발을 받으면서 생존하고 있다는 사실은 분명하기 때문에, 양적인 측면에서만 본다면 생활시설의 수발의 양은 스웨덴과 비교해도 손색이 없다. 물론 순수 국가의 수발시간 양은 스웨덴의 시설 생활 장애인들의 경우보다는 적다.

기초생활보장 수급자가 아닌 장애인들이 '실비생활시설'에서 거주하는 경우, 국가로부터 어느 정도의 수발을 받는가? 이들의 자부담 비용은 서울의 경우 약 29~57만 원이다(서울특별시, 2011가: 176). 바로 위에서 언급한 서울의 한 장애인 시설의 건물 관련 비용을 제외한 월 1인당 생활비용은 282만 원이다.[34] 물론 이 비용에는 장애인 개인의 용돈은 포함되어

---

32 45명의 1급과 2급 장애인들을 수용한 서울의 한 시설 2011년 예산 총액은 253,200만 원이며, 이 중에는 이 해에 특별하게 정부로부터 지원받은 시설보강비 100,800만 원이 포함되어 있다. 총예산에서 정부의 보조금은 232,500만 원이고, 나머지 20,700만 원은 후원금, 이월금과 재단 전입금 등이다. 총예산에서 시설보강비를 제외한 통상운영비는 152,400만 원이다. 이 통상운영비 중에서 정부 보조금이 차지하는 비율은 152,400만-20,700만 원/152,400만 원=0.86이다(시설의 내부 자료).

33 총비용에서 의식주에 필요한 물적 자원비용 등을 제외한 수발비가 얼마인지는 정확하게 계산하기 어렵지만, 정부의 지원 비율이 각 부분 비용에 고르게 적용된다고 가정하면 수발비도 정부가 90%를 지원한다고 이야기할 수 있다.

34 이를 근거로 일당 월 생활비(시설보강비 제외)는 152,400만 원/12개월/45인=282만 원이다.

있지 않다. 이를 근거로 계산하면, 실비시설의 장애인들은 총 생활비의 11~21% 정도를 자부담하고 있다고 볼 수 있다. 이것은 실비생활시설에 있는 장애인 생활비의 79~89%를 정부가 지원한다는 뜻이다. 이 생활비 중에서 수발비가 얼마라고는 잘라 말할 수 없으나, 수발비의 국가 지원 비율도 이 전체 생활비 지원 비율과 동일하다고 보면 실비시설 수발비의 79~89%를 정부가 지원한다고 볼 수 있다. 따라서 국가가 제공하는 수발시간은 하루 24시간의 79~89%인 19시간~21시간 30분 정도이다. 만약 이 시설이 전체 생활비 중의 10% 정도를 후원금과 재단 전입금으로 충당한다면 정부의 수발 제공시간은 16시간 30분~19시간 정도일 것이다.

일과 수발보장의 수발의 양은 어떠한가? 일과 수발에서 가장 많은 양의 수발을 제공하는 주간보호센터의 수발 제공시간을 대표적으로 살펴보자. 서울의 한 장애인 복지관에서 운영하는 주간보호센터의 2011년 총예산은 10,670만 원이다. 그런데 이 기관에서는 공익요원 2명이 근무하고 있으므로 이들의 인건비 4,000만 원도 국가에서 지원해준다고 볼 수 있다.[35] 따라서 연 수발비 총액은 14,670만 원이다. 이 중에서 장애인이 매월 13만 원 정도 부담하는 이용료 총액이 2,300만 원이므로 정부의 지원 비율은 (14,670−2,300)/14,670=0.84이다. 그런데 이 시설에서 오전 10시부터 오후 4시까지 6시간을 보살피면서 출퇴원을 차로 시켜주므로 하루 9시간의 수발을 해준다고 볼 수 있다. 따라서 정부는 이 10시간의 84%인 8시간 24분을 수발해준다고 볼 수 있다.[36]

다른 주간보호센터의 경우도 살펴보자. 단독주택을 활용한 서울의 한 주간보호센터의 2011년 총예산은 정부 보조금 7,800만 원과, 12명의

---

[35] 이 경우 국가 돈이 아니라 노동력을 거두어 사회복지에 사용하고 있다고 볼 수 있다. 이 시설 종사자의 연봉은 2,000만 원 정도이다.

[36] 서울의 한 장애인 종합사회복지관 내부 자료에 근거함.

장애인들이 월 25만 원씩 내는 이용료 총액 3,600만 원을 합한 11,400만 원이다. 여기에 정부에서 지원해주는 공익요원 1명의 인건비 2,000만 원과 자원봉사자들 인건비 1,000만 원을 합하면 장애인 총수발비는 14,400만 원이다.[37] 이를 근거로 정부의 수발 지원 비율을 계산하면 68%이다.[38] 이 시설에서도 10시간을 보살펴주므로 6시간 48분을 정부가 수발해준다고 볼 수 있다. 그렇다면 이런 주간보호센터 이용 장애인의 수발의 양이 장애인이 생활하기에 충분한가? 이 장애인들이 적지 않은 수발비용을 감당해야 하고, 주간보호센터를 벗어난 야간과 주말에도 수발이 계속 필요하다는 점을 감안해보면, 가족을 비롯한 주변 사람들에게 상당한 부담을 안길 것임에는 틀림이 없다.

일과 후 수발을 들어주는 정부 지원 공동생활가정에서는 일과 수발은 하지 않는다. 그런데 공동생활가정도 일부만이 정부의 보조금을 받고 있고, 대부분의 시설에서는 장애인이 자부담으로 생활하므로 정부 제공 수발의 양은 매우 적다고 볼 수 있다.

파견 수발인 장애인 활동보조 지원제도의 국가 제공 수발시간은 어떠한가? 우선 장애인의 자부담 비용부터 살펴보자. 장애인들은 소득 수준과 수발시간에 따라 전혀 부담하지 않거나, 월 8만 원까지 부담한다. 이 최대 비용은 시간당 수발비용이 8천 원이므로 10시간에 해당되는 돈이다. 이 자부담액은 스웨덴의 경우와 비교해보아도 큰 차이가 나지 않는다. 스웨덴에서 집으로 수발을 파견해주는 수발에 대한 자부담액은 모든 장애인에게 동일하게 5시간 20분에 해당되는 1,600크로나(272,000원)이다(박승희 · 채구묵 외, 2007: 120). 외형으로만 보면 한국 활동보조 지원제도의 자부담액이 적다고 말할 수 있다. 물론 두 나라 간에는 장애인을 위

---

37 김영희 시설장의 가르침.

38 공익요원 인건비를 정부 보조금에 합한 것을 정부 지원금이라고 보고, 이것의 총비용에 대한 비율을 계산한 것이다. 즉 (7,800+2,000)/14,400×100=68%.

한 소득보장의 차이가 현격하기 때문에 이렇게 단정할 수는 없다. 아무튼 한국에서 자부담 수발비의 비율은 0~22%이다.[39] 한편 국가가 제공하는 수발시간은 필요한 수발의 정도에 따라 월 40~250시간이다.[40] 따라서 장애인 자부담까지 고려한 국가 제공 수발시간은 월 31~250시간이다. 이것으로 장애인이 정상적인 삶을 살아갈 수 있을까? 현장에서 이 제도를 운영하고 있는 사회복지사는 중증 장애인이 월 250시간으로 생활하기에는 매우 부족하다고 한다.[41] 항상 누군가의 보살핌이 필요한 장애인에게 월 250시간은 월 필요수발시간(24시간×30일=720시간)의 3분의 1 수준이다. 물론 이런 극단적인 장애인들은 시설에 수용되는 것이 수발의 총비용을 줄여줄 것이다.

여기서 우리는 국가의 수발 지원을 받지 않는 대부분의 장애인들은 말할 것도 없고, 수발 지원을 받는 장애인들도 제공받는 수발의 양이 넉넉치않다는 것을 알 수 있다. 생활시설을 이용하는 이들을 제외한 장애인들은 가족으로부터, 혹은 자부담으로 수발을 받거나, 방치된 삶을 살아야 한다. 이것은 모든 장애인들이 필요한 만큼의 수발을 받고 사는 스웨덴의 경우와는 많은 차이를 보인다.

(2) 수발의 질

그렇다면 수발의 질은 어떠한가? 수발의 질을 직접적으로 평가하기는 어렵기 때문에 장애인에게 투입되는 노동력과 비용을 활용하여 간접적으로 살펴보자. 먼저 생활시설의 장애인에게 투입되는 수발비용은 얼마나

---

39 22%는 상대적으로 수발시간이 가장 적으면서 자부담 수발비가 가장 높은 경우의 비율이다. 구체적으로 수발시간이 40시간이면서 소득이 전국 가구 평균 소득의 150%에 속한 장애인의 자부담 비율이다. 이들은 40시간에 대한 총수발비 32만 원에서 7만 원을 부담한다.

40 서울시 은평구의 경우이다. 지자체마다 조금씩 차이가 난다.

41 서울시 은평구 서부장애인복지관, 권다진 사회복지사의 가르침.

되는가를 따져보자. 중증 장애인이 하루 24시간 생활하는 서울의 한 장애인 요양원에서는 장애인 45명을 32명이 돌보므로[42] 중증 장애인 1명을 돌보는 도우미가 0.7명이다. 이것은 앞에서 살펴본 것처럼 스웨덴에서 중증 장애인을 돌보는 사람이 2.0명인 것과는 큰 차이를 보인다. 한편 한국 중증 장애인 시설의 장애인 1인당 월평균 생활비는 269만 원이고, 이 중 인건비는 월 204만 원이다. 장애인의 숙식비는 수발비용이라고 볼 수 없으므로 장애인 1인당 순수 수발비용이 얼마라고 정확하게 추정하기는 어렵지만, 인건비가 대부분 수발에 들어간다고 볼 수 있으므로 인건비를 수발비용으로 가정한다면 한국의 중증 장애인 수발비용은 204만 원이라고 할 수 있다. 이것은 앞에서 살펴본 바 있는 스웨덴 중증 장애인 1명을 위한 수발인건비 월 600만 원의 3분의 1 정도이다. 따라서 한국의 중증 장애인에게 제공되는 수발의 질은 노동력으로 보나 비용으로 보나 스웨덴에 비해 매우 낮을 가능성이 크다.

장애인 주간보호센터의 수발 질은 어떠한가? 한 종합복지관의 주간보호중심에서는 14명의 지적 장애인을 담당 사회복지사 2명, 운전기사 1명, 공익요원 2명이 하루에 10시간 정도 보살핀다. 이것은 1명의 지적 장애인을 0.36명이 보살핀다는 것을 의미한다. 그런가 하면 다른 주간보호중심에서는 12명의 지적 장애인을 유급 인력 3명과 공익요원 1명, 그리고 자원봉사자들이 매일 10시간 동안 보살피고 있었다. 자원봉사 인력을 0.5명으로 계산하면 장애인 1명을 0.38명이 보살피는 셈이다. 심각한 장애인들이 아니기 때문에 보호하는 수준에서는 큰 문제가 없는 것으로 보인다. 그런데 이 직업적인 도우미들의 인건비가 연봉으로 평균 약 2,000만 원이다. 이 임금이 수발의 질을 확보하기 위한 충분한 보상이라고 보기는 어렵다. 왜냐하면 노동 강도나 시간의 문제를 고려하지 않는다

---

[42] 서울의 한 중증 장애인 요양시설의 내부 자료에 근거함.

하더라도, 이 소득만으로는 서울에서 중산층 생활을 유지하기에 턱없이 부족하다는 문제가 있기 때문이다.

한편 파견 수발인 장애인 활동보조 지원제도에서는 한 도우미가 한 장애인을 보살피므로, 보살피는 동안은 노동력이 부족하여 수발의 질이 떨어진다고 볼 수는 없다. 그런데 이 도우미들에 대한 보상이 결코 넉넉하지 않다. 이들은 시간당 6,000원을 받는다. 여기에는 사회보험의 기여금이나 세금은 포함되지 않는다. 만약 이들이 하루 8시간 월 25일을 근무한다면 월 실질 급여는 120만 원이 될 것이다. 그런데 통상 한 도우미가 한 달에 100시간 정도 일을 하므로 실질 월 급여는 60만 원이다.[43] 이런 보상으로 높은 수발의 질을 담보하기에는 부족하다고 할 수 있다.

한편 수발 과정의 인권침해 가능성은 어떠한가? 국가의 수발 제공이 적은 상황에서 많은 장애인의 수발을 가족들이 담당하므로 사회보장이 잘되고 있는 스웨덴에 비하면 인권침해가 많다고 할 수는 있다. 물론 가족에 의한 장애인의 인권침해 위험이 없다는 것은 결코 아니다. 다만 인권침해의 작동기제가 다를 뿐이다. 아무튼 수발의 상품화가 아무리 적다 하더라도 국가가 제공하는 수발이 대부분 노동력 상품에 의존하므로 이 점이 문제가 되지 않는 것은 아니다.[44]

그러나 이러한 문제에 대한 대응은 거의 없다. 스웨덴에서는 이런 문제를 예방하기 위해 장애인의 자기 결정주의 원칙을 강조하면서 사리 판단이 어려운 장애인을 위한 법정후견인 제도를 도입하고 있다. 특히 장애인의 금전 관리는 장애인 본인이나 법정후견인이 맡는다. 이와는 달리 한국에서는 장애인 통장 관리를 기관이나 사회복지사, 친인척이 담당한다. 이들에 대한 견제 장치가 부족하므로 이들에 의한 금품 착취가 발생할 가

---

43 서울 서부장애인복지관 권다진 사회복지사의 가르침.

44 이 점에 대해서는 앞의 스웨덴 장애인 수발보장의 질에 관한 논의에서 설명했다. 더 자세한 정보는 박승희(2004), 2장에 수록되어 있다.

능성은이 매우 크다. 이 점과 함께 장애인을 담당하는 공무원에 의한 수발의 감시체제도 매우 취약하다는 점까지 고려하면, 한국에서는 장애인의 인권이 침해될 소지가 크다고 할 수 있다. 이에 대해서는 전달체계를 다루면서 자세히 논의하겠다. 가족에 의한 장애인의 인권침해도 감시되지 않고 있다. 가족이 가족 밖 공동체 안에 심어져 있던 전근대 사회와는 달리, 가족이 고립되어 있는 사회에서는 가족에 대한 외부의 감시가 사라져버린다. 이런 곳에서는 가족에 의한 장애인의 인권침해가 밖으로 드러날 가능성이 희박하다. 그런데도 가족 밖 공동체의 역할을 담당할 어떤 장치도 없다. 가족의 행태를 감시할 담당공무원도, 법정후견인도 없다. 이런 한국의 상황은 장애인의 수발을 위해서 지방자치단체의 담당공무원과 법정후견인, 가족, 도우미가 서로 견제할 수 있는 체계가 잘 갖추어진 스웨덴의 상황과는 사뭇 다르다. 다만 일과 수발을 받거나 활동보조 지원을 받는 장애인의 경우에는 도우미와 가족 사이에 상호 감시가 어느 정도는 가능할 것이다.

4. 수발보장의 방법

1) 수발보장의 원칙

이미 앞에서 밝힌 바와 같이 한국의 수발보장은 자선 지원과 공공부조의 원리에 따라 이루어지고 있다. 수발이 매우 선별적으로 이루어지고 있기 때문에 우리는 과연 이런 제도를 '수발보장'이라고 부를 수 있는지 회의적이다. 그러나 미래에 대한 기대를 담아 수발보장이라고 불러본다. 국가의 수발 지원은 모두 일반 조세로 이루어진다. 이처럼 일반 조세를 재원으로 삼는다는 점에서는 스웨덴의 장애인 수발제도와 다를 바 없다. 그러나 대상자를 선별하여 소극적으로 지원하는 자선과 공공부조의 원리를 따른다는 점에서는 사회보공의 원리에 따라 모든 장애인을 적극적으로 지원하는 스웨덴과 많은 차이를 보인다.

한국에서는 시설 지원과 개인지원의 방식을 병행하고 있다. 장애인 활동보조 지원제도의 경우를 제외하고는 시설 지원의 원칙을 따르고 있다. 이 시설 지원 방식은 국가가 막연한 장애인을 대상으로 투망을 쳐서 지원하는 방식에 비유할 수 있다. 이것은 이 투망에서 빠진 장애인은 국가의 수발 지원을 받을 수 없고, 여러 투망에 걸리면 중복 지원을 받을 수 있음을 의미한다. 이로 인해 자원의 낭비가 초래된다. 그래서 이런 곳에서는 사례 관리나 정보 통합과 같은 사이비 개혁안이 나오게 된다. 그러나 시설 지원을 스웨덴과 같은 개인지원으로 바꾸지 않는 한, 사례 관리나 정보 통합은 또 다른 낭비 체계들을 추가하는 것에 지나지 않을 것이다.

2) 전달체계

한국에서는 전달체계가 통일되어 있는 스웨덴의 경우와 달리 여러 장애인 지원제도별로 전달체계가 다르기 때문에 각각의 전달체계를 살펴볼 필요가 있다. 특히 시설 지원이냐, 개인지원이냐에 따라서 큰 차이를 보이므로 이것을 중심으로 제도들을 분류하여 살펴보고자 한다.

시설 지원 방식으로 지원을 받는 대표적 장애인 시설은 기초생활보장 대상자인 중증 장애인을 수용하여 종합 수발을 해주는 장애인 생활시설이다. 이곳의 수발보장 전달체계는 어떠한가? 장애인이 이런 시설의 서비스를 받기 위해서는 장애인이나 그 가족이 복지실시기관(기초자치단체)에 입소를 신청하여 그 기관이 시설에 입소를 의뢰하거나, 가족이 시설에 직접 입소를 신청한다. 의뢰 혹은 신청을 받은 시설장은 입소 여부를 결정하여 관할 기초자치단체장의 승인을 얻은 다음, 장애인과 입소 계약을 맺고 정부의 지원금과 장애인으로부터 입소 비용[45]을 받아 장애인을 부양한다(보건복지부, 2011사: 31). 시설장은 장애인이나 가족의 동의를 얻어 퇴소시킬 수 있으며, 퇴소한 다음에는 관할 기관에 보고해야 한다(보건복지부, 2011사: 32).

여기서 우리는 한국의 장애인 수발 전달체계가, 장애인이나 보호자로부터 수발에 대한 신청을 받은 기초자치단체가 수발 소요를 판정한 다음, 장애인 개개인에 대한 수발기관을 선정하여 수발 계약을 맺고 비용을 지급하면서 수발을 감독하는 스웨덴의 경우와는 근본적인 차이를 보인다는 것을 알 수 있다. 한국의 생활시설 수발제도에서는 '복지실시기관'인 기초자치단체가 장애인에 대한 수발 신청을 반드시 받는 것도 아니고, 장애인 개개인의 수발 소요를 판정하는 것도 아니며, 수발기관을 선정하여 수발기관과 수발 계약을 체결하는 것도 아니고, 장애인의 수발 과정을 감독하는 것도 아니다. 지방자치단체가 하는 것은 우연히 시설에 맡길 필요와 요건을 갖춘 장애인이 발견되면 시설 입소 자격을 심사하여 시설에 입소시켜줄 것을 의뢰 즉 부탁하고, 장애인 개개인의 생활에 필요한 경비가 아니라 시설 운영에 필요한 경비를, 책임지는 것이 아니라 겨우 보조해주는 것이다. 그리고 장애인 개개인의 수발 과정이 아니라 시설이 기준 등을 잘 준수하고 있는지를 감독한다. 국가(지방자치단체), 시설과 장애인 개인의 3자 관계를 살펴보면 수발과 관련된 중요한 상호작용은 시설과 개인 사이에서, 시설의 운영과 관련된 상호작용은 국가와 시설 사이에서 이루어지며, 개인과 국가의 상호작용은 거의 없다(〈그림 5-2〉 참조). 즉 생활시설의 수발보장에서는 정부는 수발의 주체가 아니라 보조자임을 알 수 있다. 주체는 시설이고, 수발에 대한 최종 책임자는 개인이다. 따라서 한국의 국가에는 장애인 수발 '복지실시기관'은 말로만 있고, 실제로는 '복

---

45 실비 입소자에게만 해당된다. 2011년의 경우 장애인 1인당 월 293,000원 이하이다(보건복지부, 2011사: 33).

〈그림 5-2〉 장애인 생활시설 장애인에 대한 수발 전달체계

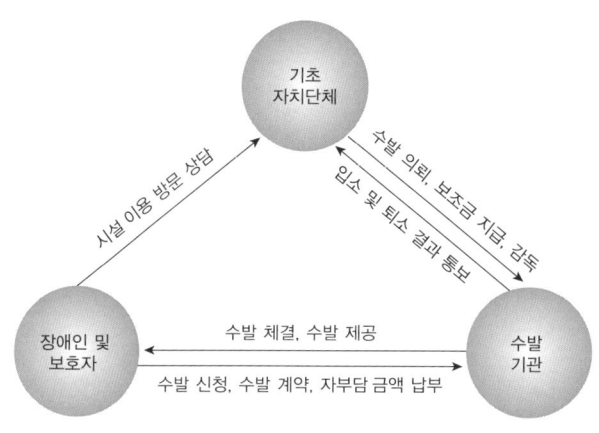

지보조기관'만이 있다고 보아야 한다. 이것은 국가가 수발의 주체이자 책임자인 스웨덴과는 확연히 다르다.

여기서 우리는 장애인 시설의 성폭행을 다룬 영화 〈도가니〉가 왜 문제가 되는가를 이해할 수 있다. 정부가 장애인 시설에 돈을 지급하면서도 수발 과정에 대해서는 책임지지 않은 상태에서 24시간 수용되어 있는 장애인들은 가족이나 시설 주변으로부터도 완전하게 차단될 수 있고, 장애인의 입소와 퇴소, 통장 관리를 책임져주는 법정후견인도 없기 때문에 '외딴 섬'에 갇혀 있는 것이나 다름없는 장애인들의 인권은 시설장에게 달려 있다. 이것은 지방자치단체 담당자들과 범정후견인이 장애인 개인별 수발 과정을 관리 감독하고, 장애인들은 아파트 단지 내 공영 공동가정에서 생활하면서 주간 활동장으로 출퇴근을 하는 스웨덴의 사정과는 완전히 다르다. 따라서 한국의 장애인 생활시설은 언제든 장애인 사육장으로 돌변할 위험성이 있다.

"뇌병변장애 1급인 ○양(17세)이 8년 넘게 갇혀 지낸 가로 1미터, 세로 1.7

미터, 높이 1.5미터 크기의 철창 우리는 (기자가 시설을 찾아갔을 때는) 치워져 보이지 않았다. 사무실에 남아 있는 한 직원은 '교도소에나 있을 법한 철창은 없다. 유아용 침대 형태인데, 아이가 바깥으로 빠져나오지 못하도록 안전을 위해 설치했다'며 학대 사실은 과장됐다고 항변했다. 1998년 사회복지법인 인가를 받은 이 시설은 2002년 준공됐다. 구청의 보조금 5억 원, 사회단체의 지원금 등으로 운영되어왔다. 인권위 조사 결과, 이 시설 직원들은 생활지도 명목으로 빗자루로 장애인들에게 체벌을 가했고, 여성 재활교사가 남성 장애인의 목욕을 보조해 성적 수치심을 유발하기도 했다."[46]

한편 역시 시설 지원 방식으로 지원을 받고 있는 주간보호센터나 복지관의 교육 · 여가 · 노동 관련 일과 수발과 공동생활가정의 일과 후 수발전달 과정에서도 국가가 빠진 상태에서 수발이 당사자와 개별 시설의 계약관계로만 이루어지고, 국가는 돈만 시설에 보조하는 선에서 행동을 멈춘다. 이런 수발들은 생활시설의 경우에 비해서 개방되어 있기 때문에 심각한 인권침해 가능성은 크지 않을 것이다. 그러나 수발의 질과 양에 대한 관리가 잘 이루어진다고는 말할 수 없다.

〈표 5-9〉 장애인 수발보장의 국가 역할 및 제도별 비교

제도	수발 신청	장애 판정	시설 판정	장애인 배정	수발 계약	수발 과정 감독	비용 수납	비용 지불
스웨덴	받음	함	함	배정	함	함	함	함
시설 지원	받기도 함	안 함	함	안 함	안 함	안 함	안 함	함
개인지원	받음	함	함	안 함	안 함	안 함	안 함	함

이런 국가의 역할을 스웨덴의 경우와 비교해보면 〈표 5-9〉와 같다.

---

46 〈8시 뉴스〉, SBS, 2012년 2월 1일.

국가가 장애인의 수발 신청을 받아서 수발의 전체 과정에 적극 개입하는 스웨덴의 경우와는 달리, 한국의 시설 지원 방식에서는 국가가 시설을 기준에 따라 판정하여 비용을 지불하는 정도이다. 따라서 이 점에서만 좁게 본다면 시설 지원 방식의 수발 전달체계가 행정비용이 적게 든다는 장점이 있다. 그러나 장애인의 수발 과정에 대한 관리와 감독이 결여되어 있기 때문에 장애인의 중복 수발 및 과소 수발의 문제와 인권침해를 야기할 가능성이 매우 크다.

이제 개별 지원 방식의 전달체계에 대해서 살펴보기로 하자. 한국에서 장애인 개인을 중심으로 수발을 지원하는 제도는 장애인 활동보조 지원 제도이다. 1급 장애인만을 대상으로 하는 이 제도의 수발 전달체계는 다음과 같다. 지방자치단체가 읍면동사무소를 통해 수발 신청을 받고, 보건소를 통해 수발의 필요량 등에 대한 방문 조사를 실시하여 제공할 월 수발시간과, 자산조사를 통해 자부담액을 결정한 다음 대상자 선정 결과와 수발 제공시간, 자부담액 등을 신청자에게 통보하고 수발이용권을 발급해준다. 이용권을 발급받은 장애인은 자기 부담금을 지정 계좌로 납부하고, 수발기관을 선정하여 수발을 신청한다. 신청서를 받은 수발기관은 수발의 내용과 시간을 방문 조사하여 수발계획을 세우고, 장애인과 계약을 체결한 후 수발인을 파견한다. 수발인이 수발을 할 때마다 카드를 이용해 단말기로 결제하면 3일 후에 수발기관으로부터 수발비가 지급된다(복건복지부, 2011바: 5~6). 이를 그림으로 그려보자.

여기서도 시설 수발의 경우와 마찬가지로 기초지방자치단체를 비롯한 정부가 수발 제공 과정에서 하는 일은 많지 않다. 시설 지원 수발의 경우와는 달리 장애인 개인별 수발 제공시간과 자부담액을 결정하여 통보하고, 이용카드를 발급해주고, 시설에 대해서는 공인 수발기관의 자격을 심사해 부여하는 정도이다(〈표 5-9〉 참조). 나머지는 장애인과 수발인 및 수발기관이 시장논리에 따라서 처리한다. 국가는 보조자일 뿐, 수발의 주체라고는 볼 수 없다. 따라서 경제적인 측면에서만 본다면 스웨덴보다 효율

〈그림 5-3〉 장애인 활동보조 지원제도의 전달체계

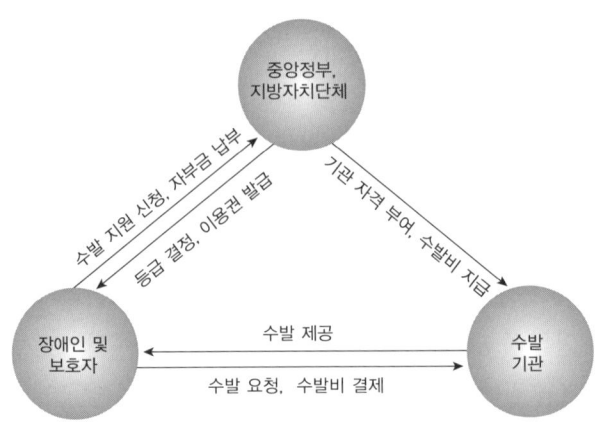

적인 것처럼 보인다. 장애인에게는 수발 수급 자격을, 시설에는 수발 제공 자격을 부여하는 것을 빼놓고는 크게 행정 인력이 투입될 필요가 없으므로 관리비용이 거의 들지 않는다고 볼 수 있기 때문이다. 그러나 조금 뒤에 살펴보겠지만, 실제로 절약되는 관리비는 많지 않다. 문제는 관리가 되지 않는다는 것이다. 예컨대 허위 수발의 문제도 있을 수 있고, 장애인이 기관을 선정하지 못하여 수발을 받지 못하는 경우도 생길 수 있는데, 이런 것을 예방할 장치가 취약하다. 또한 장애인이 수발 과정에서 억울한 대접을 받아도 호소할 곳을 쉽게 찾을 수 없다.

한편 국가 안의 수발과 관련된 업무분담 상황도 점검해볼 필요가 있다. 비교적 잘 제도화된 장애인 활동보조 지원제도의 업무분담 내용을 먼저 살펴보자. 〈표 5-10〉에서 보는 바와 같이 중앙에서 말단 지방기관까지 실행의 업무가 분산되어 있다. 스웨덴의 경우처럼 업무에 대한 구상과 재정 확보, 업무조정과 관리 감독 등은 중앙정부나 광역자치단체에서 하고, 실행과 집행은 기초자치단체에서 하는 것이 바람직할 것이다. 그런데 비용 지급과 같은 실무까지도 중앙부처에서 수행하고 있으며, 현장과 밀착되어 있는 교육기관 지정과 같은 업무는 광역자치단체에서 집행하고 있다. 그런가 하면 서비스 신청 접수 업무는 읍면동사무소에서 맡고, 신청자의 방문 조사와 대상자 판정 및 등급 결정과 기관 관리는 기초자치단체에서 맡는다. 이것은 수발 신청과 접수, 판정 및 수발 제공 기관의 선정과 관리, 비용의 지급 및 개인 부담금 수납과 같은 업무가 한곳에서, 즉 기초자치단체에서 통합적으로 이루어지고 있는 스웨덴의 경우와는 매우 다르다. 이런 업무들은 현장과 밀착되어 유기적으로 연관되어 있기 때문에 일선에서 종합적으로 집행하는 것이 효율적일 것이다.

〈표 5-10〉 장애인 활동보조 지원사업 업무분담표

추진 주체		기능
보건복지부	장애인정책과	○ 사업계획 수립, 홍보, 운영 매뉴얼 마련 등 사업 총괄
	사회서비스정책과	○ 전자바우처 시스템 구축 · 관리
한국사회 서비스관리원	담당자	○ 시 · 군 · 구 예탁금 관리 ○ 바우처 비용 지급 및 정산
시 · 도	장애인복지 담당	○ 시 · 군 · 구 및 읍 · 면 · 동 사업 관리 · 감독 ○ 교육기관 지정 · 관리
시 · 군 · 구	장애인복지 담당	○ 읍 · 면 · 동 사업 관리 · 감독 ○ 제공기관 지정 · 관리 ○ 대상자 선정 및 등급 결정 ○ '활동보조서비스 인정위원회' 구성 · 운영
	보건소	○ 신청자 방문 조사
읍 · 면 · 동	사회복지 전담공무원	○ 서비스 신청 접수 및 장애등급 심사 의뢰
제공기관	담당자	○ 활동보조인 모집 · (자체) 교육
	활동보조인	○ 활동보조서비스 제공
교육기관	담당자	○ 활동보조인 교육

출처: 보건복지부, 2011바: 5

이런 업무의 분산은 다른 장애인 수발제도의 경우도 유사하다. 예컨대 생활시설의 시설 개 · 보수 수발을 직접 제공하는 기관에서 관리해야 함에도 불구하고 시도지사가 관장하도록 하고 있다(보건복지부, 2011사: 39).

이제까지 논의한 장애인 수발 전달체계의 효율성을 종합적으로 평가해 보자. 한국의 장애인 수발보장의 가장 큰 문제점은 수발 과정이 방치되어 있다는 것이다. 〈표 5-9〉에서 보는 바와 같이 한국의 국가는 스웨덴에 비해 수발 과정에 대해서는 많은 일을 하지 않는다. 이것은 장애인 수발 상태를 점검하지 않는다는 뜻이다. 그나마 점검을 하고 있다는 장애인 활동보조 지원제도에서도 장애인의 수발에 대한 전자결제가 이루어지면 임시직을 고용하여 수발 여부를 전화로 확인하는 정도이다. 여기서도 개개인의 수발 과정을 점검해줄 담당자가 있을 리 없다. 따라서 한국의 수발 과정에서는 장애인의 인권침해 등이 수시로 발생할 수밖에 없다.

이렇게 수발 과정을 방치한 만큼, 얼핏 보면 행정비용이 적게 들어간다고 볼 수 있다. 그러면 얼마나 비용이 절감될까? 시설 수발에서 장애인의 수발 신청을 받지 않고 장애 판정을 하지 않는다는 것은 비용을 절감하는 것처럼 보이지만, 그 금액은 미미할 것이다. 왜냐하면 어차피 장애인 활동보조 지원제도와 같은 개인지원을 위한 수발 신청 접수와 장애 판정, 장애인의 시설 입소 신청 접수와 입소 자격 심사도 판정에 필요한 '밥상은 차려야 하기' 때문이다. 장애인 배정, 수발 계약, 수발 과정 감독과 비용 수납도 시설 지원 및 개인지원에서 모두 하지 않기 때문에 행정비용이 절감될 것이다. 그러나 수발 과정의 감독을 하지 않는다고 수발 과정을 전혀 관리하지 않을 수는 없다. 돈이 지불되었으니 감사도 하고, 돈만 받고 수발하지 않는지도 감시해야 한다. 따라서 수발 과정의 중요한 과제들을 수행하지 않는 이런 제도가 그런 과제들을 착실하게 수행하는 경우에 비해 그렇게 많은 행정비용을 절감해줄지는 의문이다. 10인분 국을 끓이다가 9인분으로 줄인다고 돈이 얼마나 덜 들어갈까?

더군다나 중앙정부에서 말단 읍면동사무소에까지 실행업무가 분산되어 행정력의 낭비가 심하면서도 관리가 제대로 이루어지기 어려운 것도 문제이다. 정부가 많은 일을 장애인과 시설에 떠넘긴다 해서, 많은 일을 직접 책임지는 스웨덴의 경우보다 행정비용을 줄이는 것은 아닐 것이다. 보건복지부와 광역자치단체, 기초자치단체, 읍면동사무소가 복잡하게 장애인 수발에 참여하는 한국의 경우가, 계획은 중앙정부에서 세우고 집행은 기초자치단체가 일괄해서 담당하는 스웨덴의 경우보다 행정효율성이 높다고 말할 수 있을 것인가? 한국의 경우는 행정비용은 많이 들어가면서도 수발 전달은 제대로 하지 못한다. 이런 구조에서는 담당자들이 밤늦게까지 일하고 비용도 많이 들어가지만 장애인의 처지는 개선될 수 없다.

3) 수발비용의 산정과 지불 및 수납 방식

비용의 산정과 수발비의 지불 및 수납 방식도 시설 수발과 파견 수발로 나누어 살펴보기로 하자.

〈표 5-11〉 2011년 장애인 생활시설 관리운영비 시설별 지원 기준

(단위: 개소 / 인)

시설 종류	2010년		2011년	
	지원 구분	지원 단가	지원 구분	지원 단가
장애 유형별 생활시설	시설당 기본지원	37,318,000원/개소	시설당 기본지원	38,438,000원/개소
	생활장애인 수 기준 가중지원	559,000원/인	이용장애인 수 기준 가중지원	576,000원/인
중증 장애인 요양시설	시설당 기본지원	37,318,000원/개소	시설당 기본지원	38,438,000원/개소
	생활장애인 수 기준 가중지원	559,000원/인	이용장애인 수기준 가중지원	576,000원/인
장애 영유아 생활시설	시설당 기본지원	37,318,000원/개소	시설당 기본지원	38,438,000원/개소
	생활장애인 수 기준 가중지원	559,000원/인	이용장애인 수기준 가중지원	576,000원/인

출처: 보건복지부, 2011사: 20

먼저 생활시설 수발을 위한 수발비 산정 방식은 〈표 5-11〉과 같다. 여기서 우리는 수발비가 장애인 개개인의 소요를 고려한 것이 아니라, 시설별로 일괄 지급되고 있다는 것을 알 수 있다. 물론 시설당 기본비용을 지원하고, 이용장애인 수 기준을 초과하는 인원에 비례해서 추가로 지원하고 있기 때문에 장애인 개인 사정을 완전히 무시한다고는 말할 수 없다. 그러나 장애인의 개인적 특성을 고려하여 비용을 산정한다고 볼 수는 없다.

관리운영비뿐만 아니라 장애인시설 수리비나 시설 개조비용인 기능보강비도 장애인의 개인별 특성을 고려하여 지급하는 것이 아니라, 정부가 시설의 지원 신청을 받아서 선별 지급한다(보건복지부, 2011사: 35).

장애인 주간보호센터, 공동가정 등에 대한 보조금도 장애인 개개인의 특성을 전혀 고려하지 않은 상태에서 시설의 여건 등만을 고려하여 지원한다. 심지어 이용장애인의 수마저도 고려하지 않는다. 장애인에 대한 여러 수발을 제공하고 있는 장애인복지관에 대한 보조금을 시설에 일괄 지급하고 있다.

한편 장애인이 부담하는 수발비용은 장애인이 시설에 직접 납부한다. 이것은 장애인이 기초자치단체에 자기 부담금을 납부하고, 기초자치단체가 그 돈에 정부 부담액을 합하여 시설이나 개인에게 지급하는 스웨덴과는 다르다.

그렇다면 이런 시설 수발비용 산정 방식과 수발비 지급 및 수납 방식은 어떠한 장단점을 가지고 있는가? 장애인 개개인의 특성을 고려하지 않고 시설운영비를 산정하는 경우, 얼핏 보기에는 비용 산정의 행정비용이 적게 들어가는 것처럼 보인다. 그러나 개개인의 비용을 전혀 고려하지 않고서는 시설 전체의 수발비용이 산정될 수 없기 때문에, 실제로 행정비용의 절감 정도는 미미할 것이다. 이 방식의 가장 큰 문제점은 장애인들이 수발에서 배제될 가능성이 크다는 점이다. 왜냐하면 장애인의 특성을 고려하지 않는 비용 산정 제도에서는 시설들이 수발이 많이 필요한 사람들을 기피할 가능성이 많기 때문이다. 한 주간보호센터의 운영자는 시설을 운영하기 위해서는 어쩔 수 없이 장애인을 선별할 수밖에 없다고 증언한다. 뿐만 아니라 장애인은 자신에게 제공된 수발비용이 얼마인지 알 수 없기 때문에 본인이 받은 수발에 대해 자기 권리를 말할 수 있는 근거가 약하다. 개인별로 산정되는 상황에서는 이런 문제들이 줄어들 것이다. 한편 이런 비용 산정 방식에서는 담당기관이나 담당자가 지원 여부와 지원액을 결정하므로 그들의 자의적 판단이 작용할 가능성이 그만큼 크다. 이것은 부당한 권력의 근거가 된다. 실제로 기초자치단체의 장은 다음 선거를 염두에 두어야 하기 때문에, 선거에 영향력이 큰 시설에 더 많은 지원을 해준다고 한다. 한 복지사의 말에 의하면, 그래서 투표권을 많이 가지고 있는 큰 시설이 '자연스럽게' 더 많은 지원을 받을 가능성이 크다고 한다.

시설 수발의 수발비 지급 및 납부 방식은 어떤 장단점이 있는가? 시설 수발과 관련된 돈의 흐름은 두 가지이다. 하나는 정부에서 시설에 지급하는 것이고, 다른 하나는 장애인이 시설에 직접 납부하는 것이다. 정부가 시설에 돈을 지급하므로 정부는 시설에 대한 관리권을 가진다. 그러나 이 권력이 장애인 입장을 고려한 관리로 연결될 가능성은 적다. 왜냐하면 지급자와 장애인의 상호작용이 차단되어 있기 때문이다. 스웨덴과는 달리 장애인 개개인의 소요와 그 충족을 점검할 담당자가 없기 때문에, 장애인 개개인의 권리를 돈의 지급 과정에서 배려할 가능성은 적다. 한편 장애인이 자기 부담금을 기초자치단체를 통해 시설에 지급하는 스웨덴과는 달리 시설에 직접 납부하는 방식에서는 국가가 배제된다. 장애인 개개인의 사정을 파악할 담당자도 없지만, 설령 있다 하더라도 담당자와 장애인의 상호작용이 자기 부담금의 수납 과정에서는 생기지 않는다. 돈을 따라 흘러가는 관심과 책임이 국가의 담당자에게 차단되어 있는 상황에서는 억울한 대접을 받은 장애인이 호소할 곳을 찾기 어렵다.

시설 수발제도와는 달리 파견 수발제도인 장애인 활동보조 지원제도에서는 수발비용을 개인별로 산정한다. 장애인에게 필요한 수발시간을 판정하여 그 시간에 비례한 수발비를 산정한다. 2011년의 경우 시간당 수발비는 8,000원이다. 이 수발비 중에서 장애인 본인 부담금을 제외한 금액이 장애인이 수발을 받고 전자결제를 하면 정부 계좌에서 시설 계좌로 자동 이체된다. 장애인의 자부담 비용은 전산망을 통해 별도 계좌에 입금되었다가 국가 지원금과 함께 지급된다.

이런 활동보조 지원제도의 비용 산정과 지급 방식은 어떠한 장단점이 있는가? 수발비용의 산정에서 장애의 특성이 고려된 편이므로 시설 중심 비용 산정의 경우와는 달리 상대적으로 수발이 많이 필요한 장애인이 수발 지원에서 배제될 가능성은 적고, 수발비 산정과 지급 여부를 결정할 때 담당자의 자의성이 작용할 가능성도 적다. 따라서 시설 중심 비용 산정 방식에 비해서는 비리의 가능성이 감소할 것이다.

이 장애인 활동보조 지원제도의 비용 지급 수납 방식은 어떤 장단점이 있는가? 장애인이 전자결제를 해야만 정부의 지원금이 지원되므로 이 과정에서 장애인이 배제되지는 않는다. 이런 결제 방식에서는 심지어 질이 나쁜 수발에 대해서 결제를 거부할 수도 있을 것이다. 그러나 돈의 지급 과정이 수발 과정에 대한 정부의 관리와 연결되어 있다고 볼 수는 없다. 왜냐하면 정부는 수발 과정에 대한 책임을 지지 않으며, 장애인 개개의 수발 상황을 검점할 담당자도 배정되어 있지 않기 때문이다. 이런 상황에서는 정부의 수발 과정 관리란 전화로 수발 여부를 확인하는 정도일 것이다.

한편 장애인이 자기 부담금을 납부하는 과정에서는 국가가 배제된다. 물론 정부가 부담금을 받아서 시설에 지급하는 형식을 갖추고 있다. 그러나 전산망으로 돈이 흘러가기 때문에 장애인이 시설에 직접 납부하는 것과 실제적으로 다르지 않다. 뿐만 아니라 장애인과 수발 담당자 사이의 돈을 통한 상호작용도 일어나지 않는다. 수발 담당자가 아예 없는 것이 우리의 현실이지만, 있다 하더라도 장애인에 대한 책임감이 약할 수밖에 없다. 만약 담당자나 기관이 장애인의 돈을 받아서 시설에 지급한다면 장애인에 대한 책임감이 그렇지 않은 경우에 비해 클 것이다.

5. 공동체 친화성

한국의 장애인 부양은 본인과 가족이 책임을 지는 것이 원칙이다. 국가는 가족이 보살필 수 없는 장애인으로서 심지어 자선에 의해서도 살아갈 수 없는 사람을 후원한다. 이처럼 장애인 복지정책이 장애인을 가족 안에서 부양하게 하므로 얼핏 보기에는 공동체 지향적인 것처럼 보인다. 그러나 가족이 심각하게 고립되고 축소되고 해체된 상황에서 장애인 부양을 가족에게 떠넘기는 것은 오히려 가족의 해체를 조장하거나, 장애인을 방치 또는 유기(遺棄)하게 만든다. 이런 상황에서는 장애인이 가족 밖 공동체로부터 고립된 채 집에만 갇혀 살 가능성이 크다. 물론 장애인에 대한 지원이 늘어나고 있지만 장애인 가족의 부담은 여전히 크다. 아직도 가정에서 장애인을 부양하는 경우 집으로 배달되는 수발의 양이 매우 적고, 장애인 부양을 위한 소득 지원도 거의 없으며, 장애인의 외부 활동을 위한 수발도 충분하지 못한 상태이다. 이것은 장애인을 가족과 이웃 공동체로부터 분리시키지 않기 위해 가족에게 수발과 소득을 적극적으로 지원하면서 장애인의 주간 외부 활동도 철저히 보장해주고 있는 스웨덴과는 많은 차이를 보인다.

가족으로부터 분리된 장애인의 수발정책도 결코 공동체 지향적이라고 볼 수 없다. 시설에서 생활하는 장애인들은 지역 공동체로부터도 고립된 채 부양을 받는 것이 일반적이다. 특히 생활시설의 장애인들은 하루 종일 시설에서만 생활한다. 이런 시설들은 일반인 주거지가 아니라 인가와 떨어진 변두리에 자리 잡고 있는 경우가 많다. 일반 주거지에 있다 하더라도, 예컨대 일반 아파트에 있는 것이 아니라 별도의 시설로 분리되어 있다. 이런 환경에서는 장애인이 일반인의 이웃이 되기 어렵다. 이것은 중증 장애인을 위해 5명 정도가 생활할 수 있는 일반 아파트를 임대하여 공동가정을 꾸리고, 이들의 주간 활동 장소를 집 밖에 마련하여 출퇴근을 시키고 있는 스웨덴의 상황과는 큰 차이를 보인다. 이런 환경에서 생활하는 장애인들은 일반인과 이웃으로 살아갈 수 있을 것이다.

제6장
노인 수발보장

"지금의 효는 잘 보살펴주는 것을 뜻한다. 개와 말도 모두 보살펴줄 수 있다. 만약 공경하지 않는다면 효가 짐승 키우는 것과 무엇이 다르겠는가(今之孝者 是謂能養 至於犬馬 皆能有養 不敬 何以別乎)?"

— 『論語』, 爲政 7

노인 수발보장의 의의와 한계[1]

　가족 안팎 공동체가 굳건하게 살아 있던 한국의 전통사회에서는 대부분의 노인들이 가족 안팎 공동체를 통해 사회와 간접관계를 맺었다. 노인의 문제는 사회문제가 아니라 일단 가족 안팎 공동체의 문제였다. 가혹한 착취와 천재지변이 없는 한, 사회의 보살핌이 필요한 노인은 '환과독(鰥寡獨)'[2]뿐이었다. 그러나 이런 공동체들이 해체된 자본주의 사회에서는 흙을 빼앗긴 공사장의 나무뿌리가 허공과 직접 만나는 것처럼, 노인들이 사회와 직접 대면하므로 노인의 문제는 곧바로 사회문제이다. 모든 노인이 '환과독'으로서 사회 부양의 대상이 된다.

　사회 부양이란 사회가 수발을 책임지는 것을 말한다. 그렇다면 사회 부양은 완전한 것인가? 아니면 문제가 있는 것인가? 이 문제에 답하려면 좋은 부양이 무엇인가를 먼저 생각해보아야 한다.

　"지금의 효는 잘 보살펴주는 것을 뜻한다. 개와 말도 모두 보살펴줄 수 있

1　이에 대해서는 박승희(2004), 6장에서 자세하게 언급한 적이 있다.
2　홀아비, 과부, 자식 없는 노인.

다. 만약 공경하지 않는다면 효가 짐승 키우는 것과 무엇이 다르겠는가(今
之孝者 是謂能養 至於犬馬 皆能有養 不敬 何以別乎)?"

-『論語』, 爲政 7

여기서 보살핌[養]은 먹여주고 보호해주는 것과 같은 물질적 차원의 부
양을 의미할 것이고, 공경[敬]은 심리적 부양을 의미할 것이다. 이 두 차
원이 다 갖추어져 있을 때, 좋은 부양이 될 수 있을 것이다. 그런데 우리
는 좋은 부양을 한쪽에서 잘해주고 다른 쪽에서 편히 받는 일방 흐름으로
만 생각하기 쉬우나, 결코 그렇지 않다. 부양을 하는 사람은 부양 과정에
서 베풀고 싶은 욕망을 생성하고 충족하면서 행복할 수도 있다. 부모의
수발이 힘겨운 것일 수 있지만 어찌 고통뿐이겠는가? 베풂의 기쁨도 있
기 마련이다. 있어주는 것만으로도 상대가 고마움을 느낀다면 있어주는
것만도 큰 선물이다. 이것은 베풂을 받는 자의 베풂이다. 베풂을 받는 사
람도 다양한 차원에서 베풀고, 베풀면서 보람을 느낄 수 있다. 예컨대 생
계를 자식에게 기대 사는 노모가 늦게 들어온 자식에게 아랫목에 묻어놓
은 밥을 먹이면서 행복할 수 있다. 따라서 좋은 부양이란 부양받는 사람
에게 많은 베풂의 기회를 주는 것도 포함하고 있어야 한다.

그런데 아무리 좋은 부양이라도 실행할 수 없다면 허구일 뿐이다. 따
라서 부양의 현실적인 실행 가능성인 생산성이 매우 중요하다. 물론 생산
성만 강조해서도 안 되지만 무시해서도 안 된다. 이와 함께 부양 과정에
서 발생할 수 있는 학대와 같은 문제를 잘 감시 감독할 수 있는가도 중요
할 것이다.

이런 점들을 중심으로 사회 부양이 가족 부양 및 친족 이웃 공동체 부
양에 비해서 어떤 장단점이 있는가를 살펴보자. 사회는 물리적인 부양을
잘할 수 있다. 사회의 대표인 국가는 가족 안팎 공동체에 비해서 막대한
자원을 동원할 수 있기 때문에 노인을 죽지 않게 하는 일은 잘할 수 있다.
부유하고 노동력이 풍부한 가족이라면 물질 부양을 잘할 수 있을 것이나

모든 가족이 그럴 수는 없고, 가족에 비해서 연대가 약한 친족이나 이웃 공동체가 노인의 물질 부양을 책임질 수는 없다. 그러나 사회가 심리 부양까지 잘하기는 쉽지 않다. 예를 들어보자. 어떻게 돈을 받고 수발을 들어주는 도우미에게 노인에 대한 공경까지 기대할 수 있겠는가? 노인과 국가, 도우미의 관계를 들여다보자. 노인과 국가는 권리와 책임의 관계에 있으며, 도우미는 국가로부터 돈을 받고 노인에게 수발을 제공한다. 노인과 도우미의 관계는 오래전부터 있었던 것이 아니라 새롭게 만들어진 것이며, 오래갈 것을 전제하지도 않는다. 그리고 다른 어떤 것을 주고받는 것이 아니라 수발과 돈만을 직간접적으로 주고받는다. 양자의 관계는 매우 단편적이다. 노인은 권리를 행사하고 수발을 받으며, 도우미는 돈을 받고 수발을 제공하므로 양자는 근본적으로 이해타산의 관계를 맺는다. 여기서 양자의 시선은 사람이 상대가 아니라 수발과 돈에만 머물 가능성이 크다(〈그림 6-1〉 참조). 단기적이고 단편적이며 이해타산적인 이 관계는 백화점 손님과 점원의 관계와 유사하다. 여기서는 인간관계는 없고 오로지 물질관계만 있는 것처럼 나타나며, 인간의 관계가 물질의 교환을 지배하는 것이 아니라 물질의 교환이 인간의 관계를 지배하는 것처럼 보인다. 물론 이것은 착각이다. 실제로는 이해타산적이긴 하나 인간관계가 물질의 교환을 지배하는 것이다. 아무튼 이것은 가족 안팎 공동체 안에서 장기적이고 복합적인 인간의 바탕 위에서 수발을 주고받는 것과는 근본적으로 차이가 난다(〈그림 6-1〉 참조). 사회 부양과 공동체 부양의 이런 인간관계 차이 때문에, 사회는 가족 부양과 이웃 및 친족 부양[3]에 비해서 심리적인 부양은 물론 부양을 받은 사람에게 베풂의 기회를 주는 것까지 기대하기는 어렵다. 이런 사회 부양에서 국가가 친절을 강조하면 대기업 백

---

3 이웃 및 친족 공동체 부양은 매우 소극적이긴 하나, 가족이나 국가가 할 수 없는 것들을 해낼 수 있는 심리 부양을 할 수도 있다. 예컨대 격의 없는 대화 상대는 가족과 도우미보다는 친구가 더 잘할 수도 있다.

화점의 점원들이나 대형 병원의 종사자들처럼 "화장실 저기 있으세요", "가능하세요"라는 과잉 친절을 초래할 뿐이다.

〈그림 6-1〉 사회 부양과 가족 부양의 인간관계

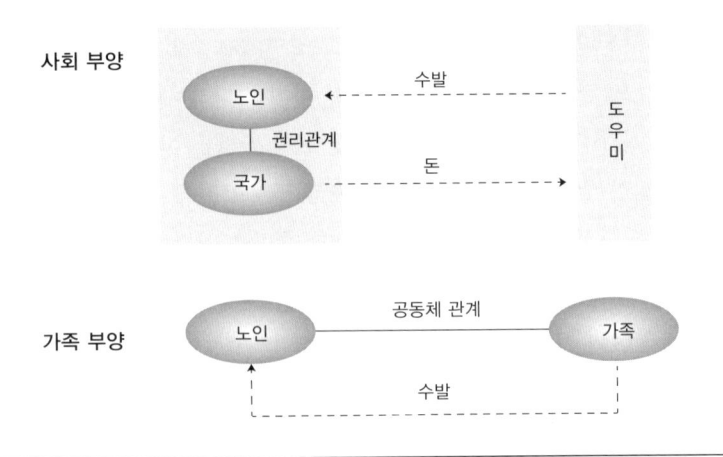

사회 부양의 생산성은 어떠한가? 사회 부양은 분업과 전문화의 원리를 따른다. 사회 부양에서 도우미는 부양을 직업으로 삼는다. 공동체 부양은 분업을 전제하지 않으므로 부양은 직업이 아니라 기껏해야 부업이다. 따라서 사회 부양은 공동체 부양에 비해 생산성이 높다. 그러나 이러한 부양에서는 유휴노동력의 활용이 쉽지 않다. 부양의 전문화는 비전문가의 부양 참여를 배제하기 때문이다. 이에 비하면 공동체 부양에서는 비전문가의 유휴노동력이 자연스럽게 활용될 수 있다. 예컨대 가족들이 노인과 생활하면서 정담을 나누는 것이 고급의 보살핌일 수 있다. 그러나 사회 부양에서는 이런 것을 기대할 수 없다. 전문가가 노인과 대화하는 것도 노동이므로 임금을 지불해야 한다.

한편 공경까지 기대하기 어려운 사회 부양에서는 노인 학대가 발생할 가능성이 크다. 심지어 수발 과정의 관리가 잘 이루어지고 있다는 스웨덴에서도 도우미의 노인 학대가 사회적 문제가 되곤 한다. 그런데 노인 학대는 가족 안팎 공동체 안에서도 발생할 수 있다. 공경은 마음 씀의 한 가지인데, 인간의 마음은 물과 같이 흔들리므로 공경심이 공격심으로 바뀔 가능성이 적지 않은 것이다. 따라서 모든 부양에 대한 감시가 필요하다. 사회, 가족, 이웃 및 친족 공동체는 서로 각각의 부양을 감시할 수 있다. 가족 부양은 공동체와 사회복지제도에 의해서, 공동체와 가족의 부양은 사회복지제도에 의해서, 사회복지제도는 가족과 공동체에 의해서 감시될 수 있다.

〈표 6-1〉 사회 · 가족 · 공동체 부양의 비교

부양 주체	부양 목표의 차원			부양 효율성의 차원		
	물질 부양	심리 부양	베풂	생산성	주변 참여	감시
사회	잘함	어려움	어려움	높음	어려움	가능
가족	어려움	잘함	쉬움	낮음	쉬움	가능
이웃. 친족	어려움	가능	쉬움	낮음	가능	가능

여기서 사회 부양의 의의와 한계를 잘 알 수 있다. 부양은 의식주 마련과 의료, 수발 등을 포함하므로 사회 부양의 의의와 한계는 사회 수발의 의의와 한계이기도 하다. 사회 수발의 장점은 전문화에 기초한 높은 생산성으로 물질적인 부양을 잘할 수 있다는 점이다. 그러나 노인들의 심리적인 부양까지 책임질 수는 없다. 뿐만 아니라 유휴노동력을 활용할 수 없다는 점에서는 효율적이라고도 말할 수 없고, 가족 안팎 공동체의 감시로 보완될 필요도 있다. 따라서 수발보장은 최저 수준의 삶을 지켜주기 위한 것일 뿐 최선의 수발을 제공할 수 있는 것은 아니며, 효율성이나 관리의 차원에서도 결코 완전하지 않다.

수발보장의 점검 기준

노인의 수발보장을 점검하는 것도 수발보장의 목표, 수단, 공동체 친화성이라는 세 측면에서 살펴보아야 할 것이다.

수발의 목표로는 대상자 포괄성, 내용 포괄성, 보장해주는 수발의 양과 질 등을 고려해야 할 것이다. 대상자 포괄성 정도는 각 사회의 수발보장제도가 얼마나 많은 노인들을 수발의 대상으로 삼고 있는가이다. 흔히 소득과 기여 여부, 장애등급으로 수발보장의 대상자를 제한하는 경우가 많기 때문에 대상자 포괄성은 이런 제한이 없는 정도로 가늠할 수 있을 것이다. 수발보장의 내용 포괄성 정도란 어떤 수발을 보장해주는가이다. 거동이 불편한 노인들은 생활의 정상화를 위해 식사 준비, 설거지, 잠자리 봐주기, 청소, 목욕, 빨래, 장 봐주기, 산책 보조, 병원 동행, 와상환자 수발, 운동 보조, 치매환자 지켜보기, 주간보호중심(센터) 왕복 운송 등과 같은 일상생활 전반에서 필요한 도움을 받아야 한다. 뿐만 아니라 윤의와 같은 활동 보조 장비의 도움도 필요하다. 이런 것들을 얼마나 빠짐없이 지원해주는가에 따라서 수발보장의 내용 포괄성이 결정될 것이다.

수발의 양은 국가가 책임지는 수발시간(총수발시간×국가부담비용/총수발비용)으로 측정할 수 있을 것이다. 이 수발의 양이 적절한가를 알아보기 위해 노인들이나 가족의 경제적 부담이 크지 않은가, 노인들의 수발시간이 부족하지 않은가를 살펴보아야 할 것이다. 수발의 질은 수발에 투입된 비용과 도우미 품으로 어림해볼 수 있을 것이다. 이와 함께 수발 과정에서 노인들의 인권이 침해당하지 않는지도 살펴보아야 한다.

수발보장의 수단 차원으로는 재원의 동원과 배분, 전달체계, 수발비용의 산정 및 수납·지급 방법, 의료보장과 수발보장의 관계 등을 점검해보아야 한다. 재원 동원과 배분에서는 얼마나 효율적으로 하는가가 중요할 것이다. 전달체계에서는 수발의 전달 과정 전반을 국가가 얼마나 철저하게 챙기는가, 그것이 얼마나 효율적인가를 점검해볼 필요가 있다. 이어서 수발비용은 어떻게 산정하는가, 예컨대 노인 개인 중심으로 하는가, 시설 중심으로 하는가를 점검할 것이다. 이런 산정 방식에 따라서 전달 과정의 행정 효율성이 달라질 것이기 때문이다. 수발비의 수납 및 지급을 어떻게 하는가도 비용의 투명성, 시설 관리 감독의 효율성과 관련시켜 살펴보아야 한다.

한편 수발과 의료의 관계가 어떻게 설정되어 있는가를 자세히 따져보아야 한다. 치료의 효과가 없는 노인을 의료기관에서 보호한다면 숙련된 인력과 고가 설비의 낭비를 초래할 것이므로 수발을 의료로부터 분리하지 않을 수 없다. 이처럼 의료비를 절감하기 위해 스웨덴에서는 의료에 포함되어 있었던 수발을 1990년대부터 분리하기 시작했고, 한국에서도 최근에 장기요양보험을 도입했다. 그러나 수발과 의료를 완전하게 분리할 수는 없다. 몸의 변화를 추구하는 의료 과정에서도 생활을 도와주는 수발이 필요하고, 수발 과정에서도 의료적인 도움이 절실하기 때문이다. 병원에서 노인이 생활할 때에도 간병[4]이 필요하며, 수발을 받고 있는 동안에도 의사나 간호사의 도움을 받아야 한다. 수발과 의료는 분리되어야

---

4 수발과 간병은 구별하기 어렵다. 구태여 구별을 하자면 간병은 병의 치료가 목적인 반면, 수발은 생활의 보완이 목적일 것이다.

하면서도 상호 보완되지 않으면 안 된다. 이와 같은 의료와 수발의 관계 때문에 우리가 수발보장과 의료보장의 관계를 살펴볼 때에는 수발이 의료를, 반대로 의료가 수발을 잘 보완해주고 있는가를, 그리고 의료와 수발이 잘 분리되어 있는가를 살펴보아야 한다.

노인 수발보장제도의 공동체 친화성도 점검하고자 한다. 사회 수발의 장점은 물리적 수발을 효율적으로 잘할 수 있다는 점이다. 사회가 이런 사회 수발의 장점을 살펴 기본적인 수발을 해주지 않는다면 가족의 기능이 약화된 현대 사회에서는 가족이 더욱 빨리 해체되는 길을 걸을 것이다. 따라서 사회 수발이 가족의 해체를 막지 않을 만큼 충분한지 먼저 점검해보아야 할 것이다. 그러나 사회 수발은 물리적 수발의 한계를 넘어 심리적 수발을 감당하기 어려우며, 유휴노동력을 활용할 수 없고, 수발 과정에 대한 가족 안팎 공동체의 감시도 받아야 하며, 가족 안팎 공동체의 노인 수발을 감시할 수도 있어야 한다. 여기서 우리는 사회 수발이 가족 안팎 공동체에 의해서 보완될 필요가 있으며, 더 나아가 공동체를 보호하거나 강화하는 데 기여할 수 있도록 해야 할 것이다. 그렇다면 이를 위한 방안에는 어떤 것이 있을까? 가장 적극적인 것은 사회적인 수발에 공동체를 참여시키기 위해서 공동체의 구성원에게 경제적 지원을 하는 것이다. 예컨대 독일의 요양보험제도에서는 가족과 친족이 노인을 돌보는 경우에도 수발비용을 받을 수 있도록 노인에게 현금을 지급한다(서명은, 2009: 39). 이런 경우에는 가족의 나태나 노인 학대와 같은 문제 때문에 사회적 부양에 의한 감시가 필수적일 것이다. 이보다는 소극적인 형태가 노인들의 수발 과정에 가족과 공동체의 참여를 허용하는 방식일 것이다. 예컨대 수발을 받는 노인을 가족 안팎 공동체로부터 분리시키지 않으려고 노력하는 일 등이 여기에 해당될 것이다. 한편 노인 수발을 어린이 보육과 연계시키려는 노력을 하는 것과 같은 총체적 접근으로 공동체 자체를 강화하려는 시도가 있는지도 살펴보아야 할 것이다.

스웨덴의 노인 수발보장

1. 노인 소득 및 의료보장

노인 수발보장은 노인 소득보장 및 의료보장과 깊은 연관이 있기 때문에 우선 스웨덴 노인들의 소득보장과 의료보장에 대해서 살펴보고자 한다.

1) 소득보장

노인의 소득보장에 대한 이해는 노인들의 수발보장을 이해하는 데 필수적이다. 노인들에 대한 소득보장이 되어 있지 않다면 수발보장은 아무런 의미가 없을 것이다. 먹을 쌀과 입을 옷, 기거할 집이 없다면 수발은 해서 무엇 하겠는가? 반면 많은 소득이 보장된다면 의식주 비용은 물론 일부 수발비용까지도 노인에게 감당하게 할 수 있을 것이다.

스웨덴에서는 65세 이상의 노인들은 모두 연금을 받는다. 연금은 소득연계연금, 최저보장연금, 적립식 개인계정연금(premium pension)이다. 소득연계연금은 젊어서 소득의 18.5%에 해당하는 기여금을 납부하여[5] 연금 점수를 획득한 사람이 받을 수 있다. 만약 연금 점수가 적은 사람은 최저보장연금을 받는다. 심지어 전혀 소득 없이 살다가 65세가 된 사람도 스웨덴에서 40년 이상 거주했다면 완전한 최저보장연금을 받는다. 따라서 65세 이상 노인들은 소득연계연금과 최저보장연금 중에서 하나를 선택해야 한다.[6] 소득의 최저보장연금은 2012년 홀노인 7,810크로나(1,327,700원), 부부 동거 노인은 1인당 6,967크로나(1,184,390원)이고[7], 소득연계연금을 받는 사람의 최고연금은 11,000크로나(1,870,000원)이다(Svensktnaringsliv, 2012). 따라서 스웨덴의 노인들은 홀노인은 7,810크로나에서 11,000크로나의 연금을 받고, 부부 노인은 가구당 최저 13,934크로나(2,368,780원)에서 22,000크로나(3,740,000원)의 연금을 받는다(Svensktnaringsliv, 2012). 이 연금에는 세금이 붙기 때문에 고연금자의 가처분소득은 많이 줄어들 것이다. 정립식 개인계정연금은 소득의 2.5%를 본인이 원하는 기금에 투자해서 받는 연금으로, 소득연계연금이나 최저보장연금을 보완해주는 연금이라고 볼 수 있다.

스웨덴에서 필자가 직접 확인한 바에 따르면, 스톡홀름의 2007년 12

---

5 이 기여금의 11.5%는 고용주가, 7%는 노동자가 부담하며, 이 중 16%는 소득연계연금의 기여금이고, 나머지 2.5%는 정립식 개인계정연금의 적립금이다. 기여금에는 상한선이 있다. 월 소득상한선은 소득기준액(income basic amounts)의 7.5배이다. 소득기준액은 스웨덴에서 매년 각종 개인별 소득보장 금액을 편리하게 계산하기 위해 만든 기준이다. 이 기준액은 매년 변하는데, 예컨대 2009년에는 3,567크로나이므로 2009년 소득상한선은 월 26,752크로나이고, 연금기여금의 월 상한액은 26,752의 18.5%인 4,949크로나이다.

6 1998년 연금 개혁이 있기 전에는 기본연금(1층)을 모든 노인들에게 지급하고, 그 위에 소득과 연계된 추가 연금(2층)을 지급하는 방식이었다. 구태여 예전과 비교하면 소득연계연금은 1층과 2층 연금을 다 받는 경우이고, 기초보장연금은 기본연금만 받는 셈이다. 이 개혁을 통해서 연금의 최고액(소득연계연금의 상한선)은 이전(1층 연금+2층 연금 최고액)보다 줄어들고, 최저액(기초보장연금)은 기본연금에 비해 약간 증가했다. 물론 두 연금 중에서 하나만을 단순하게 선택하는 것은 아니다. 소득연계연금 점수가 아주 적은 사람은 기초보장연금만 받으며, 그 점수가 일정선 이상인 사람은 소득연계연금에 삭감된 기초보장연금을 합하여 받고, 소득연계연금 점수가 높은 사람은 소득연계연금만 받는다(The Swedish Pension Agent, 2010: 8).

7 1937년 이전에 출생한 노인의 최저보장연금은 이보다 약간 많다. 이것은 법이 개혁되기 이전의 연금 수준을 유지해주기 위한 과도기적 조치라고 볼 수 있다.

평 아파트의 임대료는 연료비를 포함하여 3,500크로나(595,000원) 정도
이므로 홀노인 기초보장연금 7,579크로나(1,288,430원)는 건강한 노인들
이 의식주를 해결하는 데 큰 어려움이 없는, 최저생계를 보장해주는 금액
이라고 볼 수 있다. 뿐만 아니라 노인의 주거비용이 감당하기 어려운 경
우, 소득보장청에서 소득 조사를 한 후 주택수당을 지급한다.[8] 그러므로
스웨덴에서 건강한 노인들의 삶은 보장되어 있다고 볼 수 있다. 이렇게
모든 노인들의 의식주 비용이 보장되어 있기 때문에 병원에 입원한 노인
은 식재료비를, 노인요양원에서 생활하는 노인들은 식재료비와 주거비를
자부담하는 것이 원칙이다.

스웨덴에서는 노인들이 공공부조로 생계비를 지급받을 가능성은 거의
없다. 다만 스웨덴에 40년 이상 거주하지 않고 소득 활동도 적게 했던 사
람은 기초보장연금을 온전하게 받을 수 없기 때문에 공공부조 생계비 수
급자가 될 수 있다.

2) 의료보장

의료는 수발과 밀접하게 관련되므로 수발보장을 다루기 위해서는 의
료보장에 대해 대강의 내용을 소개할 필요가 있다. 스웨덴에서는 노인들
의 의료도 사회보공 방식에 따라 보장한다. 의료보장에 필요한 대부분의
재원은 일반 조세로 충당하며, 의료보장에 대한 관리는 광역자치단체에
서 책임을 진다. 노인들이 부담하는 의료비 상한액도 연간 진료비 900크
로나(153,000원), 약값 1,800크로나(306,000원)이다.[9] 간병비도 정부가 부
담한다. 다만 노인들은 입원할 때 식재료비로 하루에 80크로나(13,600원)

---

8 스웨덴에서 주택수당은 공공부조의 원리를 따르고 있다.

9 김소연 기자, 「한겨레신문」, 2011년 5월 13일, 5면.

를 부담한다(박승희·채구묵 외, 2007: 113). 이것은 이미 국가가 보장해주는 소득으로 지급되었기 때문이다.[10] 그러나 요양원에서 생활하며 개인 공간 임대료를 부담하는 사람들과는 달리 병실료는 지급하지 않는다. 이것은 요양원은 주거지인 반면, 병원은 자기 집은 그대로 두고 일시적으로 생활하는 곳이기 때문일 것이다. 병실료는 주거비가 아니라 치료비에 속한다고 볼 수 있다. 대부분의 환자들은 4인실을 사용한다. 그러나 반드시 1인실을 사용할 필요가 있는 노인은 별도의 비용을 부담하지 않고 1인실을 사용한다. 한편 한국의 노인들에게 큰 부담은 주는 입원환자의 간병비는 따로 지불하지 않는다. 간병비도 전액 정부가 책임을 진다.

의료의 전달체계도 노인이라고 크게 다를 것이 없다. 1차와 2차 진료기관을 거쳐서 치료를 받는 것이 일반적이다. 그런데 노인들은 젊은 사람들과는 달리 보전(補塡) 치료가 대부분이므로 노인전문병원에서 치료해주기도 한다. 병원은 대부분 국영이나, 민영도 조금씩 늘고 있다. 특히 1차 진료기관은 개인의사가 운영하는 경우가 많다.

노인들의 병은 치료한다고 개선되는 경우가 많지 않기 때문에 입원한 노인들도 급한 치료가 끝나면 집이나 요양원에서 지방자치단체가 제공하는 수발을 받게 한다. 퇴원한 노인이 아니더라도 장애로 시설이나 집에서 지자체가 제공하는 수발권우를 받는 노인들에게는 의료권우를 파견해준다. 요양원에는 의사들이 주기적으로 방문하여 간단한 진료를 해주며, 집에서 수발권우를 받는 노인에게는 간호사가 주기적으로 방문하여 간단한 진료를 해준다. 예컨대 관을 통해 소변을 배설하는 노인에게는 노인전문병원에서 2주에 한 번씩 간호사를 보내어 관을 교체해주면서 건강 상태를 살펴본다. 이런 의사와 간호사의 진료비는 광역자치단체에서 지불한다. 이들은 노인 수발 도우미들과 정보를 교환하고 협력하면서 노인들을

---

10 노인이 아닌 일반인도 마찬가지이다. 입원한 사람들은 병가급여를 받기 때문이다.

돌본다. 이러한 협력관계는 장애노인의 인권을 보장하는 상호 감시망이라고도 볼 수 있다. 노인이 응급 상황이면 의료진이 출동한다. 예컨대 노인이 차고 있는 비상 팔찌의 단추를 누르면 응급차가 달려온다. 이와 같은 의료와 수발의 분리 및 파견 의료를 통해서 의료비를 절감할 수 있게 되었다. 병실료만 고려하더라도 절감 효과는 매우 크다고 볼 수 있다.

2. 수발보장의 개관

1) 수발보장의 위상

스웨덴에서 원래 수발은 의료의 영역에 속했다. 그러나 의료비를 줄이기 위해 1990년대부터 수발을 의료로부터 분리했다. 스웨덴에서 수발은 의료 및 소득보장과 명확하게 구별된다. 의료가 몸의 변화를 추구하는 것이라면 수발은 몸 밖 조건의 변화를 추구하며, 소득보장이 건강한 사람을 기준으로 한 일반적 생계수단 제공이라면 수발은 건강하지 못한 사람들의 삶을 위한 특수한 보살핌이다. 이런 원칙에 따라 스웨덴에서는 수발이 의료와 완벽하게 구별된다. 한국처럼 의료가 절실한 노인이 요양원에서 생활하고, 의료가 절실하지 않은 노인이 노인병원에서 수발을 받는 일은 없다. 이 문제는 뒤에서 자세히 살펴볼 것이다. 뿐만 아니라 수발은 소득보장과도 완전하게 구별된다. 수발 과정에서 국가는 철저하게 수발비용만 지원해준다. 예컨대 요양원에서 노인이 생활을 하는 경우에도 자신의 공간 사용료와 식재비는 개인이 부담하게 한다. 왜냐하면 건강한 노인의 의식주를 감당하는 데 부족함이 없을 정도의 생계비를 이미 소득보장청에서 연금으로 지급했기 때문이다. 만약 우리나라처럼 이런 비용들을 수발비에 포함시킨다면 이중 지원이 될 것이다. 여기서 식재비를 받지만 취사비는 받지 않는다는 사실이 재미있다. 건강한 노인은 식재료만 있으면 굶지 않을 것이나, 거동이 불편한 노인은 취사를 할 수 없으므로 식재료가 있더라도 굶게 될 것이다. 그러므로 식재비는 소득보장의 대상이고, 취사는 수발보장의 대상이다. 이처럼 스웨덴에서는 노인 개개인에게 의료보장과 소득보장을 완벽하게 해주고, 수발이 필요한 노인에게 추가로 수발을 들어준다. 여기서는 모든 개별 노인에게 수발, 의료, 소득보장이 중복되지도 않고, 결여되지도 않는다. 수발은 의료 및 소득보장과 구별되면서도 그것들을 보완해주는 독자적인 위상을 가지고 있다.

2) 수발보장제의 개요

스웨덴에서는 사회보공의 방식으로 만인의 수발을 보장한다. 국가가 일반 조세를 재원으로, 혼자서는 정상적인 생활 건사가 곤란한 모든 사람들에게 필요한 수발을 보장해준다. 이것은 노인이라고 예외가 아니다. 비용은 기초자치단체에서 부담하는 것이 원칙이다. 다만 재가노인 수발의 일부 비용만을 노인 본인이 부담한다. 수발에 필요한 장비와 집수리 비용도 기초자치단체에서 부담한다.

스웨덴에서는 모든 사회복지 권우(서비스)가 다 그렇듯 노인 수발도 기초자치단체가 책임을 진다. 수발이 필요한 노인이나 가족 혹은 법정대리인이 지방자치단체에 수발을 신청하거나, 의사나 간호사가 수발이 필요하다는 것을 알려주면 기초자치단체에서는 필요한 수발의 질과 양을 판정한 다음 수발을 들어줄 기관을 선정하여 수발을 맡기는데, 이 과정에서 노인의 입장을 최대한 배려한다. 수발을 들어주는 기관은 공영일 수도 있고 사영일 수도 있다. 수발기관은 세 가지이다. 입소한 노인에게 수발을 제공하는 요양원, 자기 집에 거주하다가 주간에 방문한 노인을 보살펴주는 주간보호소, 자기 집에서 생활하는 노인에게 수발권우를 파견해주는 재가노인 수발 중심(센터)이다. 그리고 노인들을 주간보호소와 집으로 모셔주는 운송회사가 있다.

3. 수발보장의 포괄성과 보장 수준

스웨덴에서는 어떤 노인들의 어떤 수발을 어느 정도의 수준에서 보장해주는가?

1) 대상자 및 수발 내용의 포괄성

최저 수준의 생존을 보장받기 위해서는 수발이 필수적인 모든 노인들이 수발보장의 대상이 된다. 빈곤한가, 기여금을 납부했는가도 따지지 않는다. 비록 장애가 경미하더라도 수발이 생존 유지에 필요하다면 그만큼의 수발을 제공한다. 이것은 소득과 기여 여부, 장애등급에 따라서 수발보장의 대상자를 선별하는 한국의 상황과는 다르다. 따라서 수발의 대상자 포괄성은 완벽하다고 볼 수 있다.

그렇다면 어떤 수발들을 제공해주는가? 식사 준비, 설거지, 잠자리 봐주기, 청소, 목욕, 빨래, 장 봐주기, 산책 보조, 병원 동행, 와상환자 수발, 운동 보조, 치매환자 지켜보기, 주간보호중심(센터) 왕복 운송 등과 같은 의식주와 일상생활에 필요한 모든 수발이다. 뿐만 아니라 수발에 필요한 물품도 기초지방자치단체의 부담으로 제공해준다. 예컨대 윤의나 장애인 수발에 적합한 집수리 등이 여기에 포함된다. 이것은 '생활의 정상화'라는 장애인 수발 원칙과 다르지 않다. 다만 젊은 장애인과는 다른 노인 특성에 적합한 수발이 이루어질 뿐이다. 따라서 수발의 내용 포괄성도 완전하다고 볼 수 있다.

2) 수발의 양

수발의 양은 국가가 책임지는 수발시간(총수발시간×국가부담비용/총수발비용)으로 측정할 수 있을 것이다.

스웨덴의 노인들이 받는 수발시간은 얼마나 될까? 요양원의 경우부터 살펴보자. 양로원에서 생활하는 노인들은 시설에 상주하기 때문에 형식적으로만 보면 하루 24시간 수발을 받는다고 볼 수 있다. 그러나 실질 수발시간은 수발의 소요 정도에 따라 8등급으로 다르게 정해진다. 요양원에 입소한 노인들은 중증 노인들이 많은 편이다. 경증의 노인들은 집에서 생활하며 재가수발을 받거나, 주간보호중심을 오가면서 생활하기 때문이다. 그렇지만 경증이 없는 것은 아니다. 경증 노인들도 원하면 입소하여 생활할 수 있기 때문이다. 여기서 노인들은 건강 상태·등에 따라 다양한 수발을 받는다. 상대적으로 건강한 노인들은 능력을 보전하기 위해 다양한 게임, 체조, 음악과 무용, 산책 등에 관한 수발을 받는다. 이들의 수발비용은 전액 국가가 부담하므로 이들은 아무런 비용 부담 없이 하루 24시간 동안 생활에 필요한 수발을 충분히 받는다고 볼 수 있다.

재가수발중심으로부터 받는 수발시간도 노인들의 수발 요구 정도에 따라서 결정된다. 노인이나 관련자들이 수발을 기초자치단체에 신청하면 기초자치단체에서는 필요한 수발시간을 판정하여 그만큼의 수발을 제공한다. 기초자치단체에서는 수발을 집행하기 전에 장애노인의 생활과 수발에 필요한 주택 수리를 부담해주고, 윤의와 같은 장비도 지급한다. 내가 2007년에 직접 방문해본 스톡홀름의 한 재가수발중심에서는 70명의 장애인이나 간병이 필요한 사람들에게 월 200시간까지 수발을 제공하고 있었다. 이 시간에는 수발을 들기 위해서 이동하는 시간은 포함되지 않는다. 그런데 이 중 5시간 20분에 해당하는 1,600크로나(272,000원)는 본인이 부담해야 한다.[11] 따라서 재가수발을 받는 노인들은 월 195시간까지 국가로부터 수발을 받는다고 볼 수 있다. 물론 제도적으로 제한된 시간은 없다.

그렇다면 자부담액이 노인들의 생계에 부담을 주는가? 국가가 보장해주는 최저연금으로도 감당하는 데 아무런 어려움이 없다. 재가수발시간은 충분한가? 재가수발을 받고 있는 노인의 사례를 들어보자. 2007년 내가 직접 방문한 91세의 남성 노인은 경증의 파킨슨병을 앓고 있지만 농담이 가능할 정도이며, 가끔씩 단어를 망각할 때가 있다고 한다. 관을 통해서 소변을 받아내고 있어 활발하게 움직일 수는 없지만 거동은 가능하다. 보청기를 착용하고 있고 시력도 약하다. 화장실 등은 노인의 생활과 수발에 적합하도록 기초자치단체에서 이미 개조해주었다. 월 1만 크로나(170만 원)의 연금을 받는 이 노인은 딸집의 1층에서 5,000크로나(85만 원)의 월세로 살고 있다. 이 노인은 재가수발중심에서 파견된 도우미들로부터 월 58시간 30분의 수발을 받는다. 이 중 5시간 20분의 비용 1,600크로나는 자신이 부담하므로 국가로부터는 53시간 10분(15,950크로나, 2,711,500원에 해당함)의 수발을 받는다. 아무튼 이 노인이 받는 월 수발 내역은 잠자리 봐주기 등 14시간 30분, 식사 준비 및 설거지 41시간, 기타 3시간이고, 하루 평균 수발시간은 1시간 57분이다. 도우미가 하루에 세 번 방문하여 식사 준비, 소변 주머니 비우기, 잠자리 봐주기, 빨래 등을 해주고, 매주 두 번 목욕을 시켜주며, 가끔 산책도 시켜주고, 2주에

---

11 이것은 국가가 제공하는 수발의 양이 일정하다면 파견 수발이 시설 수발보다 비용이 더 많이 들기 때문일 것이다. 물론 노인들이 가족들의 무상 수발을 조금이라도 받을 수 있다면 파견 수발이 국가 부담을 줄이게 할 수도 있다. 그러나 스웨덴에서는 노인이 공동체의 지원을 받을 수 없는 경우가 대부분이고, 자기 집에서 사나 시설에서 생활하나 주거비와 음식 재료비는 스스로 부담하는 것이 원칙이므로 동일 수발에서 드는 노동량이 비용을 결정하는 변수가 된다. 그러므로 산재된 수발 대상을 찾아가는 파견 수발이 일정한 곳에 모여 있는 대상을 상대로 하는 시설 수발에 비해 비용이 많이 들어간다고 볼 수 있다.

한 번씩 1시간 30분 동안 대청소를 해준다. 이것은 약 30분씩 세 번 방문하여 식사와 빨래 및 잠자리를 봐주고, 남은 시간을 모아 일정 간격으로 목욕과 대청소, 산책을 시켜준다는 뜻이다. 이와는 별도로 병원에서 간호사가 2주에 한 번 방문하여 소변줄을 갈아주고 간단한 치료를 해주며 건강 상태를 점검한다. 그리고 비상 팔찌를 누르면 간호사가 출동한다. 이것은 수발이 아니므로 비용은 광역자치단체에서 부담한다. 이를 표로 정리하면 다음과 같다. 여기서 우리는 노인들의 재가수발시간이 일부 자부담이 있다 하더라도 넉넉함을 알 수 있다.

〈표 6-2〉 약한 파킨슨병을 앓는 노인의 수발시간 및 비용

(단위: 시간, 크로나 / 원)

	구청 인정 시간		실행 서비스 내력	비용	
	내력	월 시간		내력	금액
생활서비스	잠자리 봐주기	14.5	• 하루에 세 번 도우미 방문, 옷 입혀주기, 세면, 식사 준비, 소변통 비우기, 잠자리 봐주기 • 주 2회 목욕 • 2주 1회 대청소	본인 부담	1,600 (272,000)
	식사 준비	41.0		구청 부담	15,950 (2,711,500)
	기타	3.0			
	계	58.5		계	17,550 (2,983,500)
의료서비스	• 2주 한 번 보건간호사 방문, 소변줄 갈아주기, 머리 상처 확인 후 소독해주기 • 응급 상황 시 간호사가 달려옴			거의 모든 비용 광역자치단체 부담	

자료: 박승희 · 채구묵 외, 2007: 133에서 환율을 고려하여 재구성

한편 주간보호중심에서는 경증 장애를 가진 노인들을 월요일부터 금요일까지 4시간에서 5시간 30분 동안 보살펴준다. 이동과 점심의 비용까지 기초자치단체에서 부담한다.

따라서 스웨덴의 노인 수발 자부담 이용은 노인들이 연금으로 감당하기에 충분하고, 수발시간도 노인이 생존을 유지하는 데 부족함이 없다고 볼 수 있다.

3) 수발의 질

그렇다면 수발의 질은 어떠한가? 요양원의 경우부터 보자. 수발의 질은 일정 시간 동안 투입된 비용과 도우미의 수로 어림잡아볼 수 있다.

스웨덴 요양원의 노인 하루 수발비는 2007년의 경우 공립은 835크로나(141,950원)에서 1,753크로나(298,010원)이고, 사립은 884크로나(150,280원)에서 1,860크로나(316,200원)이다. 이것은 한국에서 노인 전문 요양원에서 생활하는 최중증 노인의 1일 수발비가 48,900원인 것과 대비된다. 뒤에서 다시 다루겠지만 얼핏 보아도 한국의 5배가 넘는다. 이런 점에서도 스웨덴은 수발의 질이 높을 가능성이 크다.

투입된 비용에 의해서 결정되는 경향이 있는 수발 인력에 대해서도 살펴보자. 내가 가본 한 구립요양원에서는 상주 노인 50명과 주간보호 노인 16명을 92명이 보살피고 있었는데, 이 중 전업 근무자가 56명이고 나머지 36명은 시간제이다. 시간 노동을 전업의 절반으로 잡는다면 도우미는 74명이고, 주간보호 시간을 상주의 4분의 1로 가늠한다면 노인 수는 54명인 셈이다. 따라서 노인 1명을 약 1.4명이 보살피고 있다. 그런데 스웨덴의 요양원에서는 중증 노인만이 생활하는 것은 아니다. 예컨대 경증의 부부가 한 아파트에서 수발을 받기도 한다. 따라서 중증 노인만이 입소할 수 있는 한국의 경우와 비교하면 1명의 노인을 2명 정도가 보살피는 것으로 추정할 수 있다. 이것은 한국의 한 요양원에서 83명의 노인을 59명이 보살피고 있어 노인 1명을 0.7명이, 다른 요양원에서는 60명의 노인을 25명이 보살피고 있어 노인 1명을 0.4명이 보살피는 것과 많은 차이를 보인다. 물론 이런 차이가 곧바로 수발의 질을 대변하는 것은 아니다. 왜냐하면 노동시간도 중요하기 때문이다. 스웨덴 도우미의 노동시간은 한국에 비해 절반 이하이므로 도우미 1명이 노인 1명을 보살피는 것으로 해석하더라도, 스웨덴에서는 한국에 비해 넉넉한 수의 도우미가 노인들을 보살피고 있다고 할 수 있다. 따라서 수발의 질이 좋을 가능성이 크다.

한편 수발과는 별개의 차원이지만, 수발의 질에 많은 영향을 미칠 수밖에 없는 노인이 사용하는 공간에 대해서도 살펴보자. 스웨덴에서는 침대에서 생활하는 최중증 노인을 제외하고는 홀노인과 부부 노인 모두 한 방을 사용한다. 한 공립 요양원에서는 홀노인은 전용면적 26~36제곱미터, 부부 노인은 45~50제곱미터의 방(아파트)을 사용하고 있었다. 이들이 식재료비와 주거비로 부담하는 비용은 공립과 사립에 따라 다르지만, 월 5,600~6,500크로나(952,000~1,105,000원)였다. 이것은 한국에서 노인들 4인이 한 방을 사용하는 게 원칙인 것과는 차이를 보인다. 물론 공간이 넓다고 삶의 질, 혹은 수발의 질이 좋다고 말할 수는 없다. 침대 생활을 하지 않는 것을 불편하게 생각하지 않을 뿐만 아니라 어울림 문화를 체험해본 노인들에게는 마당 같은 거실에서 교류하며 생활하는 것이 분리되어 사는 것보다 나을 수도 있을 것이기 때문이다. 아무튼 스웨덴 요양원에서는 노인의 사생활 공간이 넓은 편이다.

이제 재가복지중심의 수발 질을 살펴보자. 이것은 시간당 수발비로 가늠할 수 있을 것이다. 스웨덴 재가복지의 시간당 수발비는 300크로나(51,000원)이다. 이것은 한국의 시간당 수발비가 9,875~21,720원인 것과 큰 차이를 보인다.[12]

도우미들의 노동시간과 임금은 어떠한가? 내가 직접 만나본 한 재가 수발 도우미의 평균 노동시간은 40시간을 넘지 않으며, 월급은 18,000크로나(306만 원)이고 여기에 야근수당 등이 추가되어 2만 크로나(340만 원)를 받는데, 약 20%의 세금을 내므로 가처분소득은 약 16,000크로나(272만 원)쯤 된다고 한다. 이것은 한국의 한 요양원에서 도우미 1명이 주

---

12 한국에서는 수발 수가가 1회당 시간에 따라서 각각 다르다(국민건강보험공단 전자방, 2011). 이것을 시간당 금액으로 환산한 것이다.

당 93시간을 일하면서 월 130만 원 급여를 받는 경우와 대조를 이룬다.[13] 스웨덴의 노동자들은 한국의 도우미들에 비해 절반만 일을 하고 2배의 월급을 받는다고 볼 수 있다. 뿐만 아니라 아이들의 보육과 교육, 의료, 연금, 노후 수발 등까지 보장되므로 생활이 안정되어 있다. 따라서 스웨덴이 한국에 비해 수발의 질이 높을 가능성이 크다.

  물론 수발 노동자의 삶이 안정되어 있다고 하여 노인 수발의 질이 보장되는 것은 아니다. 스웨덴에서도 노인 학대가 문제가 된 경우가 있었다고 한다. 스웨덴에서 40년 넘게 살아온 한국 교포 김문정 간호사의 증언에 따르면, 도우미들이 90대 치매 여성 노인의 기저귀를 갈아주려 할 때 노인이 수줍어서 거부하려고 하자 폭행과 폭언을 하는 장면이 언론에 보도되어 큰 사회적 쟁점이 된 적이 있다고 한다. 어머니를 면회 와서 근황을 살피곤 하던 70대 아들이 행동거지가 불안한 어머니를 보고 수상하게 여겨 '몰래카메라'를 설치하여 촬영한 것이다. 불법 촬영한 아들은 재판을 받은 뒤 집행유예로 풀려나고 폭행한 도우미들은 구속되는 것으로 마무리되었지만, 이 사건은 스웨덴 사회에 엄청난 충격을 주었다고 한다. 따라서 국가의 수발 제공만으로는 노인의 생존권과 인권을 보장할 수 없다는 것을 알 수 있다. 그리고 가족의 역할이 얼마나 중요한가도 덤으로 알 수 있다.

---

13 이것은 내가 2009년 7월에 만난 한 시설 도우미의 증언에 따른 것이다. 이 도우미는 하루는 5시간 취침하면서 철야를 하고, 다음 날은 아침 6시부터 저녁 8시까지 일을 하고 시설 숙소에서 잠을 자며, 한 달에 3일 쉰다고 한다. 주당 노동시간은 식사시간(매번 1시간)과 취침시간(철야 시 5시간)을 빼고 계산한 것이다.

4. 수발보장의 방법

1) 재원의 동원과 배분

스웨덴에서는 국가가 모든 사람들의 최저생존권을 보장한다는 원칙에 따라 노인의 생존 유지에 필수적인 수발을 보장한다. 이 노인 수발보장도 사회보공의 방식으로 보장한다. 재원은 대부분 일반 조세로 충당하며, 기여 및 빈곤 여부와 무관하게 수발이 필요한 노인에게는 수발을 거의 무료로 제공한다. 재원의 동원을 위한 별도의 기관을 두지 않고, 수발보장 대상자를 선별하기 위해서 노인의 건강 상태만 확인할 뿐 개인의 경제 형편이나 가정 사정(경제 사회적 환경) 따위는 확인하지 않는다. 따라서 사회보험과 공공부조로 수발 보장을 하기 때문에 사회보험의 기여금과 일반 조세라는 두 가지 방식으로 재원을 마련하고, 수발보장의 대상자를 선별하기 위해서 여러 개인 사정까지 조사하기도 하는 한국에 비해 재원의 동원과 배분의 효율성이 높다고 할 수 있다.

2) 전달체계

수발의 전달 과정을 소개하면서 전달체계를 설명한 다음 그 특성을 몇 가지 지적하고자 한다.

스웨덴에서는 수발이 필요한 노인이나 주변 사람들이 지방자치단체에 수발을 신청하고 나서 여러 양로원, 주간보호중심, 재가복지중심 등에 관한 정보를 여러 통로로 수집한다. 주변 사람들의 평판, 지자체 담당공무원의 조언, 지자체 전자방의 자료를 참조한다. 지자체 전자방에는 각 시설에 대한 기본적인 정보는 물론, 지자체의 평가 결과 및 이용자들의 만족도 등이 실려 있다. 이를 바탕으로 적합한 시설을 선택해서 담당 공무원에게 희망 기관을 알려준다.

　노인의 수발 신청을 받은 지자체 노인복지과에서는 노인에게 필요한 수발의 양과 질을 판정한다. 이 과정에는 전문가들이 참여한다. 수발에 대한 판정이 끝나면 담당공무원은 노인 및 법정대리인과 상의하여 수발시설을 선정한다. 수발시설은 노인의 입장을 우선적으로 고려하되, 원하는 시설에 자리가 없을 경우 등과 같은 특별한 사정이 있으면 다른 시설에서 수발을 받게 하다가 자리가 생기면 옮겨준다.

〈그림 6-2〉 노인 수발 전달체계

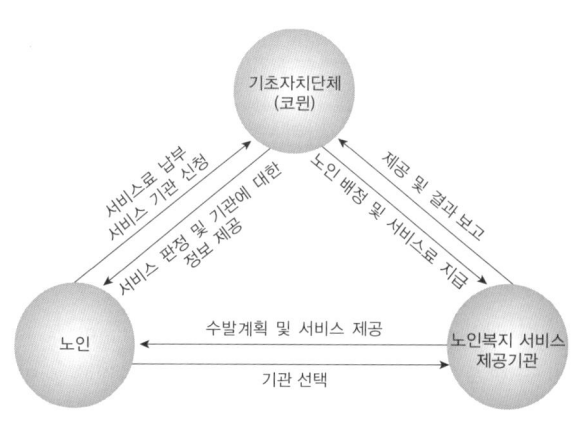

출처: 박승희 · 채구묵 외, 2007: 117

　담당공무원은 선정된 시설에 노인을 배정하면서 시설과 계약을 맺는다. 이때 물론 시설이 거부할 수도 있지만 충분한 수발비를 제공하므로 그럴 가능성은 크지 않다. 뿐만 아니라 수발기관의 절반 정도를 기초자치단체에서 직영하기 때문에 모든 시설에서 거부할 가능성은 전혀 없다고 보아야 한다. 만의 하나 거부된다고 하더라도 수발의 국가 책임을 대행하는 담당공무원이 끝까지 수발기관을 선정해준다. 국가는 수발 수급 자격만 제공하고 수발기관 선정의 최종 책임은 노인과 가족이 지는 한국의 경우와는 다르다.

각 시설에서는 수발 대상 노인이 배정되면 2주 이내에 방문 조사 등을 통하여 수발계획을 세워 기초자치단체에 보고하고, 계획에 따라 수발을 제공한다. 수발을 집행한 다음에 결과를 보고하면, 지자체에서는 수발비용을 지급하면서 수발 과정을 점검한다(〈그림 6-2〉 참조).

노인 수발은 주로 시설에서 담당한다. 젊은 장애인들의 경우와는 달리 개인이 수발을 들어주는 경우는 거의 없다. 주요 수발시설은 세 가지이다. 입주한 노인들에게 식사 준비 및 설거지, 잠자리 봐주기, 목욕, 청소, 대소변 도움, 운동 보조, 놀이 제공 등과 같은 수발을 들어주는 노인요양원, 집에 거주하는 노인에게 이와 같은 수발을 파견하는 재가수발중심, 주간에만 방문하는 노인에게 운동과 놀이를 제공하는 주간보호중심이 있다. 주간보호사업은 요양원에서 겸하는 경우가 많으며, 주간보호중심과 집 사이의 이동은 운송회사가 맡는다. 이 시설들은 공영(公營)과 사영(私營)이 반반 정도이다. 노인 수발시설의 인가(認可)도 기초자치단체에서 책임을 진다.

여기서 우리는 스웨덴의 국가가 '국민의 집'에 사는 모든 노인의 생존을 보장한다는 세계관에 바탕을 두고 수발의 전달 과정을 책임지고 있음을 알 수 있다. 노인 개개인의 수발 과정에 처음부터 끝까지 국가가 개입하고 있다. 즉 국가가 개별 노인의 필요한 수발 소요를 파악한 다음 노인 개인별로 수발시설을 선정하여 계약을 맺고 수발비용을 지급하면서 수발을 들어주게 한다. 여기서 국가는 계약자와 수발비 지급자로서 수발 과정을 감독한다. 이것은 국가가 수발을 받을 자격만 제공한 다음 개인이 시설과 계약을 맺고 수발을 주고받게 하면서 수발 과정에서 한 발 물러서 있는 한국의 상황과는 많이 다르다.

한편 노인 수발을 위한 별도의 기관이 있는 것이 아니라 기존의 행정기관에서 수발을 책임지고 있음을 알 수 있다. 수발의 신청 접수, 판정, 수발비의 지급, 감독, 기관 인가 등이 모두 한 기관에서 이루어지고 있는 것이 특징이다. 이것은 건강보험공단과 자치단체가 수발 제공의 행정을 나누어 하면서 많은 일들을 중복 처리하는 한국의 상황과는 다르다. 따라서 수발의 전달 행정이 매우 효율적이다.

3) 수발비용의 산정과 지불 및 수납 방식

수발비용은 어떻게 산정되는가? 수발비용은 개개 노인에게 제공한 수발시간에 의해서 결정된다. 비용의 산정 방식이 요양원과 재가수발중심 및 주간보호중심의 경우가 조금 다르므로 나누어서 살펴보기로 하자.

양로원의 수발비는 하루를 단위로 삼아 개별 노인의 장애 정도에 따라 정해진다. 이것은 각 노인의 수발 필요량, 곧 제공 수발의 양에 따라서 수발비용이 결정된다는 것을 의미한다. 공립의 경우 하루 수발비는 835크로나(141,950원)에서 1,753크로나(298,010원)이고, 사립은 884크로나(150,280원)에서 1,860크로나(316,200원)이다. 공립보다 사립이 세금을 더 내야 하기 때문이다(〈표 6-3〉 참조).

〈표 6-3〉 2007년 스톡홀름 나카 구의 장애등급별 양로원 수발비용

(단위: 크로나 / 원)

장애등급	1	2	3	4	5	6	7	8
소요 정도	1~6	7~8	9~10	11~14	15~16	17~19	20~21	22
공립	835 (141,950)	940 (159,800)	1,074 (182,580)	1,210 (205,700)	1,316 (223,720)	1,413 (240,210)	1,573 (267,410)	1,753 (298,010)
사립	884 (150,280)	997 (169,490)	1,139 (193,630)	1,282 (217,940)	1,395 (237,150)	1,498 (254,660)	1,668 (283,560)	1,860 (316,200)

주: 이 금액은 2006년에 비해서 2% 인상된 것이다.
자료: 나카 구청 내부 자료, 2007

이 비용에는 의료비와 숙박비 및 식재료비는 포함되지 않는다. 양로원에는 주기적으로 의사가 방문하여 진료를 하지만 이 비용은 광역자치단체에서 부담한다. 숙박비와 식재료비는 노인 본인이 부담한다. 2007년 스톡홀름 나카 구의 한 공영 요양원에서는 식재료비로 120크로나(20,400원)를, 숙박비로 월 2,000~2,500크로나(340,000~425,000원)를 부담하여 노인 월 부담액은 5,600~6,100크로나(952,000~1,037,000원)이다. 그리고 한 사영 양로원에서는 식재료비로 하루 100크로나(17,000원)를, 숙박비로 3,000~3,500크로나(510,000~595,000원)를 부담하여 노인 월 부담액은 6,000~6,500크로나(1,020,000~1,105,000원)이다. 그래서 스웨덴 양로원 노인들은 숙박비와 식재료비로 5,600~6,500크로나 정도를 부담한다고 볼 수 있다. 사족을 달자면, 이 금액은 스웨덴 노인들에게 큰 부담이 되는 것은 아니다. 왜냐하면 2007년 최저 연금월액이 7,153크로나(1,216,010원)이기 때문이다. 아무튼 여기서 우리는 수발비와 숙박비 및 식료비, 의료비가 명확하게 구별되어 있다는 것을 알 수 있다. 이것은 한국의 요양보험에서 수발비가 숙박비 및 의료비와 뒤섞여 있는 것과는 대조된다.

재가수발과 주간보호의 수발비용은 시간을 단위로 비용을 산정한다. 재가수발 비용은 2007년의 경우 시간당 300크로나(51,000원)이다. 수발시간에는 도우미의 이동시간은 포함되지 않는다. 재가수발을 받는 노인들은 간호사가 주기적으로 방문하는데, 이 비용은 수발비가 아니라 광역자치단체에서 지불하는 의료비이다. 이것도 결국 수발의 양에 따라서 지급하므로 요양원의 비용 산정 방식과 다르지 않다. 다만 하루 단위가 아니라 시간 단위로 계산되는 점이 다를 뿐이다.

이처럼 스웨덴의 수발비용은 요양원과 재가수발을 막론하고 개개 노인별 필요 수발의 양에 따라서만 결정된다. 시설에 대해서는 어떠한 지원도 없다. 이것은 수발 제공의 표적을 정확하게 설정하고 있기 때문이다. 이 비용에는 건물의 감가상각비는 물론 사립기관의 이윤까지 포함되어 있다고 할 수 있다. 이것은 한국에서 노인 개인에 대한 수발비용을 시설에 지급하면서도 법인이 운영하는 시설 등에 대해 중앙정부와 지방자치단체에서 각종 지원을 해주는 것과는 다르다. 이 경우 시설에 대한 지원은 담당자의 자의적 판단에 따라 좌우될 수 있고, 시설에 따라 노인이 국가로부터 받는 수발의 양과 질이 달라질 것이다. 이런 일은 스웨덴에서는 생각할 수조차 없다.

스웨덴의 수발비 지급 방식은 어떻게 이루어지는가? 노인들이 자부담하는 수발비용을 기초자치단체에 직접 납부한다. 양로원의 경우는 자부담 수발비용이 없기 때문에 납부할 필요가 없지만, 재가수발을 받는 경우 5시간 20분에 해당하는 비용을 기초자치단체에 납부한다. 그러면 시설인가 및 감독의 책임을 지고 있는 기초자치단체의 노인복지과에서 각 시설로부터 자신들이 배정해준 노인에 대한 수발 결과를 보고받고 수발비용을 지급한다.

여기서 우리는 스웨덴의 노인 수발비용 지급 방식의 몇 가지 장점들을 지적할 수 있다. 우선 돈의 지급 경로가 단일하다는 것이다. 장기요양보험을 관리하는 건강보험공단과 일반 행정기관이 경비를 지급하는 한국의 사정에 비해 여러 가지로 효율성이 높다고 볼 수 있다. 그리고 돈의 흐름이 노인, 지방자치단체, 시설 사이에 자연스럽게 공개된다. 이것은 자부담금의 흐름은 관리기관에 알려지지 않고, 정부의 보조금은 노인 및 그 가족에게 알려지지 않아 비리 논란이 발생하는 한국의 상황과는 다르다. 뿐만 아니라 돈의 지급과 시설 감독 및 인가가 연결되어 있어 자치단체는 시설을 효과적으로 관리할 수 있고, 시설은 간편하게 사무를 처리할 수 있다. 이것은 비용의 지급과 시설의 인가 및 감독을 건강보험공단과 일반 행정기관에서 나누어 할 뿐만 아니라 중복해서도 처리하므로 국가의 시설 관리 및 사무가 매우 복잡한 한국과는 차이를 보인다.

4) 의료보장과 수발보장의 관계

의료비를 낭비하지 않고 꼭 필요한 수발과 의료를 받을 수 있게 하려면, 의료와 수발의 보완 관계 및 의료와 수발의 분리 정도를 살펴보아야 한다. 스웨덴에서 의료와 수발이 서로 보완해주고 있는가를 먼저 살펴보기로 하자. 병원에서는 입원 노인들에게 무료 치료만이 아니라 무료 간병도 해준다. 병원에서 급한 치료가 끝나면 집이나 요양원으로 노인들을 이송하여 수발을 받게 한다. 이것은 노인병원에 입원한 노인들의 절반 정도는 입원과 퇴원을 반복하는 상황에서도 이해할 수 있다. 병원에서 퇴원한 노인들은 자기 집에서 방문 도우미들의 수발을 받거나 요양원에서 생활하는데, 이 경우 간호사나 의사가 주기적으로 방문하여 간단한 치료와 진단을 해준다. 이 비용은 의료를 주관하는 광역자치단체에서 지불한다. 물론 각종 수발기관에는 의사나 간호사가 상근하는 경우가 대부분이다. 그러나 이들이 하는 일은 의료가 아니라 수발이다. 의료는 수발과 분리 공급된다. 이처럼 의료와 수발이 명확하게 분리되어 있으면서 보완적 관계를 유지하도록 되어 있기 때문에, 우리나라처럼 수발 현장에 의료가 부족하고 의료 현장에 수발이 부족한 경우는 있을 수 없다.

그러면 스웨덴에서는 의료와 수발이 잘 분리되어 있는가? 이에 답하기 위해서는 의료기관인 병원과 수발기관의 본래적인 특성들을 살펴보면서 이상적인 역할의 분리가 어떠해야 하는가를 따져보아야 할 것이다. 〈표 6-4〉에서 보는 바와 같이 의료기관인 병원은 의료와 수발까지 모두 할 수 있다. 그러나 수발기관에서는 의료를 거의 할 수 없고 수발만이 가능할 뿐이다. 따라서 의료기관과 수발기관이 협력한다는 것은 병원에서는 주로 의료를 담당하고, 수발기관에서는 수발만 담당하는 것이다. 결국 이것은 입원치료가 필요한 노인들은 병원에서 의료와 수발을 받게 하지만, 입원치료가 불필요한 노인들은 수발기관에서 주로 수발을 받으면서 의료기관의 의료 지원을 받게 하는 것이다. 특히 중증 환자라도 치료 효과가 없는 경우에는 수발기관의 보살핌을 받게 해야 할 것이다(〈표 6-4〉 참조).

〈표 6-4〉 병원와 수발기관의 이상적 대상자 배분

구분	의료	수발	분업 시 주요 대상 노인
병원	가능	가능	입원치료가 필요한 노인
요양원	어려움	가능	입원치료가 불필요한 노인
재가수발중심	어려움	가능	입원치료가 불필요한 노인

스웨덴에서는 이런 분업체계가 잘 이루어져 있어 입원치료가 필요한 노인들만이 병원에서 생활한다. 그렇지 않은 노인들은 자기 집이나 양로원에서 수발을 받으며 치료를 받거나 통원치료를 받는다.

이러한 분업체계가 이루어지기 위해서는 입원치료가 필요한 노인들은 병원에 들어가서 치료를 받는 데 어려움이 없어야 한다. 반면 입원치료가 불필요한 노인들은 병원 대신에 수발기관에서 수발을 받길 원하며, 병원에서는 그런 노인들은 맡지 않으려 해야 한다. 이것이 어떻게 가능한가?

입원치료가 필요한 노인이 병원에 들어가서 치료를 받는 대신에 요양시설을 활용할 가능성이 있는가를 살펴보자. 그럴 가능성은 거의 없다. 입원치료가 필요한 노인들은 병원에서 부담 없이 치료와 간병(수발)을 받을 수 있다. 입원 시 노인의 경제적 부담은 어떠한가? 병원에 입원하면 의료비로 연 최대 2,700크로나(459,000원)까지 자부담하며, 이와는 별도로 식재비를 부담한다. 그러나 숙박비 부담은 없다. 이것은 노인들이 거처를 영구적으로 옮긴 것이 아니어서 자기 집 유지비를 감당해야 하기 때문일 것이다. 결국 진료비와 식재비, 비워둔 집세 등을 고려하면 노인들이 요양원에서 생활하는 경우에도 자부담은 비슷할 것이다. 그러나 자기 집에서 수발을 받으면서 1,600크로나(272,000원)를 내야 하는 경우에 비하면 오히려 비용이 적게 든다.[14] 따라서 비용 때문에 병원을 포기할 가능성은 없다. 그리고 병원 간병의 질이 수발기관의 수발에 비해서 현저히 낮을 수도 없으므로 치료가 필요한 노인이 병원 대신에 굳이 수발기관을 선호할 이유는 없을 것이다.

그렇다면 입원치료가 불필요한 노인들이 수발기관보다 병원을 선택할 이유는 있는가? 경제적인 측면을 먼저 따져보자. 노인들이 병원에서 치료를 받는 것과 수발기관에서 요양을 받는 것이 비슷하다는 점을 이미 앞에서 지적했다. 다만 자기 집에서 수발을 받는 경우 월 1,600크로나의 수발비를 부담해야 하므로 병원에서 생활하는 것보다는 부담비용이 약간 더 커진다고 볼 수 있다. 그러나 노인들이 연금을 받고 있기 때문에 큰 부담을 느끼지 않고 감당할 수 있는 금액이다. 따라서 자기 부담금 때문에 병원이나 요양시설을 기피하거나 선택할 이유는 없다. 그런데 노인들이 요양원이나 자기 집에서 수발과 의료를 받는 것이 심리적으로 편안할 수는 있을 것이다. 자기 집에서도 수발과 의료를 받을 수 있도록 기초자치단체에서 집을 개조해주고, 집에까지 양질의 수발을 충분히 전달해주며, 의료도 언제든지 공급받을 수 있게 해주고 있다. 요양원에도 충분한 의료와 수발을 정부가 제공해주고 있으면서도, 최대한 사생활을 보장해주는 가정집의 분위기를 살려주기 위해서 노력하고 있다. 그래서 병원에서 치료를 받아야 할 절실한 이유가 없는 한, 자기 집이나 요양원보다 병원을 선택할 가능성은 거의 없다.

---

14 장병(長病) 노인의 병원비와 요양비 자부담액을 표로 비교해보자. 〈표 6-5〉를 보면 기관으로 지불하는 금액은 차이가 있으나, 스스로 지불할 수밖에 없는 집세나 식재료비를 고려하면 실질 비용은 큰 차이가 없다.

〈표 6-5〉 스웨덴 장병 노인 병원비와 요양비 월 자부담액 (단위: 크로나)

구분	식재비	공간비	간병, 수발비	부담 총액	실질 지출액
병원	2,400	무료, 자가 세	없음	2,400	2,400+집세
요양원	3,600	2,000~2,500	없음	5,600~6,100	5,600~6,100
자가 수발	구입가	집세	1,600	1,600	1,600+식재비+집세

한편 공급자인 병원이나 수발기관의 입장에서 살펴보자. 스웨덴에서 대부분의 대형 병원은 공영이므로 극단적인 이윤 경쟁을 하지 않을 가능성이 크다. 뿐만 아니라 치료 효과가 없는 노인들을 병원에 입원시켜 의료비가 증가하는 것을 막기 위해서 광역자치단체가 책임을 지는 의료로부터 수발을 분리하여 기초자치단체가 떠맡게 하는 정책을 1990년부터 지속적으로 추진해왔다. 이를 위해 치료 효과가 없는 노인을 장기간 병원에 입원시켜둘 경제적 유인을 약화시켜왔다고 볼 수 있다.[15] 따라서 병원이 입원치료가 절실하지 않은 노인을 입원시킬 이유가 없다. 그런가 하면 수발기관은 입원치료가 절실한 노인을 치료할 능력도, 유인할 필요도 없다.

따라서 스웨덴에서는 주로 수발이 필요한 노인은 수발기관의 도움을 받고, 입원치료가 필요한 노인은 병원에서 도움을 받는다. 두 기관이 경쟁관계에 있을 이유가 없다. 여기서는 치료가 필요한 노인이 자부담 비용 때문에 병원을 기피하고 요양원에서 생활하며, 많은 치료가 필요하지 않은 노인들이 의료가 결여된 요양원을 피하여 병원에서 생활하는 한국의 상황을 상상하기란 거의 어렵다.

5. 공동체 친화성

스웨덴에서는 노인이 적은 부담으로 충분한 사회 수발을 받기 때문에 수발의 양이 부족하여 가족 내 불화가 생길 가능성은 없다. 그러나 스웨덴의 수발보장제도에서는 가족이나 친족에게 수발을 받을 수 있게 해주

---

[15] 병원 의료비 지급 방법에 관한 상세한 정보를 검토할 필요가 있는데, 아직 확보하지 못했다.

는 현금 급여는 없다. 다만 가족들이 수발에 참여할 수 있는 기회를 늘리기 위해서 노력하고 있다. 노인들이 가족이나 이웃들과 분리되지 않도록 주간보호중심을 운영하고, 집으로 충분한 양질의 수발을 배달해준다. 예컨대 딸집 방을 세 얻어 사는 노인에게 수발을 배달하여 딸 가족의 심리적 부양을 받게 한다. 그리고 요양원에서는 노인 부부가 함께 생활하는 것을 적극 권장한다. 그러나 스웨덴에서는 공동체 자체를 강화하려는 시도는 보이지 않는다. 이를테면 어린이집과 요양원을 지리적으로 가까이 두어 세대 간 교류를 증진시키려는 노력을 하고 있는 모습은 찾기 어렵다. 결국 스웨덴에서는 노인의 생존권은 잘 보장해주고 있으나, 노인들을 공경하는 분위기까지는 조성하지 못하고 있다. 어쩌면 스웨덴의 노인 수발도 잘해야 애완용 짐승을 기르는(『孟子』, 盡心章句 上 37) 정도인지도 모른다.

한국의 노인 수발보장

1. 노인 소득 및 의료보장

1) 소득보장

국민연금에 가입한 사람은 55세부터 노령연금을 받을 수 있다. 그러나 제대로 된 연금(완전노령연금)을 받기 위해서는 20년 이상 가입하고 60세가 넘어야 한다. 완전노령연금의 최저액은 월 121,910원(10년 이상 가입, 기준소득 24만 원 이하)이고, 최고액은 1,205,130원(40년 이상 가입, 기준소득 389만 원 이상)이다.[16] 연금 수급자가 이혼할 경우에는 함께 살면서 국민연금에 가입한 기간에 해당되는 연금을 똑같이 나누어 받기 때문에 (국민연금법 64조), 최저연금은 약 6만 원이라고 할 수 있다. 공무원, 군인, 사립학교 교원연금에 20년 이상 가입하고 60세가 넘어 퇴직한 사람은 가입기간 평균 소득의 50~76%이다. 유족급여는 퇴직연금액의 70%이

---

16 연금관리공단 전자방, 2012, http://www.nps.or.kr

다. 이 특수직역연금에 가입한 사람들은 국민연금 수급자들에 비해 대체로 넉넉한 연금을 받는다.

한편 공공부조연금인 기초노령연금제도를 2008년부터 시행하고 있다. 소득 및 자산 조사의 결과에 따라 홀노인에게는 94,600원까지, 부부노인에게는 151,400원까지 차등 지급한다(보건복지부, 2012가). 그리고 한국에서는 노인들도 국민기초생활보장 대상자가 될 수 있다. 국민기초생활보장제도는 생계가 곤란하지만 가족의 부양을 받지 못하고 노동력이 없는 사람들에게 최저생계비를 지원해주는 제도이므로 가족의 지원을 받지 못하는 가난한 노인들이 이 제도의 주요 대상자라고 할 수 있다. '소득인정액'이 최저생계비에 미치지 못하는 사람들에게는 부족한 만큼(최저생계비−소득인정액)을 '생계급여'와 '주거급여'란 이름을 붙여서 지급한다.[17] 노동력이 있으면서 소득인정액이 최저생계비보다 적은 사람에게는 '자활사업 노동'을 할 경우에만 가처분소득이 최저생계비보다 약간 높도록 급여를 지급한다. 정부에서 정한 2012년 최저생계비는 1인 가구 553,354원, 4인 가구 1,495,550원이다. 그런데 다른 제도에 의해서 정부가 지원해준 의료비, 교육비, 그리고 주민세와 TV 수신료 감면액 등을 생계급여와 주거급여에서 제외시키므로 1인 가구 최대급여 월액은 453,049원, 4인 가구는 1,224,457원이다(보건복지부, 2012가: 144). 그리고 기초노령연금을 받는 노인들은 그만큼 급여액이 줄어든다.

이처럼 한국의 노인들은 사회보험과 공공부조에 의해서 소득보장을 받는다. 사회보험은 원초적으로 대상자를 기여 상황에 따라서, 공공부조는 소득(혹은 인정액)에 따라서 제한하므로 적지 않은 노인들이 사회적인 소득보장을 전혀 받을 수 없다. 물론 사회보험에 의한 연금이 시작된 지 얼마 되지 않아 대부분의 노인들이 연금 대상에서 제외된 지금과 비교하면

---

17 따라서 각 가구에 지급한 총금액은 최저생계비에서 소득인정액을 뺀 것이며, 생계급여와 주거급여를 합한 것이다.

시간이 지날수록 사회적 소득보장의 대상 범위는 확대되겠지만, 사회보험과 공공부조의 선별주의 원칙 때문에 소득보장을 받지 못하는 노인이 없어질 수는 없을 것이다.

그렇다면 이러한 사회적 소득이 노인들의 최저생계를 보장해줄 수 있는가? 먼저 건강한 노인들의 생계를 보장해줄 수 있는지부터 살펴보자. 국민연금의 완전노령연금 최저액이 월 12만 원이다.[18] 노인이 12만 원으로 한 달을 살아갈 수 있을까? 이것은 정부에서 정한 1인 최저생계비 553,354원을 한참 밑돈다. 완전한 노령연금을 받는 사람들도 연금으로만 생활하기는 곤란할 것인데, 하물며 받지 못하는 경우는 말할 필요조차 없다. 공공부조에 의한 기초노령연금은 1인 월 최대금액이 94,500원이므로 용돈으로도 부족하다. 가장 어려운 노인들이 받을 수 있는 기초생활보장제도의 월 최대급여는 453,049원인데, 이 돈으로 노인이 한 달을 살기는 버거울 것이다.

건강한 노인은 그렇다치고 병든 노인은 어떤가? 다 아는 것처럼 한국의 의료비 자부담은 적지 않다. 의료보험이 적용되지 않는 질병과 치료를 의미하는 '비급여 항목'이 많고, 병원의 간병비도 자부담을 해야 하기 때문이다. 장기 입원한 노인의 월 최저간병비[19]만 하더라도 비용이 국민연금 최대금액 월 약 120만 원과 비슷하다. 이뿐만이 아니라 수발비용의 자부담액도 적지 않다. 요양원에서 생활하는 노인들은 식재비와 숙박비를 포함하여 적어도 40만 원은 자부담해야 한다. 이런 사정 때문에 연금을 가장 많이 받는 특수직역연금 수급자도 병이 들면 연금만으로 생활하기에는 어려움이 따른다. 예컨대 2007년 사립학교 평균 퇴직연금 월액은 2,066,417원이다.[20] 이 금액은 스웨덴의 2007년 최고노령연금 월액과

---

18 연금관리공단 전자방, 2012, http://www.nps.or.kr

19 2011년 2명의 간병인이 2교대로 4명을 간병하는 경우, 노인 개인당 간병비는 90만 원이다. 여기에 일요일 간병비가 추가된다(미소노인전문병원 윤영복 원장의 가르침).

20 사립학교교직원연금관리공단(2009, http://www.ktpf.or.kr) 자료에 의하면, 2007년 평균 퇴직

비슷하다. 그럼에도 불구하고 이것은 겨우 장기 입원 노인의 월 간병비에 해당될 뿐이다. 이것은 스웨덴에서 간병비와 수발비를 국가가 부담하기 때문에 적은 연금을 받고도 모든 노인들의 삶이 보장되는 것과는 대조를 이룬다. 아무튼 한국 사회에서는 가장 많은 연금을 받는 노인도 병이 들면 연금만으로는 생존하기 어려운 상황이 발생한다. 이러할진대 일상적인 의식주 비용에도 미치지 못하는 연금과 공공부조 생계비를 받는 노인들의 사정이야 더 말할 나위조차 없다.

2) 의료보장

한국에서 국가는 노인들의 의료를 사회보험과 공공부조로 지원한다. 의료보장에 필요한 재원은 대부분 의료보험 기여금으로 조달하고, 의료보험에 가입하지 않은 빈곤한 노인들의 의료보호는 일반 조세로 지원한다. 의료보험은 의료보험공단에서, 빈곤 노인의 의료보호는 지방자치단체에서 책임을 진다. 노인들이 부담하는 의료비 상한액은 의료보험의 경우는 200~400만 원이고, 의료보호의 경우는 60~120만 원이다. 그러나 의료보험이나 의료보호가 적용되지 않는 비급여가 많고 간병비도 자부담해야 하기 때문에 이러한 한도는 무의미하다. 심지어 노인들이 암과 같은 질병의 치료를 받고 나면 법원에 파산 선고를 신청하는 사례까지 발생한다.

노인들의 병은 일반적으로 만성질환이므로 수술이나 조사비가 많지 않은 편이다. 재활치료가 필요한 노인들의 6인실 입원비와 치료비는 월 400~500만 원이며, 이 중에서 80~100만 원을 자부담한다. 그 외의 병으로 입원한 노인들은 250~300만 원의 병원비 중에서 45~60만

연금은 24,797,000원이다. 이를 12로 나누면 월급 2,066,417원이 된다.

원을 자부담한다. 그리고 4명의 노인이 두 사람의 교대 간병을 받을 경우, 90만 원의 간병비를 내야 한다. 따라서 입원 노인들은 월 135~150만 원을 자부담해야 한다. 그러나 의료비 연 상한액이 의료보호는 60~120만 원, 의료보험은 200~400만 원이므로 장기 입원 노인은 월 5~33만 원을 부담한다고 볼 수 있다. 따라서 장기간 노인병원에 입원한 노인들은 95~123만 원을 부담한다고 볼 수 있다. 만약 노인들이 단독으로 간병인을 고용하거나 상급 병실을 쓰는 경우 자부담비는 더 많아진다.[21]

이것은 간병비를 포함한 의료비가 연간 2,700크로나를 넘지 않고, 식재비로 월 2,400크로나를 부담하는 스웨덴의 상황과는 크게 다르다.

한국에서는 노인들이 집이나 시설에서 의료를 받을 수 없다. 의료를 노인이 사는 곳으로 배달해주는 제도 자체가 없기 때문이다. 따라서 한국의 노인들은 병원에 가지 않고서는 의사나 간호사의 진료를 받을 수 없다. 물론 요양원 등의 시설에 근무하는 간호사나 방문의사가 노인들의 건강을 보살필 수는 있다. 그러나 이것은 의료가 아니라 수발의 영역에 속하는 것이다.

---

21 이상은 미소들노인전문병원 윤영복 원장의 가르침에 따른 것이다. 서울 한 노인병원의 한 달 전담 간병비는 월 180만 원이다. 이 경우 간병인은 하루 24시간, 주 6일 근무이므로 일요일 간병비가 추가될 것이다. 2인실 병실료 추가비는 월 150~300만 원, 1인실은 300~600만 원이다.

2. 수발보장의 개관

1) 수발보장의 위상

한국에서 노인 수발보장의 개념은 2001년부터 장기요양보험제도 도입에 관한 논의가 진행되면서 일반화되었다. 그러나 아직도 수발이란 개념이 분명하게 정립된 것은 아니다. 수발이 의료나 소득보장과는 별개의 차원임에도 불구하고 한국에서는 노인의 수발이 치료와 구별되어 있지 않다. 수발보험의 명칭, 곧 '장기요양보험'에 치료를 의미하는 요양(療養)이 포함되어 있는 것에서도 이를 확인할 수 있다. 뿐만 아니라 의료도 수발에 포함되어 있다. 예컨대 방문간호나 요양원 촉탁의 진찰이 의료에 속함에도 불구하고 장기요양보험에서 그 비용이 지급되고 있다. 수발과 소득보장의 분리도 불분명하다. 이것은 요양원의 4인실 사용료가 장기요양보험에서 지급된다는 점을 통해서도 잘 알 수 있다. 방은 주거 공간으로서 소득보장에서 필수적으로 배려되어야 하고 공간 사용은 수발이 아니므로, 공간 사용료는 소득보장의 대상이 될 수 있을지언정 수발비용에 포함될 수는 없다.[22] 뿐만 아니라 공공부조에 의한 수발에서는 소득보장과 수발의 혼선이 더욱 심하다. 소득보장을 받는 노인들이 시설에 입소하면 생계비가 더 이상 지급되지 않는 대신, 모든 것이 현물급여로 대체되기 때문이다. 이것은 소득보장은 소득보장대로 해주고, 의식주에 필요한 비용은 자부담하게 함으로써 수발과 소득보장을 명확하게 구분하여 개인별 사회보장의 실상을 용이하게 파악할 수 있게 해주는 스웨덴의 방식과는 상당한 거리가 있는 것이다.

---

22 물론 입원 시 병실료는 의료비에 포함되는 것이 타당하다. 입원하면 자기 집을 두고 일시적으로 병실을 사용할 수밖에 없기 때문이다. 반면 요양원에서 생활한다는 것은 이사했다는 의미이다.

2) 수발보장제의 개요

한국의 수발제도는 스웨덴에 비해 복잡하다. 스웨덴에서 사회보공 방식으로 수발을 제공하는 것에 비해 한국에서는 사회보험과 공공부조의 방식으로 수발을 제공하고 있으며, 지원 및 관리 방식도 다양하다. 그러므로 수발의 개요도 각 제도별로 나누어 설명할 수밖에 없다.

사회보험으로 수발을 제공하는 경우부터 살펴보자. '노인장기요양보험'이라고 부르는 이 제도는 2001년부터 논의를 시작하여 2008년부터 시행되었다. 보험료(기여금)는 2011년의 경우 건강보험료의 6.55%로서 보수월액의 약 0.37%이다.[23] 장기요양보험료를 내야 하는 사람은 국민건강보험의 경우와 동일하다. 직장인은 보험료의 50%를 본인이, 나머지는 고용주 등이 부담하며, 자영업자의 경우는 전액 본인이 부담한다. 장기요양보험료는 건강보험료와 통합하여 징수하며, 장기요양보험료 수입의 20%는 정부가 일반 조세로 지원한다.[24] 따라서 이 보험 재정의 83%는 기여금(보험료)으로, 17%는 일반 조세로 충당한다.

요양급여를 받기 위해서는 이 보험의 가입자이거나 그 가족 중에서 노인성 질환으로 요양이 많이 필요한, 즉 1~3등급의 요양 인정을 받은 사람이 있어야 한다. 이들에게 필요한 수발은 장기요양보험을 관장하는 국민건강보험공단에서 지원한다. 제공하는 수발은 식사, 취침, 옷 갈아입기, 목욕, 청소, 배설, 생필품 구매 등과 관련된 도움, 신체 활동의 지원, 심신기능 유지 향상을 위한 훈련, 간호와 진료 보조, 복지용구 등이다. 이 외에 시설에서 생활하는 노인의 3인 이상 침실 사용료도 지원한다. 시설

---

23 장기요양보험료(y)는 보수월액(i)에 건강보험료율(h)과 장기요양보험료율(c)을 곱한 것이다(y=i× h×c); 국민건강보험공단 전자방, 2012, http://www.nhic.or.kr

24 국민건강보험공단 전자방, 2012, http://www.nhic.or.kr

생활자의 경우는 공단이 정한 수발비의 80%[25]를, 자가 생활자[26]의 경우는 85%[27]를 건강보험공단이 제공한다. 수발을 받은 노인들은 정부가 정한 수발비의 20%와 15%를 부담한다. 그 외 '비급여' 비용인 식자재비, 1~2인 침실 이용 추가비, 이·미용비 등은 본인이 부담하며, 자가 생활자의 경우는 정부가 정한 월 한도액을 초과한 금액을 자부담한다.[28] 이 밖에 요양기관을 이용할 수 없는 특수한 경우에는 수발을 드는 가족에게 월 15만 원을 지급한다.

장기요양보험에 의한 수발을 지원받기 위해서는 노인과 그 가족이 국민건강보험공단 지사에 장기요양 인정을 신청하여 장기요양 등급 판정을 받은 다음, 요양기관과 계약을 맺고 자부담 비용을 지불하면서 수발을 받는다. 수발기관은 국민건강보험공단에 수발결과를 보고하고 수발비용을 받는다.

수발기관은 공립일 수도 있고 사립일 수도 있다. 그런데 공립이라도 국가가 직영하는 것이 아니므로 사립과 마찬가지로 사영(私營) 기관이라고 할 수 있다. 노인이 입주하여 생활하는 시설로는 10인 이상 노인들이 거주하는 장기요양시설, 5~9인이 사는 노인요양 공동생활가정, 그리고 단기요양시설 등이 있고, 자기 집에서 생활하면서 방문하는 노인들을 돌보아주는 시설로는 주야간보호기관 등이 있으며, 노인의 집을 방문하여 수발을 들어주는 시설로는 방문요양기관, 방문목욕기관, 방문간호기관이

---

25 1등급 전문요양시설 생활자의 경우, 하루 48,900원의 80%인 39,120원, 한 달 1,467,000의 80%인 1,173,600원이다. 여기에는 3인 이상 이용 침실료가 포함되어 있다(국민건강보험공단 전자방, 2012).

26 재가(在家)라고 표현하지 않은 이유는 '재가 생활'은 집에 있으면서 생활한다는 뜻으로, 말이 성립되지 않기 때문이다.

27 '재가급여' 1등급의 경우, 정부가 정한 한도액 1,140,600원의 85%인 969,510원이다(국민건강보험공단 전자방, 2012).

28 1등급 전문요양시설 생활자의 경우는 월 293,400원과 기타 비급여비를, 자가 생활자의 경우는 171,090원과 한도액을 초과한 비용을 자부담한다(국민건강보험공단 전자방, 2012).

있다.[29]

한편 중앙정부(보건복지부)와 지방자치단체에서는 공립이나 법인 시설에 대한 기능보강비 등을 지원한다. 이것은 장기요양보험과는 별개이며, 노인 개인 중심 지원이 아니라 시설 중심 지원이다. 이런 지원을 받는 기관의 노인들은 그렇지 않은 기관의 노인들에 비해 더 많은 지원을 받는다고 할 수 있다.

공공부조로 수발을 제공하는 방식은 장기요양보험의 수발제도를 활용한 중증 빈곤 노인의 수발 지원, 경증 빈곤 노인에 대한 '노인 주거복지시설' 수발, 자기 집에서 생활하는 경증 빈곤 노인의 수발인 '노인 돌봄 서비스'이다.

장기요양보험에 편승한 공공부조 수발은 의료보호를 연상시켜 편의상 '장기요양보호'라고 부르자. 이것은 요양의 필요성이 높은(1~3등급) 빈곤 노인들의 수발비용을 중앙정부와 지자체가 건강보험공단에 지급하는 방식으로 수발을 드는 것을 말한다. 이 제도의 대상자는 기초생활 수급자, '차상위계층'에 속하는 의료급여 수급자 등이다. 기초생활 수급자는 정부가 정한 시설 생활 수발비와 자가 생활 수발비 전액을 지원받는다. 의료급여 수급자가 시설에서 생활하는 경우에는 수발비의 90%를, 자기 집에

---

29 요양시설은 노인들의 거처와 수발장소에 따라서 분류할 수 있으며, 이에 따라 명칭이 달라진다. 흔히 시설에서 생활하면 시설 요양, 집에서 생활하면 재가 요양이라고 하는데, 이런 개념들은 혼란을 초래한다. 집에서 생활하면서도 시설 수발을 받을 수 있기 때문이다. 이런 점들을 고려하여 수발(요양)의 종류를 분류하고 이름을 다시 붙여보면 〈표 6-6〉과 같다. 여기서 '자가(파견) 수발'은 자가 수발로, '시설방문인 수발'은 시방인 수발로, '시설생활인 수발'은 시생인 수발로 줄여 쓰는 것도 좋을 듯하다.

〈표 6-6〉 요양시설 거처와 수발장소별 제도 분류

거처	수발장소	사례	이름		
			거처 중심	수발장소 중심	거처·장소
자가	자가	방문요양	자가생활인 수발	자가(재가) 수발	자가(파견) 수발
자가	시설	주간보호		시설 수발	시설방문인 수발
시설	시설	요양시설	시설생활인 수발		시설생활인 수발

서 생활하는 경우에는 92.5%를 지원받는다.[30] 이것은 기초생활 수급자는 부담을 전혀 하지 않고, 의료급여 수급자는 장기요양보험의 자부담액 절반을 경감받는다는 의미이다. 소위 비급여에 속하는 식재비 등도 정부가 부담하는데, 서울의 경우는 월 약 25만 원이다.[31] 그리고 개인에게 특별 위로금 등의 명목으로 월 1만 원이 지급된다. 여기에 소요되는 비용은 전액 중앙정부와 지방자치단체에서 공동으로 부담한다. 이런 공공부조 수발을 받고자 하는 사람은 먼저 국민건강보험공단 지사로부터 요양 인정을 받은 다음 기초자치단체에 요양급여를 신청하여 배정받은 요양기관과 계약을 맺고, 자기 부담금[32]을 요양기관에 납부하면서 수발을 받는다. 요양기관은 건강보험공단으로부터, 건강보험공단은 기초자치단체로부터 수발비용을 받는다.

'노인 주거복지시설' 수발에 대해서도 살펴보자. 이 시설은 경증 장애를 가진 빈곤 노인에게 숙식과 수발을 제공하는 곳으로, 장기요양보험제도의 요양 1~3등급에 속하지 않는 노인들의 생활시설이다. 장기요양제도가 생기기 전에는 모든 빈곤 노인들이 이런 시설에서 함께 생활했으나, 지금은 요양기관으로 옮겨간 중병의 노인들을 제외한 이들만이 남아서 보살핌을 받고 있다. 무료 입소 대상자는 기초생활 수급노인이나 가족으로부터 보호를 받지 못하는 노인이다. 여기에 입소하면 기초생활급여는 받을 수 없다. 402,000원을 자부담하는 실비 입소 대상자는 소득이 도시 노동자 가구원 1인 평균 소득(2011년 월 약 120만 원)[33] 이하인 노인이다.

---

30 기초생활수급 1등급의 전문요양시설 생활 노인의 경우 한 달 1,467,000원의 수발을, 의료급여 수급자의 경우 1,320,300원의 수발을 제공받는다. '재가급여' 1등급 기초생활급여 수급자의 경우 정부가 정한 한도액 1,140,600원까지, 의료급여 수급자의 경우 그 상한액의 92.5%인 1,055,055원까지 수발비용을 지원받는다. 의료급여 수급 1등급 시설 생활 노인은 146,700원을 자부담하고, 자가 생활 노인은 85,545원을 자부담한다(국민건강보험공단 전자방, 2012).

31 서울 시립 ○○노인전문요양원센터의 내부 자료 참조.

32 기초생활급여 수급자는 해당되지 않는다.

33 도시 노동자 평균 가구소득을 평균 가구원 수로 나눈 값.

이런 시설로는 10인 이상이 생활하는 양로시설과 그 이하가 함께 사는 노인 공동생활가정이 있다(보건복지부, 2011다: 29~31). 시설은 공립일 수도 있고 사립일 수도 있다. 그러나 공립이라도 법인이나 개인에게 운영을 위탁하므로 공영은 없고 사영만 있다. 정부는 식자재비, 간병비, 피복비, 운영비 등을 개인별로 월 약 21만 원, 시설별 인건비로 노인 1인당 월 96만 원 정도에 해당되는 금액을 지급한다.[34] 노인 개인당 월 117만 원 정도를 지급한 셈이다. 이외에도 시설별 건축비 및 관리비를 지원한다. 입소 절차는 무료 입소 대상자의 경우 당사자가 기초자치단체에 신청하면 심사를 거쳐 시설에 입소한다. 실비 입소자는 시설장과 계약을 맺고 입소하되, 기초자치단체의 허가를 받는다. 자부담금은 시설에 납부한다.

'노인 돌봄 서비스'는 자기 집에서 생활하는 노인을 위한 수발제도로, 대상은 65세 이상의 빈곤한[35] 독거노인이다. 가정방문과 전화를 이용한 안전 확인, 생활 교육, 서비스 연계 등의 '기본 서비스'는 빈곤한 독거노인 모두에게 무료로, 가사보조와 주간보호 등은 필요한 노인에게 월 48,000원까지 받고 제공해주는 제도이다. 수발시간은 노인 자택으로 도우미가 방문하는 경우(방문형, 혹은 파견형)에는 월 27시간이거나 36시간이며, 노인이 시설을 찾아가는 주간보호의 경우에는 하루 9시간씩 월 9일(월 81시간)이거나 12일(월 108시간)이다. 이를 돈으로 환산하면 두 유형 모두 월 248,400원이거나 331,200원이다.[36] 자기 부담금은 소득과 수발시간에 따라 결정되는데 최고 월 48,000원이다. 이 제도에 의한 수발을 받기 위해서 당사자가 우선 건강보험공단으로부터 수발 소요를 판정받고

---

34 서울의 한 시립 양로원 내부 자료를 참조한 것이다. 이 시설에서는 70명의 노인을 25명의 직원이 보살피면서 인건비로 연 805,234,000원, 월 67,100,000원, 직원 1인당 월 2,684,000원(외부교육비, 각종 수당, 퇴직적립금, 각종 세금 포함)을 지원받는다.

35 전국 가구 월평균 소득 150% 이하.

36 정부가 정한 방문형 시간당 수발비는 9,200원이고, 주간보호 하루 비용은 27,600원이다. 따라서 월 비용은 각각 9,200×27=248,400원, 9,200×36=331,200원, 27,600×9=248,400원, 27,600×12=331,200원이다.

기초자방자치단체에 수발을 신청하면, 기초자치단체에서는 소득 수준 등을 고려하여 자격과 수발 시수나 일수를 결정하고 이용권을 지급한다. 당사자는 자기 부담금을 은행을 통해 납부한 다음, 수발기관과 계약을 맺고 수발을 받는다(보건복지부, 2011다: 709~785).

이상의 논의를 표로 정리하면 〈표 6-7〉과 같다.

〈표 6-7〉 노인 수발보장제도의 개관

보장 방식	보장제도	대상 자격		노인 거처	수발 장소	수발기관	자부담
		장애	조건				
사회 보험	장기요양보험	중	보험 가입	시설	시설	요양시설	15~20%, 식자재비 등
				자가	시설	주야간보호중심	
					자가	자가수발시설	
공공 부조	장기요양보호	중	빈곤	시설	시설	요양시설	기초수급 무료, 의료보호 7.5~10%
				자가	시설	주간보호중심	
					자가	방문수발시설	
	노인 주거복지	경	빈곤	시설	시설	양로원	0~약 40만 원
	노인 돌봄 서비스	경	빈곤	자가	시설	주야간보호중심	0~48,000원
					자가	자가수발시설	

3. 수발보장의 포괄성과 보장 수준

1) 대상자 및 수발 내용의 포괄성

한국의 대표적 수발보장은 사회보험의 방식으로 이루어지고 있기 때문에 대상자는 먼저 본인 또는 그 가족의 노인장기요양보험 가입 여부에 따라서 결정된다. 이 보험 대상에서 제외된 사람은 공공부조로 구제하므로 대상자는 빈곤 여부에 의해 결정된다. 뿐만 아니라 한국에서 수발 소요가 큰 사람, 즉 높은 요양 등급자로 대상자를 제한한다. 따라서 한국의 수발 대상자는 장기요양 보험가입 여부, 빈곤 여부, 수발 소요 정도에 의해 결정된다고 할 수 있다.

한국에서는 대부분의 사람들이 의료보험, 장기요양보험의 대상이 되므로, 형식적으로 보면 대부분의 사람들이 장기요양보험으로 대상자에 포함된다고 볼 수 있다. 그러나 형식적인 면에서만 보더라도 대상자 포괄성이 완전하다고는 말할 수 없다. 왜냐하면 장기요양보험에 가입하지 않거나 가입자의 가족이 아닌 노인은 있을 수밖에 없기 때문이다. 이런 문제를 보완하기 위하여 공공부조에 의한 수발 보장 제도를 시행하고 있다. 장기요양보험에 가입하지 않은 노인들은 빈곤하므로 이런 사람들은 공공부조에 의해서 수발을 받을 수 있다. 그래서 거의 모든 노인들이 형식적으로 수발보장의 대상이 된다고 말할 수 있다. 그렇더라도 사회보험과 공공부조의 대상자 선별주의 원칙 때문에 수발보장의 대상에서 제외된 노인이 있을 수밖에 없다. 이를테면 장기요양보험의 대상자가 아니면서 가난하지 않은 노인이 형식적으로는 있을 수 있기 때문이다. 따라서 한국 수발보장제도의 대상자 포괄성은 형식적인 측면에서도 결코 완전할 수 없다. 그러나 형식적 대상자에서 제외된 노인은 극히 적을 것이다.

문제는 형식인 대상자 포괄성이 아니라, 실질적인 포괄성이 적다는 데 있다. 한국에서는 수발보장의 대상자가 수발 요구 정도에 의해서 제한되기 때문이다. 대상자가 요양 1~2등급과 3등급의 치매환자 등이므로 그 외 노인들은 수발이 필요하더라도 받을 수 없다. 장기요양보험의 대상자가 아닌 노인들은 대부분 가난하기 때문에 그나마 양로시설 입소 수발이나 자가에서 '노인 돌봄 서비스'를 받을 가능성이라도 있지만, 장기요양보험의 대상인 노인들은 중증의 장애가 없는 한 수발을 받을 수 없다(〈표 6-8〉 참조). 따라서 한국 노인 수발보장의 대상자 포괄성은 낮다고 볼 수 있다.

〈표 6-8〉 기준별 대상자 포함 여부

보험 가입	빈곤	수발 요구 정도	적용제도	대상 여부
가입	빈곤	중	장기요양보험	대상
		경	없음	비대상
	비빈곤	중	장기요양보험	대상
		경	없음	비대상
비가입	빈곤	중	장기요양보호	대상
		경	시설양로 등	대상 가능
	비빈곤	중	없음	비대상
		경	없음	비대상

　　이것은 중증과 경증을 가리지 않고 사회보공의 방식으로 모든 노인들에게 생존 유지에 필요한 만큼의 수발을 제공하는 스웨덴의 경우와는 많은 차이를 보인다.

　　이처럼 노인 수발의 대상자 포괄성이 낮다는 것이 병든 노인을 보살피는 현장에서는 어떠한 문제로 나타나는가? 예를 들어 살펴보자. 영암에 사는 나의 어머니는 당신의 어머니를 닮아서 80세에 치매에 들었다. 아무 탈이 없다가도 갑자기 정신이 흐려지면 지앙[37]을 부린다. 전선이나 가스 줄을 가위로 잘라놓기도 하고, 쓰레기를 수도 계량기통에 쑤셔 넣기도 한다. 한시도 형과 형수가 눈을 뗄 수 없다. 그래서 월요일부터 금요일까지는 주간보호중심(센터)에 간다. 매일 오전 8시 30분에 집에서 30여 리 떨어진 곳으로 기관에서 보내준 차로 가서, 오후 5시 30분에 되돌아온다. 농사를 짓는 형 부부에게 이런 주간보호중심은 크게 도움이 된다. 그런데 병원에 가서 사진을 찍고 검사를 받으면 분명히 치매로 나오는데도 건강보험공단 사무소에서는 치매 3등급 판정을 해주지 않는다. 조사자가

---

[37] 이것은 '전라도 표준말'로서, '서울 사투리'로는 완전하지는 않지만 '사고'라고 의역할 수 있다.

나와서 나이를 묻고 계절을 물으면 그때는 곧잘 대답하기 때문이다. 이런 '낙방'이 한두 번이 아니다. 형수의 말에 의하면 오히려 치매가 없는 노인들이 치매 판정을 받기도 한다. 혼자서 삶을 건사하기 곤란한 노인들이 주변 사람들의 조언을 받고 허위 대답으로 등급을 받아서 주간보호기관을 무료로 이용한다. 그러나 내 어머니는 꾸며댈 만큼의 지력은 없다. 다행히 기관의 배려로 3등급 치매 판정을 받을 때까지 자기 부담금 20만 원 정도만 내고 주간수발을 받는다. 이런 배려는 곧 등급이 나오리라는 기대 때문인데, 자꾸 뒤로 미루어지니 미안해서 비용을 올려줄 수밖에 없다고 한다.[38] 이처럼 치매에 든 노인이든, 그렇지 않은 노인이든 혼자서 의식주를 해결할 수 없는 노인들에게는 수발이 절실한데, 수발보장의 대상자를 중증으로 제한하기 때문에 어려움을 겪거나 거짓말을 할 수밖에 없는 상황에 직면한다.

그러면 수발의 내용은 어떠한가? 요양원이나 양로원에서 생활하는 노인들의 의식주에 필요한 모든 수발 및 신체 기능 유지에 필요한 교육과 훈련 등의 권우를 제공한다. 주간보호중심에서는 시설에 머무는 동안 식사와 배변 등의 수발을 해준다. 자가 파견 수발에서는 목욕, 배설, 옷 갈아입기, 취사, 생필품 구매, 청소 등을 도와준다. 또한 시설생활자에게는 의사의 검진을, 재가자에게는 방문간호를 해준다. 또한 윤의와 같은 '복지용구'도 지급해준다. 수발의 내용은 스웨덴의 경우와 크게 다르지 않다. 다만 중증 노인만을 수발보장의 대상으로 삼고 있기 때문에 산책 보조와 같은 여가 관련 수발이 없고, 수발을 위한 주택 수리 급여도 해주지 않는다. 의료가 수발에 포함되어 있는 것도 스웨덴의 경우와는 다르다. 이를테면 방문간호나 의사의 검진은 의료이기 때문에 당연히 건강보험에

---

38 다행히 최근에야 치매 3등급 판정을 받았다. 2011년 12월의 경우, 1일 8시간 이상 10시간 미만의 수발을 주 5일, 한 달 22일을 받고 764,060원(34,730×22)의 수발비 중에서 15%인 114,600원과 식비 월 33,000원을 합하여 147,600원을 납부했다. 건강보험공단에서 지불하는 금액은 649,460원이다.

서 관리해야 함에도 불구하고 요양보험으로 처리하고 있다. 한국에서는 요양시설에서 생활하는 노인의 공간 사용료가 지급된다는 것도 노인이 자부담하는 스웨덴과는 다르다. 4인실을 사용하는 경우 공간 비용은 장기요양보험 수가에 포함된다. 이것은 한국에서는 소득의 보장이 제대로 되어 있지 않기 때문이다.

2) 수발의 양과 질

(1) 경제적 부담과 수발시간은 어떠한가?

국가가 보장해주는 수발의 양은 개인의 경제적 부담 및 수발시간과 밀접한 관련이 있다.

장기요양보험 요양원 수발의 개인 부담금은 얼마나 되는가? 요양 등급에 따라서 차이가 나지만 서울의 경우 식재비와 4인실 사용료를 포함하여 대부분 60만 원이 넘는 반면, 임대료가 낮은 시골 지역에서는 월 30만원 이하인 경우도 있다.[39] 이 비용은 식재비와 공간 사용료를 개인이 부담하는 스웨덴의 경우와 비교해도 높은 편은 아니다. 그러나 노인의 소득보장이 제대로 이루어지지 않고 있는 현실에서는 적지 않은 부담일 것이다. 그러면 이런 요양원의 수발시간은 어떠한가? 양로원에서는 상주하는 노인들에게 하루 24시간의 수발을 제공한다. 물론 실질 수발시간은 그보다는 적을 것이다. 그렇더라도 항상 보살핌의 시선을 벗어나지 않게 하는 것이 원칙이고, 수발 이외에 교육과 재활치료 등을 받기도 하기 때문에 형식적으로는 하루 24시간 수발을 받는다고 보아도 무방하다. 이 수발비용 중에서 국가가 부담하는 수발시간(총수발시간×국가부담비용/총수발

---

39 어머님을 맡기기 위해 요양원을 알아본 박인아 박사 등의 가르침에 따른 것이다.

비용)은 국가 부담금 비율이 80%이므로 하루 19.2시간라고 볼 수 있다.[40] 따라서 매우 적다고 볼 수는 없지만, 하루 24시간의 수발을 국가가 책임지는 스웨덴의 경우와 비교하면 충분하다고 볼 수도 없을 것이다. 여기서 우리는 형식적으로만 보면 장기요양보험 요양원 수발의 자부담 비용이 많은 편이지만 과중하지도 않으며, 수발시간이 충분하지는 않지만 과소하지도 않다고 말할 수는 없다. 그러나 수발의 질을 따져보지 않고서는 섣부른 판단을 할 수 없을 것이다.

장기요양보험의 시설방문 수발인 주야간보호의 비용 부담은 얼마나 되는가? 치매 3등급인 나의 어머니는 월요일부터 금요일까지 오전 8시 30분에 시설의 차로 가서 오후 5시 30분에 돌아온다. 2011년 12월에 22일간 보호를 받고 총 764,060원의 장기요양급여 비용의 15%인 114,600원과 식대 33,000원을 합하여 147,600원을 지불했다. 어머니는 기초노령연금 9만여 원을 받는다. 어머니 자력으로는 수발비를 감당할 수 없으나 자식이 있으니 과다하다고 말할 수 없다. 이런 주야간보호의 수발시간은 어떠한가? 하루 8~10시간 보호를 기준으로 주야간보호의 월 최대 수발일수는 1등급 28일, 2등급 25.7일, 3등급 23.7일이다.[41] 이것은 중증의 노인들을 주중에는 밤에만, 주말에는 밤낮으로 가족이 돌보아야 한다는 의미이다. 이런 주간보호시간으로는 돌보는 가족이 예컨대 여행을 가거나, 밤이나 주말에 다른 일을 볼 수가 없을 것이다. 어떻게 누워 있는 환자와 무슨 일을 저지를지 모르는 치매환자를 두고 집을 비울 수 있겠는가? 따라서 이 수발비용을 모두 정부가 부담한다고 하더라도 충분하다고 볼 수는 없다. 그런데 이 수발비용 중 15%는 가족이 부담하므로 국가의 월 최

---

40 물론 이 수발비 속에는 4인실 기준 시설 사용비가 포함되어 있기 때문에 순수 수발의 비용만을 잘라내서 계산할 수는 없다. 그러나 수발비와 시설 사용료에 대해서 동일한 국가의 지원 비율 80%가 적용된다고 가정할 수 있으므로 이런 추론에 무리가 있다고는 볼 수 없다.

41 2011년 '재가급여' 월 한도액은 1등급 1,140,600원, 2등급 971,200원, 3등급 814,700원을 하루 8시간 이상에서 10시간 미만의 수발단가(국민건강보험공단 전자방, 2011)로 나눈 것이다.

대 수발일수는 1등급 23.8일, 2등급 21.8일, 3등급 20.1일이다. 더욱이 경증 노인들은 어떤 수발도 받을 수 없다. 따라서 경증 노인은 물론 중증 노인이 필요한 수발을 국가가 충분히 제공한다고 볼 수 없다. 스웨덴에서는 중증 노인이 기관을 방문하여 수발을 받는 경우가 거의 없다. 중증 노인들은 시설에 들어가서 생활할 수밖에 없기 때문이다. 경증 환자들만이 주야간보호의 대상이 된다. 한국에서 중증 환자를 집에서 보살피는 것은 스웨덴에 비해 아직도 가족적 연대가 살아 있는 현실을 반영한 것이다.[42] 이것은 수발 과정에 가족의 참여를 유도한다는 점에서 바람직한 면이 없지 않다. 그러나 이런 빈약한 수발의 양으로는 가족이 시설로 노인을 보내도록 강요하는 것에 지나지 않는다.

자가 수발인 '방문요양' 월 수발자 부담 비용도 주야간보호의 경우와 마찬가지로 크다고 볼 수 없다. 수발시간은 얼마나 되는가? 시간당 수발단가가 가장 저렴한 1회 4시간 수발을 기준으로 하더라도 1등급은 115.5시간, 2등급은 98.3시간, 치매 3등급은 82.5시간이고, 하루 4시간 연속 수발을 기준으로 계산한 월 수발일수는 1등급 28.9일, 2등급 24.6일, 치매 3등급 20.6일이다.[43] 중증 노인들과 치매 노인은 누군가 24시간 보살펴야 하므로 월 소요 수발시간은 720시간이다. 여기에 비해 월 한도 수발시간은 매우 적다. 그리고 하루 4시간 수발일수도 30일이 못 된

---

42 예컨대 젊어서 시할머니를 극진히 모셨고, 노망이 들어 벽에 똥칠을 하시던 시어머니의 수발까지 드셨던 나의 어머니는 치매 중에도 정신이 들면, "아홉이나 되는 자식 중에 나 모실 자식이 하나도 없단 말은 듣기 싫어 요양원에 안 가려 한다"고 말씀하신다. 나도 어머니가 요양원에 가시는 것을 주저한다. 아무리 시설의 물리적 보살핌이 좋아도 가족의 사랑만은 누가 대신할 수 없다고 생각하기 때문이다. 그러나 어쩌랴, 마지막을 잘해드려야 한다는 것을 알면서도 직장에 매여 있고 사정이 있는 자식들이 점점 심해지는 어머니를 모시기가 어려워지는 것을. 어머니 문제로 형제들이 고향집에 모이던 날에 "어머니 사시라고 의사 선생님도 있고, 동창들도 있는 좋고 큰 집을 사두었다"는 셋째 딸의 말을 듣고, 어머니는 모시겠다는 큰며느리와 큰딸의 집도 싫다시며 당신의 옷과 아들이 지은 책을 보따리에 급히 싸서 움켜쥐고 한쪽에 쪼그리고 앉아 눈물만 흘리셨다. 딸이 울자 아들이 울고, 며느리와 사위도 모두 울었다.

43 2011년 '재가급여' 월 한도액은 1등급 1,140,600원, 2등급 971,200원, 3등급 814,700원이고, 자가방문간호 4시간짜리 단가는 39,500원이다. 한도액을 단가로 나누면 월 수발일수이고, 여기에 4를 곱하면 월 최대 수발시간이다.

다. 더군다나 이 수발시간에는 자가목욕 도움시간과 자가방문 간호시간까지도 포함된다. 방문목욕 도움이나 방문간호를 받을 경우 자가방문 수발을 받을 수 있는 시간은 그만큼 줄어든다. 여기서도 경증 환자들은 이런 수발마저 받을 수 없다. 이런 적은 수발시간 비용도 장기요양보험이 85%만 제공한다. 이것은 노인들의 수발을 가족이 맡는다는 전제로 마련한 제도이다. 그러나 국가가 제공하는 이 정도의 수발 양으로는 가족의 무상 수발을 유도할 수 없을 것이다. 스웨덴에서는 경증 노인들만 자가 수발을 받고, 중증 노인들은 요양시설에 상주하면서 수발을 받는 것이 일반적이다.

이제 공공부조에 의한 수발의 자부담액은 기초생활보호 대상자는 없고, 차상위계층은 최고 총수발비의 7.5~10%이다. 이 수발제도는 장기요양보험제도에 편승하고 있기 때문에 자부담을 고려하지 않으면 수발시간은 요양원 생활자 수발이든, 주야간보호든, 자가 수발이든 장기요양보험의 경우와 같다. 그러나 공공부조 대상 노인들의 자부담이 작기 때문에 국가가 제공하는 수발의 양이 조금 더 많다고 할 수 있다. 따라서 공공부조로 수발을 받은 중증 노인들은 장기요양보험으로 수발을 받은 노인들에 비하여 9~25%만큼 더 많은 국가 수발을 받는 셈이다. 이들이 요양시설에 주거하는 경우 하루 24시간의 수발을 받기 때문에 형식적으로는 충분한 수발을 받는다고 볼 수 있다. 그러나 주야간보호나 자가 수발의 양은 대상자가 중증 환자들이라는 점을 고려하면 장기요양보험 대상자들의 경우처럼 많이 부족하다고 할 수 있다.

경증의 빈곤 노인들에 대한 수발기간은 어떠한가? 양로원에 입소하여 생활하는 노인들은 기초생활보호 대상자의 경우 24시간 수발을 받는다. 따라서 양의 차원에서만 볼 때에는 충분한 수발을 받는다고 볼 수 있다. 밖에서 생활하는 빈곤 노인들은 '노인 돌봄 서비스'를 받는다. 수발시간은 자가 수발의 경우 월 27시간이거나 36시간이며, 하루 평균 54분과 72분이다. 주간보호는 하루 9시간씩 월 9일(월 81시간)이거나 12일(월 108

시간)이다. 이 정도면 경미한 장애를 가진 노인에게는 충분한 수발의 양일수 있다. 그러나 취사, 빨래, 청소, 옷 갈아입기도 잘할 수 없는 노인이라면 이 정도의 수발로 생활을 유지할 수 있을 것인가? 하루 한 시간으로는 취사를 해결하기도 부족할 것이며, 월 12일만 '복지관'에 가서 생활하고 나면 남은 날은 어떻게 살 것인가? 물론 이들의 사정은 이런 수발마저받을 수 없는 일반 노인들보다는 낫다. 그러나 연금으로 월 1,600크로나(272,000원)를 부담하고 충분한 자가 수발을 국가로부터 제공받거나, 무료로 필요한 만큼의 주간보호를 받는 스웨덴의 노인들과는 큰 대조를 이룬다.

(2) 수발의 질

국가가 보장해주는 수발의 질은 어떠한가? 먼저 장기요양보험부터 살펴보기로 하자.

〈표 6-9〉 한국과 스웨덴 요양원의 월 자부담비 비교

(단위: 천 원 / ( )안 크로나)

구분	수발비		주거비		식재비		총급여	총자비	최저연금
	급여	자비	급여	자비	급여	자비			
한국	936	234	238	59	0	360	1,174	635	0
스웨덴	4,508 (26,520)	0 (0)	0 (0)	510 (3,000)	0 (0)	510 (3,000)	4,508 (26,520)	1,020 (6,000)	1,216 (7,153)

주: 한국 2011년, 스웨덴 2007년 사립 기준. 한국의 수발비는 4인실 비용이 포함된 월 단가에서 주거비를 추정 분리한 것이다.

장기요양보험 대상 노인들의 요양원 수발의 질을 이해하려면 투여된 수발비를 살펴볼 필요가 있다. 비용은 수발을 위한 자원 투입량에 지대한 영향을 미치기 때문이다. 한국의 전문요양시설 1일 단가는 1등급 48,900원, 2등급 45,290원, 3등급 41,670원이다. 여기에는 4인실 이용비용이 포함되어 있다. 이 비용을 제외하면 실제 수발비용은 1등급 39,000원, 2등급 36,000원, 3등급 33,000원으로 어림잡을 수 있다.[44] 이것은 2007년 스웨덴 요양원의 하루 노인 수발단가가 835~1,860크로나(141,950~316,200원)인 것과 큰 차이를 보인다. 물론 여기에는 공간 이용료가 포함되어 있지 않다. 최고가를 기준으로 비교해보면 한국은 스웨덴의 12% 정도이다.[45] 이처럼 한국에서는 수발비가 낮기 때문에 수발의 질이 낮을 가능성도 매우 크다.

그런데 이렇게 낮은 수발비용은 경쟁에 의해서 더욱 낮아진다. 한국에서는 요양시설이 급증하면서 요양원 간 손님 확보 경쟁은 말할 것도 없고, 뒤에서 살펴보겠지만 요양병원과도 경쟁을 할 수밖에 없다. 이런 경쟁이 수발의 질을 향상시키는 방향으로 이루어질 수도 있겠지만, 우리의 현실에서는 그럴 가능성은 매우 적다. 질 좋은 수발을 구매할 돈 있는 사람들이 많지[46] 않은 상황에서는 고객을 확보하기 위해서 질 향상보다 가격 인하가 우선이기 때문이다. 우리는 앞에서 국가가 제공하는 수발의 양이 적다는 점을 지적했다. 이것은 본인 및 가족의 부담을 증대시키는 것을 의미한다. 그렇다면 본인의 부담은 얼마나 되는가? 최중증 노인의 월 4인실 사용료를 포함한 요양원 수발단가는 1,467,000원이다. 이 금액은 각각 수발비와 주거비로 나눌 수 있을 것이다. 아무튼 이 비용의 20%인 293,400원을 자부담한다. 그리고 도심에서 좋은 설비를 갖추고 있어 노인들을 확보하는 데 큰 어려움이 없는 한 사립 양로원의 노인들은 식비로 월 36만 원을 부담한다. 이를 근거로 한국의 수발단가로 기대할 수 있는

---

44 시설비용을 수가의 20%로 잡았다. 이것은 한 시설의 결산을 살펴보니 시설비용이라고 볼 수 있는 시설관리비와 감가상각비, 공과금의 합이 식비 등의 비급여 비용을 제외한 전체 수발비용의 20%였기 때문이다.

45 한국은 국가가 수발비의 80%를 지원해주고, 스웨덴은 100%를 지원해주므로 한국의 국가 지원 수발비용은 스웨덴 국가 지원 수발비용의 10.5%이다.

46 우리는 이것을 유효수요(有效需要)가 크다고 표현할 수 있다. 유효수요란 효과가 있는 수요이다. 아무리 수요, 즉 구하는 마음이 크다고 하더라도 돈이 없으면 실현될 수 없는 수요일 뿐이다.

수발의 질을 무리 없이 유지할 수 있는 총 자부담 비용은 635,000원 정도라고 추정할 수 있다.

그런데 한국의 노인들은 소득보장을 전혀 받지 못하는 사람들이 많다. 따라서 이 자부담금은 본인이나 주변 사람들이 사적으로 마련해야 한다. 벌이가 끊어진 노인들에게 이것은 결코 쉬운 일이 아니다. 물론 연금 지급이 확대되므로 이런 문제가 개선되겠지만, 국민연금 수령액이 이 부담금을 초과하는 경우는 당분간 많지 않을 것이며, 이외에 의료비의 자부담도 적지 않을 것이다. 즉 양질의 수발에 대한 수요는 있지만 유효수요가 없을 가능성이 크다. 따라서 각 요양시설이 대상 노인들을 확보하기 위해 요양등급 대상자 목록 구매, 대상 노인이나 가족에게 상품권 지급, 대상자를 데려온 직원에게 금품 제공, 다른 시설 노인 빼오기 등과 함께 자기 부담금 인하 경쟁을 벌이기도 한다(김준환, 2008). 경기도 한 지역에서는 요양기관협회에서 자기 부담금을 월 40만 원 이하로는 받지 말자는 결의를 한 적도 있다고 한다.[47] 이러한 가격 인하 경쟁이 권우의 질 저하로 이어질 것은 불을 보듯 뻔하다.

이것은 스웨덴에서 노인이 자부담하는 주거비와 식재비가 6,000크로나(102만 원)나 됨에도 불구하고 연금으로 감당하기에 무리가 없으며, 의료비 자부담이 미미하므로 노인들이 질 좋은 수발을 제공하는 시설을 이용하는 데 경제적 부담이 없는 사정과는 많은 차이를 보인다. 이런 곳에서는 시설 간 경쟁이 가격 인하보다 질적 향상을 유도할 가능성이 크다.

이처럼 수발비용이 적기 때문에 수발 질의 주요 가늠자인 투입인력도 적을 수밖에 없다. 한국에서 상대적으로 양질의 수발을 제공하고 있는 것으로 알려진 한 요양기관의 사례를 보자. 36명의 노인을 모시고 있는 이 시설에서는 25명의 직원들이 상근으로 일하고 있다. 청소와 요리

---

47 경기도에서 노인 공동생활가정을 운영하고 있는 심인화 시설장의 증언에 따른 것이다.

는 외부업체 사람들이 맡는다. 이 인원을 4명으로 가정하자. 그러면 36명의 노인을 29명이 보살피는 셈이므로 노인 1인당 투입인력은 0.8명이다. 요양수가 이외에도 지자체의 보조금을 받고 있는 경기도의 한 요양원의 경우, 노인이 83명인데 직원은 59명이어서 노인 1명을 약 0.7명이 보살피고 있다. 역시 보조금을 받고 서울 시립 서부노인전문요양원에서는 270명의 노인을 183명이 보살피고 있어[48] 노인 1명을 약 0.7명이 보살핀다. 이런 시설들은 근무자의 노동시간이 하루 8시간 정도이거나 약간 초과한 경우들이다. 이에 반해 근무자의 노동시간이 긴 시설에서는 사정이 다르다. 요양보호사가 하루는 철야를 하고 다음 날은 아침 6시부터 저녁 8시까지 일을 하는 경기도의 한 요양시설에서는 60명의 노인을 25명의 직원이 보살피므로 노인 1인당 투입인력은 0.4명이다.[49] 그런가 하면 공동생활가정 2개를 운영하는 한 시설에서는 18명의 노인을 9명이 돌보므로 노인 1명당 투입 노동력은 0.5명이다.[50] 요양보호사로 한정하면 대부분의 요양원에서는 0.4명이 1명을 보살핀다.[51] 이런 사례들과 정황을 종합해보면 노인 1명을 0.5~0.8명 정도의 사람들이 보살핀다고 볼 수 있다.

이것은 스웨덴의 사정과 많은 차이를 보인다. 앞에서 지적한 바와 같이 스웨덴의 한 기관에서는 노인 1명을 1.4명이 보살피고 있는데, 이들 중에는 경증 환자들이 많이 포함되어 있기 때문에 중증 노인만을 수용한 한국의 경우로 가정하면 노인 1명을 약 2명이 보살피고 있다고 볼 수 있

---

48 서울 시의회 2011년 보건복지위원회 행정감사 자료.

49 이것은 이 시설에 근무하는 요양보호사의 증언에 따른 것이다. 따라서 서류상의 직원 수나 실제 인원과는 조금 차이가 날 수도 있을 것이다.

50 이것은 각 시설의 기관장과 근무자를 상대로 한 심층 면접 자료에 의한 것이다. 이름을 밝히지 않은 것은 비밀 보장의 약속을 지키기 위해서이다.

51 정부가 정한 시설 기준에서는 요양보호사 1명이 2.5명 이하의 노인을 보살피게 되어 있다(보건복지부, 2011다: 213). 그런데 시설에서는 비용 때문에 이 기준보다 많은 요양보호사를 채용하기 어렵다.

다. 한국의 노인 수발 투입인력은 좋은 시설이라도 스웨덴의 절반에도 미치지 못한다. 대부분 4분의 1에서 3분의 1 사이라고 할 수 있다. 따라서 수발의 질이 떨어질 것으로 추론할 수 있다. 물론 수발 인원수만이 수발의 질을 단순하게 결정하는 것은 아니다. 적은 인력이 장시간 일을 하면 인원수가 많은 것과 같다고 볼 수 있으며, 무엇보다도 실무자들이 헌신적인 봉사를 한다면 수발의 질은 높아질 것이기 때문이다. 그러나 노동시간이 길수록 노동의욕이 떨어진다는 점을 고려해보면 적은 인원으로 많은 중병 노인을 보살피는 한국 요양원 수발의 질이 낮을 가능성은 매우 크다.

이제 장기요양보험의 재가수발 질을 살펴보자. 방문요양의 1회당 수발 수가는 수발시간에 따라 차이가 나는데, 4시간짜리는 39,500원, 30분짜리는 10,860원이다. 이렇게 차이가 나는 것은 이동시간 등을 배려한 것으로 보인다. 이것을 시간당 수가로 환산하면 9,875~21,720원이라는 의미이다.[52] 이런 사정은 스웨덴의 시간당 수가가 300크로나(약 51,000원)인 것과 차이를 보인다. 한국의 시간당 수발 수가는 스웨덴의 20~44%이다. 그런데 이것은 한국의 방문요양 대상자들이 중증 환자들이고, 스웨덴의 경우는 경증 환자들만이 대상이 된다는 점을 고려하면 요양수발의 단가는 더욱 낮다고 보아야 한다. 그런데 단지 수발단가가 낮다는 것만이 문제가 아니다. 수발단가의 산정 방식에서도 문제가 있다. 수발단가가 방문 횟수로 산정된다는 것은 노인의 생리 과정마저도 무시한 것이다. 예컨

---

52 '방문요양'의 1회 시간별 수가(국민건강보험공단 전자방, 2011)에 근거하여 각 수가별 시간당 수가를 계산하면 〈표 6-10〉과 같다. 예컨대 90분짜리의 경우 시간당 수가는 21,360/1.5=14,240원이다.

〈표 6-10〉 1회 자가수발 시간별 수가와 시간당 수가(2011년)   (단위: 원)

수가	30분	60분	90분	120분	150분	180분	210분	240분
1회당	10,860	16,120	21,360	26,700	30,200	33,500	36,600	39,500
시간당	21,720	16,120	14,240	13,350	12,080	11,167	10,457	9,875

대 노인이 하루 4시간짜리 방문 수발을 받을 경우 대소변도 억지로 그 시간 안에 해결해야 하고, 밥도 그 시간 안에 먹어야 하며, 잠자리도 그 시간에 들어야 할 것이다. 이것은 스웨덴에서 수발단가를 시간으로만 산정하고, 일상 주기에 따라 필요한 수발을 전달하는 것과 많은 차이를 보인다. 여기서 우리는 방문요양의 양과 마찬가지로 질도 노인들의 생존권을 보장하기에 부족할 수밖에 없다는 점을 짐작할 수 있다. 이것은 한국에서 방문요양이 가족 부양을 보조하는 데 지나지 않다는 것을 전제로 만들어진 것과 무관하지 않다.

주간보호의 수발 질은 어떠한가? 주간보호는 주로 상대적으로 경중의 노인들을 대상으로 하므로 3등급 노인들을 기준으로 살펴보자. 장기요양보험의 3등급 노인 하루 8~10시간 수발단가는 34,730원이다. 이것을 요양원과 비교해보자. 3등급 노인의 요양원 1일 공간 사용료를 포함해 단가는 41,470원이다. 요양원이 24시간 수발을 들어주는 것과는 달리, 이동시간을 포함하여 10시간 수발을 들어준다고 볼 수 있는 주간보호중심의 수발단가가 요양원 단가와 큰 차이를 보이지 않는다. 따라서 우리는 요양원에 비하면 주간보호중심의 수발 질이 높을 가능성이 크다고 이야기할 수 있다. 이것은 투입된 노동력을 비교해봐도 짐작이 간다. 모범적 서울 요양기관인 '미소들실버케어'에서 운영하는 요양원과 주간보호중심의 노인 1인당 투입인력을 보면 요양원은 0.8명이고, 주간보호중심은 0.44명인데 하루를 기준으로 보면 1명이다(〈표 6-11〉 참조).[53] 물론 요양원의 경우 야간에는 인력 투입이 적기 때문에 단순 비교는 문제가 있다. 그렇지만 요양원이 중증의 노인들을 보살피므로 일손이 많이 필요하다는 점까지 고려하면 주간보호중심의 수발인원이 많은 편이라고 보아도 틀림이 없다. 따라서 주간보호는 요양원 수발보다 양은 적지만 주어진 수발의

---

[53] 이 기관의 내부 자료에 따르면 요양원에서는 36명의 노인을 29명(외부 위탁을 준 조리 및 청소 인력 포함)이, 주간보호에서는 27명을 12명(위탁 인력 포함)이 보살핀다(김금자 원장의 가르침).

질은 높을 가능성이 크다. 그 이유는 동일한 등급 노인들의 지원액 형평성을 고려한 것이 아닌가 싶다. 그런데 이것을 스웨덴의 경우와 비교하기는 곤란하다. 스웨덴의 주간보호에서는 장애가 경미한 노인들만을 대상으로 삼기 때문이다. 그러므로 앞에서 살펴본 스웨덴 요양원의 경우와 비교해보면 투입비용과 인력이 매우 적고, 따라서 질이 낮을 가능성이 크다고 말할 수 있다(〈표 6-11〉 참조).

〈표 6-11〉 요양원과 주간보호중심 수가 및 직원 수 비교

구분		3등급 수가원 (크로나)	요양시간	노인 1인당 직원 수	1일 기준 직원 수
한국	요양원	41,470	24	0.8	0.8
	주간보호	34,730	8~10	0.44	1.0
스웨덴	요양원	138,610 (835)*	24	2.0	2.0

* 2007년 스웨덴 공립 요양원 1등급(최하) 1일 수가이다. 8등급(최상)은 292,910원(1,723크로나)이다.

이제 수발의 질에 영향을 미칠 수밖에 없는 도우미들의 노동 조건은 어떠한가? 먼저 요양원의 경우부터 살펴보자. 가장 모범적인 한 요양원에서는 2011년 도우미들이 하루 8시간씩 3교대로 주당 40시간 노동을 하면서 한 달 평균 20일간 일을 한다. 이 경우 한 달에 10일, 주당 2일 이상 쉬는 셈이다. 그리고 한 달에 월 110만 원을 손에 쥔다. 퇴직적립금, 사회보험기여금, 세금 등을 포함하면 135만 원 정도이다.[54]

그러나 이런 노동 조건이 일반적인 것은 아니다. 경기도의 한 요양원에서 근무하는 도우미의 삶을 들여다보자. 내가 2009년 여름에 만난 도우미는 5년 거주 허가를 받은 50대 흑룡강성 출신이다. 나는 이 여성이

---

54 미소들실버케어 김금자 원장과 나눈 대화에 따른 것이다. 2011년의 경우이다.

한 달 세 번의 외출 때 수원 아들집을 방문하는 중 우연히 만났다. 이 도우미는 요양원에서 일하고 먹고 잔다. 하루는 아침 6시부터 저녁 8시까지 근무하고, 다음 날은 철야한다. 격일 철야이다. 철야 중에는 5시간 수면을 취한다. 토요일, 일요일도 따로 없다. 쉬는 날이 아니면 퇴근하지 않고 시설에 마련된 숙소에서 잠을 잔다. 가까운 곳에 사는 도우미들은 철야일이 아닌 날에는 저녁 8시에 퇴근했다가 아침 6시까지 출근한다. 일상 시간표를 따라가보자. 첫날은 아침 6시에 '기침(起寢)'을 한다. 인수인계를 하고 아침을 먹고, 4명을 보살피는 일을 하고 점심을 먹는다. 오후 일을 하고 저녁을 먹고 8시까지 일을 한다. 저녁 8시부터 '자유시간'이다. 시설 침실에서 잠을 자고, 다음 날 아침 6시에 일어난다. 일하고 아침 먹고, 일하고 점심 먹고, 일하고 저녁 먹고, 밤새 일을 하는 중에 5시간 잠을 잔다. 밤에는 20명을 보살피는데, 잠을 자지 않고 돌아다니는 노인들을 감시하는 일이 가장 어렵다. 철야 다음 날에는 걷는 것도 힘이 든다. 그렇지만 다시 저녁 8시까지 일을 한다. 이런 일과가 반복된다. 다만 한 달에 3일은 쉰다. 쉬는 날은 철야 다음 날이다. 아침 6시에 인수인계를 해주고 아침을 먹고 9시에 퇴근했다가 다음 날 아침 6시까지 출근해야 한다. 이들의 주당 노동시간은 91시간이다.[55] 이렇게 일하고 월 130만 원을 받는데 여기에 퇴직적립금, 사회보험기여금, 세금은 포함되어 있지 않다.

　이보다는 노동 조건이 좀 나은 경기도의 한 공동생활가정에서는 2011년 도우미들이 하루 평균 12시간 노동을 하고 월 110만 원에서 150만 원까지 수령한다. 서울시의 보조금을 받는 공립 요양원에서는 보호사들이 법정시간만 일을 하는 편이고, 실제 수령액으로 130만 원, 세전 소득으로 150~160만 원 정도를 받는다. 이처럼 조금 더 받는 것은 기본급 이

---

55 이 시간은 자는 시간, 쉬는 시간, 밥 먹는 시간(하루 2시간), 월 세 번 휴일을 뺀 것이다. 한 달은 4.3주로 계산했다.

외에 각종 수당으로 20만 원을 받기 때문이다.[56] 이런 사례를 참조해보면 한국의 요양원에서는 주당 40~91시간 일을 하고, 110~150만 원을 수령하는 것으로 보인다.

한편 주간보호중심이나 방문간호의 경우, 요양원과는 달리 노동시간이 길 가능성은 적다. 급여는 이와 비슷하다. 미소들실버케어의 보호사들은 같은 기관의 요양원 종사자들과 마찬가지로 주당 40시간 일을 하고 110만 원을 받는다. 같은 기관의 방문요양 보호사들의 급여도 주당 40시간 근무 조건으로 환산하면 이와 비슷하다.

한국의 노인 도우미들은 월급이 매우 적다. 이 소득으로는 2인 가구가 근근이 생활할 정도이다. 노후 소득보장이나 병가급여 등이 없는 상황에서 이것으로 미래의 위기를 대비하기는 턱없이 부족하다. 아이들의 교육비나 보육비를 감당하기도 힘이 들 정도이다. 조금 더 소득을 올리려면 장시간 노동해야 하는데, 그렇더라도 소득이 미래 위기를 대비할 정도는 결코 아니다. 이런 사정은 스웨덴의 수발 도우미들이 주당 40시간 노동을 하면서 1,600크로나(272,000원) 정도를 수령하는 것과는 판이하다. 이들은 사회보장으로 미래 위기가 대비되어 있기 때문에 이 소득으로 일상 생계만을 꾸리면 된다. 한국 노인 도우미들의 열악한 노동 조건으로는 높은 수발의 질을 기대하기 어렵다.

이제 공공부조 수발의 질에 대해서 살펴보자. 장기요양보험제도에 편승하여 수발을 제공하는 장기보양보호의 경우는 장기요양보험의 수발의 질과 동일하다. 경중 빈곤 노인들의 주거시설인 양로원의 수발의 질은 어떠한가? 요양 3등급 미만(등외자) 70명을 모시는 서울의 한 양로원의 수발비로 볼 수 있는 인건비를 포함한 노인 1명당 월 운영비는 약 105만 원 정도이다. 여기에는 건물 건축비와 수리비는 포함되어 있지 않다.[57] 그런

---

56 서울의 한 시립 생활시설에 근무하는 이경희 사회복지사의 2011년 가르침.

57 2011년 서울시립수락양로원 서울시 의회 행정감사 자료.

데 노인 장기요양보험의 3등급 월 수발비가 125만 원인 것을 감안하면 수발비는 장기요양보험의 경우와 비슷하다고 볼 수 있다. 한편 이 양로원의 직원이 25명이므로 노인 1명을 0.36명이 모시는 셈이다. 이곳 노인들은 수발이 많이 필요하지 않은 편이므로 장기요양보험의 경우와 유사할 것으로 보인다.

'노인 돌봄 서비스'는 노인 자택으로 도우미가 방문하는 경우 시간당 9,200원이고, 주간보호인 경우는 하루(9시간) 수가가 27,600원이다. 이렇게 차이가 나는 것은 이동시간을 배려한 것으로 보인다. 장기요양보험 노인 자가 수발의 시간당 수가는 9,875~21,720원이고, 장기요양보험의 3등급 노인 하루 8~10시간 주간보호 수가는 34,730원이다. 이 노인 돌봄 서비스 대상이 3등급 미만의 경증 노인임을 고려해보면 수가는 장기요양보험 수가와 유사하다고 볼 수 있다. 이것은 스웨덴의 재가노인 수발단가가 300크로나(51,000원)인 것과 차이를 보인다. 따라서 노인 돌봄 서비스의 질도 장기요양보험의 경우와 마찬가지로 낮다고 볼 수 있다.

우리는 앞에서 한국에 비해 넉넉한 수발비와 인력을 투입하고 있는 스웨덴에서도 인권침해 사태가 발생하기도 한다는 점을 지적했다. 한국에서도 이런 문제가 발생할 가능성을 결코 배제할 수 없다.

4. 수발보장의 방법

1) 재원의 동원과 배분

한국에서는 수발보장이 사회보험과 공공부조, 두 가지 방식으로 이루어진다. 이에 따라 재원의 동원과 배분도 각각 두 가지 방식으로 이루어질 수밖에 없다. 장기요양보험의 재정은 주로 경제 활동 참여자들에게 소득의 약 0.37%를 갹출하여 마련한다. 그리고 이 갹출 총액의 20%를 정부가 지원한다.[58] 이 정부 부담금은 일반 조세로 충당된다. 공공부조에 의한 수발인 장기요양보호와 빈곤 노인을 위한 양로원 운영, '노인 돌봄 서비스'를 위한 비용도 일반 조세로 마련한다. 장기요양보험의 수발 대상자는 노인의 수발 소요와 장기요양보험 수급권의 확인을 통해서, 사회보험 수발 대상자는 노인의 건강 상태는 물론 소득과 재산, 가족관계 등을 고려하여 선정한다.

이런 재원 동원 및 배분 방식은 사회보공이라는 단일 방식을 운영하는 스웨덴에 비해 행정비용이 크다. 스웨덴에서는 일반 조세로 재원을 동원하므로 별도의 행정조직이 필요하지 않은 것과는 달리, 한국에서는 일반 조세 이외에도 사회보험장기여금을 갹출하는 조직이 더 필요하다. 물론 이 장기요양보험 기여금을 건강보험료와 통합 징수하므로 한국의 내부자적인 관점에서만 보면 행정비용이 많이 추가되는 것은 아니다. 그러나 조세 갹출의 밥상에 수저 한 벌을 추가하는 스웨덴의 경우와는 다르지 않은가? 배분 방식도 훨씬 복잡하다. 우선 대상자를 선정하는 조직도 건강보험공단의 장기요양부서와 일반 행정기관의 수발 담당 부서 두 가지이다. 비슷한 일을 각각 따로 하고 있다. 술상과 밥상을 합해서 한 번만 내놓는 스웨덴의 경우와는 달리, 술상 따로 밥상 따로 내놓고 있다. 그런가 하면 대상자를 선별하면서 노인 수발 소요만 조사하는 스웨덴의 방식과는 달리, 노인의 수발 소요는 말할 것도 없고 장기요양 피보험자의 자격을 확인하거나, 사회부조 수발 대상자 선정을 위해서 소득 및 자사, 가족관계까지 조사한다. 조사비용이 클 수밖에 없다.

이런 복잡한 재원 동원과 배분 비용만 줄여도 더 많은 노인들에게 필요한 수발을 제공할 수 있을 것이다.

---

58 국민건강보험공단 전자방, 2012, http://www.nhic.or.kr

2) 전달체계

(1) 장기요양보험 수발

장기요양보험 수발과 공공부조 수발의 전달체계가 다르기 때문에 나누어서 살펴보는 것이 편리할 것이다.

장기요양보험의 수발을 받기 위해서는 먼저 노인이나 그 가족이 국민건강보험공단 지사에 요양 인정 신청을 하면, 공단에서는 노인을 방문하여 수발 소요를 조사하고 난 다음 요양 등급을 판정하고 요양 인정 여부를 결정한다. 이 판정 과정에서는 개개인의 요양의 질은 고려하지 않는다. 다만 양과 관련된 요양 인정 여부, 유효 기간, 가능한 급여의 종류, 본인 부담률, 월 사용 한도액 등만을 결정한다. 요양 인정을 받은 노인이나 그 가족들은 아무런 정부의 도움을 받지 못하고 스스로 요양기관을 수소문하여 선정한 다음, 수발기관과 계약을 맺고 자부담 수발비용을 기관에 직접 내고 수발을 받는다. 만약 적절한 수발기관을 찾지 못하면 수발을 받을 수 없다.

수발기관은 요양원이나 주간보호, 노인 자가 방문요양, 방문목욕, 방문간호 등을 제공하는 기관 등이다. 수발기관에는 공립과 사립이 있다. 그러나 공영은 없다.[59] 다 사영이다. 이런 사영 시설은 영리만을 지나치게 추구하여 많은 문제를 일으키고 있다. 예컨대 더 많은 노인들을 확보하기 위해서 과당 경쟁을 벌인다. 심지어 다른 기관에서 생활하는 노인을 빼오려는 유인책을 쓰기도 한다(서명은, 2009: 78). 이런 낭비가 도우미들의 노

---

[59] 공립(公立)이냐 사립(私立)이냐는 소유자가 누구인가에 따라서 구분된다. 원래 이 개념들은 설립자가 누구인가를 염두에 두고 만들어졌을 것이다. 그런데 소유자가 바뀌면 새로 설립되는 것으로 보아야 하므로 소유자가 누구인가가 더 중요한 기준이 될 것이다. 지방자치단체나 국가기관이 소유하면 공립이고, 개인이나 법인(비영리법인 포함)이 소유하면 사립이다. 공영(公營)이나 사영(私營)이냐는 누가 경영하는가에 의해서 구분된다. 공립이라 하더라도 위탁을 주어서 개인이나 법인이 운영하면 사영이고, 사립이라 하더라도 국가가 운영하면 공영이다. 공립이면서 사영인 사회복지기관은 우리 사회에 많이 있다. 스웨덴은 공립이면서 공영기관이 운영하는 경우가 대부분이다. 사립이면서 공영인 경우는 거의 없을 것이다. 이를 표로 정리하면 다음과 같다.

동 조건과 수발의 질을 악화시킬 것이다. 이것은 공영을 통해서 사영의 지나친 영리 추구의 부작용을 제어하고(서명은, 2009: 75), 민영을 통해서 공영의 관료제를 견제하려는 스웨덴과 일본의 경우와는 많이 다르다.

수발기관에서는 수발을 실시하고 그 결과를 건강보험공단에 통보한 다음 자부담 비용을 제외한 수발비용을 받는다. 요양기관이 공립이거나 비영리법인에서 운영하는 경우에는 지방자치단체나 광역자치단체로부터 시설비와 운영비, 인건비 등의 보조금을 받는다. 요양기관 인정과 시설 관리 감독은 기초지방자치단체에서 책임을 진다. 그런가 하면 건강보험공단에서는 시설을 평가하여 수발비를 차등 지급하기도 한다. 그러나 노인 개개인의 수발 과정에 대한 관리 감독은 어떤 정부기관에서도 하지 않는다. 시설 운영 상황만을 관리 감독할 뿐이다.

이제 노인장기요양보험의 수발 전달체계 특성들 몇 가지를 지적해보자. 무엇보다도 국가가 하는 일이 상대적으로 적다는 것이다. 건강보험공단이나 지자체가에서 하는 일은 노인의 수발 자격 인정, 시설 인가 및 감독, 국가 부담 수발비용 지급 등이다. 노인 개개인의 수발 과정에 대한 책임은 전혀 지지 않는다. 국가가 수발비용을 지급하면서도, 시설과는 계약도 하지 않은 채 노인 개인에게 계약을 맡긴다. 이것이 국가가 수발 책임을 지지 않는다는 것을 상징적으로 보여준다. 어찌 보면 시설과 계약을 맺지 않기 때문에 국가가 시설을 감독할 권한도 없다. 국가가 수발비용을 부담하는 것은 자선일 뿐이다. 이것은 노인 개개인의 수발 과정에 대한 책임을 국가가 지고 있는 스웨덴의 경우와는 많은 차이를 보인다. 어떤 차이가 있는가는 〈표 6-13〉을 보면 분명하게 알 수 있다. 노인, 국가,

〈표 6-12〉 사립과 공립, 공영과 사영의 개념 구분

구분		운영자	
		국가	개인
소유자	국가	공립, 공영	공립, 사영
	개인	사립, 공영	사립, 사영

시설의 3자 관계를 비교해보면 한국에서는 노인과 국가의 상호작용이 매우 적다. 반면 노인과 시설의 상호작용은 매우 많다. 이것은 국가에서 할 일을 개인과 시설에 떠넘긴다는 것을 의미한다. 여기에는 노인 부양은 가족과 '시장'(실제로는 개인)[60]이 책임을 지는 것이 원칙이라는 시장중심주의인 자유주의의 사고가 반영된 것으로 보인다.

〈표 6-13〉 한국 장기요양보험과 스웨덴의 수발 전달체계 비교

	〈노인→국가〉	〈국가→시설〉	〈시설→개인〉
스웨덴	수발 신청. 원하는 수발기관 신청	노인 배정 수발 계약 수발계획 승인 수발비 지급 수발기관 지정 수발기관 평가 감독 개개 노인 수발 관리 감독	수발 제공
	〈국가→노인〉	〈시설→국가〉	〈개인→시설〉
	수발의 양과 질 평가 수발 인정 기관정보 제공 수발기관 선정 자부담금 수납	수발계획 작성 보고 수발결과 보고 운영결과 보고	수발기관 선택
한국	〈노인→국가〉	〈국가→시설〉	〈시설→개인〉
	수발 인정 신청	수발기관 지정 수발기관 평가 감독 수발비, 보조금 지급	수발계획 작성 수발 제공 자부담금 수납
	〈국가→노인〉	〈시설→국가〉	〈개인→시설〉
	수발의 양 평가 수발 인정	수발결과 보고 시설 운영결과 보고	기관정보 파악 시설 결정 수발 계약

---

60 시장은 상품을 교환하는 제도일 뿐이다. 그러므로 복지의 주체일 수 없다. 시장에 부양을 맡긴다는 것은 개인이 시장에서 부양 서비스를 구입하여 사용하라는 뜻이다.

이렇게 국가가 노인 수발보장의 주체임을 포기하는 것은 어떠한 문제를 야기할 것인가? 예컨대 가족이 없는 치매 노인은 시설을 선정할 수 없을 뿐만 아니라, 아무도 시설의 수발 과정을 점검할 수 없을 것이다. 가족이 있는 경우라도 국가가 개개인 노인의 수발 과정을 관리하고 점검하지 않을 때, 인권침해와 같은 문제가 발생할 가능성이 매우 높을 것이다. 노인 본인이나 가족이 시설의 수발에 만족하지 못한 경우에도 개인은 국가에 호소하기가, 국가는 시설에 시정을 명령하기가 쉽지 않다. 수발에 대한 계약자가 노인과 시설이므로 제3자인 국가는 노인에 대해서는 책임이 없고, 시설에 대해서는 권리도 없기 때문이다. 따라서 우리는 국가가 개별 노인의 수발 과정에 대해 책임지지 않는 상황이 수발보장의 사각지대를 만들고 수발의 질을 떨어뜨린다고 볼 수 있다.

그렇다면 국가가 개별 노인의 수발 과정에 대해 책임을 지지 않는 것이 비용을 절약하는 것인가? 얼핏 보면 그런 것처럼 보인다. 그러나 어차피 시설을 인가해주고 평가하고 감독하는 일은 지자체와 건강보험공단이 하고 있다. 이런 부서에서 시설 점검만 할 것이 아니라 개별 노인별로 수발 과정까지 점검한다면 추가 비용이 크지는 않을 것이다. 두 상이나 차려놓은 밥상에 수저 한 벌 더 놓는 것이다.

장기요양보험 수발 전달체계의 또 다른 문제점은 수발을 전달하는 행정절차가 매우 낭비적이라는 점이다. 이미 지적한 바와 같이 스웨덴에서는 지방자치단체에서 수발 신청을 받는 것에서부터 수발기관을 감독하는 일까지 책임을 진다. 그런데 한국에서는 수발등급 판정과 수발비 지급, 시설 평가 등은 건강보험공단에서 하고, 시설 인가와 감독, 보조금 지급은 지방자치단체에서 한다. 서로 연결될 수밖에 없는 업무를 별도의 기관에서 하고 있는 것이다. 따라서 인건비, 공간 사용비, 운영비 등의 낭비가 엄청날 것이다. 이것은 시설의 입장에서도 많은 행정력의 낭비를 초래하게 만든다. 시설은 간섭하는 상전이 둘이다. 이쪽에서 감사를 받고 나면, 저쪽에서는 평가를 받아야 한다. 이쪽에 자료를 내고 나서는, 내용은 비숫한데 형식만 다른 자료를 저쪽에 내려고 또 만들어야 한다. 서류 작업만 하는 직원이 따로 있어야 한다. 여기서 한국의 국가는 개개 노인의 수발 과정을 책임지는 일과 같이 꼭 해야 할 일은 하지 않고 필요 없는 일을 많이 하고 있으며, 시설에는 꼭 필요한 일은 시키지 않고 필요 없는 일을 시키고 있다는 것을 알 수 있다. 한국에서 국가는 수발 과정에 대한 책임은 지지 않고 권력만 행사한다.

그렇다면 이런 문제점들은 사회보험의 고유한 문제인가? 스웨덴이 사회보공에 의해서 수발을 제공하는 것과는 달리, 사회보험으로 수발을 제공하기 때문에 국가가 개인의 수발 과정에 책임을 지지 않고 행정절차가 이원화되어 있는 것인가? 이에 답하기 위해서는 사회보험으로 노인 수발을 제공하는 독일과 일본의 전달체계를 한국 및 스웨덴과 비교해보는 것이 바람직할 것이다. 개개 노인의 수발 과정에 대한 국가의 책임 포기와 행정절차의 이원화 문제 등과 관련된 주요 수발 전달 단계들로는 등급 판정, 수발계획, 수발기관과의 계약, 시설 지정과 감독 등을 들 수 있다. 이런 것들을 누가 하는지 살펴보기로 하자.

〈표 6-14〉에서 보는 바와 같이 한국에서 수발등급 판정은 보험자인 건강보험공단에서, 수발계획은 시설에서 담당하며, 수발기관과 계약을 맺는 것은 개인이, 시설을 지정하고 감독하는 것은 지방자치단체가 한다. 독일은 등급 판정과 수발계획은 전문기관이 담당하고, 수발기관과 계약하는 일은 8개의 보험자들이 하며, 시설 지정과 감독은 지방자치단체에서 한다(서명은, 2009). 계약자가 개인이 아니라 보험자이고, 전문기관에서 개별 노인의 수발계획을 세운다는 점에서 개인과 시설에 맡겨두는 한국의 경우와는 조금 다르다. 그러나 개개 노인 수발 과정을 국가가 관리할 가능성은 크지 않다. 각각의 기관이 다르기 때문이다. 뿐만 아니라 행정절차도 다원화되어 있다. 이처럼 독일의 전달체계는 한국과 유사하다고 보아도 큰 무리가 없을 것이다. 따라서 한국 전달체계의 문제점은 사회보험 방식의 고유한 문제점이라고 볼 수 있을 듯하다.

<표 6-14> 급여 종류

구분	한국	독일	일본	스웨덴
등급 판정	보험자	전문기관	지자체	지자체
수발계획	시설	전문기관	시설 · 지자체	시설 · 지자체
수발기관과 계약	노인	조합(보험자)들	지자체(보험자)	지자체
시설 지정 감독	지자체	지자체	지자체	지자체

그런데 이런 추론은 우리와 같은 사회보험의 수발보장을 하고 있는 일본의 경우를 보면 문제가 있다는 것을 알 수 있다. 일본은 보험 관리를 보험공단과 같은 별도의 조직에 맡기지 않고 지방자치단체가 담당한다. 보험자가 국가인 셈이다. 여기서는 등급 판정, 수발계획, 수발시설과의 계약, 시설 지정 및 감독 등을 국가가 간여하거나 담당한다(서명은, 2009). 국가가 노인 개개인의 수발 과정에 책임을 지며, 행정기관이 단일하다. 즉 전달체계가 스웨덴의 경우와 다르지 않다. 이것은 일본이 노인문제의 해결책을 북유럽으로부터 배웠기 때문인 것으로 보인다.

(2) 공공부조 수발

공공부조에 의한 수발로는 장기요양보호와 양로원 수발, 노인 돌봄 서비스가 있다.

장기요양보호는 중병의 빈곤한 노인들에게 장기요양보험에 준하는 수발을 제공하는 것이다. 이 수발은 장기요양보험제도를 활용하고 있기 때문에 장기요양보험의 전달체계와 다르지 않다. 다만 노인이 요양 인정을 받은 다음 시군구를 찾아가 수발급여 신청을 하면, 시군구에서는 시설에 급여를 부탁(의뢰)한다는 점만 다르다. 이후의 절차는 장기요양보험과 동일하다. 수발비용과 식재비 등은 지자체가 건강보험공단을 통해 시설에 지불한다.

양로원의 입소 절차는 노인이나 주변 사람들이 시군구에 입소 신청을 하면, 시군구에서는 입소 여부와 시설 등을 결정하여 본인과 시설에 통보한다. 그 후 노인 개인이 시설과 계약을 맺고 수발을 받는다. 월 20만 원 정도를 내고 생활하는 실비 입소자의 경우도 시군구의 심사를 받아 입소 자격을 얻는다.

노인 돌봄 서비스도 장기요양보호의 절차와 유사하다. 노인이 국민건강보험공단으로부터 판정을 받고 시군구에 수발을 신청하면 심사를 거쳐 이용권을 지급받고 노인 본인이 시설을 선정하여 수발을 받는다. 비용은 보건복지부가 운영하는 전산망을 통해 시설에 자동으로 지급된다. 시설 인정과 관리 감독은 시군구에서 맡는다.

장기요양보험의 경우와 마찬가지로 공공부조의 수발에서도 국가는 자격을 인정하고 수발에 필요한 시설비, 인건비, 운영비 등을 지급할 뿐 수발 과정에 대해서는 책임지지 않는다. 한편 장기요양보호의 행정절차는 장기요양보험의 경우처럼 이원화되어 있는 문제에서 더 나아가 더욱 복잡하다. 이것은 사회부조의 재원 마련과 대상자 선정은 공공부조를 따르면서, 수발의 전달은 사회보험의 제도를 활용하고 있기 때문이다. 여기서도 국가는 책임은 지지 않고 여러 경로로 간섭만 해댄다. 양로원 수발과 노인 돌봄 서비스의 경우는 시군구가 모든 행정을 책임지므로 이원화의 문제점은 없다.

마지막으로 노인 수발의 전달체계 전체에 대해서 살펴보자. 무엇보다도 수발제도의 종류가 많다. 수발제도가 하나뿐인 스웨덴과는 달리, 중증의 노인들을 위한 노인장기요양보험과 노인장기요양보호, 경증의 빈곤 노인을 위한 양로원 수발과 노인 돌봄 서비스 등이 있다. 그런데 그 어떤 제도에서도 국가는 개별 노인들의 수발 과정에 대해서는 책임지지 않는다. 수급 자격만 인정하고 돈을 지불하며, 시설이 규정을 지키고 있는지만 감독할 뿐이다. 그리고 각각의 제도마다 다른 행정절차를 가지고 있다. 따라서 행정의 효율성이 낮을 수밖에 없다.

3) 수발비용의 산정과 지불 및 수납 방식

한국의 주요 수요수발보장제도로 노인장기요양보험, 노인장기요양보호, 양로원 수발제도, 노인 돌봄 서비스 네 가지를 들 수 있다. 이 중에서 양로원을 제외한 세 가지는 수발비용을 노인 개인별 수발의 양(등급과 시간)에 따라 산정하여 지급하는 것이 원칙이고, 양로원 수발은 시설별로 결정하여 지급한다.

먼저 장기요양보험(요양원, 주간, 자가 수발)과 장기요양보호, 노인 돌봄 서비스의 수발비용 산정 방식을 살펴보기로 하자. 장기요양보험 및 보호에서 생활시설인 요양원의 수발비용은 일당(日當)으로 산정된다. 일당은 요양 등급에 따라 차이가 난다. 노인전문요양시설의 요양 1등급 수발 단가는 4인실 이용료를 포함하여 하루 48,900원, 2등급은 45,290원, 3등급은 41,670원이다. 장기요양보험과 보호의 주간보호중심 수발단가도 일당으로 산정한다. 그러나 생활시설인 요양원의 경우와는 달리 일당이 요양 등급 이외에 하루 수발시간에 따라서도 달라진다. 예컨대 같은 1등급이라도 하루 3~6시간 수발단가는 24,440원이고 10~12시간은 44,800원이다.[61] 빈곤한 경증 노인 돌봄 서비스의 주간보호도 일당으로 산정하는데, 일당은 27,600원이다(보건복지부, 2011다: 735). 장기요양보험 및 보호의 자가 노인 '방문요양' 비용은 방문당 금액으로 산정하며, 방문당 금액은 방문시간에 따라서 다르다. 예컨대 30분짜리 방문당 가격은

---

61 〈표 6-15〉 주간보호 단가

(단위: 원)

하루 수발 시간	1등급	2등급	3등급
3~6시간 미만	24,440	22,600	20,840
6~8시간 미만	32,580	30,140	27,790
8~10시간 미만	40,730	37,670	34,730
10~12시간 미만	44,800	41,440	38,210
12시간 이상	44,800	45,210	41,680

10,880원이고 4시간짜리는 39,500원이다. 방문간호도 이와 비슷하고, 방문목욕 비용도 방문 건수로 산정한다.[62] '노인 돌봄 서비스'의 방문수발 비용은 시간당 금액으로 산정하며 시간당 9,200원이다(보건복지부, 2011 다: 735).

여기서 우리는 장기요양보험과 보호, 노인 돌봄 서비스의 수발비용을 제공하는 수발의 양을 중심으로 산정하여 시설에 지급하고 있음을 알 수 있다. 그러나 국가는 이런 방식으로만 비용을 지급하는 것이 아니다. 이와는 별도로 일부 시설에는 필요한 각종 보조금을 책정하여 지원한다. 예컨대 공립이나 비영리법인이 운영하는 시설에 대해서는 기능보강비나 인건비, 운영비 등을 정기·비정기적으로 지원한다. 지원 금액은 지자체와 시설별로 많은 차이를 보인다. 그리고 공립 시설은 건물과 토지까지 국가가 제공한다.

이처럼 지방자치단체가 일부 시설에 대해서만 보조금을 추가로 책정하여 지원해주는 것은 노인들에 대한 차별 대우이다. 만약 산정된 노인별 수발단가가 적정한 것이라면 지원받는 시설로부터 수발을 받는 노인들에게 낭비적인 특혜를 주는 것이다. 반면 개인 수발단가가 낮은 것이라면 지원받지 못한 시설 노인들의 생존권을 위협하는 것이다. 이런 차별은 시설의 입장에서 보더라도 마찬가지이다. 노인 개인별 수발단가가 정적하다면 특정 시설에 대한 지원은 낭비적인 특혜일 것이고, 수발단가가 낮게 책정된 것이라면 지원하지 않은 시설에 대한 탄압일 것이다. 뿐만 아니라 지원 방식에서는 담당기관이나 담당자의 자의적 판단 가능성이 크다. 이것이 부당한 권력의 근거이며, 자원의 낭비를 부를 것이다. 스웨덴에서는 공립이든 사립이든 동일한 노인에게 동일한 수발비를 지급할 뿐이다. 공립이나 비영리법인이라고 기능보강비를 주고 운영비를 보조해주지 않는

---

[62] 2011년 '차량 내 목욕'은 1회에 71,290원, '차량 이용 가정 내 목욕'은 64,160원, '차량 미이용 목욕'은 39,590원이다(국민건강보험공단 전자방, 2012).

다. 수발비 속에 건물의 감가상각비까지 포함되어 있으므로 세금 등을 고려하여 공립이 아닌 사립기관에 오히려 많은 수발비를 지급한다(박승희 · 채구묵 외, 2007: 120).

이제 빈곤 노인의 생활시설인 양로원의 수발비용이 어떻게 산정되는지 알아보자. 서울의 한 시립 양로원 예산을 살펴보자. 경상운영비, 간병비, 식비, 월동대책비, 피복비, 노인 개인 위로금 등은 노인 수를 기준으로 책정된다. 그러나 노인의 개별적인 소요는 고려되지 않는다. 전체 예산의 77%를 차지하는 인건비, 업무추진비, 운영비는 시설별로 산정된다.[63] 따라서 양로원 수발비용은 시설을 기준으로 산정되고 있다고 보아야 한다. 여기서 국가의 양로원 수발은 개별 노인이 아니라 시설 지원의 방식을 따르고 있음을 알 수 있다. 이런 시설 지원의 방식은 이미 장애인 수발제도를 살펴보는 과정에서 밝혔던 바와 같이 국가가 막연한 빈곤 노인들에게 투망을 쳐서 지원하는 것이라고 할 수 있다. 이와 같이 표적이 없는 지원 정책은 수발이 필요한 많은 노인들을 복지의 사각지대로 내몰 것이다.

노인 수발보장제의 수발비 산정 방식을 두루 살펴보면, 개별 노인 수발 양에 따라 산정되고 있다고 할 수 있다. 물론 스웨덴의 경우와는 달리 노인 수발의 양과 질을 정확하게 파악하여 수발비용을 산정하는 것이 아니라, 대략적인 소요를 고려한 등급 판정만으로 수발비용을 결정하고 있다. 그렇더라도 장애인 수발제도와 비교하면 시설별 지원보다는 개인별 지원을 하는 경향이 강하다고 볼 수 있다. 따라서 이런 차원에서만 본다면 시설별 지원을 해주는 장애인 수발제도들보다는 노인 수발보장의 대상자 포괄성이나 예산 집행 효율성이 높을 가능성이 크다. 그럼에도 불구하고 한편에서는 여전히 선별적인 시설 지원을 해주고 있다는 점이 문제이다. 이것은 사회복지를 자선으로 생각하던 구습이 잔존하고 있기 때

---

[63] 한 서울 시립양로원의 2011년 내부 예산 자료.

문일 것이다. 따라서 한국의 노인 수발보장제도는 노인 개인별 특성을 고려하여 모든 수발비용을 산정하는 스웨덴의 경우와는 적지 않은 차이를 보인다.

지불 방식은 장기요양보험, 장기요양보호, 양로원 수발, 노인 돌봄 서비스가 각각 조금씩 다르다. 장기요양보험에서는 노인 개인별 국가 부담 수발비를 건강보험공단이 전산망을 통해 시설에 지급하고, 개인들은 자부담 비용을 시설에 지급한다. 장기요양보호에서는 지자체가 국가 부담 수발비를 건강보험공단을 통해 시설에 지불하는 점만 다르고, 나머지 절차는 장기요양보험의 지불 방식과 동일하다. 장기요양보호를 받는 차상위계층의 '실비 입소 대상자'도 자부담 수발비(전체 수발비의 7.5%)를 장기요양보험 대상 노인의 경우처럼 시설에 직접 납부한다. 노인 돌봄 서비스에서는 국가 부담 수발비를 보건복지부에서 전산망을 통해 시설에 지불하고, 개인들은 시설에 자부담금을 납부한다. 그리고 이 세 제도 모두 지자체가 선별한 시설에 지원하는 보조금을 시설에 직접 지불한다. 양로원 수발에서는 지자체가 운영비 등을 시설에 지불하고, 실비 입소자들의 경우 자부담금을 시설에 직접 납부한다.

〈표 6–16〉 지불 방식의 분류

구분		지불 방식	
		개인별	시설별
지불자	국가	장기요양보험 및 보호, 노인 돌봄 서비스의 국가 부담 수발비 지불	선별 시설 보조금, 양로원 운영비 및 수발비 지불
	개인	장기요양보험 및 보호, 양로원, 노인 돌봄 서비스의 자부담금 납부	해당 없음

이상의 수가 지불 방식을 지불자가 누구인가와 개인별 지불인가, 시설

별 지불인가에 따라 〈표 6-16〉과 같이 네 가지로 나누어볼 수 있는데, 현실적인 사례가 있는 것은 세 가지이다.

그렇다면 이런 수발비 지급 방법은 수발 과정의 관리와 비용 효율성 등이라는 측면에서 어떠한 장단점을 가지고 있는가? 스웨덴을 비교 대상으로 삼아 논의해보자. 스웨덴에서는 단일한 수발제도를 운영하면서 개인이 자부담 비용을 지자체에 납부하고, 지자체가 전체 수발비를 시설에 지급하면서 시설을 관리 감독한다. 그러니까 〈표 6-16〉의 세 가지 방식 중에서 시설별로 보조금을 지불하는 경우는 없다.

먼저 한국의 지불 방식이 매우 복잡하다는 것이 바로 눈에 들어온다. 노인 수발제도라는 통일된 제도에서 자자체만이 노인 개인별로 산정된 수발비만을 지급하며 관리 감독까지 하는 스웨덴과는 많은 차이를 보인다. 한국에서는 노인 수발제도가 여러 가지이고 돈을 지불하는 기관도 건강보험공단, 보건복지부, 지자체로 다원화되어 있다. 그런가 하면 장기요양보호의 경우처럼 돈이 지자체에서 건강보험공단으로, 다시 시설로 전달된다. 스웨덴에 비해서 지불비용이 많이 들어갈 수밖에 없을 것이다.

국가가 노인 개인별로 책정된 수발비용을 시설에 지급하는 방식에는 어떤 특징이 있는가? 비용 지급 방식은 시설 이용자인 노인이 시설에서 카드로 결제하면 건강보험공단이나 보건복지부의 정보망을 통해 자동으로 시설 계좌에 입금된다. 돈의 지불 과정에서는 노인이나 그 가족의 확인이 필요하므로 노인이 배제되지 않는다. 이것은 시설에 보조금을 주는 과정에서 노인이 철저히 배제되는 것과는 차이가 있다. 이런 지불 방식에서는 노인과 가족이 국가와 시설 간 수발비 수수 과정의 감시자가 될 수 있기 때문에 돈 지급자의 자의적 판단이나 비리를 줄일 수 있으며, 심지어 부당한 대우를 받은 경우에는 노인과 가족이 결제를 거부할 수도 있기 때문에 노인의 권익을 신장시킬 수도 있다. 따라서 이 점에서 본다면 지불행정의 효율성도 크다고 말할 수 있다. 얼핏 보면 이런 지불 방식은 스웨덴의 경우와 큰 차이가 없는 것으로 보인다. 그러나 수발 과정의 관리 감독이라는 점과 연관시켜보면 문제점이 드러난다. 스웨덴에서는 시설에 돈을 주는 기관에서 감독도 하지만, 한국에서는 돈을 지불하는 기관 따로, 감독하는 기관 따로 있다. 더군다나 노인 개개인의 수발 과정을 점검하는 국가기관은 어디에도 없다. 돈을 주는 권력이 낭비되고 있는 것이다. 그런가 하면 수발비 지급자가 중앙부처로서 너무 멀리 있기 때문에 노인과 시설이 짜면 수발비의 부당 청구 가능성까지 배제할 수 없다. 이런 한국의 수발비 지급 과정은 돈의 지불 과정에서 지급자와 감독자, 시설, 노인이 상호작용을 할 수밖에 없어 노인 개개인의 수발 과정에 대한 관리가 용이하고 부당 청구 가능성이 희박한 스웨덴의 경우와는 큰 차이를 보인다.

노인 개인이 자부담 비용을 시설에 직접 납부하는 방식의 장단점도 살펴보기로 하자. 이것은 개인이 지방자치단체에 납부하는 방식에 비하면 매우 편리한 것처럼 보인다. 돌려서 주는 것보다 직접 주는 것이 간단하기 때문이다. 그러나 이런 직접 지불 방식은 국가가 '국민의 집'이라는 관점에 따르면 책임을 방기한다는 비판을 받기에 충분하다. 국가가 돈의 유통 과정에서 철저히 배제되기 때문이다. 이 지급 방식에서는 지자체가 부담금을 받아 시설에 지급하는 경우에 비해서 지자체에 대한 노인이나 가족의 권리도, 시설에 대한 지자체의 권한도 약할 수밖에 없을 것이다. 이런 지불 방식은 간편한 것처럼 보이지만, 스웨덴의 경우와 비교하면 지자체와 시설과 노인 개인 사이의 상호작용이 원활하게 이루어지지 않기 때문에 행정의 효율성은 떨어뜨리고, 수발비 부당 청구와 같은 비리의 가능성은 키울 것이다.

마지막으로 정부가 보조금을 지불하는 방식에 대해서 살펴보자. 이런 지급 방식에서는 노인 개인이 철저히 배제된다. 지방자치단체와 시설 사이에 어떤 지원이 오갔는지 노인들은 알 길이 없다. 이런 상황에서는 노인이 억울한 일을 당하더라도 호소할 곳을 찾기 어렵다. 돈의 흐름이 투명할 수 없는 이런 곳에서 비리가 싹틀 가능성은 적지 않을 것이다.

이제 수발비 지급 방식에 따라 정부기관과 시설 및 개인 사이의 상호작용 상황을 정리해보자. 노인 개인별 수발비를 지급하는 방식에서는 정부지불기관과 시설, 개인의 상호작용이 일어나는 편이다. 그러나 수발 과정을 감독하고 관리하는 기관은 배제되어 있어 관리행정의 효율성이 떨어질 가능성이 크다. 노인이 시설에서 자부담 비용을 직접 납부하는 과정에서는 노인과 시설 사이의 상호작용만 있을 뿐, 국가는 철저히 배제된다. 국가에 대한 노인의 권리도, 시설에 대한 국가의 권한도 약할 수밖에 없다. 수발 관리행정의 효율성도 떨어질 것이다. 한편 보조금을 국가 시설에 지급하는 과정에서는 국가와 시설의 상호작용만 있을 뿐, 개인은 철저히 배제된다. 여기서는 국가와 시설에 대한 개인의 권한이 약하고, 돈의 흐름도 자연스럽게 공개되지 않는다. 이런 점들은 국가와 개인과 시설이 돈의 흐름 과정에서 수발 과정의 관리와 깊은 관련을 맺고 상호작용하는 스웨덴의 경우와 큰 차이를 보인다. 이런 논의를 〈표 6-17〉로 정리할 수 있을 것이다.

〈표 6-17〉 수발비 지급 방식별 국가, 시설, 개인의 3삼자 관계 비교

구분		상호작용 유형	배제 대상
한국	수발비 국가 지급	개인 · 지불기관 · 시설 3자 관계	감독기관
	자부담금 납부	개인 · 시설 2자 관계	국가
	보조금 지급	지자체 · 시설 2자 관계	개별 노인
스웨덴		개인 · 지자체 · 시설 3자 관계	없음

4) 의료보장과 수발보장의 관계

최근 우리 사회에서도 치료가 필요하지 않은 노인들까지 병원에서 생활하며 고급 인력과 장비를 낭비하는 일을 막기 위해 장기요양제도를 도

입했다. 한국의 수발과 의료의 관계는 어떠한가?

먼저 수발과 의료의 상호 보완 실태를 점검해보기로 하자. 수발을 의료가 보완해주고 있는가? 양로원에는 '촉탁의사'를 두게 되어 있다. 그런데 이 의사들은 법적인 진료 행위를 하는 것이 아니라 잘해야 자문을 해주는 정도이다. 이것은 촉탁의사의 이름만 행정서류에 올리는 것으로 끝나는 경우가 적지 않고, 보수가 건강보험공단이 아니라 장기요양보험료에서 지불되고 있다는 정황으로도 잘 이해할 수 있다. 간호사도 의무적으로 고용해야 하지만, 이것은 의료가 아니라 수발이 목적이다. 자기 집에서 생활하는 노인들에게는 의료가 공급되지 않는다. 물론 방문간호가 없는 것은 아니다. 그러나 그 비용이 장기요양보험에서 지급되고 있다는 점만 보아도 방문간호가 의료적인 수발일 뿐이지 의료는 아니라는 것을 알수 있다.[64] 이처럼 수발 현장에는 의료가 공급되지 않아 몸이 불편한 노인들이 병원을 찾아가지 않으면 의료를 받을 수 없다. 이런 사정은 의료비를 지급하면서 의사와 간호사를 수발 현장에 파견하는 스웨덴의 경우와는 다르다.

그러면 수발이 의료를 보완해주는가? 입원한 사람의 수발을 간병이라고 한다. 몸을 가눌 수 없는 노인에게는 병원에서도 간병이 필수적이지만, 한국에서 간병은 의료보험의 대상이 아니다. 그래서 가족들이 간이침대에서 밤잠을 설치거나 간병인을 사야 한다. 간병사 1명이 노인 한 사람을 24시간 간병해주는 경우, 간병비는 월 180만 원이다. 주 6일 근무가 원칙이므로 일주일에 하루는 가족이 돌보거나 다른 사람을 사야 한다. 간병사 2명이 하루 2교대로 4명의 노인을 돌보는 경우, 각 노인당 비용은 월 90만 원이다.[65] 이 경우에도 일주일에 한 번씩은 가족이 동원되지

---

64 방문간호 지시서는 의사가 발급하고 그 비용도 건강보험에서 지급하지만, 방문간호 비용은 장기요양보험에서 지급한다.

65 미소들노인전문병원 윤영복 원장의 가르침.

않으면 안 된다. 간병해줄 가족이나 돈이 없는 노인들은 고통을 감내하는 '수도(修道)'를 할 수밖에 없다. 간혹 자원봉사자들의 도움을 받을 수 있을 뿐이다. 여기서 우리는 의료가 수발에 의해 보완되지 않는다는 것을 알 수 있다. 물론 돈만 있으면 문제가 없을 것이다. 그런데 노인이 월 90만 원, 180만 원을 부담하기가 어찌 쉬운 일인가? 한국에는 수발이 있는 곳에 의료가 없듯이, 의료가 있는 곳엔 수발이 없다.

이제 의료와 수발이 분리되어 있는가를 점검해보자. 의료와 수발의 분리는 이미 스웨덴의 경우를 살펴보면서 지적한 것처럼 치료가 절실한 환자들은 병원에 입원하고, 그렇지 않은 환자들은 수발기관의 도움을 받게 하자는 것이다. 그런데 현실에서는 치료를 받으면 많이 좋아질 수 있는 노인이 요양원에 방치되어 있거나[66] 치료가 절실하지 않은 노인이 병원에 입원해 있다.[67] 따라서 수발기관과 의료기관의 역할이 중첩되어 두 기관들은 경쟁관계에 있다.

왜 치료가 절실한 노인들이 수발기관에서 생활하고, 그렇지 않은 노인들이 병원에서 수발을 받는가?

먼저 치료가 절실한 노인들이 병원을 포기하고 요양원을 선택할 수밖에 없는 이유를 의료 공급자인 병원과 소비자인 노인의 입장에서 점검해보자. 병원의 입장에서는 노인의 입원치료를 거부할 이유가 없다. 오히려 노인들이 입원하지 않은 것을 안타깝게 생각할 것이다. 그렇다면 노인이 치료를 포기하기 때문이라고 판단해야 할 것이다. 먼저 입원치료가 절실한 노인의 자부담 병원비와 요양원 비용을 비교해보자. 의료최고도, 예컨대 재활치료가 필요한 중풍환자가 서울의 한 노인병원에 입원하여 6인 병실을 사용할 경우, 입원비 월 2,138,700원을 포함한 의료비는 400~500만 원 정도이다. 이 중에서 80~100만 원을 노인이 자부

---

66 미소들노인전문병원 윤영복 원장의 가르침.
67 박인아 사회복지사는 치료가 필요하지 않은 치매 든 어머니를 노인병원에 맡기고 있다고 한다.

담한다. 2명의 간병사가 하루 2교대로 환자 4명을 돌볼 때[68] 간병비는 월 90만 원이고, 이 비용은 전액 노인이 부담해야 한다. 따라서 이 노인의 자부담 총액은 월 170~190만 원이다. 이 노인이 4인실을 사용할 수 있는 경우에는 자부담 비용이 30만 원 추가된다.[69] 그런데 이 노인이 요양원에서 4인실을 사용하는 경우, 수발비의 20%와 식재비 36만 원을 합하여 월 65만 원을 부담한다. 만약 2인실을 사용하면 침실비가 추가되어 월 125만 원을 부담한다.[70] 〈표 6-18〉에서와 같이 병원에서 치료를 받는 자부담 비용이 요양원에서 생활하는 것보다 훨씬 크다. 이 차액을 노인들과 가족이 무시한다는 것은, 노인 소득보장이 제대로 되어 않은 우리 사회에서 쉽지 않을 것이다. 따라서 입원치료가 절실함에도 불구하고 요

〈표 6-18〉 치료가 절실한 노인의 병원과 요양원 자부담 비용

(단위: 만 원)

구분	방	노인:간병인	급여분[71]			비급여분			자부담
			총액	보험	자부담	간병	식재	침실	
병원	6인	2:1	400~500	320~400	80~100	90	–	–	170~190
	4인	2:1	400~500	320~400	80~100	90	–	30	200~220
요양원	4인	2.5:1	147	117	29	–	36		65
	2인	2.5:1	147	117	29	–	36	60	125

---

68 이것을 '4:2 간병'으로 부르기로 하자. 병원에서는 흔히 '4:1 간병'이라 부른다. '1:1 간병'이란 간병인이 혼자서 하루 24시간 환자 1인을 돌보는 것을 말한다. 이 경우 월 간병비는 180만 원 정도이다.

69 이상은 미소들노인전문병원 마정순 실장의 가르침에 따른 것이다.

70 이상은 서울에 있는 미소들실버케어 요양원의 2011년 경우로, 김금자 원장의 가르침에 따른 것이다.

71 병원의 경우에는 식재비와 병실비가 포함된 입원비와 진료비 등이다. 식비는 50%, 나머지는 20%가 자부담이다. 〈표 6-18〉의 병원 자기 부담금 80~100만 원은 실제로 개인이 납부한 것이므로 약간의 비급여분이 포함될 수 있다. 요양원의 경우 수발비와 4인실 사용료이며, 이 중 20%가 자부담이다.

양원을 선택할 수밖에 없는 사람이 많을 것이다.

반면 치료가 절실하지 않은 노인들이 노인병원에서 수발을 받는 일은 왜 발생하는 것일까? 우선 수발 및 의료 공급자인 병원의 입장에서 살펴보자. 요양병원에서는 노인들을 장기간 입원시켜도 큰 손해를 보지 않는다. 노인들이 6개월 이상 입원하면 2011년의 경우 1일 1인 요양병원 입원료 17,530원의 5%만이 삭감되고, 아무리 오래 입원해도 최고 10%까지만 삭감된다. 이것은 병원이 최대 월 5만 원 정도를 손해 본다는 뜻이다. 월 1인 병원비가 몇 백만 원인 점을 감안하면 무시해도 되는 금액이다. 따라서 병원은 모든 환자의 입원을 마다할 이유가 없다.

이제 소비자인 노인의 입장에서 살펴보자. 건강보험공단이 정한 치료 요구 정도는 의료최고도, 의료고도, 의료중도, 의료경도 4단계로 나누어지는데, 모든 경우가 다 그렇지만 특히 의료경도의 경우에는 급한 치료가 끝나면 요양원으로 가야 할 것이다. 치료가 절실하지 않은 노인이 병원에 머무는 이유를 알아보기 위해서 의료경도 노인이 병원에 머물 때의 자부담액을 요양원 자부담의 경우와 비교해보기로 하자. 의료경도 중에서도 '신체기능장애'의 경우에만 6개월 이상 입원 시 건강보험 대상 병원비의 자부담 비율이 약 20~40%로 늘어난다. 여기에 해당되는 노인들은 부자가 아니면 대부분 요양원이나 다른 병원으로 일단 이동할 수밖에 없다. 물론 요양원이나 다른 병원으로 잠시 이동했다가 다시 같은 병원으로 돌아오면 자부담 비율은 원위치로 돌아오므로 약간의 불편만 감내하면 이 추가 부담은 늘어나지 않을 수도 있다.[72] 아무튼 이 경우를 제외하면 의료중도 이상은 말할 것도 없고 의료경도라도 치매 등에 해당되는 노인들의 자부담 비율은 입원 기간과는 아무런 상관이 없다.

요양 1등급 치매환자가 노인요양병원에 입원하여 6인실을 사용하고

---

[72] 편법을 동원하면 아무런 불편도 없이 이런 추가 부담을 하지 않을 수도 있을 것이다.

4명이 2명을 돌보는 간병을 받는 경우, 월 입원비와 치료비의 총액은 250~300만 원이고 이 중 자부담액은 45~60만 원이며, 자부담하는 간병비는 90만 원이다.[73] 따라서 자부담비용은 135~150만 원이 될 것이다. 여기에 1년 건강보험급여 대상 의료비 상한액을 고려하면 자부담금이 줄어드는 경우가 있으므로 총 자부담금은 95~150만 원[74]이라고 볼 수 있다. 만약 간병인의 수를 줄인다면 '수학적'으로는 최대 5~60만 원까지도 가능할 것이다. 이에 비해 양로원에서 4인실을 사용하는 경우는 이미 살펴본 바와 같이 65만 원 정도이고, 2인실을 사용하는 경우는 125만 원 정도이다. 여기서 우리는 치매와 같은 의료경도 노인들의 병원 자부담액이 대체로 높지만, 양로원 비용과 많은 차이가 나지 않는다는 것을 알 수 있다. 그런데 병원에서는 의료와 수발이 제공되는 반면, 양로원에서는 수발만 제공된다. 이것은 간병비를 포함한 총병원비가 양로원 비용보다 월등하게 높다는 것에서도 알 수 있다. 병원비가 높다는 것은 필요 없는 치료로 비용이 낭비된다는 것을 의미하기도 하지만, 다른 한편으로는 수발의 질이 높다는 것을 뜻할 수도 있기 때문이다. 따라서 여유가 있는 '효자' 자식들을 둔 노인들은 치료가 절실하지 않음에도 불구하고, 비용 부담을 조금 더 하고서라도 주로 요양보호사의 도움만 받는 양로원보다는 일상적으로 의사와 간호사의 도움까지 받을 수 있는 병원을 선택할 가능성이 크다.

이것은 다음의 사례에서도 잘 알 수 있다. 88세 치매 노인을 보살피는 한 막내딸은 서울의 요양원과 노인병원에 맡기기 위해 많이 알아보았다. 도우미 1명이 8~12명을 보살피는 요양원에 맡기면 60~68만 원을 부담해야 하고, 간병인 1인이 6~7명을 보살피는 노인병원은 월 120~170만

---

73 미소들노인전문병원 마정순 실장의 가르침에 따른 것이다.

74 1년 상한액이 의료보호 대상자는 60~120만 원이고, 의료보험 대상자는 200~400만 원이므로 장기 입원 노인의 자부담액은 월 5~33만 원이라고 할 수 있다. 따라서 이 점까지 고려하면 간병비 90만 원을 포함한 자부담 비용은 95~150만 원이 될 것이다.

원까지 부담한다고 한다. 얼마 전까지는 요양원에 맡겼다가, 최근에는 월 120만 원을 부담하고 노인병원에 맡긴다고 한다. "돈은 비싸지만 병원에서는 치료 가능성이 높다는 생각 때문에 심리적인 만족감이 커요."[75] 이처럼 치료가 불필요한 노인이 병원에서 머무는 것이 요양원에서 생활하는 것보다 총비용이 크기 때문에 사회적인 낭비를 증가시킬 가능성이 크다. 이것은 〈표 6-19〉에서처럼 6인 병실에서 4:2 간병을 받는 치매 1등급 노인의 한 달 의료비(간병비 포함)가 요양원 4인실에서 수발을 받는 경우의 2배 정도라는 사실에서도 쉽게 가늠해볼 수 있을 것이다.

〈표 6-19〉 치매 1등급 노인의 병원과 요양원 자부담 비용

(단위: 만 원)

구분	방	노인:간병인	급여분			비급여분			총비용	총자부담
			총액	보험	자부담	간병	식재	침실		
병원	6인	4:2	250~300	190~295	5~60	90	–	–	340~390	95~150
	6인	무	250~300	217~295	5~60	0	–	–	250~300	5~60
요양원	4인	2.5:1	147	117	29	–	36		183	65
	2인	2.5:1	147	117	29	–	36	60	243	125

요약해보면 한국에서는 의료가 절실한 노인들이 자부담 비용이 커서 요양원으로 내몰리는 경우가 있는가 하면, 치료가 절실하지 않은 노인이 조금 많은 자부담 비용을 감내하고 치료까지 받을 수 있는 병원에 머물기도 한다. 여기서 인권과 사회적 비용의 효율성 문제를 생각하게 된다. 이런 경향은 노인이 병원에서 아무리 오랫동안 치료를 받아도 노인과 병원 모두 큰 불이익을 당하지 않게 되어 있는 병원 수가 체계, 그리고 병원에서는 수발보장을 받을 수 없고 요양기관에서는 의료보장을 받을 수 현실

---

75 이것은 박인아 박사의 경험이다.

처럼 의료기관과 수발기관의 협력체계가 갖추어지지 않은 것과 깊은 관련이 있는 것으로 보인다.

5. 공동체 친화성

한국에서는 최근에 장기요양보험제도가 도입되어 중병 노인에 대한 가족의 수발 부담이 많이 줄어들었다. 그러나 자부담 비용이 적지 않고, 수발시간도 충분하지 않기 때문에 가족 수발 부담으로 불화가 생길 가능성이 스웨덴처럼 완전하게 소멸되었다고는 볼 수 없다. 한국에서도 전문가 수발만 지원하고 가족 수발만 지원하지 않는 것이 원칙이다. 단, 장기요양기관이 현저히 부족한 지역(도서·벽지)에 거주하거나, 천재지변 등으로 장기요양기관이 실시하는 장기요양급여를 이용하기 어렵거나 신체, 정신, 성격 등의 사유로 가족 등이 장기요양을 받아야 하는 노인들에게는 월 15만 원의 가족요양비를 지급한다.[76] 전문가 수발에서는 주요 수발기관 요양원이 외진 곳에 있어 가족의 사회 수발 감시가 잘 이루어지기 어렵다. 반대로 가족 수발에서는 국가가 그저 가족요양비만 지급하고 있을 뿐이므로 사회의 가족 수발 감시도 기대하기 어렵다.

한편 가족과 사회에서 노인 부양의 협조가 잘 이루어질 수 있게 해주는 주간보호제도, 재가수발제도를 시작하고 있다. 앞에서 이미 살펴본 바와 같이 이런 제도들도 아직은 문제가 많으나 그나마 다행이다. 공동체 자체를 강화하려는 정책은 없다. 일부 시설에서 어린이집과 요양시설 등을 같은 건물에 설치하는 경우가 있을 뿐이다. 지금 한국에서는 사회 부양을

---

76 국민건강보험공단 전자방, 2012, http://www.nhic.or.kr

확대하는 데에만 관심이 있을 뿐, 가족 안팎 공동체와 국가 협력을 통한 아름다운 수발까지는 생각조차 못하고 있다. 여기서 우리가 어떻게 노인의 공경까지 기대할 수 있겠는가? 한국의 수발보장은 대체로 밥만 먹여 주는 돼지 사육의 정도일 뿐, 아직 애완용 견마(犬馬) 기름(『孟子』, 盡心章句上 37)의 수준에도 미치지 못한 것 같다.

제7장

주거보장

"얻기 어려운 재물을 중시하지 않는 것이, 백성을 도둑 되지 않게 하는 길이며, 탐낼 만한 물건을 드러내지 않는 것이, 백성을 심란(心亂)하지 않게 하는 길이다. 그러므로 성인의 정치에서는 그 마음은 비워 주고 그 배는 채워 주며, 그 뜻은 여리게 하고 그 뼈는 세게 한다(不貴難得之貨 使民不爲盜 不見可欲 使民心不亂 是以聖人之治 虛其心 實其腹 弱其志 强其骨)."

－『老子』, 3장

왜 주거보장제도를 검토해야 하는가?

74세의 서춘자 할머니는 10년 전부터 서울 봉천동의 허름한 집에서 보증금 1,500만 원에 월세 10만 원을 내고 살아왔다. 몇 해 전 재개발 소문이 퍼진 이후 이 집을 외지인이 사들였다. 최근 재개발이 시작되면서 대부분의 건물이 철거되어 동네가 황량하지만, 할머니는 오갈 데가 없어 살던 집을 떠나지 못하고 있다. 벽에는 곰팡이가 가득하고, 대문 양편에는 집을 넘기라는 법원의 명령문과 세입자대책위원회가 작성한 재개발조합 쪽 사람 및 경찰 대응요령이 붙어 있으며 집 주변에는 강제 철거시간을 알리는 현수막들이 걸려 있다.[1]

중소기업 사원인 29세의 청년은 월세를 내는 날만 되면 숨이 막힌다. 매달 월급으로 150만 원을 손에 쥐는 그는 직장 근처인 강남 신사동의 7평짜리 원룸에 살면서 보증금 1,000만 원에 월세 65만 원과 관리비 5만 원을 낸다. 남은 돈으로 한 달을 살기가 버겁다. 여자 친구가 빨리 결혼을 하자고 하나, 무슨 수로 돈을 모아 장가를 갈지 아득하기만 하다.[2] 그

---

1 「한겨레신문」, 2012년 6월 28일, 1면.
2 유선희 기자, 「한겨레신문」, 2011년 9월 15일, 1면.

런가 하면 학원 강사로 일하며 월 100여만 원을 버는 20대 여성은 대학생인 남동생과 함께 보증금 2,000만 원에 월세 35만 원을 내고 살았는데, 최근 2년 계약이 끝나자 보증금 2,000만 원을 더 내든가, 아니면 월세 20만 원을 올려달라는 주인의 요구를 받고 월세를 올려줄 수밖에 없었다. 2년간 2,000만 원은커녕 500만 원도 모으기 어려웠기 때문이다.[3]

정년퇴직을 2~3년 앞둔 50대 근로복지공단 간부 사원은 요즈음도 집을 옮기며 진 빚을 갚느라 허리띠를 졸라매고 있다. 그가 목동의 32평대(공용면적 포함) 아파트를 사면서 진 빚을 다 갚아갈 즈음, 세 딸이 크니까 비좁고 시골에서 부모님이 올라오시면 편히 쉬어가기도 어려워 약간 무리를 해서라도 집을 늘리기로 마음먹었다. 살던 집을 3억 4,000만 원에 팔기로 계약하고, 근처의 42평대 아파트를 6억 원에 사기로 계약을 했다. 한 달 후쯤 판 집의 중도금을 이미 받았고, 들어갈 집의 중도금을 지불하기로 한 바로 전날 주인이 계약을 파기하겠다고 통보해왔다. 계약금 5,000만 원을 돌려주는 것은 물론 위약금도 5,000만 원까지 주겠다는 것이다. 그사이 집값이 올라 1억 5,000만 원까지 더 주겠다는 사람이 있기 때문이라고 했다. 그때가 바로 2007년 노무현 정부가 강남 집값을 잡겠다고 공언을 해도 오히려 급등하던 시기였다. 집을 판 금액으로는 그 규모의 다른 집을 되살 수도 없어 난감한 처지에 놓였다. 살 집의 주인이 딸이 다니는 학교의 학부형이자 한 동네 주민으로 잘 알고 있는 처지라 사정을 했지만, 워낙 돈의 액수가 차이 나니 동네에서 욕을 먹더라도 어쩔 수 없다는 말을 반복했다. 울며 겨자 먹기로 8,000만 원을 더 주고 그 집을 살 수밖에 없었다. 원래의 뜻과는 다르게 큰 무리를 한 것이다. 딸 셋의 교육비도 적지 않고 시골 부모님의 생활비도 지원해야 하므로 정년퇴직 전까지 빚을 다 갚기가 쉽지만은 않아 보인다. 그래서 최근 아내가 죽

---

3 유선희 기자, 「한겨레신문」, 2011년 9월 15일, 3면.

가게를 열었다.

최근에 만난 60대 후반의 한 여성은 자식 결혼을 앞두고 고민이 태산 같다. 자식에게 전셋집이라도 얻어주어야 한다는 주변 사람들의 이야기를 듣지만 뾰족한 대책이 없기 때문이다. 남편이 얼마 전 퇴직하여 들어오는 돈은 없고, 결혼해서 여러 번 이사를 다니며 겨우 장만한 아파트 한 채가 재산의 전부인데, 이것을 팔아서 선세금을 마련하자니 말년의 삶에 대한 불안감이 밀려오는 것을 감당하기 어렵다.

우리 사회에서는 이런 이야기들이 남의 이야기가 아니다. 정도의 차이는 있지만 누구나 다 겪고 있는 현실이다. 주거 불안과 주거비 부담은 결코 일부의 문제가 아니다. 전체 주택의 수가 부족하지도 않은데, 왜 사람들이 집 때문에 고통을 받고 있는 것일까? 우리는 한국 주거보장의 실상을 점검해볼 필요가 있다.

주거보장제도의 검토 기준

이 장에서는 한국의 주거보장에 대해서 검토해보고자 한다. 주거(住居)는 인간이 자고, 쉬고, 먹고, 입기 위해 머무는 곳으로서 생존의 필수조건이다. 사회보장이란 모든 사람들의 최저생계를 사회가 보장하는 것이므로 사회보장에서 주거보장은 빼놓을 수 없다. 그런데 주거는 주택에서 이루어질 수밖에 없어 주거보장의 핵심 과제는 '주택의 보장'이다. 따라서 주택을 중심으로 주거보장을 논의할 것이다.

1. 주택의 변신

주거공간인 주택은 바람과 물과 빛과 볕을 막으면서도 받아들이고, 가두어두면서도 내보내기 위한 구조물이다. 이것은 인간을 자연과 분리시키면서도 소통시켜줌으로써 인간이 자연의 일부로 살아가는 데 필수적인 수단이다. 새들에게 둥지란 알을 까서 새끼를 기르는 도구일 뿐이듯, 인간에게 집이란 근원적으로는 삶의 수단일 뿐이다. 그러나 인간의 집은 새

둥지와는 달리, 다른 사람의 부를 착취하는 방편이 되기도 한다. 그래서 부를 증식시킨다는 환상을 불러일으키는 요물로도 변신한다. 특히 자본주의 사회에서는 그럴 가능성이 더욱 크다. 왜 그런가?

1) 주택의 매매와 부의 이전

주택의 이런 변신은 인간이 모여 살면서부터 생겨난다. 사람들이 한곳으로 모일수록 서로 뜯어먹고 살 가능성이 커질 뿐만 아니라, 집터의 공급이 어려워지기 때문이다.

이런 곳에서는 누가 집을 차지할 것인가를 둘러싸고 치열한 경쟁이 벌어지므로 그 권리를 사회가 인정해줄 수밖에 없다. 자본주의 사회에서 가장 확실한 주택에 관한 권리는 국가가 보장한 소유권으로부터 발생한다. 주택의 소유권은 주택에 관한 모든 처분권을 부여한다. 소유하면 판매할 수도 있고, 대여할 수도 있으며, 직접 사용할 수도 있다. 이 소유권은 증여를 받아서도 얻게 되지만, 대부분 구매로 획득한다. 그런데 주택의 가격은 가치보다 높은 것이 일반적이다. 모든 상품의 가치는 투여된 노동에 의해서 결정되는데[4] 어떤 상품이든 완전경쟁 시장에서 거래된다면 그 가격은 가치와 일치하는 경향을 보인다.[5] 그러나 주택 상품은 유목민 등의 이동주택이 아닌 한, 완전경쟁 시장에서 거래될 가능성이 희박하다. 예컨대 도시에 채소가 부족하면 시골에서 들여올 수 있는 것과는 달리, 집터와 집은 수입할 수 없으므로 공급이 제한될 수밖에 없다. 나는 어린 나이에 도회지 유학 생활을 하면서 비싼 방값 때문에 고향의 너른 집을 가져올 수 없는 것을 한탄하곤 했다. 아무튼 사람이 모이는 곳일수록 공급자

---

4 '노동가치설'에 따른 것이다.
5 이것을 '가치법칙'이라 부른다.

가 독과점하는 주택시장이 형성될 가능성이 크므로 주택은 가치보다 훨씬 비싸게 팔리는 것이 일반적이다. 주택을 마련하는 사람들은 비싼 값을 지불해야 할 것이다. 따라서 주택이 부족할 수밖에 없는 물리적 조건은 주택을 매매시장에서 착취의 수단으로 만드는 중요한 기제가 된다.

그러나 이것으로만 주택의 매매를 통한 착취 정도 등이 결정되는 것은 아니다. 부등가교환의 정도는 주택을 어떻게 배분하는가에 따라서도 달라진다. 자본주의 사회에서 주택 배분은 주로 소유권의 거래를 통해 이루어지므로 우선 이 점에서만 살펴보자. 개인이 주택을 소유할 수 있는 양과 권리를 사회가 무한정으로 인정한 경우에는 제한하는 것에 비해 주택의 매매를 통한 착취의 양은 커질 것이다. 예컨대 한 가구가 주택을 무한으로 소유할 수 있게 하다면, 한 주택만을 소유할 수 있는 것에 비해 사려는 사람은 늘고 팔려는 사람은 줄어들 것이므로 집값은 상승할 것이고, 주택을 많이 소유한 사람들이 공급을 조정하여 시가(時價) 차익을 누릴 것이기 때문이다. 여기서 우리는 주택 소유와 그 권리에 대한 제한을 적게 할 경우, 주택은 단순한 주거의 공간만이 아니라 부를 증식시키는 수단의 성격이 더욱 커진다는 것을 알 수 있다.

2) 주택 임대차[6]와 부의 이전

주택을 통한 부의 이전은 소유권의 매매 과정에서만 발생하는 것은 아니다.

정착 생활을 하는 사람들에게 주택이라는 구조물은 먹거리 및 입을 거리와는 달리, 하나를 만드는 데 대부분 많은 노동을 투입하고 장기적으로

---

6 세를 받고 주택 등을 빌려주는 것을 '임대(賃貸)', 세를 내고 빌리는 것을 '임차(賃借)'라 한다. 집주인은 임대하고, 세입자는 임차한다. 두 가지를 합하여 '임대차(賃貸借)'라고 부른다.

소비한다. 열대 원시림에서 얼기설기 나뭇가지를 엮어 잠시 사용하는 것과 같은 주택이 아닌 한, 살 만한 집 한 채를 짓기 위해서는 먹을 만한 밥한 그릇이나, 입을 만한 옷 한 벌을 생산하는 것에 비하여 많은 노동이 들어간다. 그리고 밥 한 그릇은 길어야 반나절 만에, 옷 한 벌은 몇 년 만에 소비하는 것과는 달리, 집 한 채는 심지어 수백 년 동안 사용하기도 한다. 아무리 간편하게 집을 짓는다 하더라도 밥과 옷보다는 많은 노동을 투입하여 오랫동안 소비한다. 특히 사계절이 뚜렷하여 분리시키고 소통시켜야 할 것들의 변화가 무상(無常)한 한국에서는, 겨울에는 바람을 막고 여름에는 통하게 해야 하는 것들이 많을 수밖에 없으므로 주택을 만드는 데 더 많은 품이 들어가고, 한번 만든 주택은 더 오랫동안 사용하지 않으면 안 된다. 물론 주거를 위해서는 난방이나 수리 등과 같이 작은 가치도 단기적으로 반복해서 소비하지만, 이런 것들은 주택이라는 구조물이 있을 때에만 이루어질 수 있으므로 큰 가치 덩어리의 장기적 소비 대상이라는 주택의 기본 성격을 변화시킬 수는 없다.

큰 가치 덩어리인 주택은 마련하기가 쉽지 않다. 그래서 상품경제 이전 사회에서는 울력(품앗이 노동), 부역 등으로 다량의 노동력을 일시에 동원하여 집을 지었다. 자본주의 사회에서는 목돈을 들여야 집을 소유할 수 있다. 아무리 집을 오래 사용할 수 있어서 하루당의 주택비인 매일의 감가상각비가 낮다고 하더라도 목돈을 동원하기가 쉽지 않기 때문에 부자가 아니면 집을 마련하기 어렵다. 더군다나 소유권 매매에서 부등가교환이 일반적인 상황까지 고려하면, 주택가격은 실질 생산비라고 할 수 있는 가치보다 크기 때문에 집을 장만하기란 쉽지 않다. 목돈이 없는 사람들은 남의 돈을 빌려서 집을 마련하는 것도 생각해볼 수 있지만, 돈을 빌리는 것도 큰 능력이 있어야 가능하다. 많은 사람들은 주택을 사고 싶어도 살 수가 없다. 수요는 있지만, 그 수요는 유효하지 않다. 따라서 주택은 필요하나 목돈이 없는 사람이 선택할 수 있는 길은 월세나 일세를 주고 빌리는 것이다. 목돈을 조금 가진 사람은 전세로 빌릴 것이다. 그리고 주택의 처분권을 가지고 있는 부자들의 입장에서 보면 빌려준 돈은 떼일 수 있어도 집은 그럴 염려가 없다. 이런 맥락에서 주택의 임대차가 발생한다.

그런데 임대차 시장에서도 부등가교환이 일어날 가능성은 매우 크다. 주택 공급의 공간적 제약은 매매 주택의 공급만이 아니라 임대차 주택의 공급도 어렵게 만들기 때문이다. 빌려줄 주택은 적고 빌릴 사람은 많으면 임대료가 상승하기 마련이다. 무릇 사람들이 모여드는 곳일수록 일정 기간의 임대료는 그 기간의 감가상각비와 유지비 등을 합한 실질 주거비[7]보다 더 높을 것이다. 이처럼 주택의 임대시장에서도 부등가교환이 이루어질 가능성이 크기 때문에, 주택이 부족할 수밖에 없는 인구 밀집 지역의 물리적 조건은 주택의 매매시장에서만이 아니라 임대차 시장에서도 주택을 착취의 수단으로 만드는 중요한 기제가 된다.

그러나 임대차 과정의 착취 가능성과 크기는 주택 공급의 공간적 제약에 의해서만 결정되는 것은 아니다. 임대차의 권리를 어떻게 규정하는가에 따라서도 크게 달라진다. 먼저 임대의 권리 규정이 어떻게 착취에 영향을 미치는가를 살펴보기로 하자.

주택의 임대권은 대부분 소유권으로부터 발생한다. 물론 임차를 받은 주택을 전대(轉貸)[8]하는 경우가 없지는 않지만, 임차인의 임대권(전대권)은 불안하기 때문에 임대권은 소유권자가 행사하는 경우가 대부분이다. 따라서 임대주택의 공급량과 임대 방식은 주택의 소유 상황으로부터 직접적인 영향을 받는다. 이것은 주택의 점유권 매매인 임대차[9]가 소유권의

---

7 이것을 주거를 위해서 소비하는 가치라고 할 수 있다.

8 재임대(再賃貸)를 의미한다. 즉 임차한 것을 다른 사람에게 임대하는 것을 말한다.

9 임대차란 일정 시간 동안 점유(占有)할 권리를 매매하는 것이다. 이 점유권에 가장 중요한 것은 사용권과 전대권이다. 우리가 승용차를 빌리는 것은 승용차 자체를 사는 것이 아니라 계약기간 동안 차를 점유하여 직접 사용하거나, 다른 사람에게 빌려줄 권리 등을 사는 것이다. 월세를 내고 집을 임차하면 한 달을 단위로 집의 점유권을 구매하는 것이다.

매매 및 매매가와 얼마나 밀접하게 관련되어 있는가를 보면 쉽게 이해할 수 있다. 이를테면 주택의 매매가 안정되어 있거나 하락하는 상태에서는 임대료에 의해서 매매가 결정되는 경향을 보인다. 주택 소유의 이득은 결국 임대료를 통해서만 실현될 것이기 때문이다. 그래서 『자본』 3권의 지대론을 빌려 말하자면, 임대료는 주택가의 이자와 같다고 볼 수 있으므로 임대료를 이자율로 나눈 것이 주택가이다.

한편 주택가격이 폭등하는 경우에는 월세 임대료와 주택가가 따로 놀기 마련이다. 주택 소유의 이익이 시세차액에 의해서 실현되기 때문이다. 이런 곳에서는 월세 임대보다는 전세가 통용된다. 집주인은 무이자로 빌려온 남의 돈인 전세금으로 소유권만 확보하면 시세차익을 누릴 수 있으며, 세입자는 주택의 매매가보다 전세금이 동원하기 쉽고 월세를 내지 않아도 되기 때문이다. 따라서 전세는 소유와 임대차의 중간이다. 그동안 우리 사회에서는 전세가 많았는데, 최근 전세금이 급등하는 것은 인구가 상대적으로 감소하면서 주택가가 안정세를 보이고 은행이자율도 떨어짐에 따라 주택 소유의 이득을 시세차익보다는 임대료로 실현하려는 집주인들이 늘어나면서 전세를 내놓는 주택이 상대적으로 줄어들었기 때문일 것이다. 뿐만 아니라 주택가격이 상승할 때와 달리 하락할 때에는 은행에 담보로 잡혀 있는 집들의 전세 능력이 현격하게 감소하여 전세주택의 공급을 실질적으로 제한하기 때문이다.[10]

아무튼 임대주택의 공급 상황은 주택의 소유 상황과 분리할 수 없기 때문에, 임대차 시장의 착취 가능성과 양은 한 사회가 주택 소유와 그 권리를 어떻게 한정하는가에 달려 있다고 보아도 무방할 것이다. 예컨대 주택의 소유량에 대해 어떠한 제한도 없는 경우에는 그렇지 않은 경우에 비해

---

10 예를 들어보자. 한 직장인이 몇 년 전 용산에 자기 돈 1억, 전세금 3억, 은행 빚 2억으로 아파트를 샀다. 지금 이자로 100여만 원을 내고 있다. 현재는 전세금이 담보 1순위인데, 이 전세입자가 나가겠다고 하면 새로 들어오는 사람에게 전세등기를 해주어도 전세금은 2순위가 된다. 집값이 떨어지는 상황에서 3억을 주고 전세 들어올 사람은 없을 것이다.

임대료가 상승할 것이다. 극단적으로 모든 주택을 한 사람이 소유하면서 임대를 준다면, 임대료는 소유자가 자선을 베풀지 않는 한 세입자들이 죽음의 경계를 넘나드는 정도까지 상승할 것이다. 반대로 모든 사람들이 한 주택만을 소유하게 하는 경우에는 임대료의 상승은 가파르지 않을 것이다. 한편 소유권을 제한하여 거주하는 것만 인정하고 임대하는 것을 불허한다면, 임대를 통한 착취는 없어질 것이다. 이것은 주택의 소유욕을 줄여 임대차 시장의 독점을 완화시킬 수 있다. 따라서 주택의 소유와 그 권리를 더 많이 인정할수록 임대차 시장에서 주택이 착취 수단이 될 가능성은 더 커질 것이다.

임차의 제한도 착취의 가능성을 줄일 수 있다. 만약 임차를 자신이 사는 집 한 채로만 제한한다면 임차 수요가 줄어들 것이므로 임대료는 하락하고 임대를 통한 착취도 줄어들 것이다. 이것은 주택의 소유를 자신이 살기 위한 집 한 채로 제한하면 주택 소유 수요가 줄어들어 주택가격이 하락하는 것과 같다. 반대로 임차를 제한하지 않는다면 임대료는 상승할 것이다. 한편 전대를 제한하지 않을수록 임대료는 상승할 것이다. 전대가 임차 수요를 늘릴 것이기 때문이다. 따라서 주택의 임차와 전대의 자유를 제한할수록 주택이 임대차 시장에서 착취 수단이 될 가능성은 작아지고, 많이 인정할수록 커질 것이다.

2. 주택의 권리 규제

이제까지 주택은 소유권의 매매와 임대차 과정에서 단순한 주거공간의 차원을 넘어 착취 수단으로도 작용할 가능성이 매우 크다는 점과, 그 가능성은 주택의 매매 및 임대차 권리를 국가가 어떻게 규제하는가에 따라 큰 차이를 보일 수밖에 없다는 점을 지적했다. 만약 주택의 배분을 오직 시장의 원리에만 맡기고, 시장에서 획득한 주택에 관한 권리에는 아무런 제한도 가하지 않는다면 주택의 소유권과 사용권 등을 가진 사람에게는 주택이 황금알을 낳는 거위가 될 것이고, 가지지 못한 자에게는 고혈을 짜내가는 빨대가 될 것이다. 이런 곳에서는 사람들이 더 많은 돈을 벌기 위해서든, 빼앗기지 않기 위해서든 집 투기와 내 집 마련에 삶을 걸 수밖에 없다. 삶의 공간일 뿐이던 주택이 착취의 수단이 된 다음에는 난득지화(難得之貨, 얻기 어려운 재화)의 상징이 되어 사람의 마음을 어지럽히고, 인민으로 하여금 도적놈이 되게 만든다(『老子』, 3장). 이쯤 되면 고명한 학자들은 수많은 '과학적 조사자료'를 제시하며 주택을 소유하려는 의식이 바뀌기 어려운 '국민성', '민족성', 심지어 '인간 본성'이라고 주장한다.

주택이 착취의 수단과 난득지화가 되면 주택의 사용을 사회가 보장하는 정책도 어렵게 된다. 주택의 매매가와 임대료가 높을수록 주거보장의 비용도 늘어날 것이다. 따라서 주거보장 정책을 효과적으로 펼쳐나가기 위해서는 주택을 주거의 목적으로만 활용하는 경향을 늘려나가야 하고, 착취 수단이 될 가능성은 줄여나가야 한다. 주택 공급의 공간적 제약 때문에 착취의 가능성이 생기는 것에 대한 사회적 대응은 주택의 공급을 늘리는 방식으로 해결해야 할 것이다. 이 점에 대해서는 바로 뒤에 다시 논의하기로 하겠다. 그런데 주택의 착취 가능성은 이미 지적한 것처럼 주택의 매매와 임대차, 권리에 대한 사회적 규제에 따라서도 크게 달라지기 때문에, 주거보장 정책을 펼치기 위해서는 이것들에 대한 규제가 필요할 것이다. 따라서 한 사회의 주거보장 정책을 살펴보려면 이 규제들이 어떻게 이루어져 있는가를 먼저 검토해보야 할 것이다.

이를 위해 주택의 매매와 임대차, 권리에 관해서 자세하게 검토해볼 필요가 있다. 자본주의 사회에서 주택의 매매와 임대차는 주택에 대한 사회적 권리의 거래인데, 매매는 소유권 거래이고 임대차는 점유권 거래이다. 주택의 두 권리 중에서 강한 것이 소유권이고, 약한 것이 점유권이다.

소유권은 판매, 임대 및 주거 등[11]을 사회가 보장해준 것이며, 점유권은 판매 등을 제외한 전대와 거주 등의 권리만을 보장해준 것이다.[12] 이상의 논의를 표로 정리하면 다음과 같다.

〈표 7-1〉 자본주의 사회의 주요 주택 권리 내용

구분	주요 권리 발생 근거	주요 권리 내용		
		판매	임대·전대	주거
소유권	매입	가능	가능	가능
점유권	임차	불가	가능	가능

우리는 스웨덴과 한국의 주거보장 정책을 살펴보면서 소유권 및 점유권의 매매, 그리고 주요 권리 내용인 판매권, 임대(전대)권, 주거권에 대해 국가가 어떻게 규정하고 있는가를 살펴보고자 한다. 이를 통해 주택이 착취 수단으로 활용되는 것을 허용하는 정도를 알아볼 것이다.

3. 주택 공급 정책

그런데 주택 매매 및 임대와 권리를 국가가 아무리 많이 제한한다 하더라도, 주택의 수가 절대적으로 부족하면 주거보장 자체가 불가능하다. 자본주의 사회에서는 조금만 부족하더라도 주택가와 임대료가 상승하여 돈 없는 사람들은 열악한 집이라도 나누어 살아야 하므로 주거의 질은 떨어

---

11 '등'은 소유권이 이것들만 있는 것은 아니라는 점을 나타내기 위한 것이다. 다른 용도로 사용할 권리도 있고, 비워둘 권리도 있으며, 부숴버릴 권리도 있다.
12 예컨대 점유권에는 부숴버릴 권리는 없지만, 비워둘 권리는 있다.

질 수밖에 없다.

그래서 국가가 주택의 공급을 늘리는 것도 주거보장을 위한 주요 대책이 된다. 무엇보다도 주택은 공간적인 제약이 크기 때문에 토지를 최대로 활용하기 위해서는 대규모 주택 '개발'이 필요하기 마련이다. 대규모 주택 건설의 경우, 개인들의 이해가 첨예하게 대립될 가능성이 크기 때문에 사적 이해를 초월하여 공적 이해를 대변해야 하는 국가[13]가 주도하거나 지원하는 경우가 많을 수밖에 없다.

그런데 주택을 많이 공급하는 것만이 아니라 어떻게 공급하는가도 중요하다. 주택의 개발 과정에서 많은 시세차익을 보장할 수도 있고, 그렇지 않을 수도 있다. 또한 사유주택을 많이 공급할 수도 있고, 임대주택을 많이 공급할 수도 있다. 주거권을 보장하는 저렴한 공공임대주택을 많이 공급할수록 임대료뿐만 아니라 주택 자체의 수요까지 줄어 매매가까지 내려간다. 따라서 주택을 착취 수단이 아니라 주거공간으로만 활용하는 경향을 늘리기 위해서는 주택의 공급 방식, 공급하는 공공임대주택의 양 등을 중요하게 고려해야 한다.

4. 직접적 주거보장제도

이제까지 우리는 주거보장을 하는 데 필요한 여건들에 관해서 논의했다. 그런데 이것들은 직접적인 주거보장이라고 할 수 없다. 아무리 소유와 임대차를 제한하고, 저렴한 주택을 많이 공급한다 하더라도 주거공간

---

13 이것은 국가가 실제로 항상 공적 이해를 대변한다는 뜻은 아니다. 국가를 장악한 사람들이 공적 이해의 미명을 걸고 사적 이해를 챙기는 경우도 얼마든지 있기 때문이다. 국가가 4대강을 살린다면서 건설업자나 투기꾼들의 이해를 대변하는 경우가 여기에 해당된다.

을 배분받지 못한 사람이 있을 수밖에 없다. 무엇보다도 집을 구입할 만한 목돈을 마련하지 못한 사람들이 많기 때문에 저렴한 임대료로 안심하고 살아갈 수 있는 공공임대주택을 사회가 제공하는 것이 가장 효과가 큰 직접적인 주거보장이다. 한편 당장 목돈은 없지만 주택을 구입하고 싶은 사람에게는 주택 구입 자금을 저리로 장기간 빌려주는 것도 주거보장의 한 방법이다. 그럼에도 불구하고 소득이 적어 임대료나 이자 및 원금 상환 등을 감당할 수 없는 사람도 없지는 않다. 이런 사람들의 주거까지도 보장하기 위해서는 주거수당과 같은 소득 지원을 해야 할 것이다.

5. 주거보장의 주요 쟁점

이제 한국의 주거보장 정책을 스웨덴의 경우와 비교하여 살펴보기 위해 주요 쟁점들을 정리해보기로 하자. 주택은 주거의 공간일 뿐만 아니라 착취의 수단이 된다. 따라서 주거보장 정책을 펴기 위해서는 착취 수단이 되는 것을 억제하는 정책이 선행되지 않으면 안 된다. 이것을 억제하지 못하여 주택이 난득지화가 될수록 주거보장의 비용이 커질 뿐만 아니라 주거보장을 위한 사회적 합의도 어려워지기 때문이다. 주택이 착취의 수단이 되는 정도는 주택의 소유 및 임대차에 관한 권리를 어떻게 규정하는가, 그리고 국가가 주택을 공급하는 과정에서 착취를 어느 정도 허용하는가에 의해서 크게 달라진다. 따라서 주거보장의 여건 조성에 관해서는 주택의 소유 및 임대차에 관한 권리 규정, 국가의 주택 공급 정책의 성격 등을 먼저 살펴보고자 한다. 이어서 직접적인 주거보장 정책으로 공공임대주택제도, 주택 구입 자금 융자, 주거비 지원 등을 다룰 것이다.

제3절
스웨덴의 주거보장 정책[14]

스웨덴에서는 집이 없어 노숙하는 사람도, 재개발에 쫓겨나는 세입자도, 서러운 셋방살이 신세를 타령하는 실업자도, 치솟는 전세금과 월세를 감당하지 못해 변두리로 밀려나는 직장인도, 자취방세를 걱정하는 학생도 없다. 집이 없어 결혼과 출산을 미루는 젊은이도 없고, 내 집을 마련하며 진 빚을 갚느라 허덕이는 중산층도 없으며, 자식을 결혼시키기 위해 전세라도 얻어줄 걱정을 하는 늙은이도 없다. 왜 이런 사람들이 없는 것인가?

스웨덴은 추운 나라이지만 땅이 넓어서 대지 사정은 한국보다 좋다고 말할 수 있다. 또한 오랫동안 전쟁이나 자연재해를 겪지 않았고 도시화도 일찍부터 진행되어왔기 때문에, 전쟁과 급속한 도시화를 겪어온 한국에 비하면 주택 사정이 좋은 편이라고 볼 수 있다. 그러나 스웨덴이라고 도시로 사람들이 모이지 않는 것은 아니므로 주택문제 해결이 결코 녹록지만은 않았다. 이런 문제에 어떻게 대응해왔기에 집 걱정을 하는 사람들이

---

14 스웨덴의 주택에 관한 정보들은 박승희·채구묵 외(2007)를 참조한 것이다.

없는 것일까?

1. 주거보장을 위한 기반 정책

스웨덴에서는 주택이 착취의 수단이 되는 것을 억제하고 주거공간으로만 활용할 수 있는 여건을 조성하기 위해 필요한 정책을 꾸준히 펼치고 있다. 이런 정책이 주택에 관한 권리 규정과 국가의 주택 공급 과정에서 어떻게 실현되고 있는지 살펴보기로 하자.

1) 주택의 소유 및 임대차에 관한 규정

스웨덴에서는 한 가구가 소유할 수 있는 주택의 최대량은 얼마인가? 한 채이다. 점유할 수 있는 최대량도 한 채이다. 그리고 점유하면 소유할 수 없고, 소유하면 점유할 수 없다. 집을 사면 공공임대주택에 사는 것을 포기해야 하고, 공공임대주택에 살려면 소유한 집을 팔아야 한다. 여기서 1가구 1주택이란, 1가구 1주택 소유원칙이 아니라 1가구 1주택 사용원칙이다.

자기가 소유한 집을 판매하는 것은 자유이다. 그런데 소유한 집이 한 채라 하더라도 5년 이내에 사고파는 과정에서 얻은 시세차액에 대해서는 50~60%, 그 이후에는 25% 정도의 세금을 납부한다. 만약 새집을 산다면 그 새 구입가와 원래 집 구입가의 차액은 공제된다.[15]

---

15 예컨대 원래 집을 100만 크로나에 사서 200만 크로나에 팔았는데, 새집을 150만 크로나에 구입했다면 세금은 50만 크로나에 대해서만 매길 것이다. 만약 집을 200만 크로나에 구입했다면 세

한편 사유주택의 임대도 제한한다. 특히 공동주택의 경우 자신이 살지 않고 임대하는 것은 원칙적으로 금한다. 만약 직장 사정 등으로 집을 팔기 어려운 상태에서 집을 비워두어야 하는 경우에는 1년을 단위로, 입주자로 구성된 공동주택조합의 허가를 받아야 한다. 이처럼 주택 매매의 시세차액에 대한 중과세와 임대 제한을 통해 주택이 돈벌이 수단으로 활용되는 것을 제한하고 있다.

그러나 주택을 주거 목적으로 소유하는 것은 장려한다. 예를 들면 주택 구입 시에 장기 저리 융자를 해주는 정책이 이에 해당할 것이다. 그리고 이미 지적한 바와 같이 주택의 매매 과정에서 아무리 큰 시세차익이 발생했더라도, 집을 판 금액 이상의 돈으로 새로 들어가 살 집을 사면 세금을 한 푼도 내지 않는다. 다만 사망 후에 유산을 정리할 때 과세한다. 이것은 진보적이라는 노무현 정부 시절에조차 집 한 채를 소유하고 사는 사람에게도 집값이 높으면 무거운 종합부동산세를 부과하려 들었던 것과는 많은 대조를 이룬다. 이를 통해 스웨덴에서는 주택을 주거공간으로 사용하는 것은 권장하되, 착취의 수단으로 활용하는 것은 철저하게 억제하고 있음을 알 수 있다.

유럽의 많은 나라들이 그렇듯 스웨덴에서도 공공임대주택제도가 잘 갖추어져 있다. 공공임대주택의 평수는 다양하며, 중산층이 살기에 아무런 부족함이 없다. 도시민의 절반 정도가 공공임대주택에서 생활하며, 우리나라처럼 개인주택을 임차하여 사는 사람은 극소수이다. 이런 공공임대주택에 대해서도 1가구 1주택 사용원칙은 그대로 적용된다. 주택을 소유한 사람은 공공임대주택을 임대할 수 없다. 또한 공공임대주택의 전대는 금지하는 것이 원칙이다. 임차인이 장기 출장과 같은 이유로 주택을 비울 때에는 주택 조합의 허가를 얻어 전대할 수 있다. 그러나 임차주택의 주

금은 부과되지 않을 것이다.

거권은 철저하게 보장된다. 임대료의 미납, 주택 손상, 이웃의 권리 침해 등을 하지 않으면 사람이나 주택의 수명이 다할 때까지 사는 데 아무런 문제가 없다.

이상의 논의를 표로 정리하면 다음과 같다.

〈표 7-2〉 스웨덴의 주택 소유권과 점유권 제한

구분		권리 취득	권리 내용		
			판매	임대 · 전대	주거
자본주의 원칙	소유	매입 무제한	무제한	무제한	무제한
	점유	임차 무제한	–	무제한	무제한
스웨덴	단독주택 소유	매입 제한	무제한	무제한	무제한
	공동주택 소유	매입 제한	무제한	제한	무제한
	공동주택 점유	임차 제한	–	제한	무제한

여기서 우리는 스웨덴에서는 주택이 삶의 공간일 뿐이라는 사실을 알 수 있다. 개인들이 주택의 시세차익과 임대소득을 누릴 가능성이 원천적으로 봉쇄되어 있어 집이 착취의 수단과 난득지화가 될 가능성은 희박하다. 반면 주택의 사용권은 소유든 임차든 철저히 보장해주고 있다. 임대주택에 살아도 주거권을 영구적으로 보장받는다. 이런데도 누가 집을 사들이기 위해서 청춘을 바치고 인생을 낭비할 것인가?

2) 주택의 공급 정책

스웨덴에서도 주택의 공급을 늘리기 위해서 정부가 노력하고 있다. 주택의 공급은 기초자치단체에서 관장한다. 국가가 직접 추진하거나 지원하는 주택은 대부분 공동주택이다. 공동주택은 개인분양보다는 임대를 목적으로 지은 경우가 더 많다. 스웨덴은 오래전부터 공동주택(아파트)의 공급 및 공공임대주택 정책을 펼쳐왔기 때문에 전체 주택 중 공동주택과 공공임대주택의 비중이 높다. 스웨덴의 수도 스톡홀름의 중심지역인 나카 구의 경우를 보면 전체 주택에서 공동주택이 90%, 공공임대주택이 51%를 차지한다. 공동주택은 대부분 5층 이하의 아파트이다. 공동주택은 57%가 공공임대주택이고, 43%만이 개인소유주택이다. 한편 공공임대주택은 모두 공동주택이며, 공립과 사립 임대주택회사가 소유한 주택이 각각 반반 정도를 차지한다. 우리나라처럼 개인이 임대하는 경우는 거의 없다(〈표 7-3〉 참조).

〈표 7-3〉 스톡홀름 중심지역 전체 주택에 대한 각 유형의 비율(%)

구분	공동	단독	계
임대	51 (57) (공립 25, 사립 26)	0 (0)	51
소유	39 (43)	10 (100)	49
계	90 (100)	10 (100)	100

이것은 대부분의 공동주택을 분양하기 위해 건설하며, 국가가 소유하고 임대해주는 주택이 미미한 한국과는 많은 차이를 보인다. 이렇게 공공임대주택을 많이 공급하는 것은 목돈 마련이 어려운 사람들이 마음 놓고 살 수 있는 집의 공급을 주택 공급 정책의 핵심 목표로 삼고 있기 때문이다. 스웨덴에서는 국가의 주택 공급 목표가 한국과는 달리 단기적인 이윤 추구나 이윤 보장, 경제성장이 아니기 때문에, 국가기관이나 건설사가 짧은 기간 안에 투자비용을 회수하고 막대한 이윤을 거머쥘 수 있는 분양보다는 공공임대주택을 더 많이 공급한다고 볼 수 있다.

분양해주는 사유 공동주택이나 개인주택을 건설하려는 사람에게도 국가가 땅을 빌려주는 경우가 많다. 우리나라처럼 토지공사나 주택공사가 땅을 싼값으로 매입하여 비싼 값으로 분양하는 경우는 상상할 수조차 없다. 이것은 결국 주택 실수요자의 부담을 늘리므로 저렴한 서민의 주거공간 확보를 추구하는 정책에 위배되기 때문이다. 한편 사용 목적 이외의 주택 소유를 제한하고, 소유하지 않고도 살 수 있는 공공임대주택을 많이 공급하기 때문에 주택가가 급등하는 경우는 많지 않으므로 사유주택의 공급자가 폭리를 취할 가능성은 희박하다.

임대주택의 공급 과정은 어떠한가? 임대주택은 기초자치단체가 직접 공급하기도 하고, 사영 임대주택회사가 임대주택을 지을 수 있도록 지원해주기도 한다. 어떤 경우든 토지는 국가가 저렴하게 빌려주는 것이 일반적이다. 사영 회사가 임대주택을 지을 때에는 건설비용을 저리로 융자 받을 수 있도록 국가가 지원해준다. 한편 국가는 공영과 사영 회사들이 임대주택단지 안에 상가를 지어 임대료를 받는 것을 허용하기도 하는데, 이것은 주택의 임대료를 낮추는 데 기여하기 때문이다.

따라서 스웨덴에서는 공동주택의 건설 과정에서 건설 주관자는 물론 토지 소유자라도 큰 불로소득을 얻을 수 없고, 세입자라도 주거권이 위협받을 리가 없기 때문에 기존의 세입자나 주택 소유자들이 건설 주관자와 갈등을 빚을 가능성이 적다. 따라서 대단위 주택 건설 현장에서 건설업체는 더 많은 이익을 얻으려 하고, 세입자나 토지 소유자들은 더 많은 보상을 받거나 주택입주권을 얻기 위해 깡패 및 경찰과 목숨 걸고 싸우다가 죽고 다치는 일은 상상할 수조차 없다. 이처럼 주택의 공급 과정에서도 주택은 삶의 공간이지 착취의 수단이 되어서는 안 된다는 원칙이 잘 지켜지고 있다고 볼 수 있다.

2. 직접적인 주거보장

스웨덴의 국가는 주택의 거래와 권리를 적절하게 규제하여 모든 국민들이 저렴한 주거비로 안심하고 생활할 수 있는 여건을 잘 조성하고 있다. 그러나 이것만으로는 스웨덴의 주거보장제도를 다 파악했다고 볼 수 없다. 아무리 임대주택이 많다고 하더라도 임대제도가 주거보장의 원칙에 따라 운영되지 않는다면 주거가 불안정한 사람이 생길 수 있다. 예컨대 주택회사가 입찰로 주택 임차인을 결정하는 경우에는 국가가 정한 순서에 따라서 입주자를 정하는 것에 비해 임대료가 상승하면서 소득이 낮은 사람들이 임대주택에 입주할 수 없는 상황이 발생할 것이다. 따라서 스웨덴 주거보장제도의 핵심인 공공임대주택제도가 어떻게 운영되고 있는가를 살펴볼 필요가 있다.

한편 주택가격과 임대료가 싸다고 하더라도 그것마저 감당하기 어려울 정도로 가난한 사람은 주거공간을 구할 수 없을 것이다. 따라서 주거보장을 위해서는 주택 마련에 대한 융자 지원과 주거비 지원제도가 필요할 것이다. 이것도 살펴보기로 하자.

1) 공공임대주택제도의 운영

스웨덴에서는 국가가 모든 시민들이 저렴한 비용으로 우수한 주거공간에서 살아가는 것을 돕기 위해 다량의 공공임대주택을 공급하며 임대 과정을 지속적으로 관리하고 있다. 이것은 시민들이 목돈을 들여 집을 사지 않고 저렴한 임대료로 생활할 수 있는 공간을 직접 제공해주고, 동시에 주택의 구매 수요를 줄여 저렴하게 '내 집 마련'을 할 수 있도록 도와준다. 이런 임대주택을 어떻게 임대해주며, 어떻게 관리하고 있는지 살펴보자.

(1) 입주 대상자와 주거환경

공공임대주택에는 집을 소유하지 않은 모든 시민이 들어갈 수 있다. 임대주택의 크기와 질, 장소와 임대료가 매우 다양하기 때문에 심지어 부자라도 임대주택에 사는 것을 마다할 이유가 없고, 입주하는 데 어려움이 없다. 임대주택이 비어 있으면 지방자치단체의 주택임대차중개소에서는 주로 신청한 순서에 따라 배정한다.[16] 임대주택에 입주하는 데 부유하다고 제한을 당하거나, 가난하다고 특혜를 받지 않는다. 이것은 공공임대주택의 세입자가 빈곤자 등으로 제한되어 있는 한국의 사정과는 다르다.

세입자의 주거권은 확실하게 보장된다. 세입자는 임대주택회사에 임대료를 내지 않거나, 집을 훼손하거나, 주민들에게 불편을 주거나, 주택조합의 허락을 받지 않고 전대하는 경우가 아니면 쫓겨나지 않는다. 그런데 소득보장이 잘되어 있기 때문에 세입자가 임대료를 내지 못하는 경우는 거의 없다. 그리고 임대료도 회사가 일방적으로 올릴 수 없어 임대료가 과도하지 않다. 따라서 주택의 사용권은 본인이 살기를 원하는 한 영구적으로 보장된다고 볼 수 있다. 물론 개축하거나 보수하는 경우에는 집을 비워야 한다. 이 경우에는 대체 주택을 확보해주는 것이 원칙이다.

(2) 임대주택 관리와 임대절차

임대주택의 공급과 관리는 기초자치단체에서 책임을 진다. 기초자치단체에서는 임대주택회사를 설립하여 임대주택을 공급하고, 사영 임대주택회사들이 저렴한 임대주택을 공급할 수 있도록 토지 무상임대 등의 지원을 해준다(박승희 · 채구묵 외, 2007: 141~142).

---

16 물론 장애인과 같이 특별한 사정이 있는 사람에게는 다른 기준을 적용하여 집을 배정해준다.

스톡홀름 나카 구에서 직영하는 임대주택회사(Svenska Bostäder)에서는 14제곱미터(4.2평)에서 313제곱미터(95평)에 이르는 약 43,000채의 다양한 공동주택을 소유하고 있다. 이 중에는 일반 주택은 물론 학생 기숙사와 장애인 공공가정 주택까지 있다. 이 주택에서 9만 명 정도가 살고 있다. 관리비와 난방비 등을 포함한 월 임대료는 807크로나(137,190원)에서 27,664크로나(4,702,880원)이다. 이 회사에서는 상가도 임대해주는데, 이것은 주택의 임대료를 줄여주기 위해서이다. 직원 수는 500명 정도이다. 나카 구에는 이와 비슷한 크기의 사영 임대주택이 있다. 이처럼 국가는 공영과 사영 임대주택회사의 규모를 비슷하게 유지시킴으로써 사영의 과도한 이윤 추구 등을 공영을 통해서 견제하고, 공영의 관료제적 병폐 등을 사영을 통해서 억제시키고자 한다(박승희·채구묵 외, 2007: 146~147).

무주택자로서 공공임대주택에 살기를 원하는 사람은 기초자치단체 주택임대차중개소에 원하는 지역과 유형의 주택을 선정하여 지원서를 제출한다. 공립 임대주택회사 주택은 물론 사립 임대주택회사 주택도 회사가 아니라 중개소에 임차 입주를 신청해야 한다. 중개소에서는 신청 순서에 따라 임대주택을 배정하는 것이 원칙이나, 이 과정에서 장애인과 같은 사회적 약자는 배려해준다. 예컨대 지체장애인의 경우에는 저층의 임대주택을 우선적으로 배정해준다. 그리고 가구의 특성 변화를 고려하여 우선적으로 주택을 배정해주기도 한다. 한 임대주택회사의 경우 주택의 3분의 2 정도는 신청 순서에 따라서 배정해주고, 3분의 1 정도는 가구원 수의 증가와 같은 현 세입자들의 필요 변화를 배려하여 배정해준다. 물론 어떤 경우든 주택 배정은 기초자치단체의 주택임대차중개소를 통해서만 이루어진다. 이러한 임대주택의 배정도 모든 현물 사회보장의 신청을 기초자치단체의 관련 사무소에서 하는 것과 같은 원칙에 따른 것이다. 그러나 다른 사회권우 비용의 자부담금을 기초자치단체에 납부하고 있는 것과는 달리, 임대료는 개인들이 회사에 납부한다(박승희·채구묵 외, 2007: 142~143).

보통 사람들이 주택을 배정받기 위해 걸리는 시간은 지역과 주택 질, 크기 그리고 임대료 등에 따라서 달라진다. 스톡홀름 중심가의 임대주택에 입주하기 위해서는 15년 정도가 걸린다고 한다. 빈집이 잘 나오지 않기 때문이다. 그러나 외곽은 1~2년 정도가 걸린다. 외곽에 새로 지은 공동주택의 경우에는 임대료가 약간 높기 때문에 즉시 입주가 가능하다고 한다(박승희 · 채구묵 외, 2007: 142).

〈그림 7-1〉 스웨덴의 주택 전달체계

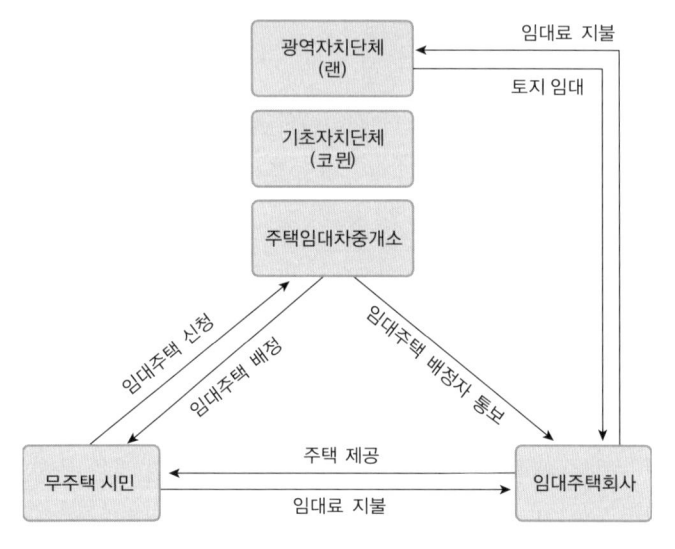

출처: 박승희 · 채구묵 외, 2007: 143에서 인용

세입자는 보통 공동주택의 동(棟) 단위 세입자들로 구성된 세입자조합에 반드시 가입해야 한다. 이 조합은 세입자들의 이해를 대변하고, 주택회사와 매년 임대료 등을 협상한다. 세입자는 자기가 살고 있는 집을 전대하고자 하면 이 조합의 승인을 받아야 한다. 세입자의 전대는 원칙적으

로 금지되어 있으나, 장기 출장과 같은 사정으로 집을 비울 때에는 1년을 단위로 조합의 승인을 받고 전대할 수 있다. 1년 이상 전대할 경우 매년 승인을 받아야 한다. 세입자가 이사하고자 할 때에는 적어도 3개월 전에 신고해야 한다. 여기서 우리는 세입자가 주택에서 살 권리만 보장받을 뿐 전대권은 크게 제한을 받고 있으며, 다음 입주자 선정의 권리는 전혀 갖고 있지 않다는 것을 알 수 있다(박승희 · 채구묵 외, 2007: 143).

(3) 임대료

기초자치단체에서 운영하는 공립 임대주택회사에서는 이윤 추구가 아니라 주민들에게 저렴한 양질의 주택을 공급하는 것을 목적으로 삼고 있다. 이런 회사들은 토지를 국가로부터 무상으로 공급받는다. 주택을 건설하기 위해 융자하면 일반 대출이자보다 낮은 이율을 적용받는다. 이런 회사들은 소유한 상가를 임대해서 수입을 올리기도 한다. 나카 구 공영 임대주택회사의 경우, 상가 임대수입이 전체 수입의 16%를 차지한다. 뿐만 아니라 매년 세입자조합과 협상을 통해 임대료를 결정하기 때문에 일방적으로 임대료를 올릴 수 없다. 이런 것들이 임대료를 낮게 유지할 수 있도록 해준다(박승희 · 채구묵 외, 2007: 144~147).

사영 임대주택회사는 이윤을 추구하는 것이 목적이다. 그러나 공영과 경쟁을 해야 하며, 국가로부터 토지를 무상으로 지원받고, 지방자치단체가 운영하는 주택임대차중개소를 통해서 세입자를 공급받기 때문에 마음대로 임대료를 올릴 수 없다. 더군다나 사영 임대주택회사도 매년 세입자조합과 협상을 통해 임대료를 결정한다. 사영의 임대료는 공영보다 5% 정도 비싸다.

임대료는 집의 크기, 지역, 시설, 주택연령 등에 따라서 다양하다. 4인 가족이 살 만한 중간 수준 주택의 임대료를 살펴보기로 하자. 나카 구 공영 임대주택회사가 소유한 실제 면적 80제곱미터(24평)의 공동주택 임대료는 5,500크로나(935,000원)이다. 여기에는 난방비, 쓰레기세, 수도료 등이 포함되어 있다. 어린이집 교사의 세후 월급이 약 16,000크로나(272만 원)인 것에 비하면 임대료가 결코 싸지 않은 것처럼 보인다. 그러나 아동의 보육비와 공사 교육비가 거의 들지 않고, 노후 수득보장이 잘되어 있으며, 의료와 병수발 등이 거의 무료에 가깝다는 것을 고려하면 이처럼 상대적으로 소득이 낮은 사람도 임대료를 감당하기에 큰 어려움이 없어 보인다. 서울에서는 이런 아파트의 임대료가 얼마나 될까?

그렇다면 이 임대료는 같은 크기와 질의 공동주택을 소유한 경우에 부담하는 비용과 어떤 차이를 보이는가? 이런 주택의 가격은 150만 크로나(2억 5,500만 원) 정도이고, 월 관리비는 4,000크로나(68만 원)이다. 주택융자금의 이율은 가장 낮은 것이 3.5%이므로 집값에 대한 월 이자액은 약 4,375크로나(743,750원)이다. 따라서 주택융자금 이자와 주택구입비를 다른 곳에 활용할 수 없다는 기회비용의 측면까지 고려한다면 주거비는 적어도 8,000크로나(136만 원)로서 공공임대주택 임대료 5,500크로나보다 훨씬 많다. 융자한 돈을 갚아나갈 경우 그 비용은 더 많아질 것이다.

(4) 공동체 친화적인가?

공동체 친화성을 고려한 면은 거의 없다. 다만 노인 전용 주택이나 장애인 공공가정을 임대주택단지 안에 설치하는 것을 배려해주고 있다는 점이 눈에 띈다. 세입자조합이 실질적인 권한을 갖는 것도 공동체 형성에 기여할 것으로 보인다.

2) 주택자금 융자 지원 및 주거비 지원제도

스웨덴 스톡홀름의 공동주택 가격은 얼마나 되는가? 도심으로부터 전철로 15분 거리의 지하철역에서 걸어서 5분 걸리는 곳에 있는 105제곱미터(32평)의 한 공동주택은 2006년 시세로 160만 크로나(2억 7,200만 원)이다. 이런 정도의 주택을 개인이 구입하기 위해서 목돈을 동원하기란 쉽지 않을 것이다. 이런 집을 개인이 구입하는 경우에는 시중의 일반 금리보다 1~2% 정도 싼 3.5% 정도의 금리로 융자를 해준다. 한편 개인주택의 가격은 공동주택보다 비싸다. 개인주택도 국가의 토지를 장기 임대하여 사용하기도 한다. 이 경우에도 상대적으로 이율이 낮은 주택자금을 빌려 쓸 수 있다(박승희 · 채구묵 외, 2007: 149).

스웨덴에서는 공공임대주택으로 시민들의 주거비를 줄여주고 있음에도 불구하고 임대료가 부담스러운 사람들이 있다. 이들에게는 소득보장청에서 주거수당이나 보조금을 지급한다. 이것들은 현물보장이 아니라 소득보장에 속하므로 이제까지 다룬 주거보장과는 성격이 다르다고 보아야 할 것이다. 그러나 주거보장을 총체적으로 이해하기 위해 이미 소득보장에서 다루었음에도 불구하고 다시 언급하고자 한다.

스웨덴에서 주거보장을 하기 위한 현금급부는 두 가지가 있다. 하나는 아동이 있는 부모나 청년들에게 지급하는 주거수당(housing allowance)이고, 다른 하나는 장애인 등에게 지급하는 주거보조금(housing supplement)이다. 이것은 소득보장청에서 공공부조의 원리에 따라 개인들의 소득 수준과 필요한 주거비용 등을 고려하여 차등적으로 지급하며, 소유주택에 사느냐, 임대주택에 사느냐는 고려하지 않는다.

아동이 있는 저소득 가구는 주거수당을 받을 수 있다. 어린아이가 있으면 넓은 주거공간이 필요함에도 불구하고 생활비 지출이 많아 열악한 주거환경에서 살 가능성이 크기 때문일 것이다. 이 주거수당은 가구소득, 총가구원 수, 아동 수, 실제 주거 규모와 비용 등을 고려하여 결정한다. 평균 가구소득이 연 408,000(6,936만 원)크로나, 월 34,000크로나(578만 원) 이하여야만 받을 수 있는데, 아동이 1명이면 3,200크로나(544,000원)까지, 2명이면 4,000크로나(680,000원)까지, 3명 이상이면 4,900크로나

(833,000원)까지 받을 수 있다.[17] 수당은 예견되는 연간소득을 기준으로 먼저 지급하고, 연말소득정산이 완결된 다음에 추가 지급하거나 환급받는다.

한편 아동은 없지만 아직 자립하지 못한 청년들에게도 소득 수준 등을 고려하여 주거수당을 지급한다. 소득이 낮은 18세 이상 29세 미만의 청년들 중에 독거자로서 월평균 소득이 6,417크로나(1,090,890원) 이하인 경우 월 100크로나(17,000원)에서 최고 1,100크로나(187,000원)까지 차등으로 지급한다. 기혼 혹은 동거자의 월평균 소득이 7,833크로나(1,331,610원) 이하인 경우에는 200크로나(34,000원)에서 2,200크로나(374,000원)까지 지급한다.[18]

활동보상급여(activity compensation)와 상병보상급여(sickness compensation)를 받고 있는 장애인 중에서 소득이 적은 사람은 주거보조금을 받을 수 있다. 금액은 주거비용과 소득에 따라서 결정되는데, 혼자 사는 경우에는 최대로 인정해주는 주거비용 5,000크로나의 93%인 4,650크로나(790,500원)를 받는다. 아이가 없는 부부는 개인당 그 절반을 받는다.

이런 수당들은 공공부조의 원리에 의한 소득보장이므로 노동시장 참여 동기를 약화시킬 수도 있을 것이다. 이 점을 줄이기 위해서 지급 방식이 어떻게 설계되어 있는가를 살펴보기로 하자. 수당의 지급 여부와 정도는 소득의 영향을 크게 받지만, 수당과 소득의 합계 순서가 소득의 순서를 뒤바꾸지 않게 설계되어 있다. 예컨대 소득보장청에서 최대로 인정해준 월 주거비(5,300크로나, 901,000원)인, 한 자녀 가정의 월 소득과 월 주거수당, 가처분소득(소득+주거수당)을 표로 비교해보자.

---

17 스웨덴 소득보장청, 2012, http://www.forsakringskassan.se/sprak/eng
18 스웨덴 소득보장청, 2012, http://www.forsakringskassan.se/sprak/eng

(단위: 크로나)

소득	9,750	10,417	12,500	14,583	16,667	18,750	20,833	22,917	25,000
주거수당	3,200	3,100	2,700	2,200	1,800	1,400	1,000	600	200
가처분소득	12,950	13,517	15,200	16,783	18,467	20,150	21,833	23,517	25,200

이처럼 소득이 낮을수록 수당을 많이 받지만, 수당과 소득을 합한 가처분소득도 상대적으로 낮아지므로 노동 동기가 약화될 가능성은 없다. 소득이 많아질수록 주거수당을 합한 총소득도 많아지므로 주거수당을 받기 위해서 소득 활동을 포기하는 일은 없을 것이다.

3. 주거비 부담은 어느 정도인가?

스톡홀름에서 4인 가족이 살 만한 30평 정도의 공공주택 가격은 150만 크로나(2억 5,500만 원) 정도이다(박승희 · 채구묵 외, 2007). 서울에 비하면 싼 편이다.

공공임대주택의 임대료는 이미 지적한 것처럼 서민들이 감당할 만한 수준이다. 뿐만 아니라 소득보장이 잘되어 있고, 보장소득에 주거비가 배려되어 있기 때문에 임대료를 걱정할 필요가 없다. 더군다나 청년층과 어린아이들이 있는 가정, 장애인과 특수한 사정이 있는 가정에 직접적으로 주거비를 지원해주는 제도가 있기 때문에 주거비 부담과 주거 불안으로 고통받는 사람은 없다고 볼 수 있다.

---

19 스웨덴 소득보장청, 2012, http://www.forsakringskassan.se/sprak/eng

제4절
한국의 주거보장 정책

이미 앞에서 지적한 것처럼 한국의 주택난은 특히 도시에서 심각하다. 이것은 지난 반세기 동안 '뚝방촌'과 '달동네'가 지속적으로 늘어났고, 이런 문제를 해결하기 위한 재개발 사업과 신도시 건설이 지금까지 계속되고 있다는 사실을 통해서도 쉽게 알 수 있다. 그 원인으로 우리는 한국의 지역적, 역사적 특수성을 먼저 언급해야 할 것이다. 한국은 사계절이 뚜렷하여 겨울과 여름을 다 대비해야 하므로 원래부터 주거비용이 많이 들어가는 곳이다. 뿐만 아니라 내전과 빠른 근대화를 겪으면서 주택문제가 심각해졌다. 6·25 내전으로 많은 집들이 파괴된 도시로 난민들이 모여들면서 발생했던 주택문제가 이농민들이 모여들면서 더욱 심각해졌다. 한국의 농촌에서는 집이 남아돌아 헐려나갔지만, 도시에서는 주택이 늘 부족했다. 그렇다면 이런 것들만이 한국 주택난의 원인인가? 아무리 사정이 어렵더라도 주택 정책을 제대로 세우고 집행했더라면 문제는 훨씬 완화되었을 것이다. 전쟁과 급격한 도시화를 경험하지 않았던 스웨덴에서조차 앞에서 소개한 주거보장 정책을 쓰지 않았더라면 우리와 비슷한 주택난을 겪었을 수도 있을 것이다. 이런 점을 염두에 두고서 한국의 주거보장 정책을 검토해보기로 하자.

1. 주거보장을 위한 기반 정책

이미 스웨덴의 주거보장 정책을 살펴보면서 확인한 바와 같이 주택의 소유 및 임대차를 어떻게 규정하고, 국가가 주택을 어떻게 공급하는가는 주택이 삶의 공간으로만 남느냐, 착취의 수단으로 발전하느냐를 결정하는 가장 강력한 도인(導因)이 되며, 이러한 주거의 의미 규정은 주거 보장 정책의 구조적인 조건이 되기 때문에, 주거보장 정책을 알아보기 전에 한국의 주택에 관한 권리 규정과 주택 공급 정책에 대해서 살펴보고자 한다.

1) 주택의 소유 및 임대차에 관한 규정

한국에서는 한 가구가 소유할 수 있는 주택의 양은 얼마인가? 법적으로는 아무런 제한이 없다. 한 가구가 온 나라의 집을 다 가진다 하더라도 법적으로는 아무런 문제가 되지 않는다. 수년 전에 한 무당이 서울 강남에서 부동산중개소를 운영했다. 집을 살 것인가 말 것인가, 어느 집을 사는 것이 좋을 것인가를 점쳐주면서 집을 소개했는데, 집값이 오르는 상황에서 점은 기가 막히게 들어맞았다. 그녀는 신통력을 발휘하여 스스로 집을 사서 전세를 주고 전세금과 주택담보 융자금으로 또 집을 사고, 다시 전세금과 융자로 새집을 사는 방식으로 수십 채의 아파트를 사들여 일시에 갑부가 되었다. 그러다 집값이 하락하자 종적을 감추었다는 이야기가 사람들의 입에 맞난 고기처럼 오르내린 적이 있다. 한국에서 한 사람이 얼마나 많은 집을 살 수 있는가를 보여주는 사건이다.

물론 우리나라도 조세 정책으로 다주택 소유를 억제하려고 노력하고 있다. 대표적인 것이 다주택자 양도세 중과세 정책이다. 2005년부터 2주택 이상 소유자의 양도소득세는 1년 미만일 경우 50%, 1년 이상에서 2

년 미만일 경우 40%, 그리고 2년 이상일 경우 누진세율을 적용한다(김수현, 2011: 140~141). 그러나 이런 중과세 제도도 실효성이 크지 않을[20] 뿐만 아니라 주택의 매매를 통한 이익을 여전히 허용하고 있으며, 다주택 소유를 금지하는 것은 아니다. 이런 규제마저도 이명박 정부는 부동산시장을 활성화시킨다는 명분으로 완화했다.[21] 다주택 소유를 억제하는 효과가 있는 종합부동산세[22]도 이명박 정부가 크게 완화했다.[23] 그 결과 다주택 소유자가 많다. 2011년 5~10채 소유자는 13,600여 명, 11채 이상 소유자는 5,830명이었다.[24] 여기서 한국에서는 주거가 아니라 투기가 목적인 주택을 얼마든지 소유할 수 있다는 것을 알 수 있다. 이 때문에 그동안 주택의 공급량을 늘려도 유효수요가 줄지 않아 주택가격이 오히려 상승했으며, 무주택자가 줄지 않아 임대료가 올라갔다. 만약 1가구 1주택 사용이 아니라 소유의 원칙만을 적용했더라도 주택가와 임대료는 급등하지 않았을 것이다. 따라서 그동안 정부는 주택이 주거공간으로 머물지 않고 착취 수단으로까지 '선진화'시키기 위해 주택 소유에 관한 정책을 추진

---

20 전체 거래 주택 중 양도소득세 납부 주택 비율은 10%가 채 안 된다. 그리고 시세차익에 대한 납부 세금의 비율인 실효세율은 평균 10% 정도에 그친다(김수현, 2011: 140~141).

21 최종훈 기자, 「한겨레신문」, 2012년 7월 4일, 20면.

22 물론 이 법은 1주택을 사용 목적으로 소유한 고가주택에 대해서까지 과세하여 주거권을 침해했다는 비판을 면하기 어렵다. 그러나 이런 점만을 보완한다면 1가구 1주택의 사용원칙을 실현하는 데 많은 도움을 줄 수 있을 것이다.

23 종합부동산세는 2005년 도입 이후 지속적으로 완화되어왔다. 〈표 7-5〉는 국세청 전자방(http://www.nts.go.kr)에서 제공하는 표를 재구성한 것이다.

〈표 7-5〉 종합부동산세 과세표준별 세율

(단위: 원)

2005년		2006-2008년		2009년 이후	
과세표준	세율	과세표준	세율	과세표준	세율
5.5억 이하	1%	3억 이하	1%	6억 이하	0.5%
5.5~45.5억 이하	2%	3~14억 이하	1.5%	6~12억 이하	0.75%
45.5억 초과	3%	14~94억 이하	2%	12~50억 이하	1%
		94억 초과	3%	50~94억 이하	1.5%
				94억 초과	2%

24 이민종 기자, 「문화일보」, 2011년 4월 29일.

해왔다고 볼 수 있다. 이것은 스웨덴에서 1가구가 1주택만을 사용할 권리를 보장해주면서도 주택이 착취 수단이 되는 것을 원천적으로 막아내려고 하는 것과는 많은 차이를 보인다.

주택 소유권 내용에 대한 규제는 어떠한가? 소유권 중에서 가장 중요한 판매권에는 아무런 제한이 없다. 일부 토지주택공사에서 분양하는 주택, 보금자리주택의 경우 일정 기간 이내에 되파는 것(전매, 轉賣)을 제한하고 있는데, 이것도 최근 투기자본을 끌어들여서라도 주택시장을 활성화시키겠다는 정부 정책에 따라 완화되었다.[25]

주택 소유권의 일부인 임대 권리도 거의 제한이 없다. 다만 토지주택공사에서 분양하는 일부 개인주택에 일정 기간 주거의무를 부여하고 있었는데, 최근에 주택 분양이 어려워지자 이것도 완화시켰다.[26] 사유주택의 임대에 제약이 없다는 것은 많은 사람이 내 집 마련을 위한 '작전'으로 사유주택의 임대를 활용했다는 점을 통해서도 잘 알 수 있다. 그동안 집값이 급등하면서 집 없는 사람들은 착취를 당할 수밖에 없었다. 집값이 뛰자 집 소유주들은 월세보다는 전세를 선호했고, 전셋값은 집값을 따라 상승했기 때문이다. 따라서 서민들은 집을 사서 큰방과 부엌은 전세를 주고 자기는 작은 방에서 생활하거나, 집을 통째로 전세 주고 자기는 셋방살이를 하는 것을 마다하지 않았다. 착취를 피하기 위해 착취의 열차를 탔던 것이다. 나도 그렇게 집을 마련했다. 여기서 임대의 제한이 없다는 것이 어떻게 주택을 착취 수단으로 만드는 데 기여하는가를 알 수 있다. 만약 주택 소유자의 임대를 제한했다면 주택가와 전세가의 상승을 조금이라도 억제시키는 방향으로 작용했을 것이다.[27] 물론 주택 임대는 소유

---

25 최종훈 기자, 「한겨레신문」, 2012년 7월 4일, 20면.
26 최종훈 기자, 「한겨레신문」, 2012년 7월 4일, 20면.
27 두말할 필요도 없이 다주택 소유가 가능한 상태에서 이런 조치가 이루어졌다면 아마도 엄청난 반발이 있을 것이다.

에 비해 주택을 착취 수단으로 만드는 영향력은 미미하지만, 착취를 증가시키는 요인임에는 틀림없다. 따라서 한국 사회에서는 주택이 임대를 통한 돈벌이 수단으로도 활용될 여지가 크다는 것을 알 수 있다. 이것은 사유 공동주택의 임대를 제한하는 스웨덴의 상황과는 큰 차이를 보인다.

소유주택의 주거권은 어느 정도 보장되는가? 형식적으로는 완벽하다. 그러나 실제로 1가구 주택 소유자의 주거권을 확실하게 보장해주고 있다고 보기는 곤란하다. 이를테면 주택 한 채만을 소유한 사람에게도 집이 고가(高價)면 무거운 종합부동산세를 부과한 적이 있고, 집 한 채를 팔아서 더 비싼 집으로 이사하는데도 판 집에 대한 양도소득세를 물리는 것을 보면 집을 주거 목적으로 구입하여 사용하는 것을 권장해야 한다는 개념조차 없는 것이 한국 주택 정책의 현실이다(〈표 7-6〉 참조).

〈표 7-6〉 스웨덴과 한국의 주택 소유권과 점유권 비교

구분		권리 취득	권리 내용		
			판매	임대, 전대	주거
자본주의 원칙	소유	매입 무제한	가능	무제한	보장
	점유	임차 무제한	–	무제한	무보장
스웨덴	단독주택 소유	매입 제한	가능	무제한	보장
	공동주택 소유	매입 제한	가능	제한	보장
	공동주택 점유	임차 제한	–	제한	보장
한국	주택 소유	매입 무제한	가능	무제한	약간 보장
	일반주택 점유	임차 무제한	–	무제한	무보장
	공공임대 점유	매입 제한	–	제한	보장

한국의 소유권 매매와 권리에 대한 정책을 요약하면, 주택의 매매와 임대를 통한 착취에 대해서는 후하게 인정해주는 반면, 1주택 소유자의 주거권마저도 확실하게 보장해주지 않고 있다고 볼 수 있다.

이제 한국에서는 국가가 임차주택의 점유권 획득과 행사 과정을 어떻

게 규제하고 있는지 살펴보기로 하자. 먼저 공공임대주택의 점유권에 대해 살펴보자. 한국에서는 임대주택의 종류가 다양하기 때문에 한꺼번에 이야기할 수는 없다. 먼저 공공임대주택도 여러 가지 유형이 있지만 대표적으로 영구임대주택의 경우를 살펴보기로 하자. 영구임대주택 점유권의 획득은 철저하게 제한된다. 우선 대상자 선정이 주로 소득 및 자산 조사에 의해서 선별된다. 대부분의 공공임대주택 입주자는 기초생활보상 대상자이다. 주택을 소유한 사람은 공공주택을 임차할 수 없다. 물론 두 채 이상의 임차도 허용되지 않는다. 전대도 금지된다. 다만 주거권은 보장되는 편이다. 영구임대주택의 경우 임대료를 내지 않거나, 소득이나 재산이 늘어나는 것과 같은 이유로 입주 자격을 상실하지 않는 한, 주거권을 상실하지 않는다.

그러나 이런 공공임대주택만으로 한국의 임차주택 점유권을 이해하는 데에는 많은 문제가 있다. 한국에서는 공공주택 임대차보다 사(私)주택 임대차가 월등하게 많기 때문이다. 서울의 경우 2010년 전체 주택은 3,504,377호이고, 자가거주율은 약 41.1%이므로[28] 자가거주주택은 1,444,007호이고, 임차주택은 2,064,078호이다. 전체 주택 중 임차주택의 비율은 58.9%이다. 이 임차주택 중에서 사주택이 90%를 차지한다(김수현, 2011: 28). 따라서 한국의 임차주택 점유권의 현실을 잘 이해하기 위해서는 임차한 사주택의 점유권을 살펴보는 것이 필수적이다.

임차한 사주택 점유권의 주요 내용은 전대권과 주거권이다. 한국에서 임차한 개인주택의 전대권에는 아무런 제약이 없다. 이것도 착취의 허용이라는 점에서는 문제가 있지만, 현실에서는 크게 문제가 되지 않는다. 왜냐하면 점유권이 매우 취약하여 전대권을 실제적으로 활용할 수 있는 여지가 거의 없기 때문이다. 임차주택의 점유권은 그 주택의 소유권과 대

---

28 통계청 전자방, 2012, http://www.kostat.go.kr

립적인 관계가 있으며, 소유권이 강할수록 임차인의 점유권은 약할 수밖에 없는데, 한국에서 주택의 소유권은 거의 '신성불가침 영역'에 속하므로 그만큼 점유권은 약할 수밖에 없다. 한국에서 거의 모든 개인주택의 임대차 계약기간은 2년이다. 1990년 이전에는 1년이었다. 그러나 집이 팔리면 계약기간은 아무런 의미가 없다. 그리고 아무 때라도 주인이 나가라고 하면 나갈 수밖에 없는 것이 현실이다. 나가지 않으려면 소송을 해야 하는데 그 비용이 만만치 않고, 이긴다고 해도 살 수 있는 기간은 길어야 2년이기 때문이다. 더군다나 임차 수요가 많은 상황에서는 임차인은 전세금이나 보증금에 대한 법적인 보호마저도 받기 어려웠다. 전세등기를 하고 싶어도 주인이 거부하면 어쩔 수 없었다. 그래서 예전에는 세입자들이 전세금을 받지 못하고 집에서 쫓겨나는 일도 적지 않았다. 최근에는 임대차보호법이 생겨서 그럴 위험은 많이 줄었지만, 지금도 살던 집이 경매되어버리면 돈을 받을 길이 없는 경우가 적지 않다. 그래서 전세금이나 보증금마저 잃고 집을 비워주어야 할 가능성마저 배제할 수 없는 세입자들은 흔히 이사를 할 때마다 짐을 싸놓고 전세금을 되받을 때까지 짐을 빼지 않고 초초하게 기다리곤 했다. 집주인이 새 전세금을 받아서 이전의 전세금을 내주는 고리가 연결되어 있어 한 곳에서만 지연되어도 많은 사람들이 초초해질 수밖에 없다. 돈을 받지 못하면 떠나지도 못하고 새집에 들어가지도 못한다. 이처럼 임차한 주택의 권리가 미약하기 때문에 전대권을 제한한다는 것은 의미가 없다.

임차한 사주택의 주거권은 어떠한가? 점유권이 취약하므로 전대권과 마찬가지로 주거권도 불안할 수밖에 없다. 임차한 사주택의 주거권에는 법적이고 형식적인 제한이 없지만, 임차인의 주거권을 실질적으로 보장받을 수 없다. 이미 지적한 바와 같이 점유권의 실질적인 보장기간이 없으므로 주거권의 보장기간도 없다. 예컨대 세 들어 사는 집이 팔릴 경우, 이사할 생각을 하고 오른 전세금을 걱정하며 한숨을 내쉬어본 사람이라면 한국에서 세입자들의 주거권이 얼마나 불안한지 실감하게 된다. 이런 세입자의 주거 불안은 재개발 지역마다 주거를 보장받으려는 세입자들과 개발업자들 사이에서 벌어지는 전투를 통해 극명하게 볼 수 있다. 여기서 우리는 한국인들이 셋방살이에서 왜 그토록 벗어나고자 하는가를 잘 알 수 있다.

지금까지 살펴본 주택의 소유 및 점유, 그것들의 권리 규정을 살펴본 바에 따르면, 한국에서 주택은 주거 수단을 넘어 착취 수단과 '귀한 보물'이 될 수밖에 없다. 주택의 소유량과 소유권에 대한 규제가 약하므로 주택을 소유한 사람은 주택으로 돈을 벌 수 있다. 그동안 도시에서는 집값이 계속 올랐다. 지역에 따라 수억 원의 시세차익을 누리기도 했다. 심지어 집을 한 채밖에 소유하지 않은 사람도 집을 사고파는 묘기를 부려가면서 돈을 벌기도 했다. 이런 큰돈은 월급을 모아서는 도저히 벌 수 없었다. 물론 그중에는 팔고 사기를 거듭했다가 마지막 집값이 처음 집값의 현 시세보다 적은 경우도 있었지만[29] 많은 사람들이 집값 상승으로 막대한 이익을 보았다. 심지어 겨우 집을 한 채 마련하여 오래 눌러앉아 살던 사람도 재개발 사업으로 '한몫'을 챙길 수 있다. 이것을 보고 어떤 이는 "나는 놈도 한몫, 뛰는 놈도 한몫, 기는 놈도 한몫"이라는 명언을 남겼다. 물론 최근에 부동산 경기가 위축되자 무리하게 빚을 내어 투기한 사람들이 이자를 감당하지 못하고 곤경에 처한 경우도 적지 않다. 집을 두 채 이상 소유한 사람들은 시세차익만이 아니라 무이자로 전세금을 활용하거나 임대료를 받아 부를 늘려가기도 했다. 반면 주택을 소유하지 못한 사람들은 오르는 전세금과 임대료에 신음하면서도 언제 집을 비워야 할지 모르는

---

29 어느 대학의 한 원로 교수는 1980년대 초에 서울 도심에서 약간 벗어난 지역의 소형 아파트를 사서 신혼살림을 차렸다. 시간이 지나자 살던 곳이 번화가가 되어 아파트 값이 올랐고, 조금 더 외곽에 새로 중간형 아파트가 건축되자 사던 아파트를 판 다음 그동안 저축한 돈을 보태고 빚을 내어 새 중간형 아파트를 사서 이사를 했다. 몇 년 후에 이 아파트 값도 올랐고, 더 바깥에 더 큰 아파트가 지어지자 더 많은 돈을 주고 이사를 했다. 그리고 방이 5개나 되는 더 큰 아파트로 한 번 더 이사를 했다. 마지막 아파트 값도 올랐다. 그런데 처음 아파트가 재개발 바람으로 값이 폭등하자, 마지막 넓은 아파트를 팔아도 처음의 좁은 아파트를 살 수 없게 되었다.

불안한 삶을 살아야 한다. 물론 임대료도 싸고 주거권도 잘 보장된 공공 임대주택이 없는 것은 아니지만, 그 양이 적고 빈민과 같은 특정 사람들만이 입주할 수 있다. 아무튼 한국의 도시에서는 주택의 소유 여부는 부자와 빈자를 나누는 분수령과 같다. "갖기 어려운 재화를 귀하게 여기지 않아서 백성을 도둑으로 만들지 않는다(不貴難得之貨 使民不爲盜)"는 노자(3장)의 말과는 정반대로, 국가가 주택을 난득지화로 만들고 그것을 귀히 여기도록 백성을 몰고 가니, 다들 투기꾼이 되기 위해 노력하면서도 투기꾼을 비난한다.[30]

세입자의 고통을 해방시켜주고 돈을 벌어주는 이 귀한 보물을 마련하기 위해서 얼마나 많은 사람들이 청춘을 바치고, 집을 사면서 진 빚을 갚느라 인생을 낭비하고 있는가? 이 고단한 투쟁은 인생의 황혼까지 이어진다. 수많은 반백의 어버이들이 결혼할 자식들의 집 걱정까지 해야 하고, 집을 담보로 연금을 받고 살려는 노인들은 자식들의 눈치를 보지 않을 수 없다. 하물며 집 없는 사람들의 절망이야 오죽하겠는가?

2) 주택의 공급 정책

이제까지 한국에서 국가의 주택 공급은 대규모 공동주택을 지어 개인들에게 대부분의 소유권을 나누어서 넘겨주는(분양) 방식으로 이루어졌다. 이런 정책은 국가가 여유 있는 사람들의 돈을 동원하여 손쉽게 주택을 대량으로 공급함으로써 주택난을 해결하고 경제성장도 이루겠다는 명분을 내걸고 추진되었다. 물론 서민들의 삶을 안정시켜주는 데 가장 효율

---

30 국회에서 청문회가 있을 때마다 투기가 문제가 된다. 누가 투기꾼에게 돌을 던지겠는가? 투기를 못 한 사람은 많겠지만 안 한 사람은 몇이나 될까? 투기하는 사람의 비양심을 탓하기 전에 투기를 하지 않을 수 없게 만드는 구조를 개혁해야 하지 않겠는가?

적인 공공임대주택을 공급하지 않은 것은 아니었다. 그러나 처삼촌 묘 벌 초하듯 마지못해 하는 정도에 그쳤다. 대규모 공동주택 건설 분양 사업은 여러 가지가 있으나, 가장 대표적인 것을 소개하면 다음과 같다. 토지주 택공사가 토지를 사들여 택지를 개발한 다음 건설사에 이익을 남기고 토 지를 넘겨주면, 건설사들이 집을 지어 막대한 이익을 챙기고 개인들에게 분양해준다. 분양받은 개인들은 분양권이나 분양주택을 되팔아(전매) 시 세차익을 누리고, 최종 소유자는 전세를 내놓고 집값의 상승을 누린다. 이 경우 주택이 최종 소비자에게 전달되기까지 토지의 소유권은 네 번, 주택의 소유권은 두 번, 사용권도 두 번 바뀐다. 현실에서는 각 단계가 생 략되기도 하고, 여러 번 이루어지기도 한다. 이것은 스웨덴에서 국가가 소유한 택지에 집을 지어 최종 주거인에게 바로 임대하거나 분양하는 방 식과는 많은 차이를 보인다. 이런 주택 공급 과정에서는 택지와 주택의 소유권 변동이 전혀 없거나(공공임대주택), 주택의 소유권만 한 차례 변동 할 뿐이다.

그렇다면 이런 주택 공급 방식이 정부가 표방하는 명분을 실현할 수 있 었는가? 손쉽게 돈을 동원하여 주택을 대량으로 공급했다는 말에는 수긍 이 간다. 실제로 정부가 큰돈을 들이지 않고 오히려 돈을 벌어가면서 수 백만 호를 건설했기 때문이다. 손도 안 대고 코를 풀었다. 그렇다면 진정 으로 주택난을 해결하고 경제도 성장시켰는가? 주택난의 해결 여부는 우 리 논의의 핵심이고 그 내용도 많으므로 일단 조금 뒤로 미루고, 경제성 장에 대해서 우선 간략하게 살펴보기로 하자. 집을 지을 때마다 국민총생 산(GNP)이 올라갔기 때문에 이런 주택 공급 방식이 경제성장에 기여했다 고 말할 수 있을 것이다. 특히 공급 과정의 착취가 많아서 주택의 값이 올 랐으므로 국민총생산이라는 지표를 크게 상승시켰을 것이다. 그러나 이 것은 말잔치에 지나지 않는다. 어떤 방식으로든 집을 지으면 총생산은 올 라갔을 것이며, 착취가 많아서 국민총생산 지표가 올라간 것은 교통사고 가 많을수록 국민총생산 지표가 올라간 것과 같기 때문이다.

이제 이런 주택의 공급 방식이 주택난을 해결했는가를 알아보자. 이에 답하기 위해 공동주택의 개발 과정에서 어떤 일들이 벌어졌는가를 살펴보기로 하자. 전후(戰後) 다출산 시대에 태어난 사람들이 1960년대 이후 도시로 모여들면서 주택의 수요는 끝이 없는 것처럼 보였다. 집은 항상 부족한데도 1가구 다주택 소유까지 허용하고 있었기 때문에 집값은 하늘 높은 줄 모르고 상승했다. 이런 사정을 반영하여 한때 주택개발계획이 발표되면 땅값이 3배로 뛰고, 삽질을 시작하면 다시 3배로 뛰고, 완공하면 또다시 3배로 뛰어 개발만 되면 땅값이 최소한 27배로 오른다는 말까지 유행했다. 실제로는 이보다도 훨씬 많이 오른 경우가 다반사였다. 토지주택공사와 건설업자 등은 땅 짚고 헤엄치기보다 쉬운 집 장사로 막대한 부를 모을 수 있었다. 은행이나 신용금고에서 돈을 빌려 부지를 정리한 다음, 밀려드는 분양 신청자들을 추첨과 뒷거래로 골라서 분양 계약을 맺고 그 계약금으로 빌린 돈을 갚았다. 다시 중도금을 받아서 아랫집 천장이 윗집의 바닥이 되는 공동주택을 빨리 값싸게 지어 잔금을 받고 넘겨주었다. 이 과정에서 토지주택공사, 건설업자, 분양업자, 그리고 은행, 마을금고, 저축은행, 사채업자와 같은 전주들이 공식적으로 막대한 이익을 챙겼고, 비공식적으로는 천문학적인 돈이 정치인과 허가 관련 공무원, 각종 공사와 건설사 임직원, 깡패들에게 넘어갔다. 그러나 돈 잔치는 여기서 끝나지 않았다. 사람들은 아파트의 분양권만 받고 팔아도 수천만 원의 차액을 남길 수 있었다. 은행의 저리는 물론 고리, 심지어 '커미션' 대출을 받아서라도 아파트를 분양받은 사람들은 얼마 가지 않아 두세 배로 오르는 집값에 몽롱한 기분을 가눌 길이 없었다. 집을 분양받지 못한 사람은 이미 값이 올랐어도 더 오를 것을 기대하며 집을 사들이는 데 인생을 걸어야 했고, 조금이라도 오르는 집값에 안도했다. 주택 건설은 모두를 부자로 만드는 것처럼 보였다. 그래서 한 건설사 사장이 주택 재개발 사업으로 모두를 부자로 만들어주겠다는 공약을 내걸고 서울시장이 되고, 대통령이 되었다.

그러나 주택개발 사업이 모든 사람들을 부자로 만들어주는 것은 아니었다. 개발 지역의 원주민 중에서 토지나 주택을 가진 사람들은 '쉬파리 떼들이 날아드는' 돈 잔치판의 뒷자리라도 끼어들 수 있었지만, 연립주택에 사는 이들처럼 토지 지분이 적으면서 주민등록이 다른 곳에 있는 사람이나 소유권이 없는 세입자들은 밀려나야 했다. 이들은 삶의 터전을 지키기 위해서 철거민이라는 이름으로 온몸을 던져 싸웠다. 물론 이들에게도 '국물'이 돌아가지 않은 것은 아니었다. 수천만 원의 이사비와 집을 분양받을 권리를 주기도 했다. 그러나 가난한 사람들은 이것으로는 실제로 집을 분양받아 중산층의 반열에 오를 수 없었다. 다른 사람들이 먹는 떡만 쳐다보며 분노했고, 살 수 있는 집을 얻기 위해서, 더 많은 보상을 받기 위해서 목숨을 걸고 철거 현장을 지켜야 했다. 이들을 몰아내기 위해서 어김없이 경찰의 비호를 받는 깡패와 종국에는 직접 경찰이 출동했고, 주택 재개발 현장은 화염병과 쇠파이프, 곤봉이 춤을 추는 전쟁터가 되었다. 많은 사람들이 다치고 죽었다.

한 사례를 보자. 2005년 4월 10일 오후 1시 30분, 경기도 오산의 한 재개발 철거 현장에서 벌어진 일이다. 원주민과 전국철거민연합(전철연) 회원 30여 명이 적정 보상을 요구하며 농성하고 있는 망루 아래 건물 안으로 방패ㆍ소화기ㆍ쇠메(해머) 등으로 무장한 경비용역업체 임시직들이 진입을 시도했다. 농성자들은 콘크리트 덩어리ㆍ벽돌 조각ㆍ골프공 등을 던지며 강하게 저항했다. 진입에 실패한, 용역업체 사람들은 1시간 반 동안 10~20분 간격으로 두 차례 더 건물 난입을 시도했다. 주민들이 던져대는 콘크리트 덩어리 등에 맞아 용역업체 임시직인 서덕영 씨(24세)는 갈비뼈를 다쳤고, 한훈희 씨(21세)와 김정득 씨(23세)는 뇌진탕을 입었다. 3시 20분에 네 번째 진입 시도가 있었다. 현관 부근까지 접근했다가 후퇴하던 이진욱 씨(23세)가 주민들이 던진 콘크리트 덩어리를 맞고 쓰러졌고, 이어서 주민들이 던진 화염병의 불이 그의 몸에 붙었다. 아까운 한 청춘이 이렇게 재개발 전장에서 숨졌다. 꼭두새벽부터 현장에 출동해 있던 경찰, 한국주택공사 직원, 오산시 공무원들은 팔짱을 낀 채 상황을 지켜보고 있었다. 약 두 달 후인 6월 8일, 경찰 특공대 40명과 전투경찰 480명이 최루탄을 퍼부어대며 현장을 덮쳤다. 주민들은 '살인자'가 되었다.[31] 이것이 1970년대부터 청계천, 성남, 상계동, 상도동, 그리고 용산에 이르기까지 다 언급할 수조차 없는 수많은 재개발 현장의 진면목이다. 이 전쟁을 치르고 뒷수습을 하는 데 얼마나 많은 공식, 비공식적인 돈이 들어갔을까? 이 돈은 결국 주택의 최종 소비자에게 전가되었을 것이다.

한편 주택의 개발 과정에서 많은 이익을 보아 부자가 된 사람들마저도 모두 행복한 것은 아니었다. 수용당한 토지가 많아서 갑자기 수십억대의 부자가 된 사람들은 사치와 놀음, 가족 싸움 등으로 패가망신하거나, 사기를 당하여 망하는 경우가 적지 않았다. 중간 과정에서 떼돈을 번 사람들의 삶도 이와 비슷했다. 이것은 미국에서 복권을 탄 사람들 중 열의 아홉이 자동차, 집, 배우자를 바꾼다는 이야기와 다르지 않다. 큰돈을 다루고 관리할 능력과 철학이 없는 사람[32]에게 횡재(橫財)는 횡재(橫災)였다. 떼돈까지는 아니더라도 '재미'를 본 사람들의 말로도 결코 다 좋은 것만은 아니었다. 1990년대 중반 어느 은행 이사의 비서로 근무했던 여성은 회사가 부동산 개발 등에 직간접으로 투자하여 얻은 막대한 이득 덕분에 월급보다 훨씬 많은 상여금을 받았다. 당시에 그녀가 차례로 모셨던 4명의 이사들은 공식, 비공식적으로 많은 돈을 챙겼고, 운전사가 늘 대기하고 있는 검은 승용차를 탔으며, '최고급' 점심과 저녁을 먹고, 낮에는 골프 접대, 밤에는 여자와 술 접대를 주고받으면서 세월 가는 것을 잊었다. 그녀는 회사를 그만두고 한참 지나서 그들이 퇴직하고 저축은행의 고위직 등을 맡았으며, 얼마 가지 않아 거기서도 물러났다는 소식을 들었다. 그

---

31 "강제철거, 야만의 시대를 끝내자", 「한겨레21」 제594호, 2006년 1월 24일.

32 하영휘 박사는 산행 길에서 "전문가 조직이 재산을 관리해주는 재벌 총수는 현금을 수조 원까지, 중소기업주는 수백억 원까지 관리할 수 있다. 그러나 개인들은 부자라 해도 수십억 원, 보통 사람은 1~2억 원도 관리하기 힘들다"라고 말한 적이 있다.

리고 연이어 모두 지병으로 세상을 떠났다는 부고(訃告)를 받았다.

그렇다면 집을 분양받은 사람들은 정말 부자가 되었는가? 남의 이름까지 빌려서 여러 채를 분양받아 시세차익을 누리는 사람들도 있었지만, 대부분 한 채를 겨우 분양받을 수 있었다. 분양받은 집값은 심지어 두세 배로 뛰기도 했다. 노동자가 저축해서는 도저히 모을 수 없는 수천, 수억 원의 돈을 수치상으로는 '한 방'에 벌 수 있었다. 집주인의 '간뎅이'는 부을 대로 부었고, 월급은 돈으로도 보이지 않게 되었다. 그러나 사는 집이 비싸졌다고 집이 좋아진 것도, 넓어진 것도, 행복해진 것도 아니었다. 오히려 분양받기 위해서 어쩔 수 없이 빌린 돈을 갚느라 등골이 휘었다. 집값이 두세 배가 되었다고 집이 두세 배로 넓어진 것도 아니었고, 셋방살이의 고행을 다시 시작하는 것을 감수하지 않는 한 집을 팔아서 불어난 돈을 쓸 수도 없었다. 시멘트 상자에 지나지 않은 아파트의 평당 분양가격이 서울에서는 한때 1,500만 원을 오르내렸다. 30평이라면 4억 5,000만 원이다. 한 달에 200만 원씩 원금을 갚는다 해도 약 19년이 걸린다. 조금 더 큰 아파트로 집을 넓혀가면 더 많은 돈을 더 오랫동안 갚아나가야 했다. 한편 이런 집도 분양받지 못한 사람들은 지금까지도 과중한 전세와 월세에 끙끙대고 있다.

여기서 우리는 정부가 대규모 공공주택을 개발하여 분양한 것이 결코 주택난을 해결했다고 보기는 곤란하다는 것을 알 수 있다. 아무리 주택이 많다 하더라도 수많은 사람들이 높은 집값과 집세에 신음하고 있다면 어찌 주택난을 해결했다고 할 수 있겠는가? 그동안 국가가 추진해온 주택 공급 정책은 스스로 내세운 경제성장의 명분에도 맞지 않는다. 높은 주거비는 결국 실질 소득을 떨어뜨리고, 노동력의 재생산 비용과 임금을 상승시켜 경제성장의 발목을 잡고 있다. 고용주가 월급을 많이 준다고 할지라도 노동자는 허덕일 수밖에 없었다. 기생충이 배 속에 가득하면 먹어도 먹어도 배가 고픈 것과 같다. 그래서 임금이 올라도 불평 또한 따라서 커질 수밖에 없으므로 자본가는 저임금 노동자를 찾아 해외로 빠져나갔다.

더 나아가 높은 주택가격과 집세가 젊은 사람들의 결혼과 출산을 방해함으로써 결국 경제 순환에 엄청난 장애를 주기 시작했다. 어찌 대규모 주택 분양 사업이 경제에 도움을 주었다고 말할 수 있겠는가?

만약 정부가 많은 공동주택을 지어서 공공임대주택으로 공급하고 감가상각비에 해당하는 임대료를 받았다면, 사람들은 바가지를 쓰고 집을 사서 갚아가는 상환금보다는 임대료 부담이 적은 공공임대주택에서 사는 것을 선호했을 것이고, 그럴수록 집값은 내려갔을 것이다. 물론 이런 정책이 처음에는 국채를 늘어나게 했을지 모른다. 그러나 임대료로 서서히 회수되어 길게 보면 큰 문제가 되지 않았을 것이다. 이리 되었다면 임금의 급격한 상승도, 자본의 해외 유출도, 출산율의 하락도, 부동산 거품 붕괴의 우려도 지금보다 심하지는 않았을 것이다.

2. 직접적인 주거보장

한국 주택의 권리 규정은 주택이 단순한 주거 수단을 넘어 착취의 수단으로 '발전'하는 길을 열어주었고, 정부의 대단위 공동주택 공급 과정은 투기판과 싸움판을 조장해왔다. 따라서 주택가격과 임대료는 높을 수밖에 없었고, 이것은 국가의 직접적 주거보장 정책의 시행 비용을 증대시켰다고 볼 수 있다. 이런 불리한 조건에서 이루어지는 직접적인 주거보장제도는 어떠한가? 이제 한국의 공공임대주택제도와 주택융자 지원 및 주거비 지원제도를 살펴보기로 하자.

1) 공공임대주택제도의 운영

한국에서는 공공임대주택의 비중이 매우 작다. 그동안 국가는 한편으로는 주택의 소유욕을 조장하는 정책을 지속적으로 추진하면서, 다른 한편으로는 높은 주택가와 임대료를 도저히 감당할 수 없는 극빈층에 대해서만 공공임대주택을 공급해왔기 때문이다. 심지어 정부는 공공임대주택을 '내 집 마련'을 돕는 수단으로만 생각하고 있을 정도로 임대주택의 공급에는 소극적이었다. 이것은 토지주택공사의 국민임대주택 소개서에 들어 있는 "저소득 가구, 신혼부부, 독신 가구 등 당장은 내 집 마련이 어려운 분들도 이사 걱정 없이 저렴한 임대 조건으로 거주하면서 목돈을 모아 자가 마련이 가능하도록 하고 있습니다"[33]라는 구절을 보면 잘 알 수 있다. 그렇더라도 공공임대주택제도는 주택문제를 해결할 수 있는 효과적인 수단이 될 수 있으므로, 현황을 검토할 필요가 있다.

(1) 공공임대주택의 종류

공공임대주택제도는 토지주택(LH)공사와 지자체의 주택공사[34]에서 운영하는데 그 종류가 다양하다. 공공임대주택은 월세주택과 전세주택으로 분류된다. 월세주택은 주택의 의무 임대기간에 따라 50년, 30년, 10년 공공임대주택으로 나눌 수 있다. 10년 임대주택은 10년 임대기간이 끝나면 분양주택으로 전환되며, 입주자가 소유권을 우선적으로 이전받을 수 있다. 월세주택에는 대부분 보증금이 따로 있다. 전세임대주택의 최대 임대기간은 20년이다. 한편 장기분양주택도 있다. 이것은 거주자가 집값을 장기간 월세처럼 분납하고 주택의 소유권을 넘겨받는 주택이다. 소유권

---

33 토지주택공사 전자방, 2012, http://www.lh.or.kr
34 서울시에서만 서울주택(SH)공사를 운영하고 있다.

이 넘어오기 전까지는 거주자는 임차인이 될 것이다. 이것은 임대주택처럼 보일 뿐이다.

그런데 이런 임대주택 및 장기분양주택을 토지주택공사와 서울주택공사에서는 묘하게 부르고 있다. 토지주택공사에서는 50년과 30년 임대주택을 '영구임대주택'과 '국민임대주택'이라 부르고, 이를 합하여 '장기공공임대주택'이라 부른다. 전세주택은 '장기전세주택', 장기분양주택은 '분납임대주택', 그리고 10년 임대주택과 장기분양주택을 합하여 '공공임대주택'이라 부른다. 명칭이 생겼을 때에는 어떤 사연이 있었는지 알 수 없지만, 지금의 눈으로 보아서는 황당하기 그지없다. 왜 50년이 '영구(永久)'이고, 30년짜리에만 '국민'이 붙으며, 오히려 공공성이 낮은 10년 월세, 장기분양주택을 합하여 '공공임대주택'이라 부르고, 분양주택이 임대주택이 되는지 알 수가 없다. 아마도 싸구려로 생색을 내려 했기 때문은 아닐까? 서울주택공사는 월세주택을 'Ville', 전세주택을 'Shift'라 부른다. 어느 나라 말들일까? 'LH', 'SH'와 함께 참으로 'global' 하고 찬란한 이름들이다. 실속은 없어도 빛에 취해 몽롱해지라는 뜻인가? "성인은 만물의 빛을 부드럽게 하고 골고루 먼지를 뿌린다(和其光 同其塵, 『老子』, 4장)"는 옛말과는 많이 다르다.

이상의 논의를 표로 정리하면 다음과 같다.

〈표 7-7〉 공공임대주택의 종류[35]

구분			토지주택공사 명칭		서울주택공사 명칭
공공임대	월세	50년	영구임대	장기공공임대	Ville
		30년	국민임대		
		10년	공공임대, 10년 임대		
	전세		장기전세		Shift
장기분양			공공임대, 분납임대		없음

---

35 이러한 분류는 토지주택공사의 구분에 따른 것이다.

(2) 입주 대상자와 주거환경

토지주택공사에서 '영구임대주택'이라 불리는 50년 공공임대주택의 주요 입주자는 주택이 없는 국민기초생활 대상자이다. 대상자 선정이 사회부조의 원리에 따라 이루어지고 있다. 이 주택에 계속 거주하기 위해서는 2년마다 입주 자격을 확인받아 재계약을 체결해야 한다. 전용면적은 8~13평(26~42제곱미터)이다.[36] 통상 이 임대주택들은 단지 안에 들어 있어 사회적 낙인을 유발하기도 한다. 심지어 주변의 일반 아파트 주민들이 임대주택단지의 아동이 다니지 않는 별도의 초등학교를 지어달라고 하기도 해 사회적 파란이 일어난 적도 있다. '국민임대주택'인 30년 공공임대주택의 대상자는 도시근로자 가구 월평균 소득의 70% 이하이고, 소유한 부동산과 자동차 금액[37]이 일정액 이하인 무주택 가구이다. 입주자 선정 시에는 해당 주택 시군구 거주자, 다자녀 가구, 도시근로자 평균 가구소득의 50% 이하인 가구, 주택사업지구 철거민, 국가유공자, 신혼부부 등에게 우선권을 준다. 이 주택에 계속 거주하기 위해서도 2년마다 입주 자격을 확인받아 재계약을 체결해야 한다. 전용면적은 18평(60제곱미터) 이하이다.[38]

장기분양주택과 함께 '공공임대주택'으로 불리고 있는 '10년 임대주택'의 대상자는 청약저축에 가입한 무주택자이다. 입주자 선정 시에는 청약저축의 총액과 기간, 무주택 기간, 부양가족 수, 다자녀 가구, 신혼부부, 국가유공자, 주거지역 등을 고려하여 우선순위를 정한다. 이 주택의 전용면적은 26평(85제곱미터) 이하이다.

장기전세제도의 대표적인 사례는 서울시의 'Shift'이다. 입주 자격은 면

---

[36] 토지주택공사 전자방, 2012, http://www.lh.or.kr
[37] 부동산 금액은 1억 2,600만 원 이하, 자동차 가격은 2,467만 원 이하이다.
[38] 토지주택공사 전자방, 2012, http://www.lh.or.kr

적과 가구원 수에 따라 다른데, 85평 이상 주택에 5인 이상 가구가 입주하려면 월 소득이 846만 원 이하이고 소유 부동산 금액이 2억 1,550만 원 이하여야 한다.[39] 서울시 거주기간, 고령자, 가구원 수, 취약계층 여부 등을 고려하여 입주자를 선정할 때 가산점을 부여하며, 계약은 2년마다 갱신해야 한다. 전용면적은 주로 49제곱미터 이상 114제곱미터 이하이다.[40]

임대주택의 대상자 포괄성은 낮은 편이다. 한국에서 공공임대주택의 입주 대상자는 주로 공공부조의 원칙에 따라 결정된다. 특히 임대기간이 길수록 더 빈곤한 가구들만이 입주할 수 있는 것이 원칙이다. 그러므로 임대주택에 거주한다는 것은 '빈민'이라는 사회적 낙인을 받는 것이다. 빈민의 낙인을 받은 사람들은 주거의 안정을 누릴 수 있는 반면, 빈곤의 기준을 조금 벗어난 사람들은 매일 불안한 잠을 청할 수밖에 없다. 주거가 안정되면 빈곤의 낙인을 받고, 낙인에서 벗어나면 주거가 불안하다. 얼마 전 40대의 실업자 부부가 곰팡이가 시커멓게 슨 비좁은 지하 단칸방에

---

39 입주조건을 표로 그리면 다음과 같다(서울주택공사 전자방, 2012, http://www.i-sh.co.kr).

〈표 7-8〉 서울주택공사 'Shift' 입주 조건

크 기	월소득 : 근로자 평균 70% 이하		부동산, 자동차 조건
60㎡ 미만	3인	280만 원	부동산 : 1억 2,600만 원 이하 자동차 : 2,467만 원 이하
	4인	311만 원	
	5인	329만 원	
60~85㎡	3인	601만 원	부동산 : 2억 1,550만 원 이하 자동차 : 없 음
	4인	667만 원	
	5인	706만 원	
85㎡ 이상	3인	721만 원	부동산 : 2억 1,550만 원 이하 자동차 : 없 음
	4인	800만 원	
	5인	847만 원	

특히 이 표에서 한국의 주거 정책에는 최소한의 1인당 기준 면적조차 없음을 알 수 있다. 가족이 5인이라도 오직 소득 수준에 의해서 60제곱미터 미만인 집에 살게 될 수 있다.

40 서울주택공사 전자방, 2012, http://www.i-sh.co.kr

서 월세로 20만 원을, 그것도 밀려 내면서 두 아이를 데리고 사는 모습이 TV에 방영된 적이 있다. 노동력이 있다는 이유로 기초생활보장 대상자가 될 수 없는 이들은 공공임대주택의 입주자가 될 수 없다. 얼마나 많은 사람들이 비좁고 비위생적인 지하방과 옥탑방에서 버거운 삶을 살며, 그곳에서조차 쫓겨나지 않을까 걱정하고 있을까? 이런 사정은 심지어 부자라도 원하는 수준의 임대주택에 입주할 수 있는 스웨덴에서는 상상조차 할 수 없다.

세입자의 주거 권리는 어떠한가? 주거권은 모든 임대주택에서 실질적으로 보장되는 편이다. 물론 임대주택에서 지속적으로 살기 위해서는 2년마다 계약을 갱신해야 하다. 입주 조건을 갖추고 있는 한, 10년과 30년, 50년의 규정 임대기간 주거권은 보장된다고 볼 수 있다. 그러나 입주 자격 조건을 벗어나면 임대를 지속할 수 없다.[41] 이것이 소득 활동을 억제하는 요인이 되기도 한다. 심지어 자식이 200만 원의 월급을 받게 되면 임대주택에서 쫓겨나야 하기 때문에 자식의 취업을 막아야 하는 딱한 부모의 사정이 인구(人口)에 회자되기도 한다. 여기서 우리는 한국 공공임대주택의 주거권이 영구적으로는 보장되지 않는다는 것을 알 수 있다. '영구'임대주택이라 하더라도 길어야 50년이고, 짧으면 2년이다. 그 야말로 본인이 원하는 한, 죽을 때까지 주거권이 보장되는 스웨덴의 공공임대주택과는 큰 대조를 이룬다.

전대는 금지되고 있는가? 금지된다. 전대 여부는 임대주택관리사무소에서 직접 조사를 통해 확인한다. 전대 금지는 스웨덴과 같으나, 전대의 감독과 허가 주체는 다르다. 스웨덴에서는 세입자조합에서 전대를 감독하고 한시적으로 승인해준다.

---

41 예컨대 입주자가 수급자 요건에서 벗어나면 집을 비워야 한다. 그러나 입주자가 집을 비우지 않고 버티면 관리사무소에서도 어쩔 수 없다고 한다(주택관리공단 번동 2단지 관리사무소 남상희 과장의 가르침).

(3) 임대주택 관리와 임대절차

공공임대주택은 대부분 토지주택공사와 지방주택공사(예를 들어 서울주택공사), 민간주택회사가 소유하고 관리한다. 전체 10년 이상 임대주택의 경우, 토지주택공사가 전체의 71%인 49만 호, 지자체 주택공사가 22%인 15만 호, 민간회사가 7%인 5만 호를 소유하고 있다(이종권, 2011: 85). 민간회사가 소유하고 있는 것은 10년 임대 후에 분양해주는 주택들이다. 장기전세주택은 2011년까지 서울주택공사가 18,780호[42], 토지주택공사가 1,327호를 보유하고 있었다.[43]

공공임대주택의 임대절차와 관리 방법을 임대주택의 종류별로 살펴보기로 하자. '영구임대주택'인 50년 공공임대주택에 입주를 희망하는 사람은 영구임대주택이 있는 해당 지방자치단체의 사회복지 담당공무원에게 입주를 신청한다. 담당공무원이 선정 기준에 따라 예비 입주자를 선정하여 관리 주체인 토지주택공사나 지방주택공사에 명단을 통보하면, 각 공사에서는 규정에 따라 입주자를 결정하여 계약을 체결한다. 만약 빈집이 생기면 지방자치단체 담당자로부터 통보받은 예비자 명단에서 입주자를 선정한다. 지방자치단체는 입주 자격만을 해당 공사에 통보해줄 뿐, 입주자를 확정하는 것은 아니다. 입주자의 최종 결정권은 해당 공사가 가진다. 이것은 스웨덴에서 임대주택 입주자를 지방자치단체의 주택임대차중개소에서 결정하는 것과는 확연히 다르다. 임대료는 세입자가 해당 공사에 납부한다.[44]

'국민임대주택'인 30년 공공임대주택에 입주하고자 하는 사람은 토지주택공사나 지방주택공사에 직접 신청한다. 해당 공사에서는 입주자 대

---

42 서울주택공사 전자방, 2012, http://www.i-sh.co.kr
43 국토해양부 전자방, 2012, http://www.mltm.go.kr
44 토지주택공사 전자방, 2012, http://www.lh.or.kr

상자 기준에 따라 입주자를 선정하고 계약을 체결한다. 여기에는 지방자치단체 등이 개입할 여지가 전혀 없다. '공공임대주택'이라 불리는 10년 임대주택과 장기분양주택, 장기전세주택의 임대 및 입주 절차도 위와 같다. 민간회사가 소유한 주택의 임대절차는 해당 회사가 주관한다. 월세와 보증금, 전세금, 분양 분담금은 해당 공사나 회사에 납부한다.[45]

이처럼 한국 공공임대주택의 임대절차는 각 주택공사나 회사가 주관한다고 볼 수 있다. 다만 '영구임대주택'의 경우는 입주자의 기준이 엄격하기 때문에 입주 자격만은 지방자치단체의 사회복지 담당공무원이 확인하여 통보해준다. 이 경우에도 지방자치단체는 보조적인 역할만을 맡을 뿐이다. 이것은 스웨덴에서 입주자 선정 권한을 지방자치단체의 주택임대차중개소에서 갖고 있는 것과는 많은 차이를 보인다. 여기서 한국에서는 국가의 주거보장 책임의식이 매우 약하다는 것을 추론할 수 있다.

임대료 등의 결정을 포함한 모든 관리는 각 공사나 회사에서 담당한다. 토지주택공사가 소유한 주택의 경우, 임대료 및 관리비 징수를 포함한 주택관리는 토지주택공사가 설립한 주식회사인 주택관리공단에서 맡는다.[46] 임대료 결정 및 관리에 세입자조합의 공식적인 참여는 보장되어 있지 않다. 이것은 스웨덴에서 세입자조합이 임대료를 협상하고, 입주자들의 전대를 승인하는 것과는 차이를 보인다. 스웨덴에서 입주자와 주택소유자 사이에 공공영역인 주택임대차중개소와 세입자조합이 개입하는 것과는 달리, 한국에서는 입주자들이 모든 문제에 대해 소유자와 개별적으로 직접 대면하고 있다.

---

45 토지주택공사 전자방, 2012, http://www.lh.or.kr
46 2012년 8월 주택관리공단 내부 자료.

(4) 임대료

임대주택을 공급하고 운영하는 토지주택공사와 지방의 주택공사들은 이름에 걸맞지 않게 주로 이윤 추구의 논리에 따라 운영되어왔다. 이는 공익성을 띠는 임대주택사업 규모가 이윤을 추구하는 분양주택사업에 비해 현저하게 작다는 것만으로도 잘 알 수 있다. 물론 이런 공사들은 그 이름을 포기할 수 없기 때문에 공익 실현에 필요한 재원을 마련하기 위해서 이윤을 추구한다고 주장한다. 그러나 이것은 도박회사가 도박으로 번 돈의 일부를 도박중독을 치유하는 사업비로 쓰면서 도박사업의 목적이 공익 추구라고 주장하는 것과 같다. 이윤 추구가 토지주택공사의 주요 운영 원리임을 부정할 수는 없다. 그런데 이런 공사들이 벌어들인 돈으로 시행하는 대표적 공익사업이 공공임대주택을 보급하고 운영하는 것이다. 따라서 아무리 '경영 마인드'의 이상을 따라 운영되는 '공사(公社)'라 하더라도, '공사'의 이름을 버리지 않는 한 임대주택사업에서만큼은 철저히 공익 추구의 원칙을 준수할 수밖에 없다.

그러므로 한국의 토지주택공사 등의 공공임대주택 임대료는 저렴하다. 특히 주로 빈곤층에게 제공하는 '영구임대주택'의 임대료는 매우 낮다. 지역에 따라 차이가 나는데, 서울 번동 2단지의 12~18평 정도 되는 임대주택의 임대료는 월 3~15만 원이다. 기초생활보장제도의 수급자 자격을 벗어나서도 퇴거를 거부하고 계속 사는 사람들은 수급자보다 더 많은 임대료를 부담하고 있다. 난방비와 전기세 등을 포함한 관리비는 하절기에는 11~12만 원, 동절기에는 15~20만 원 정도이다.[47] 따라서 월 주거비는 대략 14~35만 원일 것이다. 이 금액은 스웨덴과 비교해도 낮다. 이처럼 기초생활보장 대상자들의 임대료는 매우 저렴하다. 이렇게 낮을

---

47 주택관리공단 번동 2단지 관리사무소 남상희 과장의 가르침.

수 있는 것은 토지주택공사 등이 임대주택사업에서는 손해를 감수하기 때문이다. 한 임대주택 관리소장의 말에 따르면, 임대료로는 일상적인 관리만 겨우 할 수 있을 뿐이므로 공사가 소유한 전체 임대주택의 외벽 색칠과 같은 보강공사비나 대규모 수리비로 매년 수천억 원을 추가로 지출하고 있다고 한다.[48] 이것은 임대료에는 주택의 감가상각비는 물론 수리비도 포함되어 있지 않다는 것을 의미한다. 토지주택공사는 빈곤층의 생계비를 지원해주고 있는 셈이다. 물론 영구임대주택의 임대료가 국민기초생활보장제도 생계비에 비해서 부담스러운 것은 분명하다. 1인당 월 수급생계비 최고액이 40만 원 정도인 점을 감안하면 주거비 14~35만 원이 적지 않은 것은 사실이다. 그러나 임대료가 실제 주거비보다 저렴하기 때문에 토지주택공사가 빈민의 생계비 일부를 지원하고 있다는 것은 부정할 수 없다.

하지만 이것이 공공부조의 노동 기피 효과를 증폭시키는 기제가 되기도 한다. 토지주택공사의 실질적인 임대료 지원은 국가가 사회부조 대상자들의 생계비를 최소한 2개의 경로[49]로 지원하고 있음을 보여주는 것이다. 보건복지부는 기초자치단체를 통해서 최저생계비에 부족한 금액을, 국토해양부는 토지주택공사 등을 통해서 실질적인 주거비를 지원한다. 이것은 최저생계비에 주거비를 제대로 감안하지 않았거나, 주거비를 이중으로 계산하여 최저생계비 이상으로 국가가 지원해주고 있음을 뜻한다. 그런데 공공임대주택 거주자의 빠듯한 살림살이를 보면 전자일 가능성이 크다. 그렇다면 공식 최저생계비를 조금 벗어난 사람들의 삶은 그렇지 않은 사람들의 삶보다 힘겨울 것이다. 사람들이 재산이 전혀 없고, 현행 국민기초생활보장제도에 의거하여 최저생계비가 50만 원, 현금 수령

---

48 주택관리공단 번동 2단지 관리사무소 오장환 소장의 가르침.

49 실제로는 이것만이 아니라 다른 여러 경로도 지원을 받는다. 자세한 것은 앞의 소득보장에서 다룬 바 있다.

최고금액이 40만 원, 간접지원금이 10만 원이며, 공공임대주택의 실질적인 주거 지원액이 월 20만 원이라고 하자. 이런 가정 아래서 소득별 수급 후 총소득을 비교해보면 공공부조 대상자가 아닌 상대적 고소득자들의 삶이 어렵다는 것을 알 수 있다(〈표 7-9〉 참조). 따라서 가난한 사람들은 삶의 방편으로 적극적으로 소득을 줄이려 들 것이다. 이런 문제를 줄이기 위해 토지주택공사가 주거비에 대해서는 실비를 받고, 그 돈으로 주거비 지원금을 국민기초보장제도의 생계비로 지원한다면 어떻게 될까? 최저생계비의 선이 상승하므로 기초생계보장 대상자가 증가할 것이지만, 보충성의 원리에 따라 최저생계비 부족분만 지급할 것이므로 비용은 대상자 수의 증가에 비례하여 증가하지는 않을 것이다. 한편 보충성의 원리가 더 강하게 적용되므로 노동 기피 경향은 줄어들 것이다. 여기서도 우리는 정리되지 않은 사회보장제도가 얼마나 많은 사회적 낭비를 초래하고 있는가를 알 수 있다.

〈표 7-9〉 사회적 소득 이전 전후 소득 비교

(단위: 만 원)

원소득	지원생계비	간접지원비 (TV수신료 등)	주거비 지원	총소득
0	40	10	20	70
30	10	10	20	70
50	0	0	0	50
60	0	0	0	60

30년 임대주택인 '국민임대주택'의 임대료도 저렴한 편으로, 일반 임대료의 70%이다.[50] 이것은 감가상각비만을 감안한 것으로 보인다. 10년 임

---

50 토지주택공사 전자방, 2012, http://www.lh.or.kr

대주택인 '공공임대주택' 역시 일반 임대료보다는 싼 편이다.[51] 이 주택은 임대기간이 분양 과정의 일부이므로 실비 임대료를 받고 있다고 볼 수 있다. 이런 임대주택들의 소위 '집합적 소비'를 통해 임대료와 주택가격을 떨어뜨려서 입주자들의 주거비 부담을 줄여주고 있다고 볼 수 있다. 그러나 극빈층을 대상으로 한 영구임대주택의 경우처럼 주거비를 지원해준다고 말할 수는 없다. 따라서 이들 임대주택의 임대료 책정은 스웨덴의 경우와 비슷하다고도 볼 수 있다.

전세주택의 임대료는 얼마나 되는가? 서울주택공사에서 운영하는 전세임대주택제도인 Shift의 전세금은 60제곱미터 기준 1억 5,000만 원 정도로, 일반 전세의 80% 수준이라고 한다.[52] 따라서 이 제도가 입주자의 주거 불안을 감소시켜주는 데 기여한다고 볼 수 있다. 특히 주택가격이 상승하던 시절의 많은 전세주택들이, 주택가가 주춤하거나 하락함에 따라, 월세로 전환되면서 전세주택의 공급 부족으로 전세가 급등하고 있는 상황에서는 주거비 하락에 미치는 효과가 적지 않다고 볼 수 있다. 그러나 전세주택의 주거비 부담도 결코 가볍지 않다. 예컨대 서울 은평구의 한 전세주택의 경우 전세금은 1억 5,000만 원이다. 이 전세금의 이자를 연리 6%로 계산하면 월 75만 원이다. 뿐만 아니라 2년마다 재계약을 하면서 약 5% 정도 전세금을 올린다고 한다.[53] 이 전세금 상승분까지 고려하면 전세주택의 임대료는 월 106만 원인 셈이다. 그런데 목돈 전세금을 마련하기가 쉽지 않은 사람들에게는 이것도 그림의 떡일 것이다. 따라서 이것이 주거보장의 목적에 충실한 제도라고는 보기 어렵다.

---

51 토지주택공사 전자방, 2012, http://www.lh.or.kr
52 안기덕 세입자의 가르침.
53 안기덕 세입자의 가르침.

(5) 공동체 친화적인가?

임대주택사업에서 특별히 공동체 친화성을 염두에 둔 적은 거의 없다. 한국의 임대주택은 별도의 '단지'를 중심으로 공급하기도 하였다. 이 주택은 일반 분양주택보다 규모가 작고, 입주자들 주로 빈곤층이므로 임대주택 주민들이 주변의 일반 주택 사람들과 교류할 가능성은 매우 적었다. 심지어 일반 주택 주민들로부터 '집값 하락의 원인'으로 지목되어 차별을 받기도 하였다. 한편 단지 내에서 공동체를 형성할 수 있는 조건을 마련해준 것도 아니었다. 세입자조합의 결성을 유도하지도 않았다. 다만 종합사회복지관을 단지 안에 두어 공동체적 관계 형성에 기여하고 있다.

최근에는 임대주택단지의 문제점을 해결하기 위해서 일반 주택단지 안에 임대주택을 배치하고 있다. 그러나 이 경우도 주택의 규모가 일반 주택보다 작고, 입주자가 빈민이라는 사회적 낙인을 받고 있기 때문에 임대주택과 그 세입자가 '집값 하락의 원인'으로 몰릴 가능성은 사라지지 않는다. 최근에 토지주택공사에서는 일반 주택가의 '다세대주택'이나 연립주택을 구입하여 임대주택으로 제공하는 정책을 시행하고 있다. 이 경우 임대주택단지의 문제점은 많이 완화될 것으로 보이나, 임대주택 입주자들이 빈민층으로 한정되는 상황에서는 사회적 낙인의 문제를 완전히 해소하지 못할 것이다.

이미 지적한 바와 같이 스웨덴의 임대주택제도에서도 공동체 친화성을 잘 배려하고 있다고는 볼 수 없다. 그러나 임대주택의 면적이 결코 작지 않고, 입주 대상자도 빈곤층으로 한정되지 않으므로 사회적 낙인의 문제는 없다. 뿐만 아니라 세입자조합이 임대료 협상과 같은 중요한 일을 맡고 있기 때문에, 이것이 공동체적 인간관계 형성에 기여할 가능성도 조금 있다고 볼 수 있다.

2) 주택 소유 지원 및 주거비 지원제도

그동안 주택가격이 폭등하는 상황에서는 분양권 자체가 특혜였다. 사람들은 분양을 받을 수만 있으면 주택담보대출과 전세로 비용을 마련하는 것이 가능했기 때문에, 주택의 구입비용 융자를 국가가 지원하는 제도는 거의 없었다. 오히려 분양 신청의 요건으로 '청약저축'을 강요해왔다. 그런데 최근 들어 대규모 개발주택의 미분양이 발생하면서 미분양주택 구매 시 양도소득세 면제, 미분양주택 대출 소득공제 등의 혜택을 주고 있다.

최근 정부에서는 저소득 가구, 근로자 서민 전세자금과 신혼부부에 대한 전세금 저리 융자제도를 도입했다. 저소득 가구 전세자금은 최저생계비의 2배 이하인 저소득 가구에 2,800만 원에서 1억 원까지 대출해주며, 이율은 2%이다. 근로자 서민 전세자금은 연간소득이 3,000만 원 이하(신혼부부는 3,500만 원 이하)인 가구에 8,000만 원까지 대출해주며, 이율은 약 4%이다(서종균, 2011: 201).

한국에서 주거비를 별도로 지원하는 제도는 없다. 국민기초생활제도의 생계비에 주거비가 포함되어 있지만 이것은 일반적인 소득보장일 뿐, 주거비용을 별도로 지원해주는 스웨덴의 주택수당과 같은 제도는 아니다. 다만 앞에서 지적했던 것처럼 영구임대주택의 임대료를 저렴하게 책정하여 빈민들의 주거비를 지원해주고 있다. 이것은 일종의 간접적 주택수당이라고도 볼 수 있다.

대안 모색

지금까지 우리는 주거보장의 여러 문제점을 지적해왔다. 이제 대안을 고민해봐야 할 차례이다.

1. 주거문제와 그 파장

주거보장의 대안을 논하기 위해서 지금까지 논의한 주택문제들을 간추려보고, 그 파장에 대해서도 지적해보기로 하자.

스웨덴에서 주택은 주거의 수단일 뿐, 돈을 벌어주는 수단은 아니다. 그러나 한국에서는 주택이 주거 수단일 뿐만 아니라, 치부(致富)의 도구이자 삶의 멍에이다. 수많은 사람들이 이 요물을 차지하려고 아귀다툼을 벌이고 있다. 집을 가진 중산층들은 집을 사면서 진 빚을 갚느라 허리띠를 졸라매고, 집 없는 직장인들은 집세를 내느라 허덕인다. 조금 가난한 사람은 열악한 집에서 불안한 잠을 청하고, 더 가난한 사람들은 공공임대주택의 울에서 보호를 받지만 '빈자'라는 사회적 낙인도 받아야 한다.

이런 주거비 부담과 주거 불안의 문제는 그 자체로 끝나지 않는다. 한 청년 회사원의 고백을 요약해보자. 대출 학자금으로 대학을 마친 다음, 독립을 계획하면서 부동산 정보를 뒤지다 보면 보증금 수천만 원이 기본인 매물이 화면에 가득하여 한숨을 쉴 수밖에 없다. 집도 없이 결혼하려 들면 예비 장모에게 뺨부터 맞을지 모른다. 그래서 우리는 연애, 결혼, 출산 양육의 세 가지를 포기할 수밖에 없는 '삼포세대'이다.[54] 이 청년의 넋두리에서 주택문제가 다음의 두 가지 중대한 문제를 야기하고 있다는 것을 쉽게 알 수 있다. 첫째는 우리 사회의 구성원을 충원하는 출산과 양육에 심대한 악영향을 미치고 있다는 것이다. 이것은 우리 사회의 존속을 위협하는 것이다. 둘째는 삶에 필수적인 자원을 생산하는 경제를 장·단기적으로 교란시키고 있다는 것이다. 장기적으로는 출산의 기피가 소비와 생산의 감소, 만성 불황을 몰고 오고 있다. 사람이 없으면 누가 소비하고 누가 생산할 것인가? 단기적으로는 노동력의 재생산 비용을 증가시켜 노동자는 물론 기업에도 엄청난 부담을 안겨주고 있다. 이 청년이 받는 월급이 기업의 입장에서는 결코 적지 않다고 생각할 것이다. 그러나 그 월급으로는 결혼해서 애 낳고 효도하고 살아가는 데 필수적인 주거의 문제 등을 해결할 수 없으니, 월급에 대한 불만을 가질 수밖에 없지 않은가? 그러니 기업에서는 월급을 더 올려주거나 임금이 낮은 해외로 눈을 돌리고 있다. 스웨덴의 젊은이처럼 저렴한 공공임대주택에, 그것도 임대료가 버거우면 주택수당까지 받아가면서 둥지를 틀 수 있다면 월급에 대한 불만족이 지금처럼 크지는 않을 것이고, 기업의 인건비 부담도 많이 감소될 것이다.

이처럼 지금까지 지속된 주택 관련 정책은 소수의 투기꾼 등의 비만한 배를 더 불려주었을 뿐, 개인과 사회 전체에 중대한 피해를 안겨주었다.

---

54 임형찬 기자, 「한겨레신문」, 2012년 1월 17일, 30면.

2. 변화된 주택시장

이 문제를 이대로 두어서는 안 된다는 것은 자명하다. 그렇다면 이 문제를 해결하기 위한 대안은 무엇인가? 이 문제에 답하기 위해서는 최근의 주택 상황 변화에 먼저 주목해야 한다.

나는 최근 대단위 주택개발 사업이 진행 중인 구파발과 삼송리를 거쳐 출퇴근하면서 "거주의무 및 전매제한 규제 완화 예정!! 721만 원, 고양원흥지구 보금자리주택, 잔여물량 선착순 분양" 등과 같은 주택 분양 '땡치기' 현수막을 자주 본다. 이것은 노무현 정권 말기에 서울 김포 신도시 계획이 발표되자 근처의 땅값이 뛰었고, 분양 신청을 받기 위해 사람들이 줄을 서서 밤샘을 했다고 언론들이 보도했던 상황과는 너무나 다르다. 이 현수막 주변에는 광활한 아파트 부지가 조성되어 있다. 부지 공사가 완료된 지도 벌써 수년이 지났는데, 일부 건물의 골조만이 게으르게 올라간 채 덩그렇게 서 있고 빈터에는 잡초가 무성하다. 그동안 아파트 부지만 정리되면 분양 신청자들이 몰려들어 미리 돈을 내는 것을 망설이지 않았기 때문에, 돈을 먹고 자라는 아파트가 우후죽순보다도 빨리 하늘로 치솟았던 시절에 비하면 놀라운 변화이다. 예전과는 비교할 수 없을 정도로 분양 신청이 이루어지지 않고 있다는 뜻이다. 이미 분양이 된 아파트도 입주가 이루어지지 않고 있다.

이명박 서울시장 후보가 당선되자마자 건설회사 사장 출신답게 거침없이 추진한 '뉴타운' 사업의 첫 작품인 '은평뉴타운'이 완성된 지도 벌써 수년이 지났으나, 밤에 불이 꺼져 있는 집이 셀 수조차 없이 많다. 비어 있는 아파트가 수백 채라고 한다. 주로 대형 평수가 분양은 되었는데 입주는 이루어지지 않고 있다. 건설업자들은 '돈이 되는 큰 평수 불패 신화'를 믿고 넓은 아파트를 짓기 위해 많은 무리를 했다. 큰 아파트의 분양을 신청하여 당첨의 행운을 안은 사람들은 예전에 해오던 대로 살던 집을 팔아서 큰 집으로 늘려갈 생각으로 계약을 했다. 그런데 예상과는 달리 살던 집이 기대한 값에도, 더 싼값에도 팔리지 않으니 입주를 늦추거나, 심지어 계약을 포기할 수밖에 없는 처지에 놓인 사람이 많다고 한다. 건설업 전문가인 이명박 시장도, 건설회사 사장들도, 분양 당첨자들도 이렇게 될 줄은 상상도 못했을 것이다. 새로운 도시, '뉴타운'에서 '뉴'(새로운) 사건이 벌어진 것이다. 이것이 어찌 은평에서만 일어난 일이겠는가? '뉴타운'의 꿀단지(團地)는 서울 전역에서 애물단지가 되었다. 이런 주택시장의 침체 경향은 수도권과 온 나라에서 나타나고 있다.

그러면 이런 주택시장 변화의 원인은 무엇인가? 우선 주택 수요에 가장 강력한 영향을 미친다고 볼 수 있는 인구의 추세를 살펴보는 것으로부터 이야기를 시작해보자. 2010년 60대 인구는 3,994,404명, 50대는 6,564,826명, 40대는 8,204,781명, 30대는 7,794,495명, 20대는 6,594,369명이다.[55] 60대에서 40대까지 늘어나다가 그 이후 감소하는 추세를 보인다. 이 중 40대 이상의 사람들은 대부분 어린 시절을 농촌에서 보내고 도시로 모여들어 1970년대 이후 주택 수요를 폭발시켰다. 이런 수요에 부응하여 주택, 특히 아파트의 공급이 지난 반세기 동안 수도권을 중심으로 급격하게 증가한 반면, 인구의 증가와 도시 유입은 둔화되어 주택의 공급이 수요를 초과했다. 1995년에 전국 주택보급률 86%, 수도권 76.7%이던 것이, 2011년에는 전국 114.2%, 수도권 104.9%로 상승했다.[56] 그런데 이 주택보급률은 주택 수를 1인 가구를 포함하지 않은 가구의 수로 나눈 것이다. 1인 가구까지 포함하여 계산한 2010년 주택보급률은 전국 101.9%, 수도권 99.0%이다.[57] 그동안 주택이 가장 부족했던 수도권에서조차 집이 부족하지 않다. 따라서 주택시장의 열풍이 잦아들 수밖에 없다. 많은 사람들을 어리둥절하게 만든 최근의 아파트 미분양

---

55 통계청 전자방, 2012, http://www.kostat.go.kr
56 통계청 전자방, 2012, http://www.kostat.go.kr
57 통계청 전자방, 2112, http://www.kostat.go.kr

사태도 이런 맥락에서 이해할 수 있을 것이다.

그런데 인구수와 주택 수의 양적인 변화만으로 주택시장의 변화 원인을 제대로 파악하는 데에는 한계가 있다. 주택 수요의 양적인 면만이 아니라 수요의 질적인 면도 살펴보아야 한다. 주택의 소비는 가구를 단위로 이루어지는 것이 일반적이다. 따라서 가족의 변화를 중심으로 주택 수요의 질, 나아가 주택시장의 성격 변화를 이해할 필요가 있다.

한국의 전통적인 가족은 주로 이웃과 친족 공동체 속에 심어진 대가족이었다. 이런 대가족에서 자란 40대 이상의 사람들이 지난 30여 년간 주택시장의 수요를 주도해왔다. 이들은 부모 형제와 함께 살지는 못해도 함께 모일 수는 있고 친구를 불러들여 자랑할 수 있는 집을 소유하는 것을 성공의 상징으로 삼았다. 특히 전통가옥의 불편함을 완전히 탈각한 별천지의 주택, 아파트의 평수는 자가용 크기 및 골프장 회원권 가격과 함께 신분 상승의 지표였다. 이들은 대부분 캄보디아의 옛사람들이 거대한 돌탑 사원을 짓는 것을 현생(現生)의 과제로 삼듯, 아파트 평수를 늘려나가는 것을 삶의 목표로 삼았다.[58] 빚을 내어 작은 아파트를 샀다가, 빚이 줄면 큰 아파트로 옮겨가는 궤도를 쉼 없이 달려왔다. 그래서 큰 아파트의 면적당 가격은 작은 아파트보다 훨씬 많이 오를 수밖에 없었다. 이것이 '큰 평수 불패 신화'를 낳았다.

이 신화가 깨졌다. 아파트 확대의 열풍(熱風)과는 반대로 가족 축소의 냉풍(冷風)이 거세게 몰아쳤기 때문이다. 자본주의적 발전 과정에서 공동체적 인간관계를 지속적으로 갈라놓는 물신주의와 노동시장이 발전함에 따라 가족은 이웃 및 친족 공동체로부터 분리되고, 대가족은 소가족으로 축소되며, 소가족은 해체되는 경향을 보인다. 이 3단계 가족 변화가 자본주의가 서서히 전개된 서구에서는 점진적으로 진행된 데 비해, 한국에

---

58 이 아파트가 후세의 관광 상품이 될 것인지는 알 수 없다.

서는 반세기 만에 급속하게 혼합적으로 진행되고 있다(박승희, 2007: 6장). 이에 따라 가족의 규모는 줄어들 수밖에 없다. 한국의 평균 가구원 수는 1960년 5.71명, 1970년 5.27명, 1985년 4.22명, 1995년 3.45명이던 것이 2010년에는 2.71명으로 줄어들었다.[59] 큰 아파트의 수요를 주도했던 반백들의 추억에만 남아 있는 대가족은 물론 소가족도 줄어들고 있다. 함께 살거나 잠시 모일 친척도 없고, 친구를 집으로 초대하기에는 몸과 마음이 힘겹다. 뿐만 아니라 이들이 퇴직을 하면서 넓은 집의 관리비도 부담스러울 수밖에 없다. 큰 아파트가 과거의 환상 속에서는 보물이었을지 모르나, 현재의 실재에서는 골칫거리가 되었다. 그래서 건설사들이 앞다퉈 지어대던 큰 아파트가 먼저 더 많이 남아돌기 시작했다. 큰 아파트가 팔리지 않을 수밖에 없다.

그렇다면 작은 아파트는 잘 팔리는 것일까? 여기서 우리는 가족의 축소와 해체로 1인 가구가 급증하고 있다는 점에 주목할 필요가 있다. 이미 1인 가구가 전체 가구의 4분의 1이나 차지하고 있다. 1인 가구의 증가는 그동안 터무니없이 높은 주거비용과도 깊은 연관이 있다. 높은 주거비도 '삼포세대'의 탄생 배경이기 때문이다. 그런데 이 세대가 포기한 것은 연애, 결혼, 출산만이 아닐 것이다. 부모의 부양도 포기할 수밖에 없다. 포기하면 영혼이 자유로운 법이다. 왜 처자식과 부모 부양을 포기하면 영혼이 자유로운가는 조선시대의 '굶주린 백성[飢民]'에 관한 다산 정약용 선생의 시를 보아도 짐작이 간다.

상농가(上農家)도 이제는 거지가 되어
집집마다 문 두드려 서툰 말로 구걸하네
가난한 집 구걸 갔단 오히려 슬프고

---

59 통계청 전자방, 2012, http://www.kostat.go.kr

부잣집 구걸 가긴 내키지 않네

얼굴빛 처참하여 누렇게 떴고

흰머리는 흩어져 실낱이 휘날리네

옛날 성현(聖賢) 어진 정사 베풀던 때는

말마다 홀아비, 과부 살피라 했건만

이제는 그들이 오히려 부러워라

자기 한 몸 굶주리면 그만이니까

매인 가족 돌볼 걱정 없이 지내면

어찌하여 일백(一百) 근심 생기겠는가

(上農爲丐子 叩門拙言辭

貧家反訴哀 富家故自遲

非鳥莫啄蟲 非魚莫泳池

顔色慘浮黃 鬖髮如亂絲

聖賢施仁政 常言鰥寡悲

鰥寡眞足羨 飢亦是己飢

令無家室累 豈有逢百罹)

－ 정약용, 송재소 역주, 1983: 71~72, 75

가족이 없으면 백 가지 근심이 없다. 누구를 위해서 집 마련의 고통을 감내할 것인가? 이들에게는 몸 하나 씻고 누일 작은 공간이면 족하다. 부엌마저도 필요치 않다. 사 먹으면 되니까. 이들이 필요로 하는 것은 소형 아파트도, 중형 아파트도 아니다. 대형 아파트는 더군다나 아니다. 중형 이나 소형의 분양도 결코 쉽지 않을 것이다.

이런 주택 수요의 침체는 회복될 수 있을까? 지금은 주택보급률이 100% 이상이라 하더라도, 앞으로 가구 수가 늘어난다면 주택의 수요는 증가할 수도 있을 것이다. 그런데 인구수는 조만간 감소 추세를 보이겠지만, 가구는 반대로 상당 기간 증가할 것으로 보인다. 2010년 1,736만

이던 가구 수는 2035년 2,226만으로 계속 증가할 것으로 전망된다.[60] 당분간 매년 30여만 가구가 증가할 것이다. 그러나 가구 수의 증가가 주택의 수요로 이어지지는 않을 것이다. 가구 증가는 가구 규모의 축소, 특히 1인 가구의 증가를 의미한다. 이것은 2010년 2.71명이던 평균 가구원 수가 2035년에는 2.12명으로 줄어들 것으로 예측된다[61]는 점에서도 알 수 있다. 따라서 1인 가구용 숙박 공간의 수요는 늘어날지 몰라도 다인용 주택 수요는 늘어나지 않을 것이다. 당분간 아파트 투기의 광풍은 불지 않을 것으로 보인다.

어떤 사람들은 최근의 주택 불황이 1998년 'IMF 사태' 때와 같이 일시적이어서, 지금 집을 사두면 큰돈을 벌 수 있을 것이라고 생각한다. 그때는 사람들의 소득이 줄어서 주거비라도 아끼기 위해 집을 합쳐 살았기 때문에 집값도, 전셋값도 일시적으로 하락했지만 주택은 부족했다. 2000년 주택보급률은 전국 96.2%, 수도권 86.1%였다. 지금은 사람들이 집을 합쳐 사는 것도, 주택이 부족한 것도 아니다. 주택이 남아돌고 있다. 2011년 주택보급률은 전국 114.2%, 수도권 104.9%이다. 최근의 주택시장 불황은 외부의 압력에 의한 일시적인 위축이 아니라 내부적인 압력의 약화이다. 풍선이 눌린 것이 아니라 풍선의 바람이 빠진 것이다. 따라서 주택가격이 장기적으로 하락할 가능성이 매우 크다. 물론 돈이 오갈 때가 없어서 집값이 오를 수도 있을 것이다. 그러나 이런 주택시장 호황은 'IMF'의 불황이 호황 속의 불황이었던 것과 같이, 불황 속의 호황일 것이다. 그렇다면 주택가격의 하락은 주거비 부담 때문에 결혼을 포기한 청춘들을 주택시장으로 끌어들일 것인가? 그런 경향도 없지는 않을 것이다. 그러나 현재의 주택가가 절반으로 하락한다 하더라도 영혼의 자유를 강요당한 삼포세대에게는 여전히 감당하기 힘든 부담일 것이므로, 이들이

---

60 통계청 전자방, 2012, http://www.kostat.go.kr
61 통계청 전자방, 2012, http://www.kostat.go.kr

주택시장으로 몰려들 것을 기대할 수는 없다. 따라서 주택시장의 장기 불황 가능성이 크다.

그러나 아파트 투기의 광풍이 멎는다고 우리의 미래가 밝은 것만은 아니다. 경제 불황의 그림자가 닥쳐오고 있기 때문이다. 최근 저축은행들이 잇달아 도산하고 있다. 이 과정에서 운영자들의 비리가 터져나오면서 사람들은 비리 때문에 도산한 것이라고 생각한다. 틀린 말은 아니다. 그런데 그 신화적 인물들의 몰락사(沒落史)에는 빠짐없이 부동산 투자대출(PF) 실패가 들어가 있다. 부동산 경기가 호황일 때에는 엄청난 비리를 저지르고 권력자들에게 수십억을 갖다 바쳐도 도산은 발생하지 않았고 비리도 드러나지 않았다. 들어오는 것이 많으면 새는 곳이 많아도 망하지는 않는다. 그러나 부동산 경기가 침체되자 저축은행이 망했고, 아끼고 절약하며 모았던 서민들의 손때 묻은 돈들이 대통령 형님 등의 똥이 되어 사회 환경만 오염시켰다.

주택과 부동산 과열 경기침체의 파장이 여기서 끝날까? 부동산에 직접 투자했다고 볼 수 있는 저축은행의 불행이 간접 투자한 일반 은행[62]으로 퍼질 수 있는 가능성은 얼마든지 있다. 은행들은 주택을 사려는 사람들에게 집을 담보로 많은 대출을 해주었다. 그런데 은행의 가계 빚이 도를 넘었다는 이야기가 여기저기서 나온다. 이미 가계 부채는 1,000조 원을 넘어가고 있고, 가처분소득 대비 가계 부채비율은 155% 수준으로 미국의 '서브프라임' 사태 직전 부채비율인 137%보다도 높다.[63] 특히 정년을 앞둔 50대 전후 가장들의 빚이 많은데, 그 이유에는 집을 넓혀가면서 빚을 내어 큰 집을 샀지만 기존의 집이 잘 팔리지 않은 것도 포함되어 있다고 한다. 집이 팔리지 않고 집값이 하락하면 은행은 돈을 회수할 수 없고, 사람들은 길거리로 나앉으며, 빈집에는 유령들만 득실거릴 것이다. 미국과

---

62 일반 은행은 주택을 구입하는 개인들에게 집을 담보로 융자해주었다. 주택에 간접 투자한 셈이다.

63 윤창수 기자, 「서울신문」, 2012년 7월 11일, 6면.

남부 유럽, 일본의 경험이 이를 잘 보여주고 있다. 집은 비어 있어도 집 없는 사람들이 들어가 살 수는 없다. 썩힐지언정 공짜로 줄 수는 없는 것이 시장자유주의의 근엄한 원칙이기 때문이다. 따라서 집값 하락이 서민들의 주거 불안과 비용을 완화시켜주는 측면도 있겠지만, 그 자체가 문제를 근본적으로 해결해주는 것은 결코 아니다. 만약 이런 상황이 지속된다면 서민들의 주거 불안은 여전한 가운데, 전반적인 경제 불황으로 서민들의 고통이 가중될 위험도 적지 않다.

3. 주택 정책의 비판

최근에 추진하고 있는 주택 및 부동산 관련 정책들은 1가구 1주택 양도세 면제를 위한 보유기간을 '3년 이상'에서 '2년 이상'으로 단축하는 것, 수도권 전매 제한 기한을 3~10년에서 1~8년으로 줄여주는 것, 1가구 2주택 비과세 보유기간을 2년에서 3년으로 연장하는 것, 민영주택 분양의 재당첨 제한을 폐지하는 것, 공동주택의 증축 한계를 확대하는 것, 보금자리주택 거주의무 기간을 축소하는 것 등이다.[64] 이는 침체된 주택경기를 활성화시키기 위해서 투기까지도 조장하겠다는 정부의 의지를 보여주는 것들이다.

이런 정책들이 정부의 의도대로 주택경기를 살려낼 수 있을 것인가? 이 조치들은 주택이 부족하던 2000년대 이전 도시 지역의 주택시장 과열을 일정하게 억제시켜주던 규제들을 푸는 것이다. 만약 주택시장 조건에 변화가 없다면 이런 투기 규제 완화 정책은 마른 장작더미에 불을 붙이고

---

64 최종훈 기자, 「한겨레신문」, 2012년 7월 4일, 20면.

부채질을 하는 것과 같을 것이다. 그러나 이미 앞에서 지적한 것처럼 시대는 변했다. 이제 장작이 다 타고 숯만 남았는데 부채질을 한다고 불이 타오를 것인가? 순간적으로 불꽃이 오를지는 몰라도 이내 시들 것이다. 주택을 필요로 하는 인구와 가구가 줄어들었고, 더 줄어들 것인데 투기를 조장한다고 주택경기가 일어날 것인가? 기력이 다해가는 사람에게 극약 처방을 한들 무슨 소용이 있겠는가? 총부채상환비율(DTI) 규제 완화, 취득세 감면, 다주택자 양도 중과세 폐지와 같은 훨씬 강한 투기 조장의 처방을 내렸지만 장기적인 효과를 기대하기는 어렵다. 이런 정책으로는 주택시장의 불황과 이것으로부터 촉발될 수 있는 한국 경제의 장기 불황을 막을 수 없고, 서민들의 빚과 은행 부실만 키울 것이다.

설령 이런 정책들이 주택경기를 활성화시키는 데 성공한다 하더라도 심각한 문제를 누증(累增)시킬 수밖에 없다. 지난 수십 년 동안 정부는 주택 정책을 입안하고 펼치는 과정에서 주거보장보다는 경제 활성화에 치중해왔다. 이미 지적한 바와 같이 주택이 난득지화와 착취 수단이 되는 것을 막음으로써 주거보장 증진에 기여할 수 있는 소유권 관련 규제 조치들이 매우 미미했고, 이 때문에 여러 주거 관련 문제들이 발생했다. 그런데 최근의 주택 정책들은 미미하나마 유지되고 있던 그간의 투기 억제 조치를 주택경기 활성화를 위하여 완화하는 것으로서, 주거보장 노력의 포기 선언이라고 볼 수 있다. 이 정책이 성공한다면 투기 조장에는 성공시대의 재현(再現)일지 모르지만, 주거보장에는 낭패한 역사의 적중(積重)일 뿐이다. 주택경기가 활성화될수록 사람들의 주거문제는 오히려 더욱 심각해질 것이다.

4. 대안

현재 한국에서는 많은 사람들이 주거비 부담과 주거 불안에 신음하며, 이로 인해 젊은 사람들이 결혼과 출산을 기피하면서 사회성원 및 노동력 재생산의 위기가 심화되고 있다. 이런 상황에서 주택시장이 침체되어 경제 불황의 그림자까지 짙어져온다. 그런데 주택시장이 침체되면 주택가격이 하락함에도 불구하고 주거비 부담과 주거 불안의 문제는 여전할 것이다. 다른 나라의 경험에서 알 수 있는 것처럼 개인의 파산으로 빈집이 늘어나도 서민들이 그런 집에 들어가 살 수는 없기 때문이다. 지금 우리 사회에는 주거문제에 경제문제가 추가되고 있다.

만약 지금이 1990년 이전처럼 주택경기가 침체되어 있지 않다면, 스웨덴의 주거 정책을 도입하여 주거문제를 해결하고 주거보장을 달성하는 데 큰 효과를 볼 수 있을 것이다. 예컨대 1가구 1주택 사용원칙까지는 아니더라도 1가구 1주택 소유원칙만 준수하고, 다양한 규모의 저렴한 공공임대주택을 적극적으로 보급하며, 주택수당을 지급한다면 주거비 부담과 주거 불안은 줄어들 것이다. 집에서 내몰리지 않을까 잠을 설치는 가장도, 임대료 부담 때문에 결혼과 출산을 포기하는 젊은이도, 집을 장만하면서 진 빚 때문에 허리띠를 졸라매는 반백도 없을 것이다. 또한 주택가격의 폭락 염려도 없을 것이다.

그러나 지금은 이런 제도를 함부로 도입할 수 없다. 주택경기가 침체된 상황에서 특히 1가구 1주택 사용원칙이나 소유원칙과 같은 주택소유권 규제 정책을 시작한다면, 주택경기를 더욱 위축시켜 경제가 회복되기 어려울 정도로 타격을 입을 것이다. 이것은 추위에 언 발을 갑자기 따뜻한 물에 담그는 것과 같다. 이런 정책은 당분간 유보하지 않을 수 없다. 물론 장기적으로 1가구 1주택 사용원칙을 세워나가야만 주거보장의 기반을 갖출 수 있을 것이다.

주거문제와 경제문제가 중첩되어 있는 상황에서는 1가구 1주택보다는 보편적 공공임대주택제도를 도입하는 일이 시급하다고 생각한다. 물론 주택수당제를 도입하여 젊은 사람들의 주거비용을 덜어주는 것도 필요하지만, 이것은 스웨덴의 경우에서 볼 수 있는 것처럼 주거보장을 마무리하는 보완적인 정책이므로 화급을 다툴 필요는 없을 것이다. 그렇다면 왜 보편적 공공임대주택제도를 빨리 확대할 필요가 있는가? 보편적 공공임대주택제도를 도입하려면 우선 국가가 임대할 주택을 확충하지 않으면 안 된다. 일부 사람들에게만 임대해주는 현재의 공공임대주택만으로는 불가능하기 때문이다. 국가가 주택을 적극적으로 사들여, 결혼해서 부모를 모시고 사는 젊은 사람들부터 감가상각비와 관리비에 해당되는 비용으로 임대를 주어야 한다. 이렇게 국가가 주택을 매입하여 임대해주면 주택가격의 급락도 막을 수 있고, 삼포세대의 희망도 키울 수 있다. 이렇게 되면 주거문제와 경제문제를 동시에 해결할 수 있을 것이다. 물론 이런 정책은 서서히 추진해야 국가의 부담도 줄어들고, 주택시장에도 무리가 가지 않을 것이다. 이렇게 해서 주택시장의 침체가 어느 정도 안정된 연후에는 1가구 1주택 원칙을 강력하게 추진하여 더욱 임대주택제도를 확대할 수 있는 기반을 확보해나가야 한다. 물론 이런 정책을 시행하려면 국가가 주택 구입 자금의 부담을 져야 한다는 문제가 있다. 그러나 이것도 큰 문제는 아니다. 국채를 발행해서 시행한다 하더라도 받은 임대료로 국채의 이자를 부담해나가면 될 것이기 때문이다.

임대주택의 운영 방식은 이미 잘 정착된 스웨덴에서 배우면 될 것이다. 기초자치단체별 공영주택회사를 설립하고 사영회사를 지원하되, 입주자 배정은 기초자치단체에서 운영하는 주택임대차중개소에서 맡아야 할 것이다. 자세한 것은 앞에서 소개한 스웨덴의 제도를 참조하면 될 것이다.

이와 함께 국가가 사들인 일부 주택을 활용하여 어린이집과 노인종합요양기관, 다세대가 참여하는 문화교실, 주민들을 위한 결혼식장과 장례식장 등을 포괄적으로 운영하는 종합복지관을 세우는 것도 적극 검토해봐야 한다. 이렇게 해야 마을 공동체가 조금씩 살아나고, 일자리가 늘어나며, 어린이집까지 지어대야 하는 기업의 부담도 줄어들 것이다.

많은 '전문가'들은 한국에서 이런 임대주택제도를 도입하는 일이 한국인의 주택 소유욕과 공공임대주택에 대한 나쁜 평판(이미지) 때문에 어려울 것이라는 소견을 내놓는 것을 주저하지 않는다. 일리 있는 말이다. 그렇다면 주택 소유욕과 공공임대주택의 나쁜 평판은 바뀌지 않는 것인가?

한국 사람들은 왜 주택 소유욕을 가지게 되었는가? 나의 경험을 중심으로 이야기해보고자 한다. 1990년대 나는 아내의 약국에 딸린 한두 평짜리 방에서는 잠을 자고, 지하실 방을 세 얻어서 책을 읽었다. 당시에는 계약기간이 1년이었으므로 거의 해마다 이사를 해야 했다. 이사 때마다 수십 상자의 책과 장롱을 비좁은 계단으로 올리고 내렸다. 새로 들어올 사람이 돈을 들고 언제 오나 기다리는 것도 초조했다. 집을 옮길 때마다 오르는 전세금을 마련하는 것은 더 고통스러웠다. 그런 중에 1년 계약기간이 채 끝나지도 않았는데 방을 비우라는 집주인의 말을 듣고 홧김에 집을 사기로 했다. 가진 돈은 전세금 600만 원과 적금 들어놓은 것 500만 원뿐이었다. 일단 저질러놓고 보기로 했다. 집값이 하루가 다르게 오르니 전세를 주고 빚을 내서라도 집을 사기로 했다. 서울 장안동의 7,200만 원짜리 연립주택(실평수로 지상 19.5평, 지하 5평)을 사는 데 세금, 복비, 수리비까지 포함하여 7,500만 원이 필요했다. 신용협동조합에서 2,000만 원, 처갓집 명의로 시골 농협에서 1,000만 원을 대출받고, 누님과 처형, 나의 무주택 권리를 사용했던 친지에게 조금씩 빌렸지만 돈은 절반도 차지 않았다. 위층 전체는 물론 지하방까지 전세를 주고 주택은행 융자금 600만 원까지 끌어안으니 겨우 7,500을 채울 수 있었다. 그 후에도 전세금을 내줄 수 없어 약국에 딸린 방과 지하실 셋방에서 4년을 더 살았다. 만약 주거권을 보장해주는 저렴한 공공임대주택에 들어가 살 수 있었다면 무엇 때문에 내가 이런 곡예와 무리를 하였겠는가? 한국인의 주택 소유욕은 국민성도, 본성도, 천성도 아니다. 상황에 따라서 만들어진 것이다. 그러므로 상황이 바뀌면 바뀔 수밖에 없는 것이다.

　공공임대주택의 나쁜 평판도 쉽게 변할 것이다. 스웨덴에서도 한국처럼 작은 공공임대주택을 지어서 공공부조의 원리에 따라 입주 대상자를 선별한다면 당연히 평판이 나쁠 것이다. 마찬가지로 한국에서도 스웨덴처럼 다양하고 좋은 공공임대주택을 마련하여 원하는 중산층도 입주할 수 있게 한다면 당연히 평판이 좋아질 것이다. 나쁘면 나쁜 평판이 생기고, 좋으면 좋은 평판이 생기는 것은 만고불변의 진리이다.

　주택 소유욕과 공공임대주택의 나쁜 평판은 제대로 된 공공임대주택제도를 실시하면 곧바로 바뀔 것이므로 결코 보편적 공공임대주택제도 도입의 장애요인이 될 수 없다.

아우름 마당

"배우기만 하고 생각하지 않으면 얻는 것이 없고, 생각만 하고 배우지 않으면 위태
롭다(學而不思則罔 思而不學則殆)."

―『論語』, 爲政 15

이 장은 결론이 아니다. 여기서는 사회보장의 각 분야들을 살펴보는 중에는 시야가 좁아서 볼 수 없었던 전체를 일망(一望)하여 한국 사회보장 제도의 개선 방향을 감히 찾아보고자 한다. 비유컨대, 그동안 여기저기 계곡 길을 걸으면서 보고 느낀 것들을 단순하게 모아서 정리하는 것이 아니라, 그것들을 간직한 채 백운대에 성큼 올라 난간을 부여잡고 천하를 바라보며 어디로 갈까 생각해보려 한다.

제1절
사회보장제도의 조망

1. 믿을 수 없는 계주

한국의 사회보장제도는 모든 사람의 인간다운 최저생계 보장이라는 목적을 달성하기에는 턱없이 부족하다. 대부분의 사회보장제도들은 겨우 명색만 갖추고 있다. 심지어 명색마저 갖추지 못한 것도 적지 않다. 예컨대 아픈 사람들의 소득을 보장해주는 병가급여에 대해서는 논의조차 적료(寂寥)하다. 그런대로 구색을 갖추고 있는 것은 산업재해보상보험뿐이다. 그러므로 소득보장과 현물보장은 안쓰러운 많은 사람들을 품지도, 위기들을 다 포괄하지도 못하며, 그 양과 질은 인간다운 최저 수준을 지켜주지 못한다. 이 나라에는 죽음으로 내몰린 늙은이를 구원해줄 믿음직한 손길과 생명의 잉태를 포기하려는 젊은이를 안아줄 따뜻한 품 안이 부족다. 한마디로, 사회보장제도가 갖추어지지 않았다.

왜 그럴까? 사회보장제도는 온 나라 사람들이 참여하는 대동계(大同契)인데, 국민들은 곗돈을 흔쾌히 내려 하지 않는다. 부패한 지도자들을 신뢰하지 않기 때문이다. 믿을 수 없는 계주에게 누가 돈을 맡기겠는가? 스웨덴에서는 한 해 동안 전체가 생산한 부의 절반을 세금으로 내는데,

우리는 4분의 1만 낸다. 그리고 거둔 것도 복지에는 많이 쓰지 않는다. 스웨덴은 거둔 것의 대부분을 복지에 쓰는데, 우리나라에서는 작은 부분만을 쓴다. 정치인들은 멀쩡한 강을 막고 파내며 산을 허무는 일에는 돈을 물 쓰듯 하면서도, 국민을 살리는 복지에 쓰자고 하면 나라가 망할 듯이 호들갑을 떤다. 사회보장으로 나누어줄 것이 적을 수밖에 없다. 그러니 받지 못하는 사람도 많고, 받아도 양이 적고 질이 나쁘다. 모든 국민의 인간다운 삶을 사회가 보장하지 못하는 것은 당연하지 않은가? 그런데 사회보장의 목표를 달성하는 데 부족한 것은 결코 돈만이 아니다. 그렇지 않아도 적은 사회보장 예산을 긴요하지 않을뿐더러 오히려 해가 되는 곳에도 지출한다. 예컨대 돌도 지나지 않은 아이들을 어린이집에 맡기도록 은전(恩典)을 베푸는 데 나랏돈을 쓰고 있다. 사람에 대한 상식만 가졌더라도 이런 정책은 펴지 않을 것이다. 엄마의 품에 안겨 젖을 먹어야 할 아기를 시설에 맡기는 냉정함이 훗날 사람들의 가슴 안에서 어떤 비정함으로 되살아날지 알 수 없는데, 이런 정책을 아무런 주저함도 없이 시행하고 있다. 인간과 사회보장에 대한 정책결정자들의 상식 결여가 망측한 제도까지 만들어내면서 사회보장제도의 발전을 더욱 어렵게 만들고 있다.

2. '불꽃놀이' 사회보장

이제 사회보장의 방법을 둘러보자. 사회보장은 국가의 재원 동원과 배분으로 이루어진다. 한국에서 재원을 거두는 방법은 여러 가지이다. 일반 조세, 세 가지 연금 기여금, 고용보험 기여금, 산업재해보상보험 기여금, 의료보험 기여금, 공익요원의 품, 복권 수익금 등의 여러 명목으로 재원을 동원한다. 각 명목의 재원마다 각각의 동원 행정조직이 갖추어져 있다. 그러므로 재원 동원의 행정 조직들이 많을 수밖에 없다. 아침밥을 한 상으로 차려도 되는데 시어머니 상, 시아버지 상, 남편 상, 아들 상, 딸 상, 자기 상을 따로따로 차리고 있다. 이것은 스웨덴에서 조세의 명목만 구분할 뿐 모든 재원 동원 업무를 국세청과 일반 행정조직이 담당하고 있는 것과는 큰 차이를 보인다. 한국의 재원 동원이 비효율적이라는 것은 두말할 여지가 없다.

나누어주는 제도는 어떠한가? 나누어줄 때는 누가 누구에게 무엇을 나누어주는가가 중요할 것이다. 그럼 먼저 누가 나누어주는가부터 살펴보자. 주요 소득보장기관으로는 일반 행정기관 외에도 3개의 연금관리공단, 근로복지공단, 보훈처 등이 있고, 주요 현물보장기관으로는 일반 행정기관 외에도 별도로 의료보험공단, 근로복지공단, 보훈처, 토지주택공사, 서울주택공사, 지하철공사 등이 있다. 그 밖에도 교통관리공단에서 교통사고 장애인을 위한 복지를 시행하는 것처럼, 다양한 기관들이 나름대로 사회복지를 주관하고 있다. 이런 기관들 사이에는 나뉘어서는 안 될 업무가 나누어져 있을 뿐만 아니라 업무의 중복도 심하다. 예를 들면 의료비 지급과 의료기관 감독은 한 기관에서 하는 것이 효율적인데도 의료비의 지급은 의료보험공단에서, 의료기관의 감독은 일반 행정기관에서 맡는다. 그런데 의료비를 지급하면서 감독을 하지 않을 수 없기 때문에 의료보험공단과 일반 행정기관의 업무가 중복될 수밖에 없다. 일반 행정기관 내에서도 아동보육 및 유치원 교육 업무를 보건복지부와 여성가족부, 교육과학기술부, 노동부[1]가 나누어서 맡고 있는 것처럼, 한곳에서 처리하는 것이 바람직한 업무를 여러 부처에서 나누어 관장하고 있다. 그런가 하면 한 행정조직 내에서도 구태여 나눌 필요가 없는 업무를 나누어 맡기도 한다. 예컨대 일선 행정기관에서 부모 지원 아동보육비 수급 자

---

1 직장 어린이집은 노동부에서 관장한다.

격 심사도 하고 돈도 지급하면서 사후 관리도 하는 것이 효율적임에도 불구하고, 보육비 지급은 복건복지부에서 직접 주관하고, 수급 자격 심사와 사후 관리는 일선 행정기관에서 맡는다. 그래서 사회복지를 하지 않는 공공기관도 없지만, 제대로 하는 공공기관도 없다. 얼마 전 경제협력개발기구(OECD)의 조사원들이 한국 사회복지제도에서는 업무가 왜 이렇게 심하게 나뉘어 있느냐는 질문을 하면서 도저히 이해할 수 없다는 반응을 보였다고 한다.[2] 한국의 사회복지를 전공하는 한국 사람들도 어디서 무슨 지원을 해주는지 알 수가 없을 정도인데, 외국인들이야 어떻겠는가?

우리나라의 사회보장 전달 조직이 얼마나 복잡한가는 스웨덴의 경우를 보면 명확하게 드러난다. 소득보장은 소득보장청 지방사무소에서, 의료보장은 광역자치단체에서, 의료 이외의 모든 현물보장은 기초자치단체에서 책임을 진다. 단 장기실업자에게 지급하는 공공부조 생계비는 기초자치단체에서, 실업급여는 고용사무소와 실업금고에서 관리한다. 각종 공단들이나 교육청과 같은 기관들이 일반 행정기관과 별개로 너저분하게 설치되어 있지도 않고, 중앙정부 각 부처 간에, 그리고 중앙정부와 지방정부 간에 업무가 지나치게 분산되어 있지도, 중복되어 있지도 않다. 중앙의 각 부처에서는 전문적인 업무만 기획하고 예산을 배분하며, 지방자치단체와 지역의 집행기관들을 관리 감독한다. 그리고 지역의 특화된 몇개 일선기관에서는 각각 전문적인 집행 업무를 담당한다. 이런 곳에서는 한국에서처럼 중앙부처의 공무원들이 사소한 민원 전화에 시달리는 일도, 여러 기관들의 지역 사무소가 난립하여 혼선을 일으키는 일도 없다. 한국의 사회보장 전달체계는 스웨덴에 비하면 돈만 많이 잡아먹고 일은 제대로 할 수 없도록 복잡하게 얽혀 있다. 그래서 수많은 공무원들과 공단의 직원들이 열심히 일을 하지만 결과는 변변치 않을 수밖에 없다.

---

2 2012년 봄 식사 자리에서 최명민 교수의 가르침.

누구에게 나누어주는가? 일반적으로 사회보장의 대상은 사회보장의 방법에 따라 결정된다. 사회보장의 대표적인 방법으로는 공공부조, 사회보험, 사회보공, 사회지본이 있다.[3] 대상자의 포괄성은 공공부조가 가장 낮고 사회지본이 가장 높은 편이다. 대상자들을 선정하는 행정비용은 자산 조사 등을 해야 하는 공공부조가 가장 많고, 다음으로 사회보험, 사회보공, 사회지본의 순이다. 노동 유인 효력은 공공부조가 가장 낮다. 한국에서는 대상자의 선정이 주로 공공부조와 사회보험의 원리에 따라 이루어지고 있다. 예외적으로 장애인 활동보조 지원제도와 노인 지하철 무료 승차 제도 등에서 사회보공의 원리에 따라 대상자가 정해진다. 따라서 한국의 사회보장제도는 사회보공 중심의 스웨덴 제도보다 대상자 선정비용이 많을 수밖에 없고 노동 의욕을 약화시킬 가능성도 크다.

이 네 가지 방식은 서로 다르면서도 개인을 지원한다는 것을 원칙으로 삼는다는 공통점을 가진다. 그런데 한국의 배분 방식에는 이 네 가지 방식과는 전혀 다른 것이 있다. 개인이 아니라 시설을 지원해주는 방식인 기능보강비나 운영비 등의 지급이 바로 그것이다. 이런 시설 지원비는 대개 모든 시설에 지급하는 것이 아니라 특정 시설을 골라서 지원해준다. 예를 들면 장애인 시설을 애매한 기준에 따라 인가시설과 비인가시설로 분류하고, 분명 장애인을 보살피고 있는데도 비인가시설에는 지원금을 주지 않는다. 인가를 해주지 않았으면 처음부터 사회보장 업무를 수탁할 수 없게 해야 하는데, 비인가시설이라 규정하고 사회복지 일은 계속하게 하면서 지원금을 주지 않거나 적게 준다. 그러니 경제협력개발기구(OECD)의 조사원들이 비인가시설이 무엇이냐는 질문을 할 때마다 응대해주는 한국인 참여자들은 난감해한다.[4] 그런가 하면 지방자치단체는 건강보험공단으로부터 노인별로 요양비를 받는 노인 요양기관 중 일부를 골

---

3 사회보공(社會普供)과 사회지본(社會支本)은 앞서 1장에서 자세하게 다루었다.
4 최명민 교수의 가르침.

라 특별 지원을 해준다. 이것은 어린이 보육기관도 마찬가지이다. 각 분야의 시설장들은 이 지원금을 받기 위해서 온갖 노력을 다한다. 이 과정에서 지원금을 나누어주는 공무원들이 막대한 권력을 가지게 되고, 받는 자와 주는 자 사이에서 비리의 균도 자란다. 뿐만 아니라 시설과 시설 간의 차별이 생기고, 이 차별은 이용자와 이용자 간의 차별로 이어진다. 예컨대 같은 대한민국의 아들딸이면서도 약간의 시험 성적에 밀려 국립대학에 다니지 못한 사람이 더 많은 등록금을 내거나 저질의 교육을 받아야 하는 것처럼, 추첨에서 떨어져 국가지원시설에 가지 못한 아이들은 더 많은 개인 부담을 하거나 저질의 보육을 받아야 한다.

한편 한국의 사회보장, 특히 현물보장에서는 도움이 필요한 개개인을 표적으로 삼지 않는다. 현물보장의 개인별 지원에서는 개인들에게 자격만 부여할 뿐, 현물을 보장받는 과정은 개인과 시설 등에 책임을 지게 한다. 많은 정책입안가들이 이용권(바우처) 제도를 신기한 무기로 생각하고 활용하는 것을 주저하지 않는다. 예컨대 장애인 활동보조 지원제도에서 국가는 활동보조 지원을 받을 수 있는 자격을 결정하여 이용권만 주고 그 이상은 책임지지 않는다. 장애인 개인이 알아서 장애인 기관과 계약을 맺고 도움을 받아야 한다. 정부의 입장에서 보면 매우 편리한 제도이다. 자격을 인정해주고 카드로 결제된 비용을 자동 이체해주는 일만 처리하면 되기 때문이다. 이것은 스웨덴에서 지방자치단체가 시설과 계약을 맺는 주체가 되는 것과는 다르다. 한국에서는 시설이 장애인의 수발을 거부하는 경우, 장애인은 실질적인 도움을 받을 수 없다. 이런 제도는 마치 공중에서 돈만 던져주고 그 전후는 상관하지 않는 것과 같다. 나라의 따뜻한 손길이 없으므로 아무리 돈을 많이 대준다 하더라도 개인들의 사회보장은 운에 달린 셈이다.

이런 문제는 시설 지원의 경우에서 더욱 심각하게 나타난다. 여기서는 사회보장의 주체가 국가가 아니라 시설이고, 국가는 시설을 돕는 보조자일 뿐이다. 국가는 지원금을 하사하는 권력자이지만, 결코 사회보장의 책임자는 아니다. 국가는 시설에서 누구를 어떻게 보살피는지 관심을 갖지 않는다. 그저 시설이 잘못을 저지르지 않는지에만 관심을 갖는다. 이런 구조 아래서는 절실한 도움을 받지 못하거나, 중복 지원을 받는 문제가 생긴다. 인권이 침해되는 경우도 많다. 인권침해가 생길 때마다 시설장의 인면수심을 떠들어댄다. 이런 문제를 해결하기 위해서 사례관리를 하겠다고 '사례관리 전문가'를 초빙하여 야단법석을 차린다. 그러나 개개인을 사회보장의 표적으로 삼지 않는 한, 아무리 사례관리를 한다고 해도 사례관리가 될 수 없다. 근본을 방치한 채 문제를 해결하겠다고 또 다른 문제만 만들고 있다. 이것은 스웨덴에서 국가는 모든 사회보장의 주체로서 개개인을 표적으로 삼고 있기 때문에 사례관리란 말 자체가 필요하지 않다는 점을 생각해보면 자명해진다. 한국에서는 개인별 지원이든, 시설별 지원이든 국가는 사회보장의 보조자로서 개개인을 표적으로 삼지 않기 때문에 개인들의 삶을 보장할 수 없을 뿐만 아니라, 결과적으로 엄청난 비용을 낭비하고 있다.

그렇다면 한국의 사회보장에서는 무엇을 나누어주는가? 여러 기관에서 나누어주는 것이 이루 말할 수 없을 정도로 많다. 각각의 기관들에서 자기 나름의 필요한 도움 항목들을 선정하여 나누어주고 있다. 장애인의 경우를 보자. 현금, 의료비, 수발, 장비, 각종 교통비, 연료비, 입장료, 도로 이용료, 시설 주거비, 음식물 비용 등 수많은 종류의 혜택을 별개의 기관들에서 제공하고 있다. 근로복지공단에서는 산재 장애인의 소득보장, 의료보장, 수발보장을 해주고, 교통안전공단에서는 교통사고 장애인을 후원한다. 빈곤한 사람들에게도 여기저기서 여러 종류의 지원을 해준다. 기초생활보장 대상자에게는 기초자치단체에서 주거비가 포함된 생계비를 지원해주고, 토지 및 주택공사에서 공공임대주택 임대료를 지원한다. 보건복지부에서는 반값 쌀 지원을 해주기도 한다. 뿐만 아니라 복지관에서도 여러 가지 후원을 해주고 있다. 문화체육부에서는 문화 복지라는 이름으로 공연권까지 나누어주기도 한다. 이처럼 개인에게 해당되는 지원을 다 받기 위해서는 장애인 스스로 전문가가 되지 않으면 안 된다. 이렇게 여러 기관에서 소득, 의료, 수발 등이 뒤섞인 여러 항목의 지원을 해주기 때문에 개인들에게는 지원 부족과 과잉이 동시에 나타난다. 한국에서는 국가가 도와주지 않는 것도 없고, 제대로 도와주는 것도 없다. 이것은 스웨덴에서 도움의 항목을 소득, 의료, 수발로 단순하게 정리하여 각각 전문기관에서 책임지는 것과는 많은 차이를 보인다. 예컨대 소득보장청에서 개인별로 평균적인 생계비에 해당하는 충분한 소득보장을 해주면 그것으로 끝이다. 추가로 반값 쌀을 공급해주거나, 집을 저렴하게 임대해주지 않는다. 그리고 개인별로 생계를 위협하는 추가적인 소요 위기가 나타나면 광역자치단체나 기초자치단체에서 의료나 수발 등의 지원을 해준다. 스웨덴에서는 산업재해 장애인이라고 해서 일반 장애인과 분리하여 근로복지공단에서 의료와 수발을 제공하고, 교통사고 장애인이라고 교통관리 공단에서 별도로 지원해주는 일은 없다. 중복 지원도 없고, 지원 부족도 없다. 스웨덴의 이런 점과 비교해도 한국의 사회보장제도는 자원 낭비가 심하다고 할 수 있다.

한국의 사회보장 방법은 자원 동원의 측면이나 배분의 측면에서 매우 비효율적인데, 왜 이런 제도들이 만들어졌을까? 그것은 제대로 설계를 하지 않고 무조건 제도들만 그때그때 만들었기 때문이다. 전체 사회보장의 목표와 틀을 고려하지 않고 이것이 필요하다 싶으면 이것을 만들고, 저것이 필요하다 싶으면 저것을 만드는 방식으로 사회보장제도를 발전시켜왔다. 이는 마치 설계도도 없이 일단 집을 지었다가 창고가 필요하다고 느끼면 창고를 덧달고, 방이 좁다 싶으면 방을 넓히는 식으로 집을 키워나간 것과 같다. 특히 정권이 바뀔 때마다 대통령의 눈치를 살피며 앞뒤는 둘러보지도 않고 제도를 만들어냈다. 예컨대 대통령이 아동의 보육지원을 강조하면 정부의 모든 관련 부처가 보육제도를 기획한다. 보건복지부는 보건복지부대로, 여성가족부는 여성가족부대로, 고용노동부는 고용노동부대로 보육지원제도를 급조해낸다. 이에 따라 사회보장이 기발한 '이벤트' 행사로 변질된다. 이것이 어찌 사회복지 분야에서만 벌어지겠는가? 그러므로 한국의 사회보장은 '이벤트 공화국'의 '불꽃놀이'와 같다. 이런 상황에서는 '누리과정'처럼 화려한 이름의 사회보장제도가 수없이 떴다가 사라져갈 뿐이지만, 모든 국민의 최저생계를 보장해주는 제도는 발전하여 정착할 수 없다. 애꿎은 공무원들의 머리와 몸만 아프게 하고 돈만 낭비한다. 예를 들어 '인지능력 향상 서비스'라는 이용권 제도를 보자. 이것은 아이들의 학습지 비용을 2만 원씩 지원해주는 것인데, 이것으로 무슨 인지능력이 향상될 것인가? 학습지 회사들의 매출만 올려줄 뿐, 곧 사라질 수밖에 없는 제도이다. 만약 사회보장에 대한 설계가 미리 있어 입안자들이 이것을 공부하면서 앞뒤를 둘러보고, 생각을 짜냈다면, 이런 어처구니없는 제도가 아무런 거리낌 없이 만들어지겠는가? 공자는 "배우기만 하고 생각하지 않으면 얻는 것이 없고, 생각만 하고 배우지 않으면 위태롭다(學而不思則罔 思而不學則殆)"(『論語』, 爲政 15)라고 했다. 한국의 사회복지 기획자들은 사회보장의 설계가 없으니 배울 것이 없고, 그래서 배우지 않고 생각만 할 수 있으니 참으로 위태로운 일을 벌이게 된다.

이런 무계획의 사회보장 정책이 실제 현장에는 어떤 영향을 미치는가? 제도를 급조한 사람들이 가장 쉽게 정책을 집행하는 길은 예산을 받아서 위탁을 주는 것이다. 발주자인 이들은 소위 '갑'으로서 수주자인 '을'에게 막대한 권력을 가진다. 이 중에 적지 않은 사람들이 그 달콤함에 취해 있고, 관변(官邊)에는 이런 예산을 따먹으려는 전문 수주업자들이 득실거리게 된다. 이 업자들은 예산만을 딸 뿐, 일은 직접 하지 않고 사람을 고용하거나 재위탁을 준다. 결국 최일선에서 사회보장 실무를 담당하는 사람들은 위탁의 고리로 연결되어 '이벤트'의 바람에 휘청거린다. 현장의 사회복지사들은 사회복지를 실천하기보다는 예산을 받기 위해서 무슨 '이벤트'가 터질 것인가를 예측하려고 촉수(안테나)를 세운다. 이들은 유행(트렌드)이 무엇인가를 고민한다. 요즈음 사회복지 현장에서는 '다문화'가 끝나면 무엇이 유행할까라는 조롱이 터져나오고 있다.

그런데 무계획의 사회보장이 만들어내는 현장의 문제는 이것만이 아니다. 위탁을 주면 관리가 부실할 수밖에 없기 때문에 수주자들은 평가의 칼날을 들이댄다. 많은 사람들은 평가를 매우 객관적인 것으로 오해한다. 그러나 평가만큼 주관적인 것이 없다. 평가는 기준이 없으면 이루어질 수 없다. 이 기준인 지표를 누가 어떻게 만드는가에 따라서 평가의 내용은 달라진다. 우리 사회에서는 수많은 기관들이 '전문가'를 동원하여 자신의 획일적인 의지를 객관적 기준으로 화려하게 포장한 다음, 시설들을 일렬로 세우고 지원시설에서 탈락시키거나 예산을 차등적으로 지급한다. 시설에서는 평가를 잘 받기 위해서 기준에 맞지 않으면 좋은 일도 포기하고 나쁜 일도 저지른다. 근거를 만들고 서류를 조작하는 일까지 습관처럼 하지 않으면 안 된다. 평가가 다가오면 각 시설에서는 하던 일을 멈추고 평가 준비로 밤을 새운다. 주로 서류를 급조하는 일이므로 사회복지사들은 '거짓말 경연 대회'에 내몰린다는 자괴감을 억누를 수 없다. 성적 평가가 학생들의 행복한 성장을, 업적 평가가 연구자의 창의성을 억압하듯이, 시설 평가는 사회복지사의 소명의식을 짓밟는다.

3. 공동체 친화성

그동안 한국의 사회복지정책에서는 '선 가정, 후 복지'가 일종의 원칙이었다. 불과 20여 년 전까지도 복지부 공무원들 중의 일부는 국제 회의에 참석하여 우리나라는 가정의 복지가 잘되어 있어 사회복지는 필요하지 않다고 이야기했다. 이 말이 당시까지는 틀린 말이 아니었다. 그러나 가족은 이미 이웃으로부터 고립되었을 뿐만 아니라 현저하게 줄어들고 해체되었다. 1963년에 5.56명이던 평균 가구원 수가 2010년에는

2.71명에 불과하다는 것이 이를 잘 보여준다.[5] 아이와 노인들을 돌봐줄 가족 내 협업도, 가족 밖 협조도 불가능하게 되었다. 이렇게 변화된 가족이 어떤 가족복지를 할 수 있을까? 그래서 노인들은 방치되고, 아이들은 태어남을 거부당했다. 부랴부랴 사회 부양을 확대하고 있다.

그러나 앞에서 밝혔듯이 사회보장으로는 모든 문제를 해결할 수 없다. 물질적인 부양은 가능할지 모르나, 정서적 부양은 불가능하다. 가족 안팎 공동체의 도움이 없으면 사회보장은 사육을 면키 어려우며, 사회보장의 비용도 낭비될 수밖에 없다. 따라서 우리는 사회보장을 가족 안팎 공동체 유지 및 강화와 연계시키려는 노력을 해야 한다.

한국의 사회보장은 아직도 그 수준과 질이 이미 부양 능력을 상실해버린 가족의 부담을 덜어주기에는 많이 부족하다. 이런 힘겨움 때문에 사람들은 가족을 버리거나 가족 만들기를 꺼린다. 한국의 사회보장은 가족 해체의 응급 상황을 구제해주지 못하고 있다.

따라서 보편적 사회복지를 지지하는 사람이든, 선별적 복지를 주장하는 사람이든 사회가 더 많은 부양을 맡아야 한다는 점에는 동의하고 있다. 그러나 가족 공동체 자체의 중요성에 대해서는 아무도 관심을 가지지 않는다. 가족의 부양을 우선시하는 시장주의자들은 가족의 중요성을 강조하지만, 시장이 가족의 해체를 가속화하고 있다는 사실에 대해서는 눈을 감는다. 그런가 하면 보편적 사회복지를 강조하는 사람들도 사회복지를 늘리려고만 하지, 가족의 중요성에는 관심을 두지 않는다. 이들은 가족의 해체를 어쩔 수 없는 경향으로 당연시하고 있다. 이런 상황 속에서 어찌 사회보장이 공동체 친화적인 방향으로 발전할 수 있겠는가? 예컨대 그동안 한국의 사회복지에서 공동체 친화성을 가장 잘 보여주는 대표적 제도는 종합사회복지관이었는데, 이것마저 거의 위치를 상실해가고 있

---

5 통계청 전자방, 2012, http://kosis.kr

다. 사회보장의 중요한 분야인 노인 장애인 수발제도와 아동보육 보장제도가 이 종합사회복지관과는 무관하게 급조되고 있기 때문이다. 그나마 다행인 것은 최근 서울시에서 가족 안팎 공동체에 관심을 갖기 시작했다는 점이다. 그 예가 '마을 만들기 사업'일 것이다. 물론 이런 사업도 나라 전체의 장기적 구상에서 나온 것이 아니므로 '복지 행사'의 불꽃놀이로 끝날 가능성도 적지는 않다.

제2절

어디로 가야 하나?

요즈음 여야를 막론하고 사회복지를 늘려야 하다고 떠들어댄다. 한쪽에서는 늘리면 망한다는 반론도 거세지만, 늘리자는 주장이 대세를 이루고 있다는 것은 부정할 수 없다. 우리 사회에는 사회보장을 하지 않고서는 해결할 수 없는 문제들이 산적해 있으나, 사회보장은 양으로나 질로나 겨우 시작 단계를 면치 못하고 있다. 만약 우리가 사회보장을 갖추어가지 않는다면 나라가 망할 수도 있다. 예컨대 출산이 계속 줄어들면 무슨 수로 나라가 망하는 것을 막을 수 있겠는가? 따라서 사회보장을 늘려야 한다는 것은 천명(天命)이다.

그러나 무조건 늘린다고 능사는 아니다. 현재의 사회보장제도는 매우 비효율적이기 때문이다. 지금 사회보장의 비용을 늘리는 것은 구멍 뚫린 수조(물탱크)에 물을 채우려는 것과 같다. 만약 이런 상태에서 사회보장의 비용을 무조건 늘려가기만 한다면 어떻게 될까? 사회보장이 양적으로나 질적으로 개선되는 것은 적고, 사회보장비를 충당하기 위해 세금만 늘려야 할 것이다. 국민들의 삶은 여전히 불안한데 세금이 무거우면 사회보장은 물론 나라 자체를 거부할 것이다. 이것이 가혹한 세금으로 궁핍해진 백성들이 진주에서부터 목숨을 걸고 민란을 일으켰던, 불과 150여 년 전의 조선 멸망 직전 상황과 무엇이 다를 것인가? 사회보장의 비용을 늘리지 않아도 나라가 망하지만, 현행 사회보장제도를 손보지 않고 비용만 늘려도 나라가 망한다.

그러므로 집집마다 물이 부족하지 않게 공급하려면 붓는 물의 양도 늘려야 하지만, 새는 곳을 손보는 일도 당장 시작하지 않으면 안 된다. 지금은 어쭙잖은 제도를 만드는 일은 잠깐 뒤로 미루고, 사회보장의 개념부터 총체적으로 고민하여 효율적인 새 틀을 짜는 것이 필요할 때이다. 사회보장의 원칙을 세우고, 제도를 정비하는 일이 급선무이다. 그러나 시행을 급하게 서둘러서는 안 될 것이다. 왜냐하면 비록 새는 항아리라도 이미 자리를 잡고 있는데 갑자기 흔들어대면 박살이 날 수도 있기 때문이다. 특히 각 제도에 따라서 형성된 생업의 생태계가 파괴될 때 수많은 사람들이 고통을 당할 수 있고, 이들의 저항이 거세지면 개혁도 수포로 돌아갈 것이다. 예전에 4대 사회보험장기여금의 징수를 통합하는 문제를 놓고도 얼마나 많은 저항과 갈등이 있었는가를 생각해보면, 왜 개혁이 여유를 갖고 지혜롭게 진행되어야 하는지 잘 알 수 있다. 현 제도에서 사회보장 업무에 종사한 사람들은 그저 열심히 일했을 뿐인데, 이들에게 죄가 있는 것처럼 몰아치면 새는 항아리를 조금도 고칠 수 없다. 이들이 손해를 보지 않는다는 조건하에서 신뢰감을 가지고 적극 참여한 가운데, 나라의 앞날을 위한 개혁이 꾸준하게 이루어져야 할 것이다.

이처럼 개혁은 장기적이고 거시적인 포석을 놓아가면서 이루어내야 하지만, 꼭 필요하면서도 무리 없이 이루어질 수 있는 것은 당장 실행해야 한다. 예컨대 각종 시설 지원금을 하루빨리 없애서 모두 개인별 지원으로 바꾸어야 한다. 개인의 생존권 보장이 사회보장의 목적이므로 개인별로 필요한 비용을 산정하고, 개인을 중심으로 비용을 지급하는 것은 사회보장의 원칙에서 보면 당연한 것이다. 그러면서도 현재의 큰 틀을 뒤흔들 필요 없이 실행할 수 있다. 따라서 어떤 시설에는 지원해주고 어떤 시설에는 지원해주지 않는 기능보강비, 인건비나 운영비 지원은 당장 없애야 한다. 이런 비용들을 개인별 단가로 지급하여 시설들이 시설 지원금을 받기 위해서가 아니라 권우(서비스)의 품질로 경쟁할 수 있도록 해야 한다. 물론 불특정 다수를 대상으로 하는 종합사회복지관의 취미 활동 지원제도처럼 시설 지원이 필요한 경우도 있겠지만, 노인 및 장애인 수발, 어린이 보육과 같이 개개인의 소요 충족을 목표로 삼고 있는 사회보장제도에서는 이런 시설 지원을 과감하게 없애야 한다. 이것만 없애도 낭비와 비리는 많이 줄어들고 사회보장의 질은 개선될 것이다. 우리가 사회보장의 각 분야들을 살펴보면서 알 수 있었던 바와 같이, 이렇게 손쉽게 할 수 있는 일도 매우 많다. 개혁은 사회보장의 큰 틀을 정해놓고 장기적으로 추진하되, 쉽게 할 수 있는 일은 빨리 하는 게 바람직할 것이다.

그러나 이런 제도의 개선만으로 사회보장의 목표를 달성할 수 없다는 것은 두말할 필요도 없다. 아무리 수조를 잘 수선했다 할지라도 들어오는 물이 적으면 물 부족은 어쩔 수 없다. 사회보장비를 늘리는 것은 필수이나, 늘리는 것 또한 쉬운 일이 아니다. 그래서 우선순위를 정해 비용을 배분해야 한다. 지금 우리 사회에서 가장 심각한 문제는 노인 증가와 저출산이다. 노인 부양과 출산 양육 및 교육을 더 이상 가족에게만 맡겨둘 수 없는 지경에 이르렀기 때문에, 이 분야에 대한 사회보장을 늘리는 것이 급하다. 이 중에서도 출산과 양육을 지원하는 일이 더 시급하다. 슬픈 진단인지 모르겠지만, 이미 노인 진입 세대들의 고난은 피할 수 없다. 자본주의적 근대 사조를 주도했던 이 세대들은 부모의 기대를 배반하지 않을 수 없었던 업보에 따라 자녀들로부터 더 심한 버림을 받을 것이지만, 사회가 소득도, 의료와 수발도 제대로 해줄 수 없기 때문이다. 인구가 감소하면서 일할 사람이 줄어드는데 어떻게 풍족한 인생 마무리(소종, 所終)를 지원해줄 수 있겠는가? 잘 감내하여 마음의 평화를 유지하면서 삶을 마치지 않을 수 없다. 뿐만 아니라 설령 급증하는 노인들을 위해 많은 재원을 지출하여 고통을 줄여준다 하더라도, 다음 세대의 문제는 여전히 남을 것이다. 따라서 미래 세대의 문제라도 줄여주기 위해서는 출산과 양육에 더 많은 지원을 해주는 것이 바람직하다.

한편 최근에 이보다 더 급한 문제가 생겼다. 주택경기가 침체하면서 극심한 불황이 심각해질 우려가 있다. 집값도 하락하고 있다. 이것 자체는 나쁠 게 없다. 서민들의 주거비를 줄여줄 수 있는 기회일 수도 있기 때문이다. 그러나 경제 불황으로 많은 사람들이 큰 고통을 당하는 것은 심각한 문제이다. 따라서 젊은 사람들이 둥지를 틀고 가정을 꾸리며 부모를 봉양할 수 있는 저렴한 임대주택을 마련해주면서 주택가격의 급락을 막을 방안을 생각해보아야 한다. 그것은 정부가 주택을 서서히 사들여 임대주택을 공급하는 것이다. 그리고 사들인 주택의 일부는 어린이집과 노인 수발기관을 겸비한 종합사회복지관으로 활용하는 것이다. 이 정책은 나라가 빚을 내서라도 빨리 시행하는 것이 바람직하다. 빚의 이자는 임대료로 감당할 수 있을 것이다. 부동산에 직접 투자한 저축은행이 망한 것처럼 간접 투자한 은행도 망할 수 있다. 그런 뒤에야 은행을 구한다고 나랏돈을 밀어 넣는 것보다는 미리 손을 쓰는 것이 불황도 막고 고통도 줄이면서 사회보장제도도 다지는 길이 아니겠는가?

제3절
우리 동네

　우리 동네 한복판에는 사회보장의 손발인 종합사회복지관이 있었으면 좋겠다. 어린이집, 요양원, 재가수발시설, 재가수발중심, 치안중심, 1차 의료기관, 각종 상담실, 문화교실, 도서관, 주민지원중심(센터)이 모여 있는 이곳에서 펼쳐질 일들을 상상해본다. 며느리가 출근하면 위층에 사는 시아버지가 손녀의 손을 잡고 어린이집에 들렀다가, 문화교실에서 수채화를 그린다. 사위는 퇴근길에 어린이집에 들러 아들을 안고 아래층 요양원으로 내려가서 치매 든 장모님께 문안을 드린다. 윤의를 탄 장애인을 건강한 노인이 밀어주며 산책을 한다. 청소년들은 학원에 가서 입시교육을 받는 대신, 내공이 쌓인 어른들로부터 사군자와 붓글씨, 대금과 색소폰, 피아노, 사물놀이, 살풀이춤, 탈춤, 요가, 명상을 배우면서 인생의 지혜도 덤으로 얻고, 어른이 되어서는 그것들을 다음 청소년에게 전해준다. 회의실에서는 진지한 토론도 하지만, 휴게실에서는 하나 마나 한 소리로 시간을 보낸다. 주말이면 "씨엄씨 몰래 술 돌라 묵고 이 방 저 방 댕기다가 씨압씨 불알을 붋았네(시어머니 몰래 술 훔쳐 먹고 이 방 저 방 다니다가 시아비 불알을 밟았네)"(진도아리랑)와 같은 노래를 함께 부르며 가족 내의 규율과 해방, 긴장과 해소의 변증법을 멋스럽게 누린다. 주민들의 결혼

문화교실 사람들의 흥겨운 춤과 가락이 흐르고, 마을 사람이 영별하는 날에는 아름다운 꽃상여의 수술들이 소리를 타고 너울거리며 눈물이 꽃잎처럼 떨어진다. 사람들이 운율로 마음을 씻고 이웃들과 함께 즐거워하니(以律洗心・與隣同樂), 늘 남을 감사하게 생각하면서 존경하고, 위해주면서도 기대하지 않는다(爲而不恃,『老子』, 10장). 낮에는 나무 아래 평상에 동네 사람들과 함께 누워 흔들리는 잎 사이로 열린 하늘과 흘러가는 구름을 보고, 밤에는 마당에 나가 이웃집 아이와 별을 헤아린다. 할머니의 무거운 짐을 청소년이 달려가 들어주고, 울고 있는 아이의 눈물을 이웃집 할아버지가 다가가서 닦아준다. 설령 벌이가 조금 적더라도 사는 데에는 아무런 지장이 없으니 누구나 장인 정신을 가지고 열심히 일하며, 부담 없는 비용으로 성실한 남의 일손을 빌려 쓰므로 출근자의 발걸음에는 기운이 넘치고, 퇴근자의 얼굴에는 보람이 가득하다. 잘난 사람이나 못난 사람이나 모두 참살구나 개살구 같은 개성을 드러내면서 자기 일에 만족하고, 싸웠다가도 금방 만나서 환한 얼굴로 이야기꽃, 웃음꽃을 피워낸다. 이런 마을 사람의 고운 마음들이 인(因)이 되고 연(緣)이 되어 온 세계가 평화를 누리기를 기원한다.

■ 참고문헌

| 국내문헌

『經國大典』

강남훈 · 곽노완, 2008, 『한국의 기본소득제도 도입전략』, 민노총 정책연구원.

곽노완, 2007, "기본소득과 사회연대소득의 경제철학 ‒ 빠레이스, 네그리, 베르
너에 대한 비판과 변형", 『시대와 철학』 제18권 2호.

김교성, 2009, "기본소득 도입을 위한 탐색적 연구", 『사회복지정책』 제36권
2호.

김미곤, 2011, 『공공부조의 한계와 대안』, 성균관대학교 출판부.

김수현, 2011, 『부동산은 끝났다』, 오월의봄.

노자, 『노자』 1장.

맹자, 『孟子』.

박민정 외, 2011, 『2010년도 건강보험환자 진료비 실태조사』, 건강보험정책연
구원.

박승희, 2004, 『한국사회복지정책론: 아름다운 세상 가꾸기』, 성균관대학교 출
판부.

박승희 · 김금자 · 김종환 · 홍세영, 2011, "한국과 스웨덴의 기본소득제 도입 가
상 상황 비교", 『스칸디나비아 연구』 제12호.

박승희 · 김사현, 2008, "여성 노동자의 저출산 원인과 여성 친화적 노동시장 정
책", 한국노동연구원부설 뉴패러다임센터.

박승희 · 채구묵 · 김철주 · 홍세영, 2007, 『스웨덴 사회복지의 실제』, 양서원.

박홍규, 2008, "기본소득 연구", 『민주법학』 36호.

보건복지부, 2010가, 『2010년 기초노령연금 사업안내』.

보건복지부, 2010나, 『2010년 보육 사업안내』.

보건복지부, 2010다, 『2010년 의료급여 사업안내』.

보건복지부, 2011가, 『2011년 국민기초생활보장 사업안내』.

보건복지부, 2011나, 『2011년 기초노령연금 사업안내』.

보건복지부, 2011다, 『2011년 노인보건복지 사업안내』.

보건복지부, 2011라, 『2011년 장애인복지 사업안내』.

보건복지부, 2011마, 『2011년 장애인연금 사업안내』.

보건복지부, 2011바, 『2011년 장애인활동보조지원 사업안내』.

보건복지부, 2011사, 『2011년 장애인(거주)시설 사업안내』.

보건복지부, 2012가, 『2012년 기초노령연금 사업안내』.

보건복지부, 2012나, 『2012년 보육 사업안내』.

보건복지부, 2012다, 『2012년 의료급여 사업안내』.

서울특별시, 2010, 『2010년 보육 사업안내』.

서울특별시, 2011가, 『2011년 장애인복지 사업안내』.

서울특별시, 2011나, 『2011년 장애인활동보조지원 사업안내』.

서종균, "주거비 보조 제도의 쟁점", 홍민옥 · 남기철 외 지음, 2011, 『주거 복지의 새로운 패러다임』, 한국도시연구소 기획, 사회평론, pp. 171~211.

순자, 이운구 역, 2006, 『순자 2』, 한길사.

이명현, 2007, "유럽에서의 기본소득 구상의 전개 동향과 과제 – 근로안식년과 시민연금 구상을 중심으로", 『사회보장연구』 제23권 제3호.

이이, 2006가, 『國譯栗谷全書』 II, 韓國學中央研究院.

이이, 2006나, 『國譯栗谷全書』 V, 韓國學中央研究院.

이이, 2006다, 『國譯栗谷全書』 VI, 韓國學中央研究院.

이이, 2006라, 『栗谷先生全書』 券之十九, 韓國學中央研究院, 栗谷全書 第五輯.

이이, 2006마, 『栗谷先生全書』 券之二十九, 韓國學中央研究院, 栗谷全書 第五輯.

이종권, 2011년 8월, "저소득 무주택계층 대상 주택정책의 현단계와 주요 쟁점", 『부동산 · 도시연구』 제4권 제1호, pp. 75~100.

이희길, 2007, "노인 자살의 현황과 원인 분석", 통계청 통계개발원 사회통계실.

정약용, 송재소 역주, 1983, 『다산시선』, 창작과비평사.

토지주택공사, 2010, 『2009. 11 보금자리 주택 정책 개요』.

통계청, 2000, 『사망원인통계연보: 인구동태신고에 의한 집계』 제21권.

헬레나 노르베리-호지, 김종철 · 김태언 역, 1991, 『오래된 미래』, 녹색평론사.

| 외국문헌

Försäkringskassan, 2010, 『Social Insurance』, http://www.fk.se
Marx, K. & Engels, F., 1867, 『Das Kapital』 I , Marx · Engels Werke, Band
    23, Dietz Verlag Berlin.
Philippe Van Parijs, 2004, "Basic Income: A Simple and Powerful Idea for
    Twenty-first Century," Politics & Society Vol. 32(1), 7~39.
Svenskt Naringsliv, 2012, 『Statutory and collective insurance schemes for
    the swedish labour market』, http://www.svensktnaringsliv.se
Sweden Tax Agency, 2010, 『Taxes in Sweden』, www.skatteverket.se
The City of Stockholm, 2007, "Disability Policy Programme for the City of
    Stockholm, Summarized Version."

| 전자방

국민건강보험공단 전자방, http://www.nhic.or.kr
국세청 전자방, http://www.nts.go.kr
보건복지부 기초노령연금, http://bop.mw.go.kr/Nfront_info/sub1_3.jsp
서울주택공사 전자방, http://www.i-sh.co.kr
스웨덴 소득보장청 전자방, http://www.fk.se
연금관리공단 전자방, http://www.nps.or.kr
토지주택공사 전자방, http://www.lh.or.kr
통계청 전자방, http://kostat.go.kr
통계청 전자방, 2010, "국제통계", http://kosis.kr
통계청, "2010년 전자방 사망원인통계 결과 통계표".

| 신문기사 / 뉴스

「Focus」, 2012년 5월 15일, 4면.
〈워킹맘의 육아보고서〉, KBS1, 2010년 8월 24일.
「시사in Live」, 2010년 10월 11일.
김지훈 · 김소연 기자, 「한겨레신문」, 2011년 5월 13일.
유선희 기자, 「한겨레신문」, 2011년 9월 15일.
윤창수 기자, 「서울신문」, 2012년 7월 11일, 6면.
이민종 기자, 「문화일보」, 2011년 4월 29일.
임형찬, 「한겨레신문」, 2012년 1월 17일, 30면.
최종훈 기자, 「한겨레신문」, 2012년 7월 4일, 20면.
「한겨레신문」, 2010년 3월 31일, 13면.
「한겨레신문」, 2012년 1일 20일, 29면.
「한겨레신문」, 2012년 6월 28일.
〈8시 뉴스〉, SBS, 2012년 2월 1일.

인명색인